【제3판】

인간행동과 사회환경

【제3판】

인간행동과 사회환경

이 근 홍

지식터

머리말

사회복지학에서 『인간행동과 사회환경』은 중요한 기초과목이다. 『인간행동과 사회환경』은 인간행동에 대한 이해를 바탕으로 사회복지학에서 활용할 수 있는 인간에 관한 지식을 습득할 수 있게 하는 교과목이다. 사회복지학이 인간의 욕구와 문제를 다루는 학문이기 때문에, 사회복지학을 깊이 있게 연구하고 실천하기 위해서는 무엇보다도 인간행동에 대한 이해가 선행되어야 한다. 특히 사회복지실천은 인간관계에 관한 과학적 지식과 기술을 바탕으로 학문을 연구하고 실천하는 분야이기 때문에 『인간행동과 사회환경』에 대한 철저한 이해가 선행되어야 한다.

이 책은 인간행동에 관한 이해를 도모하기 위해서 다섯 개의 분야로 나누어 집필하였다. 제 1 부는 "인간발달의 기초이론"으로서 인간발달의 개념, 특성, 단계 및 연구방법을 제시하였다.

제 2 부는 "인간행동의 발달"로서 인간발달을 연속적인 변화과정으로 보고 특정한 발달과업을 성취하기 위해 필요한 기간을 적절한 시기에 따라 8개의 단계로 구분하여 살펴보았다. 발달단계는 태아기, 영아기, 유아기, 아동기, 청소년기, 장년기, 중년기, 노년기 등으로 구분하였다. 각 단계별로 발달과업을 소개하였으며, 분야별로 특징적인 행동발달을 자세하게 분석하였다. 특히 각 단계별로 행동발달에 문제가 될 수 있는 부분을 철저하게 다루어 사회복지실천에서 활용할 수 있게 하였다.

제 3 부는 "인간행동의 발달이론"으로서 인간행동을 이해하는데 필수적으로 습득해야 할 이론들을 다루었다. 여기에는 정신역동이론, 행동주의이론, 인본주의이론, 인지발달이론 및 사회체계이론이 있으며, 각각의 이론을 대표할 수 있는 이론들에 대해 논의하였다. 정신역동이론에서는 정신분석이론, 심리사회이론, 분석심리이론 및 개인심리이론을, 행동주의이론에서는 고전적 조건형성이론, 조작적 조건형성이론 및 사회학습이론을, 그리고 인본주의이론에서는 현상학이론과 자아실현이론을 다루었다. 또한 인지발달이론에서는 인지발달이론과 도덕성발달이론을, 그리고 사회체계이론에서는 생태학이론과 일반체계이론을 소개하였다. 이 책에서는 인간행동의 발달이론을 전문적이면서도 이해하기 쉽도록 분석하여 인간행동에 대한 이해를 바탕으로 사회복지실천에서 직접적으로 적용하는데 도움이 될 수 있도록 하였다.

제 4 부는 "사회체계의 이해"로서 인간행동을 사회환경의 맥락에서 이해할 수 있도록 사회체계와 인간행동과의 상호작용에 초점을 두어 사회체계를 소개하였다. 여기에서는 사회체계에서 가장 중요한 부분을 차지하는 가족을 비롯하여 집단, 조직, 지역사회 및 문화에 대해서 다루었다. 인간이 사회체계와의 상호작용을 통해서 변화하고 발전하며, 또한 사회체계의 변화에 영향을 미치기 때문에, 인간행동을 이해하기 위해서는 사회체계와의 관련성을 파악하는 것이 필요하다. 이 책에서는 사회체계에서 인간행동과 관련되어 필수적으로 파악해야 할 부분들을 소개하였다.

제 5 부는 "인간행동의 이해와 사회복지실천"으로서 『인간행동과 사회환경』이 사회복지실천에서 차지하는 위치와 의미에 대하여 검토하기 위해 인간행동의 발달, 인간행동의 발달이론 및 사회체계와 사회복지실천과의 관련성을 분석하였다.

이 책은 인간행동과 관련된 다양한 분야를 다루었으며, 특히 인간행동의 발달과 인간행동의 발달이론을 더욱 자세하게 소개하였다. 또한 독자가 이해하기 쉽도록 많은 어려운 용어들을 명료하고도 통일성 있게 설명하였다. 이 책에서 부족한 부분과 수정해야 할 부분에 대해서는 독자 여러분의 아낌없는 비판과 조언을 기대한다. 앞으로도 다루어야 할 필요가 있는 분야에 대해 보충과 개정을 통하여 더 좋은 내용으로 출판할 것을 약속드린다. 이 책이 출판되기까지 많은 지원을 아끼지 않으신 지식터 김동근 대표님께 진심으로 감사드린다.

2022년 12월

이 근 홍

차 례

PART 03 인간행동의 발달이론

PART 04 사회체계의 이해

PART 05 인간행동의 이해와 사회복지실천

Human Behavior and social Enviroment

PART 01

인간발달의 기초이론

CHAPTER 01 인간발달의 기초이론

CHAPTER

01 인간발달의 기초이론

인간발달은 인간이 전 생애 동안 신체적 · 심리적 · 사회적 · 문화적 측면에서 연속적이면서도 상승적으로 변화하는 것이다. 인간발달은 연속성, 순서, 개인차, 분화와 통합 등과 같은 보편적인 원리에 의해서 이루어지며, 기초성, 적기성, 누적성, 불가역성 등과 같은 특성을 지니고 있다. 또한 이것은 태아기, 영아기, 유아기, 아동기 등과 같이 특정한 발달과업을 성취하기 위해 필요한 기간을 적절한 시기에 따라 몇 개의 단계로 구분해 볼 수 있다.

1 인간발달의 개념

인간은 수정하는 순간부터 죽을 때까지 전 생애를 통하여 끊임없이 변화한다. 인간의 변화는 신체적 · 심리적 · 사회적 · 문화적 측면에서 다양하게 일어나며, 그것은 상승적 변화를 의미하기도 하고 쇠퇴적 변화를 의미하기도 한다.

인간발달은 대개 개인의 상승적 변화를 의미하며, 인간이 수정에서 죽음에 이르기까지 시간의 경과에 따라 발생하는 규칙적이고 연속적인 변화인 것이다(Zanden, 1997 : 4). 또한 인간발달은 생물학적 · 환경적 영향으로 인하여 인간의 구조, 사고 또는 행동이 전 생애를 통하여 지속적으로 변화하는 것이다(Craig, 1999 : 6). 이러한 인간발달은 생물학적 과정에 의한 성장 및 성숙과 관련되어 있으며, 환경적 영향에 의한 학습 및 사회화와 관련되어 있다. 성장은 신체의 크기나 근육의 세기 등과 같이 신체의 양적인 변화를 의미하며, 성숙은 운동기능과 감각기능의 세련과 같이 신체의 다양한 부분의 기능이 유능하게 변화하는 것을 말한다.

학습은 경험이나 연습을 통하여 지식, 기술, 태도, 정서, 가치, 사고방식 등이 발달할 수 있도록 개인을 변화시키는 것이다. 사회화는 개인이 사회의 한 구성원으로 되어가는 일반적인 과정으로서 가족을 포함한 사회구성원과의 상호작용을 통해서 개인의 태도, 신념, 관습, 가치, 역할, 문화 및 사회집단의 기대 등을 전 생애를 통하여 익혀나가는 과정인 것이다.

그러나 성장, 성숙, 학습 및 사회화의 어느 한 개념만 가지고 인간발달이라고 할 수는 없으며, 이러한 것들과 인간발달을 동일시하거나 혼동해서는 안 된다. 인간발달은 이러한 모든 개념들을 포괄적으로 포함한 것이다.

따라서 인간발달이란 인간이 전 생애 동안 성장, 성숙, 학습 및 사회화를 통해서 신체적・심리적・사회적・문화적 측면에서 양적으로나 질적으로 연속적・상승적으로 변화하는 것을 말한다.

2 인간발달의 원리

인간발달은 전 생애를 통하여 계속적이고 점진적인 과정을 거쳐 이루어지며, 일반적이고 보편적인 순서와 방향성에 따라 진행된다. 모든 인간은 유전적 요소와 환경적 요인에 따라 발달에 있어서 개인적인 차이가 나타나며, 이러한 발달은 각각의 측면이 상호 간에 밀접히 관련되어 있다. 또한 인간발달은 분화와 통합의 과정을 거쳐 이루어지며, 인간과 환경 간의 상호작용의 산물인 것이다. 이러한 인간발달의 보편적인 원리는 다음과 같다.

1) 연속성

인간발달은 어느 시기에 특정한 부분이 급격히 이루어지기도 하지만 그 시기 이후에 중지되는 것은 아니며 서서히 계속적으로 나타나는 점진적이고 연속적인 변화과정인 것이다(Santrock, 1997 : 23). 즉, 인간은 어느 한 시기에 발달한 부분이 다음 시기에 발달하지 않고 멈추는 것이 아니라 계속적으로 발달이 진행되며, 발달의 속도는 일정하지 않지만 시간의 경과에 따라 발달이 점진적이고 계속적으로 이루어진다.

2) 순 서

인간발달은 일정한 순서에 따라 이루어진다. 즉, 인간발달은 일반적이고 보편적인 순서와 방향성에 따라 진행되며, 순서가 뒤바뀌지 않고 일정하게 이루어진다. 인간발달의 순서는 상체에서 하체로, 중심에서 말초로, 그리고 전체 활동에서 특수 활동으로 이루어지며(유안진 · 김혜선, 1996 : 5), 한 단계의 발달은 보다 높은 차원의 다음 단계의 발달로 이어진다.

3) 개인차

인간발달에는 일반적인 원리가 존재하지만 모든 사람이 동일하게 발달하는 것은 아니다. 인간발달에서 동일한 발달단계를 거치고 동일한 연령이 되었다 하더라도 개인적인 차이가 크게 나타난다(Papalia, Olds, & Feldman, 1998 : 6). 즉, 연령과 성별이 같다 해도 신체적 · 심리적 · 사회적 · 문화적 측면에서 발달의 속도는 양적인 면에서나 질적인 면에서 개인에 따라 다르게 나타난다. 인간발달의 개인차는 유전, 성별 및 환경에 의해서 다르게 나타날 수 있으며, 연령이 증가하면서 더욱 두드러지게 나타나게 된다.

4) 상호관련성

인간발달의 각 측면은 상호 간에 아무런 관련성이 없는 것처럼 보이지만, 각각의 측면들은 상호 간에 밀접히 관련되어 있다(김제한, 2001 : 73). 즉, 인간발달의 한 측면은 다른 여러 측면의 발달과 각기 독립적으로 이루어지지 않고 상호 간에 밀접하게 관련되어 영향을 미친다. 예를 들면, 신체발달은 지적 발달, 도덕성 발달, 사회성 발달 등과 관련되어 있으며, 정서발달은 성격발달, 사회성 발달 등과 관련되어 있다.

5) 분화와 통합

인간발달은 분화의 과정이면서 동시에 통합의 과정인 것이다. 즉, 인간발달은 전체적인 측면에서 부분적인 측면으로 분화되어 가는 동시에 분화된 각 측면들이 통합되어 하나의 체제를 형성해 나간다. 예를 들면, 운동발달에서 세분화된 특수한 활동이 나타나기 이전에 전체적인 활동이 먼저 나타나게 되며, 세분화된 특수한 활동들이 통합되어 하나의 운동기능이 발달된다.

6) 환경과의 상호작용

인간발달은 유전적 요인과 환경적 요인의 상호작용을 통하여 이루어진다. 즉, 인간발달은 신체적·정신적 특질과 같은 유전인자의 영향만으로 또는 물리적 조건 및 심리적 조건과 같은 환경의 영향만으로 이루어지지 않으며, 두 가지의 상호작용의 산물인 것이다. 다시 말해서, 인간발달은 인간과 환경과의 역동적인 상호작용을 통하여 이루어진다(Zanden, 1997 : 7).

3 인간발달의 특성

인간발달은 인간과 환경과의 상호작용을 통하여 일정한 순서에 따라 이루어지지만, 기초의 형성이 필요하며 결정적인 시기가 존재한다. 만일 인간발달에서 어떤 결손이 생기면 누적되어 심각한 결손이 되고 다시는 돌이킬 수 없게 될 수도 있다. 이러한 인간발달의 일반적인 특성은 다음과 같다(유안진 · 김혜선, 1996 : 7).

1) 기초성

인간발달에서 인생초기의 신체적 · 정서적 · 지적 · 사회적 · 성격적 발달은 그의 일생을 결정하는 기초가 된다. 즉, 인간발달에서 아동기는 성인기의 기초가 형성되는 시기이며, 아동기의 경험으로 이루어진 발달의 결과가 대개 일생 동안 지속된다는 것이다. 예를 들면, 출생에서 만 8세까지 지능의 80% 정도가 발달되며, 만 6세까지 성격의 기본적 기틀이 거의 형성된다는 것이다.

2) 적기성

인간발달에서 어떤 특정한 발달과업을 성취하는 데에는 가장 적절한 시기가 있다는 것이다(Papalia, Olds, & Feldman, 1998 : 7). 즉, 인간의 모든 측면의 발달은 제각기 서로 다른 최적기가 존재하며, 적절한 시기를 놓치면 다음 시기에 특정한 발달과업을 보충하기 어렵다는 것이다. 그러므로 인간발달에서 최적기에 적절한 환경과 자극을 제공하여 발달을 촉진시키는 것이 중요하다.

3) 누적성

인간발달에서 어떤 적절한 시기에 결손이 생기면 다음 시기의 발달에 좋지 못한 장애가 되며, 이러한 결손은 계속 누적되어 보다 심각한 결손으로 나타날 수 있다. 즉, 인간발달에서 적절한 시기에 특정한 발달과업을 성취하지 못하면 다음 시기에 계속적으로 누적되며 인생 후기에 보충하기 어렵다는 것이다. 그러므로 인간발달에서 초기의 발달이 더욱 중요하며, 결손이 누적되면 즉시 교정하거나 보충하는 것이 필요하다.

4) 불가역성

인간발달에서 최적기에 발달을 이루지 못하면 일생 동안 그러한 발달과업을 성취하기가 거의 불가능하게 되고, 그 시기 이후에 완전히 회복하기 어렵게 된다는 것이다(Zastrow, & Kirst-Ashman, 1997 : 115). 즉, 인간의 신체적 · 정서적 · 지적 · 사회적 · 성격적 발달은 최적기를 놓치면 그 이후에 이를 교정하거나 보충하기가 매우 힘들게 되며, 거의 회복할 수 없다는 것이다.

4 인간발달의 단계

인간발달의 단계는 인간의 연속적인 변화과정에서 특정한 발달과업을 성취하기 위해 필요한 기간을 적절한 시기에 따라 여덟 개의 단계로 구분한 것이다. 그러나 이것은 인간의 발달이 연속적인 과정이기 때문에 단계들 사이의 구분을 명확하게 하기 어려우며, 단계의 구분은 학자에 따라 다소의 차이가 있을 수 있다.

이러한 단계는 대개 태아기, 영아기, 유아기, 아동기, 청소년기, 장년기, 중년기, 노년기 등으로 구분할 수 있다.

태아기는 수정이 이루어지는 순간부터 출생하기까지의 시기로서 어머니의 자궁 내에서 신체의 조직이 구성되고 가장 신속하게 발달하는 시기이며, 한 인간이 형성되는 시기이기도 하다.

영아기는 0세부터 2세까지의 시기로서 출생과 동시에 새로운 외부의 환경에 적응해야 하며, 외부의 상황에 적절히 대처하기 위해서 호흡, 소화, 배설 및 운동의 기능을 발달시켜야 하는 시기이다.

유아기는 3세부터 6세까지의 시기로서 신체적으로 독립된 개체로 활동할 수 있게 되며, 대소변 가리기 훈련, 기본적인 언어발달 · 인지발달 · 정서발달 · 사회성 발달 등이 이루어지는 시기이다.

아동기는 7세부터 12세까지의 시기로서 적절한 성역할을 학습하고 학교생활에 적응하며, 가족과 또래집단의 영향을 받으면서 지적 · 정서적 · 사회적 발달을 도모해 가는 시기이다.

청소년기는 13세부터 24세까지의 시기로서 제2성장급등기라고 할 만큼 급속한 신체변화가 일어나고, 제2차 성 특징과 같은 신체적 변화에 적응하며, 자아정체감, 가치관, 소속감, 이성관계 등을 형성 · 발전시켜 나가는 시기이다.

장년기는 25세부터 39세까지의 시기로서 성숙된 인간이 되는 준비기간이며, 사회적 · 경제적 독립, 직업의 선택, 혼인과 가정생활의 준비, 가치체계의 형성 등이 이루어지는 시기이다.

중년기는 40세부터 64세까지의 시기로서 성숙을 완성하고 정착과 안정을 얻으며, 자녀양육, 가정의 관리, 사회적 집단의 형성, 능력과 창의성의 발휘, 직업적 성취, 갱년기의 적응 등을 행하는 시기이다.

노년기는 65세 이후부터 죽음에 이르기까지의 시기로서 은퇴와 노화에 적응해야 하며, 조부모 및 부모의식의 성숙, 고독과 배우자의 상실에의 적응, 새로운 흥미의 개발, 죽음에 대한 인식과 적응 등이 이루어지는 시기이다.

5 인간발달의 연구

인간발달의 연구는 연령의 증가에 따른 변화과정을 분석하기 위한 것이므로 연령변인의 조작방식에 따라 몇 가지 방법으로 구분할 수 있다. 이러한 방법으로는 종단적 방법과 횡단적 방법이 있으며, 두 가지 방법의 장점을 활용하고 단점을 최소화한 단기종단적 방법이 있다.

1) 종단적 방법

종단적 방법(longitudinal method)은 동일한 개인이나 집단을 대상으로 일정 기간 그들에게 나타나는 발달 현상을 계속적으로 추적해 가며 연구하는 방법이다. 즉, 이것은 동일한 개인이나 집단을 오랜 기간 동안 연속적으로 연구함으로써 일정 기간에 따른 변화를 연구하기 위한 방법인 것이다(Craig, 1999 : 25).

종단적 방법의 장점은 시간경과에 따른 개인의 성장과 행동 특성의 변화양상을 더욱 확실하게 밝혀 낼 수 있으며, 표본의 차이에서 나타나는 문제점을 극복할 수 있다는 것이다. 단점은 많은 시간과 비용이 필요하며, 연구자의 재배치, 연속적인 환경통제, 표본의 변화(이주, 사망 등) 등에 적절히 대처하기 어렵다는 것이다.

2) 횡단적 방법

횡단적 방법(cross-sectional method)은 각기 다른 연령의 여러 개인이나 집단을 동일한 시기에 연구하는 방법이다. 즉, 이것은 서로 다른 연령의 여러 개인이나 집단으로부터 일시에 원하는 자료를 얻기 위한 방법으로 다양한 연령의 개인들이나 집단을 동시에 비교하여 발달을 연구하는 방법이다(Zanden, 1997 : 18).

횡단적 방법의 장점은 동시에 여러 연령층을 연구할 수 있으므로 시간과 비용이 적게 들며, 연령 변화에서 나타나는 발달현상을 단기간에 쉽게 발견할 수 있다는 것이다. 단점은 자료의 정확성과 신뢰성이 부족하며, 개개인의 발달의 연속성을 무시하므로 분명한 개인차나 연령에 따른 변화를 밝혀내기 어렵다는 것이다.

3) 단기종단적 방법

단기종단적 방법(cohort method)은 종단적 방법과 횡단적 방법을 혼합한 형태로서 서로 다른 여러 연령층을 대상으로 일정 기간 동안 연령이 증가함에 따라 반복적으로 연구하는 방법이다(Craig, 1999 : 27). 즉, 이것은 횡단적 방법과 종단적 방법의 장점을 채택하고 단점을 극복할 수 있도록 구성한 것으로 몇몇 연령집단을 대상으로 수년 동안 이들을 추적하여 연구하는 방법이다.

단기종단적 방법의 장점은 연구기간이 종단적 방법에서 소요되는 것보다 짧으면서 개인의 성장과 발달에 영향을 미칠 수 있는 시간효과와 사회적 영향을 배제시킬 수 있다는 것이다(김태련 · 장휘숙, 1996 : 10). 단점은 시간과 비용의 투입에 비하여 연령에 따른 정확한 변화를 연구하기에 부족할 수 있다는 것이다.

Human Behavior and social Enviroment

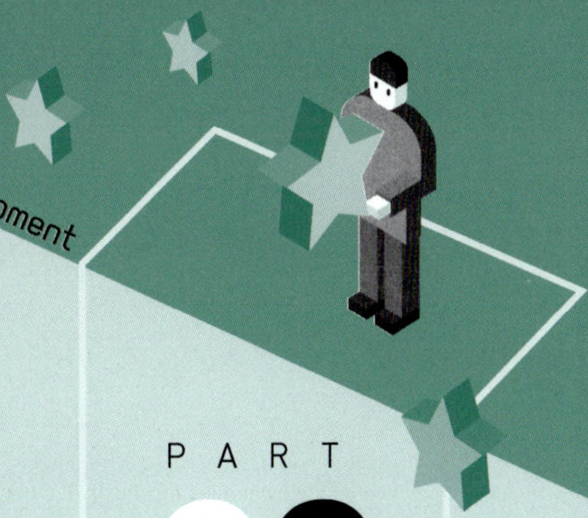

PART

02 인간행동의 발달

CHAPTER

02 태아기

태아기(胎兒期)는 수정이 이루어지는 순간부터 출생하기까지의 시기로서 정자와 난자의 결합을 통하여 생명체가 형성되며, 염색체의 결합으로 유전과 성이 결정된다. 임신을 하게 되면서 모체에 여러 가지 변화가 일어나며, 수정 후 약 280일 동안 태아는 어머니의 체내에서 자라게 된다. 태내발달은 어머니의 영양상태, 정서상태, 질병, 연령, 분만횟수 등에 영향을 받으며, 약물, 흡연, 음주, 방사선, 환경오염 등과 같은 외부적 요인에 의해서도 영향을 받는다.

1 생명체의 형성

생명체는 남성의 정자와 여성의 난자가 결합하여 수정이 이루어지는 순간부터 형성된다. 정자와 난자는 염색체를 가지고 있으며, 이러한 염색체의 결합형태에 따라 태아의 특성과 기질 및 성이 결정된다. 성숙된 난자와 정자가 결합하여 수정란이 되면서 임신이 되고 모체에는 많은 변화가 일어나게 된다.

1) 수 정

수정이란 남성의 정자와 여성의 난자가 결합하는 것을 말한다. 정자는 남성이 사정할 때 1회에 4~5억 개 정도가 배출되며, 48~72시간 정도를 생존하게 된다. 난자는 성숙한 여성에게서 매달 한 개씩 배출되며, 인체 내에서 가장 큰 세포로서 직경이 0.14～0.2mm 정도이고 72시간 정도를 생존하게 된다.

남성에게서 배출된 정자는 꼬리운동, 근육의 수축 및 호르몬의 영향으로 자궁을 거쳐 난관을 향해 헤엄쳐 가다가 난소로부터 배출된 난자와 만나게 되면 그 중 하나가 난자막을 뚫고 들어가 결합하게 된다. 대개 하나의 난자와 하나의 정자가 만나 임신이 이루어진다. 그러나 두 개의 난자가 배출되어 이란성 쌍생아가 되거나, 한 난자와 한 정자가 만난 수정란이 세포분열 과정에서 2개로 나뉘어 일란성 쌍생아가 되는 경우도 있다.

2) 유전과 성의 결정

정자와 난자에는 수많은 유전인자가 포함되어 있다. 유전인자는 DNA라는 분자로 구성되어 있으며, 이것은 염색체 속에 들어 있다. 염색체는 정자와 난자에 각각 23개가 있으며, 이들이 합해져서 46개의 새로운 염색체의 배합이 이루어진다. 이렇게 배합된 46개의 염색체가 태아의 유전적 잠재성을 결정하며, 이러한 유전적 잠재성에 의해서 태아의 특성과 기질이 결정된다. 염색체는 감수분열을 통하여 23개로 되며, 이러한 과정에서 어느 염색체가 나누어져 23개로 되는가가 일정치 않으므로 형제간에도 유전적 특성이 다르게 나타나게 된다.

태아의 성별은 염색체의 결합에 의해서 결정된다. 여성의 난자는 모두 X염색체만 가지고 있으나 남성의 정자는 X염색체와 Y염색체 두 종류를 가지고 있다. 수정이 이루어질 때에 정자의 X염색체와 난자가 만나 XX로 결합하면 여성이 되고, 정자의 Y염색체와 난자가 만나 XY로 결합하면 남성이 된다.

3) 모체의 변화

임신을 하게 되면 모체에는 여러 가지 변화가 일어나게 된다. 우선 매월 정기적으로 나타나던 월경이 사라지며, 입덧을 하게 되어 식욕이 없어지고 구토와 현기증이 나는 증세를 보인다. 또한 유선이 발달하여 유방이 당기듯 팽창되어 거북스럽게 느껴지며, 자궁이 커져서 방광을 누르기 때문에 소변이 잦다.

임부는 쉽게 피로를 느끼고 두통을 자주 앓게 되며, 신경통, 치통 또는 유통을 느끼는 경우도 있다. 임신 5~6개월이 되면 태아의 움직임을 느낄 수 있으며, 복부가 커지게 되어 육안으로도 임부를 식별할 수 있게 된다. 또한 평소보다 하체에서 분비물이 많아지고 땀도 많이 분비된다(유안진 · 김혜선, 1996 : 124-125).

2 태내발달

수정 후 약 280일 동안 태아는 어머니의 체내에서 자라게 되며, 이 기간 동안 태아의 여러 신체기관이 형성되고, 각 기관의 기능이 시작되며, 크기와 무게가 급속히 증가한다. 태내발달은 대개 수정에서 출산에 이르기까지 배란기, 배아기 및 태아기의 세 단계로 구분해 볼 수 있다.

1) 배란기

배란기는 수정이 이루어진 후부터 수정란이 자궁벽에 착상하기까지 약 2주간의 시기를 말한다. 이 시기에 수정란은 세포분열을 시작하여 수정 후 3일이 지나면 32개의 세포가 되고 4일이 지나면 90개의 세포가 되며, 계속적으로 세포분열을 하게 된다. 수정란은 세포분열을 거듭하면서 난관 내부의 섬모운동과 난관의 수축작용으로 나팔관과 난관을 지나 자궁 속으로 내려온다. 자궁으로 내려온 수정란은 하루 또는 이틀 정도 떠돌다가 자궁벽에 착상한다(조복희 · 정옥분 · 유가효, 1997 : 98-99).

2) 배아기

배아기는 수정란이 자궁벽에 착상한 후부터 약 6주간의 시기를 말한다. 즉, 수정 후 약 2~8주 사이를 배아기라고 한다. 이 기간 동안에 배아는 자궁벽으로부터 영양을 얻어 계속 성장하며, 신체의 주요 기관과 조직의 약 95%가 형성되고, 수정란의 약 2만 배 정도로 커진다.

배아의 발달과정을 보면, 외배엽, 중배엽 및 내배엽으로 분화하여 서로 다른 형태의 세포로 발달함에 따라 신체의 각 기관이 형성된다. 외배엽으로부터는 머리카락, 손톱, 발톱, 피부의 표피, 감각기관, 신경계 등이 형성된다. 중배엽으로부터는 근육, 골격, 순환계, 피부의 진피, 배설기관 등이 형성되며, 내배엽으로부터는 소화기관, 장기, 호흡기, 기관지, 폐, 췌장, 간 등의 기관들이 형성된다. 이들 중에서 제일 먼저 순환계가 발달하며, 그 외에도 태내발달에 중요한 역할을 하는 양수주머니, 태반, 탯줄 등도 발달한다.

배아기 동안에 각 기관이 급속하게 형성되는 만큼 바람직하지 못한 환경의 영향에 가장 민감하게 반응한다. 즉, 어머니의 질병, 영양결핍, 약물 등은 배아기 발달에 치명적인 영향을 줄 수 있으며, 이러한 부정적인 영향은 자연유산이나 각종 발달장애로 나타날 수도 있다(송명자, 1996 : 59-60).

3) 태아기

태아기는 수정 후 3개월부터 출산까지의 시기를 말한다. 이 기간 동안 신체의 각 기관이 빠르게 발달하며, 구조가 더욱 정교하게 되고 기능도 보다 원활해진다. 또한 근육발달도 급격히 이루어지며, 중추신경계도 빨리 발달한다.

임신 3개월이 되면 성별이 구별되고 움직임이 나타나며, 소화기관이 발달하기 시작한다. 4개월이 되면 태아의 크기가 현저하게 변화하고 뇌가 급속히 성장한다. 5개월이 되면 땀샘이 발달하여 피부가 두꺼워지고 전신에 솜털이 돋으며, 머리카락, 눈썹, 손톱 및 발톱이 생기고, 빨기, 삼키기, 딸꾹질 등의 반응이 나타난다. 6개월이 되면 눈의 기능이 발달하고 심장박동이 뚜렷해지며, 소변도 방출하고 빛에도 반응할 수 있다.

임신 7개월이 되면 태아의 근육, 신경계 및 순환계의 조직이 거의 완성되어 조산하더라도 생존할 수 있게 된다. 8개월이 되면 빛과 소리에 급격히 반응하며, 운동이 적극적으로 지속되고 놀라는 반사를 보인다. 9개월이 되면 운동이 활발하고 근육에 자극을 주면 반응하며, 두개골이 부드러워지고 배고프거나 불편할 때 울 수 있다. 10개월이 되면 손톱이 길게 자라고 지방이 계속 축적되며 출생할 준비를 다 하여 태어나게 된다.

3 태내발달의 영향요인

태내발달은 어머니의 체내에서 이루어지지만 다른 어느 시기 못지않게 환경의 영향을 크게 받는다. 즉, 태내발달에서 어머니를 통하여 유해한 환경에 노출되면 태아의 각 기관과 조직이 손상을 입게 될 것이다. 태내발달에 유해한 영향을 미치는 요인은 어머니의 특성과 관련된 요인과 외부적 요인으로 나누어 볼 수 있다.

1) 모체의 요인

태내발달에 유해한 영향을 미치는 모체의 특성과 관련된 요인으로는 어머니의 영양상태, 정서상태, 질병, 연령, 분만횟수, 모자의 혈액불일치 등이 있다. 모체의 영양은 태아의 정상적인 발달에 절대적인 요소이지만, 빈곤, 전쟁, 기근, 다이어트 등으로 적절한 영양을 섭취하지 못하면, 유산, 사산, 조산, 높은 영아사망률, 정신발달의 지체, 성장지체 등이 초래될 수 있다(Kail & Cavanaugh, 1996 : 78). 그러므로 모체는 충분한 영양분을 섭취해야 하며, 특히 단백질, 칼슘, 비타민 및 철분을 충분히 섭취하는 것이 필요하다.

모체의 정서상태는 모체에게 생리적 변화를 일으키게 하여 태아에게 중요한 영향을 미칠 수 있다. 어머니의 피로, 불안감, 공포, 슬픔 등은 태아의 활동을 촉진시켜 태아의 발달에 영향을 미친다. 특히 남편이나 자녀의 사망, 이혼, 실직, 경제적 문제 등과 같은 큰 충격은 태아에게 나쁜 영향을 미치며, 자연유산, 조산 및 난산을 유발할 수 있다(조복희 · 정옥분 · 유가효, 1997 : 109).

모체의 질병은 태내발달에 지장을 초래한다. 매독이나 임질은 태아가 유산되거나 기형아나 지적장애아를 출산할 가능성이 높다. 어머니가 임신 3개월 이내에 풍진을 앓았던 경우에는 태아가 청각장애, 시각장애, 심장병 또는 지적장애를 갖고 태어날 수 있다. 당뇨병은 태아가 물려받을 가능성이 높으며, 사산되거나 태어나도 곧 사망할 확률이 높다.

모체의 연령은 태내발달에 영향을 미친다. 여성은 첫 월경을 시작한 후 1년부터 폐경기까지 약 35년간 임신이 가능하지만, 이상적인 자궁환경은 18세부터 35세까지이다. 초산이 35세 이후일 경우에는 더 긴 진통이 필요하며, 신생아나 산모 중 어느 한 편의 사망을 초래할 수도 있다. 16세 이하의 산모는 신경학적 결함을 갖는 미숙아를 출산할 수 있으며, 35세 이상의 산모는 미숙아의 출산, 자연유산, 임신중독증 및 난산이 되기 쉽다. 40세 이상의 산모는 다운증후군의 태아를 낳을 가능성이 크다.

모체의 분만횟수도 태내발달에 영향을 미친다. 첫아이는 이후에 출산되는 아이들보다 출산 합병증과 기형을 더 많이 나타내는 경향이 있다. 즉, 출산한 경험이 있는 산모가 첫아이를 임신한 산모보다 자궁과 태반 사이의 혈액의 흐름이 빨라 태내환경이 더 좋다는 것이다. 어머니의 신체는 첫아이를 출산한 이후 임신과 분만을 더 잘 처리할 수 있도록 변화되며, 출산 간격이 너무 짧거나 길면 그 효과가 적다는 것이다(김태련 · 장휘숙, 1996 : 10).

모자의 혈액의 불일치는 Rh+의 남성과 Rh−의 여성이 Rh+의 자녀를 임신하게 될 때 발생한다. 그러나 첫아이는 Rh+일지라도 영향을 받지 않으며, 둘째 아이부터 치명적인 위험에 빠진다. 첫아이를 출산한 직후 분만 중의 출혈로 인하여 Rh−의 혈액과 Rh+의 혈액이 섞이게 되어 모체의 혈액은 Rh+인자에 대항하기 위한 항체를 생성한다. 이 항체는 태반을 통해 둘째 아이의 혈액 속에 들어가 적혈구를 파괴하여 태아가 조산되거나 사산되며, 살더라도 빈혈증, 황달증세 및 지적장애를 나타낸다. 이러한 문제는 Rh− 항체의 발생을 방지하는 혈청(RhoGam)을 어머니에게 주사하면 해결할 수 있으며, 첫아이의 출산이나 유산 후 72시간 이내에 처리해야 한다(Zastrow & Kirst-Ashman, 1997 : 59).

2) 외부적 요인

태내발달에 유해한 영향을 미치는 외부적 요인으로는 약물, 흡연, 음주, 방사선, 환경오염 등이 있다. 약물은 모체가 취할 경우에 태아에게 그대로 전달되므로 각별히 조심해야 한다. 항생제는 청각장애, 저체중아 출산, 골격성장 이상 등을 초래할 수 있으며, 안정제는 기형아 출산, 청각장애, 호흡곤란 등의 장애를 일으킬 수 있다. 아스피린은 체중미달아 출산, 낮은 지능, 운동능력 부족, 위장장애 등을 일으키게 하며, 카페인은 저체중아 출산, 반사운동 이상 등을 초래한다.

마약은 저체중아 출산, 수면장애, 운동기능장애, 주의력 결핍, 지적 발달의 지체, 심장기능장애 등을 일으키게 하며, 환각제는 저체중아와 체중미달아를 출산하게 한다. 특히 코카인은 출생 후 유아의 불안정, 수면장애, 공포, 과민성, 성장지체 등을 유발한다(Lefrancois, 1996 : 99). 호르몬제는 체중미달아의 출산, 태아의 남성화 등의 원인이 되며, 비타민 A의 과다복용은 심장 기형, 언청이 등의 심각한 장애를 가져올 수 있다.

흡연은 산모의 혈압과 맥박을 상승시키고 혈액의 산소 요구량을 증가시켜 태아의 심장조직에 해를 끼칠 뿐만 아니라 산소를 부족하게 하여 조산, 체중미달아의 출산, 유산, 사산 또는 신생아의 출생 직후의 사망의 원인이 된다(Masters, Johnson & Kolodny, 1995 : 111). 또한 산모의 흡연은 태아의 뇌 이상, 작은 두개골, 언청이, 과다활동 등을 유발시키기도 한다.

산모의 음주는 태아알코올증후군(fetal alcohol syndrome)을 유발시켜 태아에게 심각한 영향을 미칠 수 있다. 임신기간 동안의 지나친 음주는 태아의 비정상적인 얼굴, 작은 머리와 신체, 선천적인 심장장애, 지적 발달의 지체, 중추신경장애, 체중미달 등의 직접적인 원인이 될 수 있다(Strong & DeVault, 1994 : 493). 이러한 영향은 학습무능력, 운동장애, 과다활동, 과민성, 침착성의 결여, 주의집중력의 결여, 성장지체 등으로 이어진다.

방사선은 태아에게 치명적인 영향을 미친다. 수정란이 자궁에 착상되기 이전에 방사선에 노출되면 수정란은 죽게 되며, 착상한 이후에 방사선에 노출되면 기형아나 지적장애아를 출산하거나, 태아의 성장이 지체되거나, 중추신경계의 기형으로 출생 직후 사망하는 경우도 있다. 특히 임신 중에 모체의 복부에 X선을 투사하는 것은 유해할 수 있으며, 난소와 고환을 방사선에 노출시키는 것은 매우 위험하다(황응연 · 이기돈, 1992 : 70).

최근의 각종 환경오염도 태아에게 심각한 영향을 미칠 수 있다. 수은, 납, 카본 등과 같은 중금속은 태아의 뇌신경계의 발육장애와 이에 따른 지적장애를 유발할 수 있다. 유해한 화학물질은 태아의 신체발육을 저하시키고 조산을 초래할 수 있으며, 출생 후 감각기능의 저하, 지각 변별장애, 단기 기억장애 등을 일으킬 수 있다(송명자, 1996 : 64).

4 출산과정

출산일에 가까워지면 불규칙한 가벼운 복통과 요통을 때때로 느낄 수 있으며, 태아의 머리가 아래로 내려가 있기 때문에 소변이 빈번해진다. 이러한 증상과 함께 임부의 질내에서 분비물이 많이 나오며 분비물에 혈액이 섞여 나오는 이슬이 비치게 된다. 이슬이 비치고 나서 개구기, 출산기 및 후산기를 거치면서 출산이 이루어진다(조복희 · 정옥분 · 유가효, 1997 : 111).

개구기는 진통이 시작되면서 자궁구가 열리는 시기이다. 이 시기에 자궁구가 열리고 난막이 파열되어 양수가 나오는 파수가 이루어진다. 진통이 점차 심해지고 진통의 간격이 적어지면서 진통의 시간도 길어지며 태아가 밀려 내려오면서 자궁구가 태아를 통과시킬 수 있을 만큼 열린다.

출산기는 자궁구가 완전히 열리면서 태아가 출산되는 시기이다. 이 시기에 자궁구가 완전히 열려 태아의 머리가 자궁구를 지나 질내로 들어가며, 질내를 넓히면서 태아의 머리가 외부로 나오고 머리, 어깨, 몸, 허리, 다리의 순서로 출산이 이루어진다. 이때 모체가 힘을 주게 되면 태아가 나오는데 도움이 된다.

후산기는 태아가 출산되고 나서 태반이 배출되는 시기이다. 이 시기에 태아가 출산된 후 자궁이 급격히 수축되면서 태반이 자궁벽에서 떨어져 탯줄과 함께 배출된다(Santrock, 1997 : 112). 이때까지 출산에 소요되는 총 시간은 초산부의 경우 대개 14시간이 걸리고 경산부는 초산부의 절반 정도가 걸린다.

5 사회복지실천의 관심영역

1) 유전적 결함

(1) 클라인펠터 증후군(klinefelter syndrome)

남성으로서 X염색체를 더 많이 가지고 있는 것으로 XY 대신에 XXY형을 이룬다. 이러한 남성들은 정소의 발달이 불완전하여 생식이 불가능하며, 가슴이 크고 키가 크며, 약 25%가 지적장애를 가지고 있다. 남성 1,000명 중 1명 정도의 빈도로 발생하며, 테스토스테론 주사를 통한 남성호르몬 보충치료로서 증상을 완화시킬 수 있지만, 제2차 성 특징을 유지하기 위해서는 일생 동안 계속적으로 주사해야 한다(Craig, 1999 : 93).

(2) 터너 증후군(turner syndrome)

여성으로서 X염색체 하나가 없는 것으로 XX 대신에 XO형을 이룬다. 이러한 여성들은 생식기관이 발달하지 않아 제2차 성 특징이 나타나지 않고 생식능력이 없으며, 키가 작고 지적장애를 가지고 있다. 여성 3,500명 중 1명 정도의 빈도로 발생하며, 호르몬 보충치료로서 정상적으로 보일 수 있게 할 수 있지만, 여전히 중성으로 남아 있게 된다(Papalia, Olds, & Feldman, 1998 : 51).

(3) 다운 증후군(down syndrome)

보통 21번 염색체가 하나 더 있어서 발생되며 염색체의 수가 47개이다. 신체적 특징으로는 둥근 얼굴, 평평한 두개골, 작은 머리, 눈 아래쪽의 피부주름, 납작한 코, 내밀은 혀, 짧은 손발, 운동신경의 지체 등이 나타나며, 지적장애를 가지고 있고 질병에 대한 저항력이 약하다. 신생아 700명 중 1명 정도의 빈도로 발생하며, 나이가 많은 부모에게서 태어나는 아이에게 많이 나타난다. 유전 상담을 통해서 염색체의 결함이 있는 아이를 낳을 위험을 부모가 판단하도록 도울 수 있으며, 초기 개입을 통한 특수한 학습 프로그램으로 치료할 수 있다(Santrock, 1997 : 81).

(4) 혈우병(hemophilia)

혈우병이란 혈액이 혈관 밖으로 나와 일정 기간이 경과하여도 응고되지 않고 계속 출혈하는 증상으로서 여성은 혈우병의 유전인자를 갖고 있지만 거의 발병하지 않고 남성에게 많이 발병하며, X염색체의 열성 유전자에 기인한다. 내부 출혈은 특히 위험하며 생명을 잃을 수 있다. 남성 10,000명 중 1명의 빈도로 발생하며, 항혈우병 글로불린으로 결핍된 인자를 보급하여 치료할 수 있다(Craig, 1999 : 94).

(5) 거대남성 증후군(supermale syndrome)

남성으로서 Y염색체를 하나 더 가지고 있는 것으로 XY 대신에 XYY형을 이룬다. 이러한 남성들은 평균보다 키가 크고 지능이 낮은 경향이 있다. 이들이 충동억제능력이 부족하고 호전적일 것이라고 생각할 수 있지만, 실제로 정상적인 남성과 별다른 차이가 없다. 남성 1,000명 중 1명의 빈도로 발생하며, 특수한 치료방법이 없다(Papalia, Olds, & Feldman, 1998 : 51).

(6) 페닐케톤뇨증(phenylketonuria)

페닐케톤뇨증은 아미노산을 변형시키는 열성유전자의 결함으로서 아미노산인 페닐알라닌을 분해하지 못하는 신진대사의 장애이다. 페닐알라닌은 뇌에서 세포를 손상시켜 과민성, 활동과다, 경련성 발작, 심각한 지적장애 등을 일으킨다. 인구 14,000명 중 1명의 빈도로 발생하며, 출생 즉시 특수한 식이요법을 실시하여 지적장애를 억제할 수 있다(Craig, 1999 : 95).

2) 저체중아

출생 시 체중이 2.5kg 이하의 아이를 저체중아라고 한다. 저체중아는 외적 환경에 대한 저항력이 약해서 신체적 질병이 많으며, 신체적 · 사회적 · 정서적 발달지체를 초래할 수 있다. 저체중아를 낳는 원인은 모체의 이상으로 임신중독증, 신장병과 같은 모체의 질병, 조기 파수와 같은 자궁의 이상 등이 있으며, 태아의 이상으로 선천적 기형이나 쌍둥이인 경우도 있다. 저체중아는 조산아 보육기(in-cubator)에서 체온, 습도 및 산소를 공급하여 성장시킬 수 있다.

CHAPTER

03 영아기

영아기(嬰兒期)는 0~2세 사이의 시기로서 제1성장급등기라고 할 만큼 출생하면서부터 급격한 신체발달이 이루어지며, 보행을 학습하게 되고, 감각발달이 이루어진다. 인지발달로 인하여 목적지향행동과 대상영속성이 확립되며, 언어발달이 활발하게 진행되는 시기이다. 이 시기에는 성격발달의 기초가 되는 정서발달이 이루어져 성인에게서 볼 수 있는 대부분의 정서가 나타나게 된다. 또한 사회성 발달과정에서 표현행동과 애착행동을 보이며 격리불안이 나타나게 된다.

1 신체발달

1) 신체적 특징

신생아의 신장과 체중은 성과 인종에 따라 다소 차이가 있지만, 우리나라의 경우에는 평균적으로 신장이 약 49.5cm이며, 체중은 약 3.25kg으로서 남아가 여아보다 키가 크고 몸무게도 더 많이 나간다. 신생아의 신체구조는 머리가 신장의 1/4 정도이며, 머리둘레가 가슴둘레보다 크고 가슴과 배가 크며 팔이 다리보다 길다.

출생 후부터 만 2세까지 급격한 신체적 성장이 이루어지게 되며, 이 시기를 제 1 성장급등기라고 한다. 출생 후 5~6개월이 되면 남아의 신장이 67.6cm이며 체중은 7.97kg이고, 여아의 신장이 66.3cm이며 체중은 7.51kg이며, 11~12개월이 되면 남아가 76.0cm, 9.90kg, 여아가 74.8cm, 9.35kg이 된다. 출생 후 15~18개월이 되면 남아가 81.2cm, 11.10kg, 여아가 79.9cm, 10.51kg이 되며, 21~24개월이 되면 남아가 86.2cm, 12.33kg, 여아가 85.0cm 11.70kg이 된다(질병관리본부 · 대한소아과학회, 2007 : 2).

신생아의 두개골에는 여섯 개의 숫구멍이 있으며, 이것은 두개골을 유연하게 하여 태아가 산도를 쉽게 통과할 수 있도록 돕는 역할을 하는 것으로 점차 닫히게 된다. 신생아의 모든 뼈는 점차 경화되고 크기와 수가 증가한다. 치아는 생후 6~8개월경에 나기 시작하여 생후 1년에 6~8개, 2년에서 2년 반 사이에 모두 20개의 유치가 난다. 두뇌발달은 태내에서와 생후 2년간 가장 급격히 이루어지며, 영아기의 적절한 영양섭취는 두뇌의 성장 · 발달을 촉진시킬 수 있다.

〈표 3-1〉 한국 영아의 신체발육 표준

구 분	남 아		여 아	
	신장(cm)	체중(kg)	신장(cm)	체중(kg)
출생 시	49.9	3.3	49.1	3.2
3개월	61.4	6.4	59.8	5.8
6개월	67.6	7.9	65.7	7.3
9개월	72.0	8.9	70.1	8.2
12개월	75.7	9.6	74.0	8.9
18개월	82.3	10.9	80.7	10.2
24개월	87.1	12.2	85.7	11.5

자료 : 질병관리본부 · 대한소아과학회(2017). 『소아청소년 성장도표』, pp.18-23.

2) 신생아의 반사행동

신생아는 외부의 자극에 대하여 여러 가지 반사행동을 보인다. 이것은 생존반사(survival reflexes)와 원시반사(primitive reflexes)로 나눌 수 있다(Craig, 1999 : 126-127). 생존반사는 적응이나 생존을 위해 필요한 반사행동으로서 호흡반사(breathing reflex), 근원반사(rooting reflex), 빨기반사(sucking reflex), 동공반사(pupillary reflex), 눈깜박반사(eye-blink reflex) 등이 있다.

호흡반사는 산소를 얻기 위해서 흡입하고 이산화탄소를 방출하기 위해서 내뿜는 반사를 말한다. 근원반사는 신생아의 볼에 접촉하면 그 자극을 향해 고개를 돌리고 마치 젖꼭지를 기대하는 것처럼 입을 벌리는 반사이며 탐색반사(searching reflex)라고도 한다. 빨기반사는 신생아의 입을 접촉하거나 다른 방법으로 자극하면 입으로 빨려는 반응을 보이는 반사이다. 동공반사는 신생아의 눈의 동공이 밝은 빛이 들어오거나 잠을 잘 때는 좁아지며, 희미한 빛이 들어오거나 깨어 있을 때는 넓어지는 반사이다. 눈깜박반사는 신생아의 눈을 향해 물체가 빨리 움직이거나 불어오는 공기에 대한 반응으로 눈을 깜빡이는 반사이다.

원시반사는 생존을 위해 필요한 것은 아니지만 진화론적 관점에서 중요한 반사행동으로 모로반사(Moro reflex), 바빈스키반사(Babinski reflex), 손바닥반사(palmar reflex), 걷기반사(stepping reflex), 수영반사(swimming reflex) 등이 있다.

모로반사는 신생아가 큰 소리에 의해 깜짝 놀라거나 갑자기 조금 밑으로 떨어지면, 처음에는 팔을 벌리고 손가락을 폈다가 팔을 몸 쪽으로 가져가고 손가락을 꽉 쥐는 반사이다(Papalia, Olds, & Feldman, 1998 : 89). 바빈스키반사는 신생아의 발바닥을 쓰다듬게 되면 발가락을 쭉 펼치는 반사이다. 손바닥반사는 신생아의 손바닥이 어떤 물체에 의해 자극을 받으면 단단하게 쥐고 그 물체를 당기면 강하게 잡는 반사이며 파악반사(grasping reflex)라고도 한다. 걷기반사는 신생아가 그들의 발을 바닥에 대고 똑바로 들어주면 걷는 행동을 보이는 반사이다. 수영반사는 신생아를 수그린 자세로 물에 놓으면 수영하려는 행동을 보이는 반사이다.

3) 운동발달

영아의 운동발달은 분화되지 않은 전체적이고 통합적인 움직임으로부터 점차 분화되어 특수한 반응으로 이행된다. 머리운동이 먼저 이루어지며, 팔과 다리로 이행되고 신체의 중앙부에서 말초로 이루어진다. 영아의 운동발달은 신체의 성숙도에 따라 개인차가 크지만 대개 생후 3개월부터 운동기술이 발달한다. 3개월경에 머리를 돌릴 수 있고 원하는 물건에 손을 뻗쳐 닿을 수 있으며, 5개월에는 무릎에 앉고 물건을 잡는다. 7개월에는 혼자 앉을 수 있으며, 9개월에는 물체를 붙잡고 일어서며, 10개월에는 잘 기어 다닌다. 12개월이 되면 혼자 걸으며, 16개월에는 손잡고 계단을 오르내리고, 24개월에는 달릴 수 있게 된다.

영아의 운동발달은 주로 손의 사용과 관련되어 있으며, 물체를 쥐거나 조작하는 능력의 발달은 뇌의 발달에 중요한 영향을 미친다(곽형식 외, 2000 : 119). 영아기 동안 감각기능과 운동기능 간의 협응이 이루어지며, 이것은 신체의 각 부위와 감각기관의 발달은 물론 지적 능력의 발전에도 영향을 미치게 된다.

4) 감각발달

영아는 시각이 비교적 덜 발달된 상태에서 태어나며, 한 물체에 시선을 고정시키거나 초점을 맞추지 못한다. 물체에 시선을 고정시키는 것은 생후 1~2주 이내에 발달되며, 6주경에 움직이는 물체를 추적할 수 있게 되고, 2~3개월경에 색채를 바탕으로 물체를 구별할 수 있다. 영아는 다른 사물에 비해 사람의 얼굴을 오랫동안 응시하는 경향이 있으며, 생후 4개월이 되면 다른 색보다 파란색과 빨간색을 더 오랫동안 보는 경향이 있다. 깊이의 지각은 생후 4~6개월이면 가능한 것으로 보고 있다(유안진 · 김혜선, 1996 : 137).

영아의 청각은 출생 직후에는 높고 강한 소리에만 반응을 보이나 며칠 후에는 소리에 대해 여러 가지 다른 반응을 보이며, 특히 사람의 목소리에 빠른 반응을 보인다. 생후 3개월이면 음소를 구별하고, 4~5개월이 되면 소리 나는 방향을 식별할 수 있다. 영아의 촉각은 출생 전부터 발달되어 있는 것으로 알려져 있으며, 피부접촉을 통한 자극은 정상적인 발달에 필수적인 요소로 보고 있다. 어머니의 영아에 대한 피부접촉은 중요하며, 어머니의 심장소리를 듣고 영아는 안정감을 얻게 된다는 것이다.

영아는 태어나면서부터 맛을 구별하는 능력을 갖고 있으며, 성장하면서 어느 정도 더 발달된다고 보고 있다. 영아는 냄새를 맡을 수 있는 능력을 갖고 태어나며, 성장하면서 냄새에 대한 민감도가 증가하지는 않는다. 영아가 출생 당시에는 통각에 둔하지만 생후 며칠 이내에 고통에 대한 감각이 발달하게 된다.

2 인지발달

1) 감각운동

영아의 감각운동은 지능발달의 기초가 되며, 지능이 유기체와 환경과의 상호작용을 통해서 발달해 간다는 것이다. 영아는 선천적으로 타고난 반사행동으로 환경에 적응하며, 점차 경험에 의해 획득된 적응반응을 반복하게 되고, 그 이후에 반사행동을 통합하여 어느 정도 의도적인 행동을 할 수 있게 된다는 것이다(곽형식 외, 2000 : 123). 영아는 갑자기 나타나는 자극의 방향으로 향하는 행동을 하게 되는 지향반응을 보이며, 이러한 자극이 계속적으로 반복될 때는 지향반응이 사라지고 습관화가 이루어진다. 또한 영아는 두 개 이상의 여러 자극이 있을 때 어느 한 개의 자극에 대하여 선택적으로 집중하는 주의집중을 보이기도 한다. 영아는 조건화를 통하여 많은 것을 학습하기도 하고, 순수하게 감각운동을 통하여 문제를 해결하기도 한다.

2) 목적지향행동

영아는 임의적으로 단순한 반응을 보이는 것보다는 오히려 어떤 간단한 목적을 달성하기 위해서 의도적으로 여러 가지 행동을 함께 수행한다(Zastrow, & Kirst- Ashman, 1997 : 114). 즉, 영아는 자신의 행동과 그 행동에서 나타나는 결과를 예측할 수 있게 되면서부터 자신의 욕구를 충족하기 위해 의도적으로 행동하게 되며, 새로운 목적을 성취하기 위해 의도적으로 익숙한 수단을 사용하기도 한다.

이와 같이 영아는 행동하기 전에 사고를 하여 행동결과를 예측하며, 수단과 목적의 관계에 대한 정신적 조작이 어느 정도 가능해진다(권중돈 · 김동배, 2006 : 99). 그러나 영아의 사고는 아직도 단순하고 구체적이며, 장래를 계획하는 능력은 극히 제한되어 있다.

3) 대상영속성

영아기에 획득해야 할 중요한 과제 중의 하나가 대상영속성(object permanence)의 개념이다. 대상영속성이란 영아가 어떤 대상이 시야에서 사라지거나 들리지 않아도 그것이 계속 존재한다고 믿는 것이다. 이러한 개념은 피아제(Piaget)의 인지발달 단계에서 감각운동기에 터득해야 할 가장 중요한 도식이다. 처음에는 영아가 더 이상 대상을 지각할 수 없다고 느끼는 순간부터 그것을 즉시 잊어버리지만, 2세 정도가 되면 대상영속성의 개념을 지니게 된다(Zastrow & Kirst-Ashman, 1997 : 114).

대상영속성의 개념을 획득하는 과정을 보면, 감각운동기의 1단계와 2단계에서는 대상영속성의 개념이 거의 없으며, 3단계에 주변의 물체가 보이지 않아도 존재한다는 개념을 어렴풋이 얻게 된다는 것이다. 4단계에는 시야에서 사라진 사물을 적극적으로 찾으려고 하며, 5단계에 영아가 보는 앞에서 빠른 속도로 사물을 이리저리 숨겨 놓아도 그것을 찾을 수 있을 정도가 되고, 6단계가 되면 사물을 이리저리 숨기는 과정을 전부 보지 않아도 찾을 수 있게 된다는 것이다. 대상영속성은 영아가 사물이나 다른 사람으로부터 분리되어 존재한다는 자각의 기초가 되며, 시간, 공간, 사물 및 사건을 이해하는데 필수적인 요소가 된다(Papalia, Olds, & Feldman, 1998 : 124).

대상영속성의 개념을 획득한 영아는 어떤 사물이나 사람이 눈앞에 보이지 않으면 상실감을 느끼고 그것을 되돌아오게 하려고 노력할 것이다. 대상영속성의 개념을 바탕으로 영아는 세계에 대한 기대와 계획을 세우고 상징을 사용할 수 있게 된다.

3 언어발달

인간은 언어를 획득할 수 있는 능력을 갖고 태어나며, 영아기는 언어발달이 활발하게 진행되는 시기이다. 영아기의 언어발달은 낱말을 사용하지 못하는 언어 이전 시기와 낱말을 사용하기 시작하는 언어시기로 나눌 수 있다(임규혁 · 이차숙, 1994 : 167).

언어 이전 시기는 대략 생후 1년까지의 시기이며, 울음, 쿠잉(cooing), 옹알이(babbling), 음소의 확장 등을 통하여 의사를 전달한다. 울음은 신생아의 유일한 의사전달의 수단이며, 우는 이유가 구분되지 않는 울음에서 이유를 알 수 있는 울음으로 바뀌게 된다. 쿠잉은 영아가 생후 2~3개월 정도부터 즐거운 경우에 목을 울려 낮게 내는 소리로서 울음과 함께 빈번한 의사소통의 방법이다. 옹알이는 자음과 모음을 합쳐서 내는 반복적인 소리로서 신체의 성숙으로 인해 나타나는 현상이며, 생후 4~5개월경부터 시작하게 된다. 이것은 언어발달에 있어서 필수적인 것은 아니지만 상당한 관련성이 있는 것으로 알려져 있다(Papalia, Olds, & Feldman, 1998 : 134-135). 생후 6개월부터 영아는 모국어의 기초적인 소리를 배우게 되며, 12개월까지 음소의 확장이 이루어진다.

언어시기는 생후 1~2년간이며, 영아가 낱말을 사용하기 시작하면서 본격적인 언어발달이 이루어지는 시기이다. 이 시기의 언어발달은 한 번에 하나의 낱말을 사용하여 자신의 의사를 표현하다가, 두 개의 낱말을 연결하여 문장을 만들 수 있게 되기 시작한다.

영아의 언어발달에는 개인차가 있으며, 성별, 가정환경, 가족형태 등에 영향을 받는 것으로 알려져 있다. 일반적으로 여아가 남아보다 언어발달이 빠르며, 어머니의 언어자극은 영아의 언어발달을 촉진시킬 수 있다는 것이다. 한편 영아기 언어의 특성은 반복, 독백 등을 포함한 자기중심적 언어를 사용한다는 것이다.

4 정서발달

정서발달은 성격발달의 기초가 되는 것으로 만 2세까지 성인에게서 볼 수 있는 대부분의 정서가 나타난다. 출생 시 정서는 흥분상태이었다가 2~3개월 정도가 되면 불쾌와 쾌로 나누어지고, 5~6개월이 되면 분노, 혐오 및 공포의 감정으로 나누어지며, 그 이후 애정, 질투, 기쁨 등이 나타나게 된다.

분노는 욕구의 좌절로 인하여 나타나게 되는데, 배고프거나 아프거나 졸릴 때 분노의 감정이 크게 나타난다. 분노는 생후 1~2년 사이에 최고조로 달했다가 나이가 들수록 줄어든다. 분노의 감정을 사랑과 수용으로 다스리지 않고 무시하고 질책한다면 영아는 공격성을 갖게 된다는 것이다(조복희 · 정옥분 · 유가효, 1997 : 159).

영아기에는 대체로 부모의 보호를 받고 있기 때문에 공포의 감정을 유발하는 대상이 비교적 적지만, 애착관계가 형성된 사람과의 격리와 낯선 사람과의 만남은 중요한 공포의 요인이 된다. 공포는 생후 6~7개월경에 나타나는 낯가림으로부터 표현되기 시작하는 시각적 공포와 병원과 같은 학습된 공포가 있다.

불안은 객관적인 또는 물리적인 자극이 없는 것에 대한 공포반응이라 할 수 있다. 영아가 불안을 느끼게 되면 행동 면에서 안절부절못하고, 과잉행동을 보이며, 울음을 터뜨리고, 노여움을 타게 된다. 영아가 불안을 나타나게 되는 원인은 항상 눈에 보이던 어머니와 떨어지게 되면 분리불안을 느끼게 된다. 이러한 영아에게는 애정, 수용, 인정이 필요하며, 어머니와의 분리에 차차 익숙하도록 해야 한다.

기쁨은 대개 신체의 안락함과 관계가 있다. 생후 2~3개월이 지나면 어머니의 얼굴을 대하는 것과 같은 사회적 자극에 미소와 웃음을 보이며, 5~6개월이 되면 움직이는 물체에 대해 즐거운 반응을 보이고, 18개월이 되면 자신의 활동에 대해서 웃음을 보인다. 건강한 영아일수록 기쁨의 표현이 명확하고 빈번하며, 기쁨에 대한 반응으로 미소, 웃음, 손뼉치기, 뛰기, 껴안기 등이 나타나게 된다.

영아의 애정반응은 사람의 얼굴을 응시하거나, 팔로 붙잡거나, 팔을 흔들며 미소를 짓는 등 일정한 형태로 나타난다. 18개월쯤 되면 애정적인 반응이 낯익은 사람에게 지향되며, 20개월쯤 되면 자신과 자기의 장난감에 애정을 갖는다(김제한, 2001 : 206). 이와 같이 영아의 애정은 일차적으로는 사람들과의 관계에서 발달되며, 이차적으로는 사물과의 관계에서 발달된다. 영아가 애정을 얻기 위해서 다른 사람에게 접근할 때 무시하지 말고 격려해 주는 것이 필요하다.

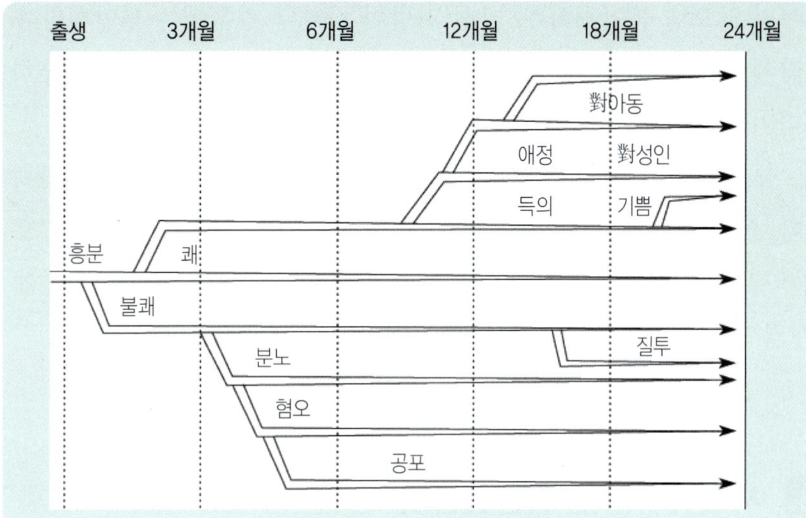

자료 : 유안진・김혜선(1996). 『인간발달』. 한국방송대학교출판부, p.155.

[그림 3-1] 영아의 정서분화

5 사회성 발달

영아기의 사회성 발달은 성인의 성격 특성을 형성하는 기초가 되며, 다른 사람과의 관계에서 얻은 경험을 통해서 형성된다. 사회성 발달과정에서 영아는 여러 가지 표현행동과 애착행동을 나타낸다. 표현행동이란 외부세계와의 의사전달의 수단으로서 영아가 자신의 욕구, 호기심 등을 표시하는 행동을 말한다. 표현행동에는 울음, 응시, 옹알이, 미소, 모방 등이 있으며, 이들은 영아를 돌보는 사람들과의 관계를 통해서 형성되고 애착행동의 기초가 된다(김경희, 2001 : 111). 영아는 생후 4개월 경부터 사물보다 사람의 얼굴을 응시하기를 좋아하며, 12개월 이후부터는 다른 사람의 행동을 모방하기 시작한다.

영아는 친숙한 사람에게 특별한 애착을 발달시켜 나가며, 영아의 최초 애착대상은 성격발달에 결정적인 영향을 미친다. 애착행동은 영아에게 적절한 자극을 주고 반응을 잘 해주는 사람에게 형성된다(Breger, 1974 : 138). 애착관계를 형성한 사람이 눈에 보이지 않으면 불안해하며, 낯선 사람이 나타날 경우에는 불안해한다. 이러한 낯선 사람에 대한 불안은 대개 생후 8개월경에 나타나며, 12개월을 전후하여 절정에 이르다가 차차 없어진다.

영아는 애착대상인 어머니와 함께 있다가 멀어지거나 격리되면 불안해하는 행동을 보인다. 이러한 격리불안(separation anxiety)은 영아가 애착을 갖는 사람으로부터 격리되었을 때 나타나는 조심성 있는 초조한 반응으로 생후 6∼8개월경에 나타나 14∼18개월까지 절정을 이루다가 점점 줄어들게 된다(Shaffer, 1999 : 411).

6 사회복지실천의 관심영역

1) 지적장애

지적장애(mental retardation)는 적응행동의 결함과 함께 나타나는 것으로 일반적인 지적 기능이 평균보다 상당히 낮은 상태를 말한다(Grossman(Ed.), 1983 : 1). 즉, 이것은 지적 발달이 평균보다 훨씬 낮은 수준에 머물러 있어 적응행동을 제대로 나타내지 못하는 상태로 대개 지능지수 70 이하를 말한다(Kail & Cavanaugh, 1996 : 202). 이런 증상은 대개 출생 전이나 출생 직후에 발생하지만 취학 전까지 증세를 발견하지 못하는 수도 있다.

지적장애의 원인으로는 유전적 요인, 출산 시 장애, 환경적 요인 등이 있다. 유전적 요인으로는 신진대사의 장애로 나타나는 페닐케톤뇨증이나 유전인자의 결함으로 나타나는 다운증후군 등이 있으며, 부모의 어느 한 쪽의 선천적 이상으로 지적장애아가 되는 경우도 많다. 출산 시 출산 곤란이나 난산으로 인하여 뇌의 산소결핍이나 뇌의 손상으로 지적장애가 일어날 수도 있다. 환경적 요인으로는 생물학적 발달을 저해하는 임산부의 영양실조, 방사선, 약물남용 등에 의한 것이 있을 수 있으며, 출산 후 고열, 영양결핍, 뇌염, 뇌막염 등으로 뇌가 손상되어 지적장애가 초래되는 경우도 있다.

2) 자폐성장애

자폐성장애(autistic disorder)는 자신의 내적 행동에 열중하는 성격 특성으로서 다른 사람들과 의사소통을 할 수 없고 다른 사람들에 대해서 반응을 보이지 않는 발달장애이다(Zastrow & Kirst-Ashman, 1997 : 136). 이것은 출생 후 곧 시작되는 심각한 사회적 발달의 장애로서 대인관계에 있어 고립상태와 비정상적인 증세를 보인다.

자폐성장애의 주요한 특징을 보면, 다른 사람들과의 정상적인 의사소통에 참여할 수 없으며, 반복적인 행동을 탐닉하고, 사지의 자극적인 운동을 하며, 심각하게 지각이 왜곡되어 있고, 다른 사람에 대한 정상적인 정서적인 반응이 부족하며, 집착이 강한 것 등이다. 즉, 자폐성장애아는 다른 사람들과 눈을 마주치거나 미소를 짓는 사회적인 관심을 나타내지 않으며, 누가 자신을 안아주는 것도 싫어하고, 주위 타인을 의식하지 않고 혼자만의 세계에 갇혀 있길 좋아한다. 자폐성장애아는 주위에서 일어나는 일에 무관심하며, 말을 전혀 하지 않고 상대방이 한 말을 그대로 따라 하기도 하며, 동일한 행동을 반복하는 경향이 있고, 이러한 행동을 방해하면 굉장히 화를 내며, 환경의 변화에 거부반응을 나타낸다.

자폐성장애의 원인을 정확히 알 수는 없지만 초래할 가능성을 살펴보면, 유전적 소질에 의해서 나타날 수 있으며, 부모와 아동 간의 상호작용의 결핍에 기인할 수 있고(유안진 · 김혜선, 1996 : 165), 애정부족으로 나타나는 반응적 장애일 수 있다. 그 밖에도 자폐성장애는 감각기능이나 대뇌기능의 손상으로 인하여 후천적으로 나타날 수도 있다는 것이다.

CHAPTER

04 유아기

유아기(幼兒期)는 3~6세 사이의 시기로서 신체가 전체적으로 균형을 잡아가면서 운동기술이 발달하여 독립된 개체로 활동하게 되며, 대소변 가리기 훈련이 가능해진다. 인지발달이 이루어져 주의집중력과 지각변별력이 발달하지만, 자아중심성, 직관적 사고, 물활론, 상징적 기능, 꿈의 실재론 등과 같은 특징을 지니는 시기이다. 이 시기에는 언어발달이 급속히 이루어져 기본적인 의사소통이 가능해지며, 정서의 분화가 두드러지게 나타나고, 성적인 관심을 나타낸다. 또한 자율성과 자아개념이 발달하며, 여러 가지 놀이를 배우게 되고, 환경에 대한 호기심이 발달하여 환경을 탐색하게 된다.

1 신체발달

1) 신체성장

유아기는 영아기에 비해서 성장속도가 다소 느리지만, 신체가 전체적으로 균형을 잡아가는 시기이다. 신장은 3세 이후에 매년 6cm 이상 성장하여 4세경에는 출생 시 신장의 2배 이상이 되며, 체중도 매년 2kg 이상 증가하여 6세가 되면 출생 시의 6배 이상이 된다. 신체적인 모습은 신체에서 머리가 차지하는 비율이 낮아져 성인의 모습과 비슷해지며, 턱이 커지고 목이 길어지며, 몸통과 팔다리도 길어지고, 복부근육이 발달하여 몸이 날씬해진다.

치아는 2~3세경이 되면 상하 20개의 유치가 완전히 갖추어져 음식을 잘 먹을 수 있으며, 5세경부터 유치가 영구치로 바뀌게 된다. 수면시간은 성장하면서 점점 줄어들어 5세경에는 9시간 정도를 잔다. 이 시기에 정상적으로 성장하고 건강한 신체를 지니기 위해서는 충분한 영양을 섭취해야 하며, 규칙적인 생활습관을 지니며, 사고와 질병으로부터 보호를 받아야 한다.

〈표 4-1〉 한국 유아의 신체발육 표준

구 분	남 아		여 아	
	신장(cm)	체중(kg)	신장(cm)	체중(kg)
3세	96.5	14.7	95.4	14.2
4세	103.1	16.8	101.9	16.3
5세	109.6	19.0	108.4	18.4
6세	115.9	21.3	114.7	20.7

자료 : 질병관리본부·대한소아과학회(2017). 『소아청소년 성장도표』, pp.18-24.

2) 운동발달

유아기는 근육의 발달과 신경계통의 점차적인 성숙으로 운동기술이 상당히 발달한다. 유아는 영아기에 할 수 없었던 여러 가지 새로운 활동을 할 수 있게 되며, 기초적인 운동기술을 익히려고 열심히 노력하는 경향이 있다.

운동발달은 운동형태의 발달과 운동기술의 발달로 나누어 볼 수 있다. 운동형태의 발달은 어떤 행위를 수행할 때 형성되는 일련의 기본적인 움직임을 말하며, 운동기술은 이러한 움직임의 정확성과 속도를 포함하는 개념을 말한다(이옥형, 2002 : 203). 유아는 3세가 되면 뛰면서 속도를 조절할 수 있으며, 발을 바꾸어 가며 계단을 오를 수 있고, 세발자전거를 탈 수 있다. 4세에는 공을 잡을 수 있으며, 수영도 배울 수 있고, 구부러진 길을 걸을 수 있다. 5세가 되면 한 발로 균형을 잡을 수 있으며, 두발자전거를 타기를 시도한다. 6세 이후에는 두발자전거를 탈 수 있으며, 유아기에 획득된 운동기능이 정교하게 된다.

유아기에는 생활에 필요한 기술을 혼자서 할 수 있게 된다. 3세에는 숟가락을 사용할 수 있고, 6세경에는 혼자서 식사를 할 수 있다. 옷을 혼자서 벗는 것은 3세 이후가 되면 가능하며, 4세에는 옷을 입을 수도 있지만, 5세 이후가 되어야 혼자서 옷을 벗고 입을 수 있으며, 신발을 신거나 벗을 수 있다.

대소변의 통제는 신경과 근육의 성숙과 관련되어 있으며, 대소변과 관계가 있는 괄약근의 성숙이 전제조건이 된다. 3세가 되면 괄약근이 발달되어 대소변 가리기 훈련을 시키는 것이 적당하며, 부모의 훈련태도에 따라 개인차가 존재하기 때문에 엄하고 억압적인 것보다는 칭찬하고 격려하는 것이 바람직하다.

3) 안전사고

유아기는 발달의 특성상 안전사고의 발생가능성이 매우 높다. 유아기에는 운동발달이 급속히 이루어짐에 따라 매우 활동적이며, 호기심과 모험심이 많고, 어른의 흉내 내기를 좋아한다. 그러나 유아는 아직 주변 환경에 대한 이해력이 부족하여 위험상황을 제대로 인지하지 못하며, 부모가 영아기 때보다 감독을 소홀히 하는 경향이 있기 때문에 안전사고의 위험성이 더욱 크다(이옥형, 2002 : 208).

유아기에 자주 일어나는 안전사고로는 교통사고, 화상, 익사사고, 낙상사고, 질식사고, 감전사고 등이 있다. 이러한 사고로 인하여 많은 유아들이 생명을 잃거나 장애를 갖게 될 수 있으므로 부모나 보호자의 각별한 주의와 관심이 필요하다. 그와 동시에 유아들이 안전하게 놀 수 있는 환경을 조성해야 하며, 유아에게 사고를 방지할 수 있는 안전의식이나 능력을 길러주어야 한다.

2 인지발달

1) 지각발달

유아는 감각기관이 발달하고 경험의 범위가 확대되면서 지각능력이 향상된다. 지각이란 감각기관을 통해서 들어온 자극을 인지하는 정신적인 과정인 것이다. 유아기 동안에는 주의집중력 및 지각변별력과 같은 지각능력이 발달한다.

일반적으로 유아는 주의가 산만하고 집중력이 결여되어 있으나, 4~5세가 되면 주의집중시간은 짧지만 선택적으로 주의를 집중하게 된다. 6세경에는 중추신경계의 성숙으로 주의집중력이 현저하게 발달하며, 이것은 아동기와 청년기에 점증적으로 향상된다. 주의집중력은 유아가 무엇을 하려고 하는 의지에 따라 달라지며, 흥미와도 상당한 관련성이 있는 것으로 보인다.

유아기에는 어떤 자극을 부분적으로 지각하는 단계를 벗어나 전체적으로 지각할 수 있게 되며, 시간지각, 공간지각, 형태지각 등도 점차 발달하게 된다. 5~6세 경에는 여러 대상의 특성 또는 속성을 알아내는 변별력이 발달하며, 아동기까지 점진적으로 증가한다. 변별력의 발달은 교육과 밀접한 관련성이 있기 때문에 지각능력 발달을 촉진하는 적절한 교육이 필요하다.

2) 기억발달

기억은 인간의 학습에서 매우 중요한 요인으로서 경험한 내용을 머릿속에 저장했다가 필요할 때 꺼내어 사용하는 인지과정이다. 3~4세가 되면 기억능력이 발달하게 되며, 6세 이후가 되어야 효과적인 기억을 할 수 있다.

기억은 외부에서 들어온 정보를 우리의 기억 속에 저장했다가 필요할 때 회상하여 이용하는 과정으로 부호화, 저장 및 인출의 세 가지 과정을 거친다. 부호화는 환경 속에서의 여러 가지 정보를 감각기관을 통해 부호로 전환하는 과정이다. 저장은 부호화된 정보를 머릿속에 보유하는 과정으로 '감각기억 → 단기기억 → 장기기억'의 순서로 저장된다. 인출은 저장된 정보를 꺼내어 사용하는 과정이며, 이 과정에는 재인(recognition)과 회상(recall)이 있다. 재인은 영아기 초기부터 나타나 유아기 동안 현저히 발달하는 기억능력으로 전에 우연히 마주친 어떤 것을 인지하는 능력이다. 회상은 생후 1년 이내에 출현하여 청년기까지 계속 발달하는 기억능력으로 기억에 관한 지식을 재생하는 능력이다(Papalia, Olds, & Feldman, 1998 : 206).

유아의 기억은 연령이 높아지면서 증가하고 기억의 흔적이 점점 확대되고 분화하며 지속시간도 길어진다. 기억은 지속기간에 따라 감각기억, 단기기억 및 장기기억으로 분류할 수 있다. 감각기억은 감각기관을 통하여 외부로부터 들어온 정보를 감각기억 저장장치에 저장했다가 빠르게 잊어버리는 경우를 말한다. 단기기억은 기억의 흔적이 약 15~20초 동안 남는 것으로 몇 개 정도밖에는 저장하지 못한다. 장기기억은 짧은 것은 몇 분밖에 기억하지 못하지만 어떤 정보는 일생 동안 기억할 수도 있는 것을 말한다(Craig, 1999 : 218).

3) 개념발달

유아기에는 시간, 공간, 형태 등에 대한 지각이 발달됨에 따라 그에 따른 여러 가지 개념을 발달시켜 나간다. 그러나 유아는 상황의 한 차원이나 하나의 특성에 초점을 맞추어 다른 중요한 특성을 고려하지 못하기 때문에 보존개념(conservation)을 획득하지 못하고 있다. 보존개념이란 어떤 수, 양, 길이, 면적, 부피 등의 차례나 모양이 바뀌어도 그대로 그 특질을 유지한다는 것을 이해하는 능력이다. 이러한 보존개념은 유아기에 획득하기가 어려우며, 약 7~8세가 되어야 획득할 수 있다.

유아는 유목(category) 간의 부분과 전체에 대한 이해능력과 분류능력을 발달시키지 못하여 여러 가지 속성을 가진 도형을 형태, 크기, 색 등에 따라 분류하지 못한다. 또한 서로 다른 크기를 가진 물건을 주고 차례대로 배열해 보도록 요구하면 유아는 크기의 순서대로 제대로 배열하지 못한다. 이러한 분류화(classification)와 서열화(seriation)는 유아기에 획득하기가 어려우며, 구체적 조작기가 되어야 가능하다.

수 개념은 분류화와 서열화의 조작을 통한 종합적인 결과로 발달하는 것이므로 유아기에 수 개념을 획득하기가 어렵다. 유아기에는 직관적 사고 외에도 수를 이해하고 기억할 만큼 기억력이 충분하지 못하기 때문이다. 대체로 6~7세가 되어야 수 개념을 획득할 수 있으며, 수학적 단위의 개념도 이해하게 된다(Papalia, Olds, & Feldman, 1998 : 271-272).

4) 사고발달

유아기의 사고는 자아중심성(egocentrism), 직관적 사고(intuitive thought), 물활론(animism), 상징적 기능(symbolic function), 꿈의 실재론 등의 특징을 지니고 있다.

자아중심성은 전조작적 사고의 두드러진 특징으로서 유아가 자기 자신의 관점과 다른 사람의 관점을 구별할 수 없는 것을 말한다(Santrock, 1997 : 223). 즉, 이것은 유아가 언어, 사고, 행동에서 다른 사람의 역할과 견해를 고려할 줄 모르며, 다른 사람도 자신과 동일할 것으로 생각하는 사고이다.

직관적 사고는 대상이나 사태가 갖는 여러 속성 중에서 가장 현저한 한 가지의 지각적 속성에 의해 판단하는 유아의 중심화된 사고양상을 의미한다. 이것은 어떤 상황에서 직관적으로 하나의 특성에 초점을 맞추어 다른 특성들을 고려하지 못하는 것을 말한다. 직관적 사고는 보존개념과 분류화에서 잘 나타나며, 물활론과 꿈의 실재론에서도 나타난다.

물활론은 무생물을 살아 있다고 생각하는 것이다. 즉, 이것은 유아가 자아중심적 사고를 바탕으로 세상에 있는 모든 사물이 사람과 같이 생명이 있고 살아 움직이는 것처럼 생각하는 것이다. 4~6세가 되면 움직이는 모든 것이 살아 있다고 생각하며, 6~8세에는 스스로 움직이는 것만 살아 있다고 생각한다.

상징적 기능은 유아가 더 이상 직접 보고 듣고 만지지 않아도 자신이 내적으로 형성하고 있는 표상을 여러 형태의 상징으로 표현할 수 있는 능력을 말한다. 이것은 상상놀이와 그림을 통하여 가장 잘 표현하고 있다. 상상놀이는 가상적 사물이나 상황을 실제 사물이나 상황으로 상징화하는 놀이로서 유아의 상상력과 창의성의 수단이 된다. 그림은 유아의 내적 표상이 표출되는 것으로 자신의 머릿속에 있는 심상을 반영하는 것이다.

꿈의 실재론은 유아가 꿈이 실제로 일어난 것이라고 믿는 것이다. 즉, 유아는 꿈꾸고 있는 동안 꿈이 자기 주위에 그대로 남아 있다고 생각한다. 유아는 꿈과 현실이 명백히 구분되지 않으며, 마음속으로 상상한 것과 현실의 상황이 엄격하게 구분되지 않는다. 5~6세경에는 꿈과 현실을 어느 정도 구별할 수 있으며, 6~7세가 되면 꿈이 실재적이 아니라는 것을 알게 된다.

한편 유아기는 지능발달의 결정적 시기라고 할 수 있다. 학자들 간에 지능발달의 결정적 시기에 대해서는 일치하지 않지만, 3~10세까지 지능이 급속히 발달하고 그 이후에는 점차 완만해진다고 보고 있다. 그러므로 뇌의 활동이 활발한 유아기에는 환경에 의해 지능이 영향을 받을 수 있기 때문에 충분한 지적 자극이 필요한 시기라 할 수 있다.

3 언어발달

유아기에는 타인의 말을 이해하는 능력이 급속히 발달하고 어휘 수와 문장의 길이가 놀랄 만큼 증가하여 기본적인 의사소통이 가능해진다. 2세 이후부터 말할 수 있는 어휘 수가 급격히 증가하게 되며, 3~4세에는 3~4개의 단어로 문장을 구성할 수 있고, 5~6세에는 6~7개의 단어로 구성된 문장을 사용할 수 있다. 이 시기에 유아가 이해하는 어휘가 얼마나 많은가 하는 것은 유아와 함께 있는 사람들이 유아로 하여금 말의 의미를 배우도록 얼마나 주의 깊게 도와주느냐에 달려 있다.

유아기 언어의 특징은 문장이 전문식 언어로서 단순하다는 것이며, 단어의 의미를 과다하게 축소하거나 과다하게 확대하기도 하고, 문법적으로 이해하는 것을 제대로 표현할 수 없다는 것이다. 그 외에도 자신이 말한 내용을 확인하는 형식으로 다시 물어보는 확인 부가의문문과 같은 문장을 많이 사용하며, 예외를 가진 규칙을 이해하지 못하고 규칙을 과다하게 적용한다는 것이다(Papalia, Olds, & Feldman, 1998 : 138-139).

유아의 언어발달에는 결정적 시기가 존재한다는 것이다. 언어발달의 결정적 시기는 대개 2세부터 사춘기까지로 보고 있다. 유아의 언어발달은 또한 개인차가 존재하며, 이것은 지적 · 사회적 · 정서적 · 성격적 발달에 영향을 미치게 된다. 유아의 언어발달에 영향을 미치는 주요한 요인으로는 다른 사람과의 상호작용, 사회계층, 성별 등이 있을 수 있다.

유아는 다른 사람과의 언어적 상호작용의 기회가 많을수록 언어발달이 촉진된다. 특히 어머니와의 상호작용은 유아의 초기 언어발달에 크게 영향을 미치게 된다. 어머니는 유아가 알아듣기 쉽고 이해할 수 있는 수준의 언어를 사용하므로 언어발달을 더욱 촉진한다는 것이다. 또한 부모와 유아 간의 언어적 상호작용에서 유아의 언어능력, 의도, 의미, 반응 등의 여러 요인을 고려하여 적응시키는 부모의 민감성이 유아의 언어발달을 가속화시킬 수 있다는 것이다(이옥형, 2002 : 239).

유아의 언어발달은 부모의 사회계층에 따라 달라질 수 있다는 것이다. 부모의 사회계층이 낮은 유아가 높은 유아에 비해 언어발달의 수준이 낮은 경향이 있다는 것이다. 이것은 유아와 부모 간의 상호작용의 양과 깊은 관련성이 있는 것으로 보인다. 또한 유아의 언어발달에는 초기부터 성별로 차이가 분명하게 나타나며, 여아가 남아보다 언어발달의 속도가 빠르고 언어획득의 모든 측면에서도 우수하다.

언어획득의 이론을 보면, 스키너(Skinner)의 조작적 조건화이론에서는 언어가 다른 모든 행동과 마찬가지로 강화에 의하여 학습되는 행동이라고 본다. 반두라(Bandura)의 사회학습이론에서는 언어가 부모나 가족과 같은 다른 사람들이 말하는 것을 듣고 그대로 모방하는 과정에서 어휘와 문법의 규칙을 습득한다는 것이다. 그러나 언어는 단순히 자극과 반응에 의해서만 학습된다고 보기는 어려우며, 관찰과 모방만으로 언어를 획득한다고 보기도 어렵다. 촘스키(Chomsky)의 언어발달이론에서는 강화와 모방의 영향이 언어발달에 중요하다는 것을 인정하면서 인간은 선천적인 언어습득기제를 사용하여 언어를 획득한다는 것이다(Zanden, 1997 : 146)

4 정서발달

1) 정서발달의 특징

유아기가 되면 정서의 분화가 두드러지게 나타나 대체로 5세경에는 성인의 정서와 거의 동일하게 발달한다. 유아기의 정서의 특징으로는 우선 지속시간이 짧다는 것이다. 유아는 성인과 달리 그 정서를 외적 동작에 남김없이 표출하기 때문에 지속시간이 짧게 된다. 그러나 성장함에 따라 정서의 외적 동작에 대한 표출에 사회적 제약이 가해지기 때문에 지속시간이 길어져 정서경험을 오래 기억할 수 있으며 자제력도 생기게 된다.

유아의 정서는 아주 강하고 폭발적이라는 것이다. 유아의 정서적 반응에는 일반적으로 강도의 차이가 거의 없으며, 사소한 자극에도 대단히 격렬한 정서표현을 하여 성인들을 놀라게 하는 일이 있다. 즉, 좋은 일이 있으면 무척 즐거워하다가도 조금만 화가 나면 몸부림과 발버둥을 치면서 울기도 한다. 이러한 폭발적인 정서표현은 4세 이후부터 다소 감소된다(김경희, 2001 : 154).

유아의 정서는 변하기 쉽다는 것이다. 유아들은 잘 놀다가도 금방 싸움을 하고 다시 금방 사이좋게 놀기도 하는 것처럼 어른들이 이해하기 곤란할 만큼 정서가 돌발적이며 극단적으로 변해간다. 유아의 정서가 이와 같이 쉽게 변하는 것은 정서를 보유하지 못하고 즉각적으로 표출하게 되며, 이지적 발달과 경험이 부족하여 장면에 대한 이해력이 결여되어 있기 때문이라는 것이다(김제한, 2001 : 247).

유아의 정서는 자주 나타난다는 것이다. 유아는 희로애락과 같은 여러 가지 감정의 표출이 매우 빠르고 짧지만 자주 나타난다는 것이다. 유아의 정서가 전형적인 성인과 비교하면 평균적으로 자주 나타나는데 이것은 유아가 성장함에 따라 여러 장면에 대한 적응능력을 키워 나가는 것과 관련성이 있다.

2) 정서발달의 유형

유아기에 나타나는 정서로는 공포, 분노, 질투, 애정, 호기심, 기쁨 등이 있다. 공포는 유아가 마음에 생각지도 않은 것이 강렬하게 나타날 때 여기에 대항하지 못하여 심리적 균형을 잃은 상태를 말한다. 유아는 지능의 발달과 더불어 이전에 알지 못했던 위험의 가능성에 대한 인식이 높아지면서 공포의 빈도가 더욱 높아진다. 2~4세의 유아는 자기가 놓여 있는 장면의 상태에 대해 공포심을 많이 나타낸다. 5세 이전까지는 직접적이고 구체적인 자극에 의해서만 공포를 느끼지만, 6세가 되면 그 대상은 상상적인 것으로 변한다.

분노는 유아기에 가장 보편적으로 나타나는 정서이다. 유아의 분노는 자기가 하려고 하는 일이 저지되거나, 원하는 것을 가질 수 없거나, 타인과 불리하게 비교되거나, 무엇을 강요당하거나, 자기의 체면을 손상시키는 것 등에 의해서 발생한다. 유아의 분노는 주로 떼쓰기로 표현되며, 3~4세 사이에 가장 심하게 나타난다. 4세경에는 공격적 행동으로 분노를 표시하며, 5세 이후에는 공격적 언어로 분노를 표시하게 된다(유안진 · 김혜선, 1996 : 188). 유아의 분노는 성격형성에 많은 영향을 미치므로 되도록 분노가 발생하지 않도록 화목한 가정적 분위기를 조성하고 바람직한 행동의 학습을 강화해야 한다.

질투는 애정을 구하는 욕구가 충족되지 않은 데서 일어나는 분노와 실망이 혼합된 정서라 할 수 있다. 질투는 대체로 적극적이고 공격적인 유아에게 많으며, 지능이 높은 유아일수록 많고, 남아에 비해서 여아가 많다. 질투는 3~4세경에 가장 심하게 나타나며, 동생이 생기게 되는 경우에 현저하게 나타나고, 퇴행적 행동을 통하여 부모의 애정을 획득하려고 한다. 5~6세까지 심한 질투를 보이다가 그 이후에는 흥미의 범위가 넓어지고 사회성이 발달하면서 질투의 표현이 억제된다.

애정은 가정에서 부모와 유아와의 상호 접촉을 통하여 싹트게 되고 대인관계가 확대됨에 따라 애정관계도 점점 확대되어 간다. 유아는 사람에게뿐만 아니라 동물이나 무생물에게도 애정을 표현한다. 애정은 상호적인 것이므로 유아기에는 특히 자기를 사랑해 주는 사람을 사랑하며, 애정을 많이 받은 유아가 그렇지 못한 유아보다 정서적 ·

신체적 발육이 빠르다. 그러나 지나친 보호와 사랑은 유아의 사회성 발달을 지연시키고 독립성과 자율성을 저해하는 결과를 가져올 수 있다.

유아는 모든 것에 관심을 갖게 되며, 이전에 본 것과 다른 것이라면 무엇이든지 호기심을 갖는다. 또한 자신의 신체, 다른 유아의 신체, 성인의 신체 등에 대해서도 강렬한 호기심을 갖는다. 유아의 호기심은 언어발달과 더불어 언어적 표현을 통하여 만족시키게 된다. 유아의 질문은 2~3세 사이에 시작하여 6세 때에 절정을 이루게 된다. 한편 유아가 그의 질문에 만족스러운 답을 얻지 못하게 되는 경우에는 같은 연령과 지능을 갖은 다른 유아에 비하여 정보와 지식이 낮아지는 경향이 있다 (김경희, 2001 : 157-158).

유아는 새로운 것을 발견하거나, 다른 유아에 비해 어떤 일을 더 잘 해내거나, 익살맞은 몸짓을 볼 때 기쁨을 느끼게 된다. 영아기의 웃음은 생리적이지만 유아기에는 사회적인 인간관계로 변화된다. 2세경까지는 기쁨이 웃음이나 동작으로 표현되다가 3세경부터는 언어발달과 함께 언어로 표현된다. 유아의 기쁨에 대한 반응은 미소, 웃음, 손뼉치기, 깡충깡충 뛰기, 껴안기 등으로 나타난다.

5 사회성 발달

1) 자아의 발달

2세 이후의 유아는 어머니와의 격리에서 심한 불안을 보이지 않으며, 자기의 몸을 하나의 독립체로 인식할 수 있고 스스로 조절할 수 있다는 사실도 알게 된다. 3세경에는 자신의 몸에 관심을 가지고 다른 사람의 것과 비교하여 차이점도 알게 되며, 4~5세에는 성적 관심을 나타낸다. 유아가 자신의 신체적 특징을 알게 되면서 신체적 자기인식을 갖게 된다(유안진 · 김혜선, 1996 : 190).

유아는 자기 일을 스스로 할 수 있게 되면서 자율성을 발달시켜 나간다. 즉, 혼자서 독립적으로 음식을 먹거나, 신을 신거나, 옷을 입고 벗거나 하는 자조기능을 통하여 자율성을 발달시킨다. 유아의 자율적인 행동에 대해 부모나 다른 사람으로부터 칭찬을 받으면 문제가 없지만 꾸중이나 금지를 당하는 경우에 수치와 의심을 갖게 되어 자율성 형성에 부정적인 영향을 미칠 수 있다.

유아는 자기의 몸을 능숙하게 조절하고 주변의 환경에 효과적으로 대처해 나가게 되면서 성취감을 발달시키게 된다. 유아가 스스로 어떤 행동을 했을 때 부모와 주위 사람들이 칭찬하고 격려해 주면 성취동기가 높아지게 되며, 성취감이 높은 유아는 더욱 독립적이고 자주적인 성격을 갖게 된다(김경희, 2001 : 162).

자존심(self-esteem)은 개인이 자신에 대해 긍정적인 가치를 부여하는 것으로서, 유아의 자존심은 자기 스스로 무엇을 해낼 수 있다는 자율성과 성취감에 기초하여 형성된다(Papalia, Olds, & Feldman, 1998 : 225). 자존심의 발달은 부모의 양육태도에 큰 영향을 받으므로 위험이 따르지 않는 한도 내에서 유아의 호기심을 자극하고 자율성과 성취감을 느끼도록 하는 것이 중요하다.

유아는 자율성, 성취감 및 자존심을 기초로 하여 자기 스스로 자신에 대해 생각하는 이미지인 자아개념(self-concept)을 발달시켜 나간다. 유아기에는 자신을 유능하고 없어서는 안 될 존재로 생각하는 긍정적 자아개념과 자신은 늘 미움을 받으며 무엇이나 잘 해낼 수 없다고 생각하는 부정적 자아개념이 나타날 수 있다. 그러므로 유아가 건전한 자아개념을 발달시켜 나가도록 칭찬과 격려를 하면서 자율성을 가진 인격체로 존중해 주어야 한다.

유아기는 도덕적 행동에 대한 초보적인 개념이 형성되는 시기로서 부모의 태도, 가치 등을 자신의 것으로 내면화하면서 양심을 발달시켜 나간다. 양심은 2~3세경에 나타나기 시작하며, 부모의 금지, 권유 등과 다른 형제나 또래에 대한 관찰을 통해서 학습된다. 한편 유아기는 콜버그(Kohlberg)의 도덕발달단계에서 전인습적 수준의 시기인 동시에 성인의 기대에 부응하려는 시기이므로 도덕적 규칙과 사회적 규칙을 구별할 수 있고 도덕적 규칙을 더 중요하게 여긴다는 것이다.

2) 대인관계의 발달

유아가 최초로 맺게 되는 사회적 관계는 부모와의 관계이다. 유아는 부모와의 관계에서 성격과 사회성 발달에 중요한 영향을 받게 되며, 이러한 부모-자녀관계에 중심이 되는 것은 자녀에 대한 부모의 양육태도와 유아의 성격형성과의 관계이다. 부모의 양육태도가 수용적이면서도 권위 있는 태도를 가질 경우에는 유아가 자신을 수용할 수 있고 자신감을 갖게 되며, 자신의 감정을 보다 자유롭게 표현할 수 있고, 다른 사람과의 관계에서 개방적이다. 또한 유아는 다른 사람을 사랑할 수 있는 능력을 갖게 되며, 사회적으로 책임감이 있고 독립적이며, 성취지향적이고 다른 사람들과 협조적이 된다(최경숙, 2001 : 380-382).

유아기 동안 어머니와 장기간 격리되어 있거나 어머니가 없을 경우에는 신체적 · 인지적 · 정서적 · 사회적 발달에 지체현상을 갖게 되어 성장하여 대인관계를 원활히 맺을 수 없으며, 건전한 자아형성이 어렵게 된다는 것이다. 유아기 동안 아버지가 없는 경우에 남아는 인지발달에 장애를 갖게 되고 성역할의 학습에도 좋지 않은 영향을 받게 되며, 여아는 의존성이 강해지고 정서적인 문제와 부적응의 문제를 갖게 된다는 것이다.

유아의 성격과 사회성 발달에 영향을 미치는 또 다른 중요한 사회적 관계로는 형제자매 관계와 또래와의 관계가 있다. 형제자매 관계는 유아에게 행동, 갈등, 협동, 경쟁 등을 배우게 하는 원천이 되며, 이것은 출생순위, 성별, 연령차에 따라 다르게 나타난다. 또래는 유아에게 인지적 · 정서적 · 사회적 발달에 영향을 미치게 되며, 유아의 사회화 과정에서 강화제공자, 모델, 표준(criterion) 등의 역할을 수행한다. 2세 이후가 되면 유아는 그들끼리 보다 우호적 · 협동적인 반응이 많아지게 되며, 집단생활과 놀이에 민감해진다.

3) 놀이의 발달

유아의 생활은 놀이의 연속이라고 할 만큼 유아기에 놀이는 중요하며, 그것을 통하여 여러 가지를 배우게 되고 사회성을 발달시키는 중요한 요소가 된다. 유아의 놀이는 그 자체가 목적이 있는 것으로 사회적 행동이면서 착실한 학습의 장인 것이다.

유아의 놀이는 파튼(Parten)에 의하면, 6단계를 거쳐 발달한다는 것이다. 이것은 그들의 시간을 다른 사람을 무심코 지켜보면서 보내는 한가한 놀이(unoccupied play)에서 혼자놀이(solitary play)로 발달하며, 다른 유아의 놀이를 지켜보면서 놀이에는 참여하지 않는 방관자 행동(onlooker behavior)으로 발달한다. 그 다음으로 유아의 놀이는 다른 유아의 옆에서 독립적으로 노는 평행선 놀이(parallel play)로, 유아들이 서로 장난감을 주고받으며 상호작용을 하는 연합놀이(associative play)로, 그리고 유아들이 서로 다른 역할을 하면서 통합적으로 노는 협동놀이(cooperative play)로 발전한다(Zanden, 1997 : 244).

유아의 놀이는 연령에 따라 그 특징이 다르게 나타나므로 연령수준에 적절한 놀이의 선택이 필요하며, 격렬한 놀이와 조용한 놀이의 적절한 조화도 필요하다. 유아의 놀이는 성격형성에 중대한 영향을 미치므로 유아가 흥미를 가지고 있는 놀이를 할 수 있는 기회를 증대시키며, 신체적 운동, 풍부한 경험, 도덕적 훈련, 바람직한 사회행동의 습득 등을 포함하는 놀이를 할 수 있도록 해야 할 것이다.

4) 사회화의 발달

사회화(socialization)는 유아들이 자신이 속한 사회가 적절하다고 생각하는 신념, 가치, 행동 등을 획득해 가는 과정이다. 유아는 사회화 과정을 통해서 점차 자기 자신을 통제할 수 있게 되고 책임감을 가진 사회의 구성원으로 성장해 간다. 유아의 사회화는 부모, 형제자매, 또래 등과 같은 사회화에 큰 영향을 미치는 사람들과의 상호작용에서 상과 벌, 동일시(identification), 관찰학습 등을 통해 형성된다.

유아의 행동은 부모의 반응 여하에 따라 달라진다. 유아의 행동이 부모의 기대에 부응하면 칭찬과 상을 받을 것이며, 부응하지 못하면 꾸중과 벌을 받게 될 것이다.

이와 같이 상과 벌은 사회화의 중요한 기제로서 유아의 바람직한 행동을 강화하고 바람직하지 못한 행동을 소멸시키는 역할을 수행한다. 상과 벌이 유아의 사회화에 효과적이기 위해서는 벌보다는 상에 더 많은 비중을 두어야 하며, 상과 벌에는 일관성이 있어야 한다(유안진 · 김혜선, 1996 : 200-201).

동일시는 자신이 좋아하는 타인의 감정, 태도, 가치, 행동 등을 마치 자신의 것처럼 생각하여 무의식적으로 내면화시키는 것을 말한다. 유아는 부모를 동일시하여 부모의 능력, 특징, 행동 등을 내재화시켜 스스로 자기 통제력을 갖게 된다. 유아가 부모를 동일시하는 요인으로는 부모와 자기와의 유사성, 부모의 배려와 사랑, 부모의 적절한 능력에 대한 선망, 동일시한 행동에 대한 부모로부터의 보상 등이 있다(김경희, 2001 : 183).

유아는 다른 사람의 행동을 관찰함으로써 사회에서 인정되는 태도, 행동양식, 가치 등을 배우고 내면화시킨다. 유아는 특히 부모와 형제자매가 하는 행동, 언어, 성격 특성 등에 대한 관찰학습을 통해 사회화가 이루어지게 되며, 연령이 증가하고 사회적 관계가 넓어짐에 따라 가족 이외의 다른 모델의 행동과 태도를 관찰을 통해 학습하게 된다.

6 사회복지실천의 관심영역

1) 언어장애

언어장애는 유아기에 유전적 · 심리적 · 정서적 · 사회적 요인들로 인해서 정상적인 언어발달이 이루어지지 못한 상태를 말한다. 유아의 언어장애는 유전적 요인에 기인하는 경우도 있으며, 자폐증이나 지적장애가 있는 경우에 언어발달이 지연되거나 장애를 갖게 된다. 유아에게 불안이나 강박관념과 같은 심한 정서적인 문제가 있을 경우에 유아가 다른 사람과 어울리는 것을 회피하면서 말을 더듬는 경향이 있게 된다.

적절한 언어모델이 부족하여 언어적 자극을 받을 수 있는 환경이 결여되어 있거나, 지나치게 언어모델이 많거나, 과잉보호에 의하여 언어를 사용할 필요성이 적은 경우에도 유아의 언어발달이 지연된다. 또한 언어사용을 자극하고 촉진하는 새롭고 흥미로운 경험이 부족하거나, 지배적이고 엄격한 통제를 가하는 아버지가 있거나, 부모나 가족이 유아의 언어에 지나치게 간섭하여도 언어발달이 지체될 수 있다(유안진 · 김혜선, 1996 : 202). 그러므로 유아가 정상적으로 언어발달을 이룰 수 있도록 심리적 · 정서적인 안정을 갖게 하며, 언어발달을 촉진할 수 있는 적절하고 자극적인 환경을 제공해야 한다.

2) 수면장애

수면장애(sleep disturbances)는 유아들이 수면공포와 악몽으로 인하여 빈번하면서도 지속적으로 수면에 방해를 받게 되는 것을 말한다. 수면공포는 수면 중에 돌연한 공포상황에서 느닷없이 잠을 깨는 것으로서, 잠자리에서 소리를 지르고 몸을 일으키거나, 가쁘게 숨을 몰아쉬고 눈을 동그랗게 뜨고 쳐다보기도 하는 것이다. 그러나 유아는 잠에서 깨어나지 않고 다시 잠자리에 들게 되며 다음날 그것을 기억하지 못한다. 악몽은 유아가 무서운 꿈을 꾸는 것으로 수면공포와는 다르게 보통 잠자리에 든 후 1시간 이내에 발생하며, 그 장면들을 생생하게 기억할 수 있다는 것이다. 그 외에도 유아들이 잠자는 동안에 무의식적으로 걸어 다니거나 이야기하는 경우가 있다.

수면공포나 악몽은 6세 미만의 유아에게 빈번히 나타나는 현상으로 크게 문제가 되지는 않지만, 그것들이 심각하게 지속적으로 나타나게 되면 불안, 공포 등과 같은 정서적인 문제로 발전하게 된다. 따라서 유아가 무의식적으로 두려움, 불안, 적개심, 원망 등을 갖지 않도록 심리적 · 정서적인 안정을 느낄 수 있는 환경을 조성하는 것이 필요하다.

3) 야뇨증

야뇨증(nocturnal enuresis)은 유아기에 나타나는 보편적인 기능적 장애이다. 5세 이후의 유아가 3개월 동안 일주일에 2번 이상 옷이나 침대에 반복적으로 배뇨가 발생하면 야뇨증으로 보아야 한다. 이것은 어린 동생의 출생과 더불어 나타나는 빈도가 많아지며, 동생에게 빼앗긴 부모의 애정과 관심을 다시 얻고자 무의식적으로 동생과 같은 영아로 되돌아가려는 퇴행(regression)에서 나타난다는 것이다.

야뇨증의 원인은 생리적인 원인과 심리적인 원인으로 나누어 볼 수 있다. 생리적인 원인으로는 방광근육의 미성숙, 방광이나 요도의 이상, 척추 이상, 자율신경계의 손상, 유전적 소질 등이 있다. 심리적 원인으로는 부모의 애정과 관심을 끌기 위한 욕구의 표현, 부모에 대한 적개심의 표출 등이 있다. 야뇨증의 원인은 생리적인 원인보다는 심리적인 원인에 기인하는 것으로 보는 경우가 많으며, 5세 남아의 경우 전체의 약 7%, 여아는 3%가 야뇨증이 있는 것으로 나타나고 있다(Papalia, Olds, & Feldman, 1998 : 188-189).

야뇨증은 유아기에 보편적으로 나타날 수 있으며 심각한 장애가 아니기 때문에 배뇨를 한 유아를 비난하거나 처벌하지 말아야 한다. 이것은 특별한 도움이 없이도 상태가 호전될 수 있으므로 어린 동생에 대한 지나친 보호를 삼가야 하며, 유아에게 심리적·정서적 안정을 제공하고 자신감을 가질 수 있도록 해야 한다.

CHAPTER

05 아동기

아동기(兒童期)는 7~12세 사이의 시기로서 학교교육을 통하여 필요한 지식과 기술을 습득하게 된다. 인지발달이 이루어져 보존개념, 분류화, 서열화, 탈중심화 등이 발달하며, 기억전략과 변형기억이 현저하게 발달하는 시기이다. 이 시기에는 분노, 질투, 애정, 불안, 좌절감 등의 감정을 조절할 수 있게 되며, 또래집단과의 대인관계가 발달하고 적절한 성역할을 학습한다. 또한 자기의 존재를 자각하고 독자성을 가지게 되면서 자아개념, 자존심, 근면성, 도덕성 등이 더욱 발달하게 된다.

1 신체발달

1) 신체성장

아동기의 신체성장 속도는 영아기나 유아기에 비해 느리지만 신장과 체중이 상당히 성장한다. 신장은 매년 평균 6cm 정도 자라고 체중도 평균 4.2kg 정도 늘어나게 되어 12세가 되면 출생 시와 비교하여 신장은 약 3배가 되며, 체중은 약 14배가 된다.

아동의 신체성장에는 성별로 차이가 있으며 개인차가 존재한다. 9세까지는 남아가 여아보다 신장이 크지만, 10~12세 사이에는 여아가 남아보다 크다. 이것은 여아가 남아보다 사춘기의 성숙이 먼저 일어나기 때문이다. 또한 아동이 속한 가정의 사회경제적 지위가 높을수록, 지능이 높은 아동일수록 신체성장이 빠르다는 것이다.

신체적인 모습은 머리가 체격에 비해 아직도 큰 편이지만 전체적인 모습이 어른과 비슷해진다. 아동기 동안 몸통보다 팔과 다리가 빨리 성장하고 근육이 발달하며 영구치가 생기게 되어 성인으로서의 신체적 성숙이 이루어질 수 있는 준비를 갖추게 된다.

〈표 5-1〉 한국 아동의 신체발육 표준

구 분	남 아		여 아	
	신장(cm)	체중(kg)	신장(cm)	체중(kg)
7세	122.1	24.2	120.8	23.4
8세	127.9	27.5	126.7	26.6
9세	133.4	31.3	132.6	30.2
10세	138.8	35.5	139.1	34.4
11세	144.7	40.2	145.8	39.1
12세	151.4	45.4	151.7	43.7

자료 : 질병관리본부 · 대한소아과학회(2017). 『소아청소년 성장도표』, pp.19-26.

2) 운동발달

아동기에는 새로운 운동능력의 발달이 이루어지지는 않지만 운동의 힘이 증대되며 운동기술이 세련되고 정교하게 된다. 이 시기에는 달리기, 계단 오르기, 공놀이 등을 비롯하여 성인이 할 수 있는 다양한 활동과 운동을 할 수 있게 된다. 운동발달에서 성별로 차이가 존재하며, 남아가 여아보다 운동속도와 반응이 다소 빠르게 나타난다.

운동발달은 아동의 성격발달에 중요한 의미를 갖는다. 신체가 튼튼하고 운동을 잘 하는 아동은 쾌활하고 창조적이며 적극적인 자기표현을 할 수 있는 반면에, 신체가 허약하고 운동을 잘 하지 못하는 아동은 소심하고 겁이 많으며 소극적이라는 것이다. 아동기의 운동발달은 다른 아동과의 비교를 통하여 자기평가를 하는 계기가 되기 때문에 자아의 발달과 자존심의 형성에도 중요한 역할을 한다. 또한 아동은 운동발달을 통하여 경쟁의식과 협동심이 발달하게 된다. 이와 같이 운동발달은 성격과 사회성 발달에 중요한 역할을 수행하므로 아동기에 적절한 운동발달이 이루어질 수 있도록 해야 한다.

2 인지발달

1) 지각발달

아동기의 지각발달은 유아기와는 달리 발달에 중요한 변화가 일어나지는 않는다. 즉, 4~9세경에 나타났던 지각발달이 그 이후에는 큰 변화를 가져오지 않는다. 그러나 아동기에 탐색전략, 논리적 조직화, 탈중심화(decenter) 등이 발달한다.

아동기에는 특정한 문항을 찾기 위해서 자극의 배열을 탐색하는 능력인 탐색전략을 보다 신속하고 정확하게 사용할 줄 알게 된다. 지각정보를 논리적으로 조직화하고 전체-부분 조합을 할 수 있는 논리적 조직화 능력도 이 시기에 발달한다(김경희, 2001 : 196). 아동기에는 사물의 지배적 특징에 얽매이지 않고 다른 특징이나 측면을 보거나 사물의 전체로 시각을 이동할 수 있다는 것이다. 즉, 이 시기에는 사물의 여러 특징과 여러 측면을 동시에 고려하는 다면적 사고를 할 수 있게 된다. 그와 더불어 자기 자신의 시각에서 타인의 시각으로 옮겨 지각할 수 있으며, 다른 사람의 인지, 사고, 감정 등을 추론해서 이해하는 능력을 갖게 된다.

2) 기억발달

기억은 아동의 학습에 매우 중요한 요소로서, 이 시기에는 기억전략과 변형기억이 현저하게 발달한다. 기억전략은 기억저장고에 정보를 집어넣거나 인출하기 위해서 사용하는 의도적인 활동으로서, 시연(rehearsal), 조직화(organization), 형상화(imagery) 등이 있다(Santrock, 1997 : 296). 변형기억은 기억을 더욱 증진시킬 수 있는 방향으로 전환하는 능력이다. 즉, 아동 자신이 기억할 수 있는 정보의 양에 한계가 있을 때, 어떤 전략이나 어떤 과제를 활용할 때 기억을 더 잘 할 수 있는지를 이해하는 능력이다.

아동기의 기억발달에는 몇 가지 일반적인 경향이 있다. 아동기에는 단기기억보다는 장기기억이 증가하고 그 범위가 점점 확대되며, 간접기억보다는 직접기억이 현저하게 발달한다. 6~8세까지는 청각기억이 우세하다가 9세 이후부터는 시각기억이 우세하게 되며, 논리적 기억보다는 단순히 암기하는 기계적 기억이 발달한다(김제한, 2001 : 283-285). 또한 아동은 우연적 · 우발적인 정보보다는 의도적으로 학습한 정보를 더 잘 기억한다.

3) 개념발달

아동기는 피아제(Piaget)의 인지발달단계에서 구체적 조작기에 해당하므로 보존개념, 분류화, 서열화 등이 발달한다. 그 결과 아동들은 체계적 · 논리적 사고를 할 수 있게 되지만, 이것은 현재의 구체적인 사물이나 구체적 행위에만 한정되며 추상적이고 가설적인 문제는 해결하지 못한다.

아동기에는 여러 가지 영역에서 보존개념이 발달하며, 보존개념의 획득은 수, 길이, 면적과 양, 무게, 부피 등의 순서로 나타난다는 것이다. 즉, 수의 보존개념은 6세 이후에, 길이는 6~7세 이후에, 면적과 양은 7~8세 이후에, 무게는 9~10세 이후에, 부피는 11~12세 이후가 되어야만 획득할 수 있다는 것이다(Papalia, Olds, & Feldman, 1998 : 270-271). 이러한 보존개념은 아동이 동일성(identity), 가역성(reversibility) 및 탈중심화를 이해할 수 있기 때문에 가능한 것이다.

아동기에는 대상물 사이의 공통점, 차이점 및 관련성을 이해할 수 있기 때문에 대상물이 지니고 있는 속성에 따라 그것들을 분류할 수 있다. 또한 이 시기에는 사물의 특성을 양적 차원에 따라 차례로 배열하는 능력도 가지고 있다.

4) 지능발달

아동기는 지능발달에 있어서 중요한 시기이다. 지능은 유전요인과 환경요인에 의해서 영향을 받는 것으로 알려지고 있다. 특히 환경요인 중에서도 가정환경, 학교환경, 문화 등은 아동의 지능발달에 크게 영향을 미칠 수 있는 요소들이다. 그러므로 아동의 지능발달에 도움이 될 수 있도록 풍부한 경험과 창의적 활동을 격려하는 가정환경, 지적 호기심을 자극하고 충족시켜 줄 수 있는 학교환경, 그리고 잠재능력을 발휘할 수 있도록 하는 문화가 제공되어야 한다.

지능은 새로운 지식을 획득하고 적용하는 학습능력, 합리적이고 혁신적인 사고능력, 환경에 대한 적응능력 등으로 구성된 개인의 총체적 능력이라 할 수 있다. 그러나 가드너(Gardner, 1983)는 지능이 서로 다른 여섯 가지의 구성요소를 포함하고 있다는 것이다. 즉, 지능에는 언어적 지능, 논리적 · 수학적 지능, 공간적 지능, 음악적 지능, 신체운동지능 및 개인적 지능이 있다는 것이다(Kail & Cavanaugh, 1996 : 196). 이러한 관점은 아동의 지능을 학습능력에만 한정하지 않고 다양한 시각에서 파악하고 개발할 수 있게 할 것이다.

지능발달과 더불어 지적 발달의 중요한 요소 중의 하나가 창의력의 발달이다. 창의력이란 과학적 · 예술적인 독창성은 물론 일상생활에서 당면하고 있는 여러 가지 문제를 새롭고 독특한 방법으로 해결하려는 고차원적인 정신능력이다. 창의력은 아동의 지적 발달의 중요한 과제이며, 사회나 국가를 발전시키는 원동력이다.

창의력의 발달은 환경의 영향을 크게 받는다. 그러므로 창의력을 증진시키기 위해서는 부모나 교사가 아동이 자유롭게 질문하고 탐색할 수 있도록 허용적 태도를 가져야 하며, 어른의 문제해결 방법을 아동에게 강요하지 말고, 창의적 표현에 대한 적절한 보상과 격려를 해야 한다는 것이다. 또한 부모나 교사는 아동에게 다양한 인지적 · 문화적 경험을 할 수 있도록 해야 하며, 질문형식의 언어를 사용하고, 아동의 독립성 · 개방성 등을 강화하고, 전통과 인습에 너무 얽매이지 않도록 해야 한다는 것이다(이옥형, 2002 : 330-331).

한편 창의적인 사람들은 대개 인간관계에서 덜 권위적이고, 사물에 대해서 보다 회의적이고 호기심이 강하며, 연구활동이나 사고에서 독립적인 경향이 높다는 것이다. 또한 그들은 특이한 사고나 행동을 즐기며, 권위에 적게 영향을 받고, 모험적이며, 관습을 무시하는 경향이 있다는 것이다.

3 언어발달

6세 이후의 아동은 사용하는 어휘 수가 증가하고 단어의 뜻을 통찰하는 능력이 높아지며, 문법지식이 향상되어 복잡한 문장을 이해하고 사용할 수 있게 된다. 이 시기에는 말하기, 읽기, 쓰기 등을 배우고 익히면서 좀 더 높은 수준의 언어발달이 이루어진다. 즉, 문자언어를 정확히 읽을 수 있고, 발표능력과 문법능력이 발달하여 언어적 표현능력이 향상되며, 하나의 주제로 오랫동안 얘기를 할 수도 있다.

아동기에는 자아중심성에서 벗어나 자기의 입장과 타인의 입장 간의 차이를 이해하고 타인에게 자기의 의사를 효과적으로 전달할 수 있는 의사소통의 기술이 발달한다. 이 시기에 아동은 부호나 암호로 된 말이나 기록에 매력을 느끼고 자주 사용하기도 하며, 외국어에 대한 사용에서 특별한 즐거움을 느끼기도 한다(곽형식 외, 2000 : 211).

언어발달에 영향을 미치는 주요한 요인으로는 지능, 성별, 형제자매 수, 부모의 사회경제적 지위 등이 있다. 지능이 높은 아동일수록 언어발달이 빠른 편이며, 여아가 남아보다 언어발달이 빠르다는 것이다. 또한 형제자매가 적은 가정의 아동이 많은 가정의 아동에 비해 언어발달이 빠르며, 부모의 사회경제적 지위가 높을수록 언어발달이 빨리 이루어진다는 것이다. 따라서 아동이 정상적으로 언어발달을 이룰 수 있도록 적절한 교육적 환경 속에서의 체계적인 교육이 필요하다.

4 정서발달

아동기에는 기본적인 정서가 거의 발달하게 되며, 개개인의 기초적인 인격이 형성된다. 유아기에 비해서 정서가 안정적으로 발달하게 되며, 지속적이면서 정적으로 된다. 이 시기에는 경험과 학습이 폭넓게 이루어지면서 정서를 일으키는 자극도 다양해지며, 정서가 직접적이었던 것이 보다 간접적으로 나타난다.

아동기에 나타나는 정서로는 분노, 공포, 질투, 애정, 불안 등이 있다. 분노는 아동이 자기 행동에 방해를 받거나, 계속하여 야단을 맞거나, 나이 많은 아동들과 불리한 비교를 당하거나, 하지 않은 일로 벌을 받거나, 다른 사람이 부당한 일을 하는 것을 볼 때 느끼게 된다. 분노를 느낀 아동은 떼를 쓰는 대신에 표현하는 방법을 변화시켜 표정이나 언어를 통하여 표출하게 된다.

공포는 일상생활에서 자신의 안정을 위협한다고 생각하는 대상으로부터 개체의 안정성을 유지하려고 할 때 일어난다. 아동기에는 그 이전에 무서워했던 사물, 상황, 동물 및 사람을 덜 무서워하고 조용하게 받아들인다. 아동기에는 시각적 · 청각적인 대상이나 구체적이고 직접적인 자극보다는 상상적 · 가상적이거나 비현실적이고 초자연적인 것에 대한 공포가 많아진다.

아동기의 질투는 집에서 여전히 나타나지만, 집에서 나타나지 않는 경우에는 학급의 다른 아동에게 옮겨간다. 특히 인기, 공부, 운동 등에서 다른 아동들보다 뛰어난 아동에게 옮겨간다. 아동은 질투의 표현으로 싸움을 걸거나, 조롱하고 놀리거나, 헐뜯는 말을 한다(김경희, 2001 : 222). 아동기에는 강한 경쟁심 때문에 질투가 일어나기 쉽다. 그러므로 질투의 원인을 파악하여 부당한 질투가 일어나지 않도록 지도할 필요가 있다.

아동기의 애정은 대단히 약하게 표현된다. 아동은 그가 좋아하는 사람과 계속 함께 있고자 하는 욕구 때문에 그를 도와주거나 보조하는 것 등을 통하여 나타난다. 아동이 친구와 떨어져 있을 때에는 그들과 가까이 있고 싶어서 전화나 편지로 교제를 나누기도 한다. 한편 아동기의 애정발달에서 중요한 것은 아동이 다른 사람으로부터 애정을 받는다는 것이다.

불안은 공포보다 강렬하지 않은 지속적인 기분이나 감정으로 아동기의 상상력의 발달과 생활권의 확대에 따라 여러 가지 문제에 대한 불안이 나타난다. 즉, 학교생활에서의 성적, 친구관계, 교사와의 관계 등에서 불안이 나타나며, 상상적 · 추상적인 것에 대해서 불안이 생긴다. 아동기의 불안은 학업성적을 떨어뜨리는 부정적인 면이 있지만, 사회통제의 역할을 수행하거나 양심을 형성하는데 도움을 주는 긍정적인 면도 있다(김제한, 2001 : 319).

5 사회성 발달

1) 자아의 발달

아동기에는 학교에 다니기 시작하면서 인간관계가 확대되어 부모에 대한 의존성이 줄어들게 되고 개인적으로 자립하며 자기를 주장하게 된다. 그와 더불어 자기의 존재를 자각하고 독자성을 가지게 되면서 자아개념, 자존심, 근면성, 도덕성 등이 더욱 발달하게 된다.

자아개념은 자신의 특성에 대해 가지고 있는 체제화된 내적 · 개인적 생각으로 자신의 신체적 · 정서적 특성, 능력, 태도, 흥미, 가치관 등을 포함하고 있다. 아동기에는 구체적 방식으로 자신을 기술하던 것에서 벗어나 점점 추상적인 방식으로 자신을 기술하기 시작한다. 아동은 구체적 행동 대신에 자신의 능력을 강조하고 심리적 특성을 바탕으로 자신의 성격을 기술한다. 자아개념은 아동의 능력과 관련되어 있으며, 성공적인 과제 수행은 아동의 자아개념을 상승시키고 새로운 과제에 도전할 가능성을 증가시킨다. 특히 학교성적은 아동의 자아개념을 형성하는데 결정적인 영향을 미친다.

아동기의 자존심은 학구적, 신체적 및 사회적 자존심으로 구성되며, 연령이 증가하면서 점차 더욱 세분화된다. 학구적 자존심은 여러 과목의 학업수행과 관련되어 있으며, 신체적 자존심은 신체적 능력 및 외모와 관련되어 있고, 사회적 자존심은 또래 및 부모와의 관계와 관련되어 있다. 아동의 자존심 발달은 부모, 교사, 또래 및 다른 중요한 사람들의 관심과 반응에 크게 영향을 받는다(장휘숙, 2002 : 330).

아동기는 에릭슨(Erikson)의 심리사회이론에 따르면 근면성이 발달하는 시기이다. 아동이 정상적으로 근면성을 발달시키지 못하면 열등감을 갖게 된다는 것이다. 근면성은 아동이 자기에게 닥쳐오는 외부의 도전을 스스로 극복할 수 있다는 생각과 태도에서 출발하며, 성취동기, 경쟁심, 성공의 경험, 능력의식 등으로 강화된다. 즉, 아동이 열심히 기술을 쌓고 의미 있는 일을 수행함으로써 근면성이 발달하게 되지만, 기술획득의 실패는 열등감을 경험하게 한다. 근면성의 발달에 영향을 주는 요인은 부모와 교사의 태도 및 아동 자신의 능력과 관련되어 있다. 아동이 어떤 일을 했을 때 부모와 교사에게서 칭찬, 수용 및 격려를 받거나, 형제자매와 친구들에게 강화되면 근면성의 발달을 이룬다.

아동기에는 행위의 의도보다는 결과를 바탕으로 옳고 그름을 판단하고 도덕적 규칙을 권위적인 인물에 의해 부과된 신성한 것으로 지각하므로 진정한 의미의 도덕적 존재가 되지는 못한다는 것이다. 그러나 아동기에는 도덕의 판단기준이 생기게 되고 규칙과 분배의 공정성을 이해하게 된다. 아동의 도덕성 발달에 중요한 역할을 하는 것은 부모의 도덕적 수준과 부모-아동 간의 관계의 질이다.

2) 대인관계의 발달

아동기에는 학교생활을 하면서부터 부모에 대한 의존이 줄어들고 교사 및 또래집단과의 관계가 빈번해지기 때문에, 부모는 아동의 행동을 보다 잘 이해하고 너무 간섭하거나 금지하는 태도를 지양해야 한다. 또한 부모는 아동의 자유시간과 의사를 존중하고 아동의 행동에 적응할 필요가 있다.

아동의 학교생활의 적응과 발달에 중요한 영향을 미치는 요인 중의 하나는 교사와 아동 간의 관계이다. 교사는 아동에게 대리부모의 역할을 수행함은 물론 동일시대상, 훈육자, 불안제거자, 집단지도자, 자아옹호자, 판단자, 지식자원자, 상담자, 적대감정의 표적, 애정대상자 등으로서의 역할을 수행한다. 교사가 아동에게 긍정적이고 독립성을 강조하며 허용적이면 아동은 융통성, 책임감, 창의성, 감정표출의 능력 등이 높아지며, 건설적이고 집단활동에 많이 참여하게 된다. 그러나 교사가 아동에게 처벌적이고 권위적이며 엄격하면 아동은 교사와 학교에 대해서 부정적 태도를 지니게 되며, 긴장과 공격성이 심하고 적응곤란을 초래할 수 있다.

아동의 학교생활에서 또래와의 관계는 학교생활의 적응과 발달은 물론 대인관계의 발달에도 중요한 영향을 미친다. 아동은 또래와 어울리면서 그들과의 의사소통의 방법을 배우며, 자신에 대하여 새로운 지각을 할 수 있게 되고 집단에 대한 소속감을 발달시킬 수 있게 된다. 아동기에 또래집단에 참여할 수 있는 기회가 적은 아동은 그들의 집단에서 소외감을 갖게 된다.

또래집단의 관계는 연령이 증가하면서 구조가 조직화되어 가며, 또래집단 속에서 단짝친구를 갖게 된다. 단짝친구는 아동기는 물론 그 이후의 대인관계의 적응양식에도 영향을 미치는 것으로 성격발달에 중요한 의미를 갖는다(김경희, 2001 : 229). 따라서 부모와 교사는 아동의 교우관계를 파악하고 적절히 지도함으로써 아동이 그들에게 인정받고 잘 적응하여 사회성 발달을 촉진할 수 있도록 해야 한다.

3) 성역할의 발달

성역할은 어떤 개인이 소속된 문화권 내에서 남성 또는 여성의 특징을 지닐 수 있는 자질이다. 즉, 이것은 남성과 여성에 따라 각기 달리 기대되는 행동양식을 의미한다. 아동이 자신의 성역할을 인식하고 이에 적합하게 행동하고자 하는 경향은 아동기 사회화의 중요한 부분이다. 아동이 자신에게 기대되는 성역할을 이해하기 위해서는 먼저 자신의 성에 대한 정확한 이해가 있어야 하며, 성정체성 · 성안정성 · 성항상성의 획득은 성역할 이해의 기초가 된다(송명자, 1996 : 303).

성정체성(gender identity)은 3세경의 유아가 최초로 자신을 남자 또는 여자로 범주화하는 능력이다. 성안정성(gender stability)은 4~5세경이 되면 남아는 자라서 남자어른이 되고 여아는 자라서 여자어른이 된다는 사실을 받아들이는 것이다. 성항상성(gender consistency)은 5~7세경이 되면 사람의 행동이나 겉모습이 달라지더라도 성은 변하지 않는다는 사실을 인식하게 되는 것이다(Shaffer, 1999 : 497).

남성과 여성의 구분에 관한 인식이 발달함에 따라 아동은 점차 어떤 특성, 대상 또는 행동은 전형적으로 남성 또는 여성에게 국한되어 적용된다는 성역할 지식을 획득하게 된다. 성역할 지식이 획득되면서 아동은 성고정관념을 갖게 된다. 성고정관념(gender stereotypes)은 특정 행위나 활동이 남성 또는 여성에게 배타적으로 적용되는 것으로 판단하는 사고를 말한다. 즉, 이것은 어떤 특성이나 활동이 남성 또는 여성만이 하는 것으로 생각하는 것이다. 성고정관념의 발달은 6세경의 아동에게 강하게 나타나다가 9세 이후에는 보다 융통성 있는 사고를 보여준다. 성고정관념은 과거보다 약화되거나 모호해졌지만 아직도 존재하고 있다.

4) 대중매체의 영향

아동의 사회성 발달에 크게 영향을 미치는 대중매체로는 TV와 컴퓨터가 있다. TV는 일반적으로 아동에게 학습의욕을 저하시키고, 공격성을 증가시키며, 비만을 불러일으키고, 또래와의 상호작용이나 가족 간의 유대를 약화시킨다고 보고 있다. 그러나 TV는 아동이 어떤 프로그램을 시청하는가에 따라 좋은 영향을 미칠 수도 있다. TV가 아동의 발달에 미치는 영향은 인지발달, 행동발달 및 신체발달로 나누어 살펴볼 수 있다.

인지발달의 측면에서 TV는 아동에게 읽기, 셈하기, 분류화, 서열화 등 학교생활에서 필요한 지식과 정보를 제공하여 학습능력을 높이는데 기여하고 있다(최경숙, 2001 : 424). 행동발달 측면에서는 아동에게 친사회적 행동을 증가시키기도 하지만 공격성을 높이는 것으로 나타나고 있으며, 사회적 고정관념을 학습하는데 영향을 미치기도 한다는 것이다. 신체발달의 측면에서는 아동의 시력, 척추발달, 근육발달 등에 부정적 영향을 미칠 수 있다.

컴퓨터가 아동의 발달에 미치는 영향은 긍정적 영향과 부정적 영향으로 나누어 볼 수 있다. 긍정적 영향으로는 컴퓨터가 아동의 학업성취와 학습흥미를 높이는 효과적인 기제이며, 인지능력을 향상시키고 자기효율을 촉진시킬 수 있으며, 상상할 수 없을 정도의 많은 정보를 쉽게 얻고 활용할 수 있다는 것이다. 그 밖에도 컴퓨터는 또래 사이의 상호작용을 촉진하는 매개물로 활용되기도 한다. 부정적 영향으로는 아동이 컴퓨터에 많은 시간을 보내게 되어 사회적 관계의 발달을 저해할 수 있으며, 학업성취에 나쁜 영향을 미칠 수 있고, 공격성을 높일 수 있다는 것이다.

6 사회복지실천의 관심영역

1) 학교공포증

학교공포증(school phobia)은 학교에 가는 것에 대한 비현실적인 두려움이다. 이것은 격리불안장애(separation anxiety disorder)의 한 유형으로서 아동이 가정이나 애착을 가진 사람으로부터 분리되어 적어도 4주 동안 학교에 가는 것에 대하여 과도한 불안을 가지는 상태를 말한다. 학교공포증은 학교에 대한 두려움이라기보다는 어머니로부터 격리되는 아동의 두려움과 관련되어 있다(Papalia Olds, & Feldman, 1998 : 320).

학교공포증을 보이는 아동은 두통, 복통, 메스꺼움, 고열 등의 신체적 증상이 따르기도 하며, 심리적으로는 교사에 대한 불평과 불만, 학업에 대한 염증, 다른 학생에 대한 불만의 호소 등으로 나타나기도 한다. 이러한 증세는 학교에 가야 할 때 나타나며, 학교에 가지 않아도 된다고 결정되는 순간 사라진다.

학교공포증으로 인하여 학교에 장기간 결석하게 되면 아동에게 다양한 문제가 초래될 수 있으므로 가능한 한 빨리 아동을 학교에 나갈 수 있도록 해야 한다. 학교공포증을 가진 아동은 무조건 받아주거나 책망하지 말고 그 원인을 분석하여 학교 출석에 대한 공포와 같은 부정적 정서를 버리고 즐겁게 학교생활을 할 수 있도록 해야 한다.

2) 행동장애

행동장애는 억압된 감정을 무의식적으로 행동화하는 것으로, 거짓말, 도벽, 가출, 방화, 파괴행위, 무단결석 등의 다양한 문제를 일으키는 것이다. 행동장애의 원인은 대개 아동이 부모를 괴롭힘으로써 부모에 대해 보복을 하거나, 주변의 중요한 인물로부터 부족한 관심이나 사랑을 획득하려고 하는데 있다고 한다. 아동은 때때로 부모나 다른 사람의 기대를 만족시키지 못하는 두려움으로 거짓말을 하는 경우가 있다. 도벽도 일시적 충동에 의한 것이거나, 친구의 행동에 휩쓸린 것이거나, 부모에게서 관심과 사랑을 받고 싶어 하는 표현이기도 하며, 부모에 대해서 가지고 있는 적대적인 감정을 발산하는 것일 수도 있다(서봉연 · 이순형, 2001 : 437).

행동장애는 가족, 교사 및 또래의 협조를 바탕으로 단순한 훈련이나 심리치료를 통해서 치료할 수 있다. 이것은 아동기의 일시적인 현상일 수 있으나, 이러한 행동이 지속될 경우에는 반사회적 행동으로 발전할 수 있기 때문에, 부모나 교사가 아동의 행동에 대하여 각별히 주의를 기울일 필요가 있다.

3) 학습장애

학습장애(learning disabilities)는 지적 능력의 제한, 심리적 갈등, 불안감 등으로 지적 호기심이 억압되거나 학습동기가 결여되어 학업수행에 지장을 초래하는 것이다(Papalia, Olds, & Feldman, 1998 : 290). 그러나 학습장애는 대개 아동이 정상적인 수준의 지능을 가지고 있음에도 불구하고 학업성취도가 낮은 경우를 의미한다. 이러한 아동은 읽기능력이 극히 제한되어 있으며, 한 과제에 집중하는데 문제가 있고, 다른 주제로의 전환도 매우 느린 것이 특징이다.

학습장애는 아동에게 실패반응에 대한 두려움, 철회반응, 무기력반응, 낮은 자존심 등을 갖게 할 수 있다. 학습장애를 가진 아동이 성공적으로 생활을 전환하기 위해서는 집요함과 추진력, 좌절에도 포기하지 않는 개인적 성품, 목표 설정과 성취노력 등을 가져야 한다. 그 밖에도 약점의 수용과 강점의 강조, 중요한 타자들(significant others)을 포함한 강하고 적절한 체계, 교육적인 도움 등이 필요하다.

학습장애의 치료는 우선적으로 아동의 교육환경과 교육계획에 관심을 갖는 것이다. 그 다음으로 아동이 가정이나 다른 장소에서 부모나 다른 사람에 의해 개별화된 특수한 교육을 받는 것이다. 개별화된 교육에는 다양한 감각을 사용할 수 있는 자료를 아동에게 제시하는 복합감각접근방법, 학습장애아동의 사고방식을 전환하는 방법을 그들에게 가르치는 절차인 인지훈련접근방법, 그리고 직접적으로 학업기술을 가르치는 직접훈련이 있다(Zastrow & Kirst-Ashman, 1997 : 139-140).

4) 주의력결핍 · 과잉행동장애

주의력결핍 · 과잉행동장애(attention-deficit/hyperactivity disorder)는 모든 아동들에게 어느 정도 나타나는 행동 특성이지만, 아동의 3~5%는 장애가 자주 나타나며 그 정도가 심각하다. 장애에 대한 몇 가지 징후들이 유아기에 나타날지라도 학교생활을 시작하기까지는 거의 인식하지 못한다. 이것의 원인은 유전, 출산 전후의 뇌 손상, 부적절한 환경 등을 들고 있지만, 아직도 분명하게 밝혀지지 않고 있으며, 남아가 여아보다 2~3배 정도 많다는 것이다(Zanden, 1997 : 298).

주의력결핍 · 과잉행동장애의 주요한 특징은 주의력결핍, 충동성 및 과잉행동이다. 이것은 주의집중시간이 자신의 발달단계에 비하여 매우 짧으며, 지속적으로 긴장하여 한 과제에 주의를 집중하지 못하고, 행동의 결과를 생각하지 않고 충동적으로 행동한다는 것이다. 또한 이것은 지시가 끝나기 전에 행동하며, 지나치게 과다한 행동을 보이고, 통제력이 결핍되어 있다는 것이다.

주의력결핍 · 과잉행동장애의 또 다른 특징은 지각과 인지의 장애를 갖는다는 것이다. 이러한 아동은 눈과 손의 협응, 공간지각, 청각지각 등에 장애를 갖게 된다. 이들은 감각운동을 조정하고 연합하는데 장애를 갖고 있어서 블록 쌓기, 수수께끼 놀이 등을 잘 하지 못하고 떨어지는 공을 잘 받지 못한다는 것이다. 또한 이들은 과거와 현재에 일어난 일을 잘 기억하지 못하며, 일반적인 규칙을 기억하지 못하고 장기적 목표를 성취할 수 없다는 것이다(이옥형, 2002 : 274).

주의력결핍 · 과잉행동장애는 대인관계의 부적응, 학습곤란, 부정적 자아개념 등을 초래할 수 있으므로 적절한 치료 프로그램을 통하여 장애를 개선시켜 나가야 할 것이다. 특히 이것은 유아기에 징후들이 나타나므로 조기에 발견하여 행동수정 프로그램과 부모교육 프로그램 등을 통하여 장애를 감소시켜 나가야 한다.

5) 아동학대

아동학대(child abuse)란 보호자를 포함한 성인이 아동의 건강 또는 복지를 해치거나 정상적 발달을 저해할 수 있는 신체적 · 정신적 · 성적 폭력이나 가혹행위 및 아동의 보호자가 아동을 유기하거나 방임하는 것을 말한다(아동복지법 제3조 제7호). 즉, 이것은 부모를 포함한 보호자가 아동에게 신체적・정서적・성적 학대를 가하거나, 무관심, 유기 또는 방임을 하는 것이다.

아동학대의 발생요인은 부모의 특성, 아동의 특성, 사회경제적 특성, 문화적 특성 등으로 나누어 볼 수 있다. 부모의 특성으로는 성격결함, 지적장애, 자녀양육에 대한 지식 부족, 학대받은 경험, 알코올 중독이나 습관성 음주, 부부간의 갈등 등이 있다. 아동의 특성으로는 사회적 반응의 결핍, 미성숙, 공격성, 과잉행동, 수동적 기질 등이 있다. 사회경제적 특성으로는 빈곤, 부모의 실직, 가족의 사회적 소외, 부모의 취업 등이 있으며, 문화적 특성으로는 신체적 체벌을 허용하는 문화가 있다(Papalia, Olds, & Feldman, 1998 : 243).

아동학대의 유형은 신체적 학대, 정서적 학대, 성적 학대 및 방임으로 나눌 수 있다. 신체적 학대는 가해자의 손・발・주먹이나 도구, 화학물질 등으로 아동에게 타박상, 골절, 화상 등의 신체적 손상을 입히는 것이다. 정서적 학대는 아동에게 위협을 가하거나, 말이나 행동으로 멸시, 증오, 차별 등을 행하는 것이다. 성적 학대는 가해자가 자신의 신체 및 도구에 의해서 아동의 성적 신체부위를 강제적으로 손상시키거나, 가해자의 성적 신체부위를 접촉하도록 아동에게 강요하는 행위를 말한다. 방임(neglect)은 부모 또는 보호자가 고의적・반복적으로 아동에 대한 양육과 보호를 소홀히 하여 아동의 건강과 복지를 해치거나 정상적인 발달을 저해할 수 있는 행위이다. 즉, 이것은 아동의 기본적인 신체적・의료적・정서적・교육적 욕구에 관심을 두지 않고 방치하는 경우를 말한다(최선화 외, 1999 : 302).

학대받은 아동은 신체적으로 발육이 저하되고 영양상태가 나쁘며, 빈혈이 있고 식욕이 부진하며, 호흡이 곤란하고 소변이 자주 마렵다. 행동적으로는 공격적 행동, 과잉행동, 자해행동, 주의력 결핍, 인내심의 결여, 우울증, 퇴행행동, 공포증상 등을 보인다(주수길・김지연, 2003 : 199). 정서적으로는 대인관계의 어려움, 낮은 자존심, 불안, 불안정한 애착, 자기 비난, 낮은 성취동기, 인지적 미성숙 등을 보인다.

아동학대를 예방하기 위해서는 아동학대의 가능성이 높은 가정의 부모에 대한 교육과 상담이 필요하며, 빈곤, 실업 등으로부터 가정의 경제적 조건을 개선시킬 수 있는 방안이 강구되어야 하고, 가해자에 대한 처벌도 강화되어야 한다. 그와 더불어 학대받는 아동을 위한 일시보호시설의 운영을 활성화시키고, 아동학대 상담과 전문적인 치료를 활발히 전개해야 한다.

CHAPTER 06

청소년기

청소년기(青少年期)는 13~24세 사이의 시기로서 제2성장급등기라고 할 만큼 급속한 신체변화가 일어나며, 성적으로 성숙해진다. 인지발달이 이루어져 형식적 조작사고를 할 수 있게 되며, 질풍노도의 시기라고 할 만큼 정서적으로 변화가 심한 시기이다. 이 시기에는 자아정체감이 확립되며, 동년배 및 이성과의 새로운 관계를 형성하게 되고, 성역할 정체감이 발달한다. 또한 부모로부터 독립된 인격체로서 대우받기를 원하며 정서적으로 독립하고자 한다.

1 신체발달

1) 신체적 성숙

청소년기에는 신장과 체중이 급격히 증가하게 되며, 이 시기를 제2성장급등기하고 한다. 이 시기에 신장과 체중이 급격하게 증가하는 이유는 사춘기(puberty)가 시작되면서 내분비선에서 분비하는 호르몬이 증가하기 때문이다.

성장급등(growth spurt)현상은 여자가 10~12세경에, 남자가 12~14세경에 나타나 여자가 남자보다 2년 정도 앞서서 급등현상이 나타난다. 성장급등현상은 그 이후 2년 정도 지속되며, 신장이 급격히 커지고 나서 체중의 증가가 이루어진다. 청소년기의 급격한 성장은 현저한 개인차가 존재하며, 영양상태, 사회환경, 유전인자, 생활양식 등에 따라 차이가 나타난다.

청소년기의 신체적 성장은 여자가 16세경에, 남자는 19세경에 거의 정점에 이르게 되며, 남녀의 체형이 다르게 변모하고 신체적으로 성숙해진다. 남자는 골반에 비해 어깨가 넓어지며, 근육이 발달하여 남성다운 외모를 갖게 된다. 여자는 어깨가 좁고 골반이 넓어지며, 피하지방이 발달하여 여성다운 외모를 갖게 된다. 신체에서 머리가 차지하는 비율이 작아지고, 몸통에 비하여 다리가 길어지며, 팔과 다리에 비해 손과 발이 상대적으로 커진다. 얼굴 모양이 길쭉하게 바뀌고 코와 입이 크고 넓어져 얼굴 윤곽이 달라지면서 성인과 같은 모습으로 성숙해진다.

〈표 6-1〉 한국 청소년의 신체발육 표준

구 분	남 아		여 아	
	신장(cm)	체중(kg)	신장(cm)	체중(kg)
13세	158.6	50.9	155.9	47.7
14세	165.0	56.0	158.3	50.5
15세	169.2	60.1	159.5	52.6
16세	171.4	63.1	160.0	53.7
17세	172.6	65.0	160.2	54.1
18세	173.6	66.7	160.6	54.0
19세	174.5	68.2	161.1	53.9

자료 : 질병관리본부 · 대한소아과학회(2017). 『소아청소년 성장도표』, pp.21-27.

2) 운동발달

청소년기에는 급격한 신체발달과 더불어 운동능력도 현저하게 발달한다. 운동능력의 발달은 근육의 발달과 밀접하게 관련되어 있다. 청소년기 동안 남성은 여성보다 근육조직이 더 많이 증가하고 근육의 힘도 강해지기 때문에 체력이 더욱 우세하다. 남성은 여성에 비해 속도, 기민성, 균형, 던지기, 뛰기 등의 전신운동기술이 더 많이 발달한다. 남성과 여성의 차이는 체격과 심폐기능의 차이, 신체에 대한 관심의 차이, 사회적 관습으로부터 받는 제약 등에 따라 나타난다.

운동능력의 발달은 청소년들에게 개인적인 만족과 사회적응에 중요한 원동력이 되며, 집단 내에서 우위를 확보하는데 절대적인 역할을 한다. 운동능력이 발달한 청소년은 성격이 활달하며 모든 일에 자신감을 가지고 행동하지만, 발달이 지연되면 긴장감, 열등감 등과 같은 부정적 정서를 갖게 된다. 즉, 청소년기의 운동능력의 발달은 가정생활, 학교생활 및 사회생활의 적응과도 밀접하게 관련되어 있다.

3) 성적 성숙

사춘기가 시작되면서 성호르몬 분비가 증가함에 따라 성적 성숙이 이루어진다. 성적 성숙은 일차성징(primary sex characteristics)과 이차성징(secondary sex characteristics)으로 나누어진다. 일차성징은 생식을 위해 필요한 기관들을 말하며, 여성의 난소, 나팔관, 자궁 및 질을 비롯하여 남성의 고환, 음경, 음낭, 정낭 및 전립선을 말한다. 사춘기 동안 이러한 기관들은 커지고 성숙해진다. 이차성징은 성적 성숙의 생리적 징후로서 여성의 가슴의 발달과 남성의 넓은 어깨를 비롯하여 변성, 근육발달, 음모, 체모 등에 변화를 가져오는 것이다(Papalia, Olds, & Feldman, 1998 : 333).

성적 성숙의 징후로서 여성의 경우에는 초경(menarche)이 나타나고, 남성의 경우에는 몽정(nocturnal emission)이 나타나게 된다. 몽정은 성애와 관련된 꿈을 꾸다가 자극을 받아 자신도 모르는 사이에 사정을 하는 것이다. 초경은 대개 12~13세에 시작되며, 몽정은 평균적으로 13세경에 나타난다.

성적 성숙에는 개인차가 있지만 발달의 순서는 일정하다. 여성은 초경 전에 가슴발육이 먼저 시작되며, 초경이 나타날 즈음에 음모가 나오고 이어서 겨드랑이 체모가 나타난다. 남자는 고환이 커지고 나서 음모가 나타나며, 목소리가 굵어지고 겨드랑이 체모와 수염이 나타난다.

성적 성숙으로 사춘기의 여성과 남성은 새로운 변화에 대해 민감하게 반응하게 된다. 여성의 초경은 임신을 가능하게 하여 성인이 되고 있다는 자부심을 갖게 하지만, 성인이 되는 것에 대한 거부감, 불편함, 행동적 제약, 생리통 등 부정적 경험을 하기도 한다. 그러므로 월경에 대한 부정적 태도를 갖지 않게 하기 위해서 부모나 교사가 초경에 대한 사전 지식과 태도를 준비시키고 건강하게 성숙되는 것에 대한 보람을 이해할 수 있도록 지도해야 한다(이옥형, 2002 : 399).

남성의 몽정과 자연적인 음경 발기는 사정에 대한 불안과 자신의 성적 성숙에 대한 기대감을 동시에 갖게 한다. 몽정으로 인하여 남성은 쾌감과 함께 신체적으로 잘못되지는 않았나 하는 근심을 갖게 된다. 음경 발기는 남성의 정력의 표시로서 자랑이 되기도 하지만, 이것을 통제할 수 없는 무능력을 걱정하고 당황하기도 한다.

4) 신체발달의 영향

청소년기의 신체적 변화는 여러 가지 심리적 발달에 영향을 미칠 수 있다. 청소년기의 신체발달의 영향은 남성과 여성이 다르게 나타난다. 여성은 남성보다 빠르게 신체발달이 나타나기 때문에 남성보다 키가 더 큰 것에 대해 당황하는 경우도 있으며, 갑작스러운 체중증가에 대해 지나친 관심을 갖고 걱정하기도 한다. 가슴의 발달과 월경의 시작은 여성의 고유의 특성을 받아들이는 계기가 되지만, 불편함과 당황함을 동시에 경험하게 한다.

남성은 신체의 각 부분의 성장속도가 일정하지 않기 때문에 일시적으로 혼란에 빠질 수 있으며, 자신의 신체발달에 적절할 것으로 기대되는 과업을 수행할 수 없을 때 실망한다. 고환과 음경의 성장은 사정경험에 대한 불안과 성적 쾌감을 동시에 경험하게 한다. 체모의 발달은 성인 남성으로서의 만족감을 주지만, 여드름은 성인 남성과 동일시하려는 그들에게 좌절감을 안겨주기도 한다. 이와 같이 청소년기의 남성은 이러한 새로운 경험에 대해 즐거움과 불안이라는 양면적인 감정으로 반응하게 된다.

청소년기에 성적 성숙이 이루어지면서 자신의 신체 및 성적 발육이 동년배와 다르거나 바람직하지 않다고 느낄 때 적응상의 문제가 발생할 수 있다. 즉, 성장 속도가 너무 지나치게 빠르거나 지나치게 늦은 청소년은 심리적·사회적 부적응을 경험할 수 있다. 남성의 조기성숙은 안정감과 자신감을 갖게 하는 반면에, 늦은 성숙은 불안감, 열등감, 부적격감, 학습에 대한 열의 부족, 사회적 대처능력의 결여 등을 갖게 한다(송명자, 1996 : 330). 여성의 조기성숙은 발달 긴장을 미리 처리하여 성인기에 더 유능하게 문제해결을 할 수 있게 하기도 하지만 조숙한 외모 때문에 오히려 불리한 평판을 받거나 부적응의 문제가 생길 수 있다. 또한 여성의 늦은 성숙은 집단에서의 인기와 좋은 평판의 요인이 되기도 하지만, 부적절감과 좌절감을 느끼기도 한다.

2 인지발달

1) 형식적 조작사고

청소년은 아동과 다른 방식으로 세계에 대한 개념을 형성하기 시작한다. 청소년은 자신의 지각과 경험보다는 논리적 원리에 의해 지배되기 때문에 보다 추상적 사고(abstract thinking)가 가능해지며, 가설 연역적 추리(hypothetical-deductive reasoning)를 할 수 있다. 또한 청소년은 조합적 사고(combination thinking)를 할 수 있으며, 관련 변인의 연결능력을 갖게 되고, 명제적 사고(propositional thinking)와 다차원적 사고(multi-dimensional thinking)를 할 수 있게 된다.

청소년은 사물이 눈앞에 존재하거나 존재하지 않아도 그 사물에 대하여 머릿속으로 생각할 수 있는 추상적 사고가 가능하다. 이러한 추상적 사고능력의 향상은 사회적 · 이념적인 문제에 대하여 논리적 · 진보적으로 추론할 수 있게 한다. 따라서 청년의 사고와 관심영역은 사회, 정치, 철학, 종교 등으로 확장된다(이옥형, 2002 : 404).

청소년은 주어진 문제를 해결하는 방안에 대해 체계적으로 가설을 설정하고, 그 검증을 통해 결론을 도출하는 가설 연역적 추리를 할 수 있다. 이것은 직접 관찰 가능한 것 외에도 현재 존재하고 있지 않지만 가능한 것에 대하여 추론할 수 있어야 가능하다. 청소년은 하나의 문제에 직면했을 때 가능한 한 모든 해결책을 논리적으로 궁리해 봄으로써 결국은 문제해결에 이르게 되는 조합적 사고를 할 수 있다. 이것은 조작의 수준을 보다 높은 수준에서 조직화하려는 것으로, 요인들을 분리시키고 검증하는 체계적 접근방법을 여러 내용 속에서 사용할 수 있는 능력이다(허혜경 · 김혜수, 2002 : 77).

청소년은 관련된 변인들을 연결시킬 수 있는 능력을 갖게 되며, 여러 명제 간의 논리적 추론을 이끌어 내는 명제적 사고를 할 수 있게 된다. 그들은 한 가지 측면의 사고에 국한되지 않고 다차원적인 사고능력이 발달함에 따라 다른 사람의 관점에서 사고할 수 있으며, 대인관계에서 상대방의 의도를 더 잘 이해할 수 있다.

2) 사회인지의 발달

사회인지란 다른 사람이 어떤 생각을 하고 있는지, 어떤 감정을 가지고 있는지, 그 의도는 무엇인지 등과 같은 타인과의 사회적 관계를 이해하는 능력이다. 청소년기에는 자신과 사회적 관계를 고려할 수 있는 능력이 발달한다. 그들은 보다 정확하게 타인의 느낌이나 사고 또는 의도를 추론하기 시작하며, 인지적 성장에 따라 자신의 생각은 물론 타인의 생각을 보다 잘 인식할 수 있게 된다(김태련 · 장휘숙, 1996 : 230).

청소년기에 개인의 인지적 발달은 계속되지만, 청소년의 자아중심성에 의해 사회인지 발달이 방해를 받게 된다. 청소년의 자아중심성은 자신의 독특한 세계와 타인의 보편적인 세계를 구분하지 못하고 자신이 특별한 존재라는 착각에 빠져 자신에 대한 강한 자의식을 보이는 것이다. 이것은 청소년기의 발달 속성의 하나이며, 15～16세경에 정점을 이루다가 다양한 대인관계의 경험을 통해 자신과 타인에 대한 객관적인 이해가 이루어지면서 서서히 사라진다.

청소년의 자아중심성이 강하게 나타나는 특징적 행동으로는 상상의 청중과 개인적 우화가 있다. 상상의 청중(imaginary audience)은 청소년 자신이 타인들에게 집중적으로 관심과 주의의 대상이 되고 있다고 믿는 것이다. 청소년은 상상의 청중을 즐겁게 하기 위해서 많은 힘을 기울이며, 타인이 눈치를 채지도 못하는 작은 실수로 번민하게 된다. 상상의 청중에게 자신의 위신을 손상시킨다고 생각되면 작은 비난에도 심한 분노를 느낀다. 이러한 상상의 청중은 청소년의 다양한 사고와 행동에서 나타난다.

개인적 우화(personal fable)는 청소년이 자신은 특별하고 독특한 존재이므로 자신의 감정이나 경험의 세계는 다른 사람과 근본적으로 다르다고 믿는 것이다. 즉, 청소년은 자신의 우정, 사랑 등은 다른 사람이 결코 경험하지 못하는 것으로 생각하며, 다른 사람이 경험하는 죽음, 위험, 위기가 자신에게는 일어나지 않으며, 혹시 일어나더라도 피해를 입지 않을 것으로 확신하고 있다. 개인적 우화는 이와 같이 청소년의 자기 과신에서 비롯된 것으로 자신의 독특성에 대한 비합리적이고 허구적인 관념이다. 청소년의 개인적 우화는 그들에게 자신감과 위안을 부여하는 측면도 있으나, 심하면 자신의 존재의 영속성을 믿게 됨으로써 과격한 행동에 빠져들게 될 위험이 있다(송명자, 1996 : 338-339).

3 정서발달

청소년기에는 정서가 폭발적이면서 변화가 심하며, 극단적인 정서변화를 경험하게 된다. 이러한 정서적 특성 때문에 청소년기를 질풍노도(storm and stress)의 시기라고 한다. 청소년은 낙관과 비관, 자랑과 수치심, 사랑과 증오 등 극단적인 정서변화를 가져오게 되며, 이것은 급속한 신체성장 및 성적 성숙으로 인하여 정서적으로 불안정하기 때문에 나타난다.

청소년기는 불안, 분노, 질투, 열등감, 수치심, 우울, 죄책감 등과 같은 부정적 정서를 경험하는 경우가 많다. 청소년기는 자기의 능력이 부족하거나, 신체적 변화에 결함이 있거나, 자기의 욕구가 충족되지 못하거나, 장래에 대한 확신이 부족할 경우에 불안을 느낀다. 또한 자신과 타인이 대립되어 있거나, 신체적으로 매력이 없다고 느끼거나, 성적인 관심과 근심이 있을 경우에도 불안을 느낀다.

청소년기의 분노는 자신의 욕구좌절, 간섭, 압박, 불공평한 취급, 무시, 개인적 자유의 속박 등에서 나타나며, 강한 분노는 주로 사람과 관계된 사회적인 것이다. 남성은 여성보다 더 많은 분노를 폭발하며, 발로 물건을 차거나, 물건을 던지거나, 문을 쾅 닫고 밖으로 나가는 등 신체적으로 분노를 표현한다. 여성은 울거나, 자기 방에 틀어박혀 나오지 않는 것으로 분노를 표현한다.

청소년기의 질투는 남녀관계, 경쟁의식 등에서 많이 나타나며, 공포는 물질적 대상보다는 사회적 사태에 관한 것이 많다. 호기심은 새로운 것이나 미지의 것에 대한 탐색에서 나타나며, 자신과 이성의 신체적 발달에도 많은 관심을 갖는다.

청소년이 정서적으로 잘 적응하면 가정생활과 학교생활에서 즐거움을 느끼며, 활동을 적극적으로 하려는 동기가 생기게 된다. 그러나 청소년이 정서적으로 적응하지 못하고 긴장상태가 지속되면 소화불량, 식욕부진, 두통, 체중감소, 불안정, 주의집중장애 등을 초래한다. 이러한 정서적 문제가 심화되면 성격부적응을 가져와 회피행동, 비협조적 태도, 공격적 행동 등을 초래한다. 따라서 청소년기에는 자신의 정서변화에 대한 인내심을 길러야 하며, 타인의 반응에 지나치게 민감한 반응을 보이지 않도록 노력해야 한다. 또한 청소년은 자신의 정서를 사회적으로 인정되는 방향으로 표현하도록 해야 하며, 자기의 욕구와 사회적 기대를 동시에 만족시킬 수 있는 방향으로 정서를 표현해야 한다.

4 자아정체감의 발달

1) 자아정체감의 개념

정체감(identity)이란 능력, 신념, 추진력 및 개인적 경력이 내면적으로 자기구성화된 역동적인 체제이다(Marcia, 1980 : 159). 자아정체감은 시간이 흐르거나 상황이 바뀌어도 여전히 본질적으로 불변하는 자기 자신에 대한 인식으로서, 역할, 목표, 가치 및 이념에 있어서 자기가 지니고 있는 고유성에 대한 지각과 이에 부합되는 자기 통합성과 일관성을 견지해 나가려는 노력을 의미한다.

자아정체감을 확립하기 위해서는 인간으로서의 존엄성, 신뢰성, 의지, 자기통제력을 갖고 있어야 하며, 남성 또는 여성으로서 자신을 수용하고 성에 적합한 행동과 태도를 인식하고 행해야 한다. 또한 다른 사람과 가치, 흥미, 동기 등을 어느 정도 공유하고 있다고 하더라도 자신은 타인과 다른 독특하고 특별한 개인이라는 자각이 있어야 하며, 시간의 흐름과 경험의 변화 속에서도 자신은 동일한 사람이라는 자기지각의 일관성이 있어야 한다. 이와 같이 자아정체감이 확립된 사람은 자기 자신을 타인과 분리된 독특한 개인으로 지각하고, 자신의 특성을 조화롭게 통합해 나가고자 하는 의지와 능력이 있으며, 자기 자신을 지각하는 일관성을 소유하고 있다(이옥형, 2002 : 415).

따라서 자아정체감이란 자기 자신을 타인과 구별되는 독립된 고유한 존재로 인식하고, 자신의 능력, 신념, 가치, 동기, 경력 등을 조화롭게 통합하며, 어떠한 변화에도 자신을 일관성 있게 지각하고자 하는 내면화된 역동적인 체제라 할 수 있다.

2) 자아정체감의 상태

자아정체감의 상태에 대해 에릭슨(Erikson)은 정체감 형성과 정체감 혼미로 구분하였다. 마르샤(Marcia, 1980)는 에릭슨의 정체감 발달이론을 기초로 하여 청소년의 직업선택, 종교 및 정치이념에 대한 위기(crisis)와 수행(commitment)의 경험 여부를 조사하여 정체감의 상태를 정체감 유예, 정체감 유실, 정체감 혼미 및 정체감 성취의 네 가지 수준으로 구분하였다. 여기에서 위기는 청소년이 의미 있는 대안들 사이에서 선택하고 있는 정체감 발달의 시기이며, 수행은 청소년이 수행할 개인적인 투자를 나타내는 정체감 발달의 부분이다(Santrock, 1997 : 400).

(1) 정체감 혼미

정체감 혼미(identity diffusion)는 정체감 위기나 수행을 아직 경험하지 않았을 뿐만 아니라 직업이나 자신의 신념에 대한 의사결정도 하지 않은 상태를 말한다. 즉, 이것은 정체감 문제에 대한 관심이나 필요성을 아직 느끼지 못하여 그것이 중요한 쟁점이 아니거나, 쟁점이 되었다 하더라도 결코 해결되지 않은 상태이다.

정체감 혼미상태에 있는 청소년은 개인적인 직업계획이나 이념에 대한 의문을 제기하지 않으며, 자기발전을 위한 노력이나 무엇을 해야 하는지 고민하는 위기의 경험도 없다. 그들은 또한 자신에 대한 안정되고 통합된 견해를 갖는데 실패하였으므로, 어떠한 선택을 하여 그 활동을 수행하고 있는 것도 아니다. 정체감 혼미는 의사결정을 내리지 못한 면에 있어서는 정체감 유예와 비슷하지만 위기의 상태를 해결하려는 노력이 없다는 점에서 차이가 있다. 정체감 혼미 수준의 청소년은 정체감 성취나 유예 수준의 청소년에 비해 자존심, 자발성, 자제력 등이 떨어지며, 부모와는 독립적이지만 유대감이 적다.

(2) 정체감 유실

정체감 유실(identity foreclosure)은 자신의 가치관이나 진로에 있어서 의문을 제기하거나, 가능한 대안을 생각하는 것과 같은 위기를 경험하지 않고 부모나 다른 역할 모델의 가치, 기대 등을 그대로 수용하여 그들과 비슷한 선택을 한 상태이다. 즉, 이것은 직업, 이념 등을 탐색하려는 적절한 기회를 갖고자 하는 위기를 경험하지 않고 선택의 여지도 없이 무조건 의사결정을 내린 상태이다.

정체감 유실 상태에서의 수행은 부모 또는 중요한 타자들에 대한 동일시에 의해서 그리고 부모와 다른 사람들의 사회화 노력, 압력, 주입 등에 의해 이루어진 것이다. 이것은 부모가 좋은 직업이라고 하면 자신의 적성을 탐색해 보지도 않고 선택하는 것과도 같다. 정체감 유실에서 나타나는 수행은 정체감 성취에서의 수행과는 대조적인 것으로 진정한 개인적인 탐구와 탐색의 결과가 아니다. 이것은 기본적으로 본질적인 질문과 선택을 통한 노력이 없이 그냥 받아들여진 것이다. 정체감 유실 수준의 청소년은 정체감 성취나 유예 수준의 청소년에 비해 자신에 대한 사려가 깊지 못하며, 의존적이고 자신감이 적지만, 부모와 강한 애착관계를 유지하고 있다.

(3) 정체감 유예

정체감 유예(identity moratorium)는 정체감 위기상태에 있으면서 자아정체감 형성을 위해 다양한 역할, 신념, 행동 등을 실험하고 있으나 의사결정을 하지 못한 상태를 말한다. 즉, 정체감 유예에 속한 청소년들은 대안적인 역할과 신념들을 시험해 봄으로써 개인적 정체감을 정의하려고 적극적으로 노력하지만, 아직 수행을 하지 않았거나 매우 일시적으로 시험적인 수행만을 하고 있는 상태이다.

직업에서 정체감 유예 상태에 있는 청소년은 자신의 능력·희망·적성, 부모의 기대, 사회적 요구 등을 총동원하여 자신에게 최선의 길이 어떤 것인가를 탐색하기 위하여 여러 가지 다양한 역할을 실험한다. 그러한 과정 속에서 그들은 자신 스스로의 선택과 타인의 견해 사이에서 동요를 보이며 불확정 상태에 빠지기도 한다. 정체감 유예 상태의 청소년들은 대부분 정체감 성취로 옮겨가지만 그중에는 정체감 혼미 쪽으로 기울어지는 사람도 있다. 그들은 정체감 성취 수준의 청소년들보다 참여의 안정성과 만족도가 떨어지지만, 위기를 성공적으로 극복하고자 노력하고 있다.

(4) 정체감 성취

정체감 성취(identity achievement)는 정체감 위기를 성공적으로 극복하여 직업, 개인적 신념, 삶의 목표, 정치적 견해 등에 대해 청소년 스스로 의사결정을 할 수 있는 상태를 말한다. 즉, 이것은 직업, 이념, 가치 등에서 위기를 경험하고 대안의 탐색을 통하여 청소년 스스로 확고한 신념체계를 확립한 상태이다.

자아정체감을 성취한 청소년은 확고한 개인적 정체성을 갖고 있으며, 인성발달의 모든 분야에서 성숙한 면모를 보인다. 그들은 부모를 포함한 다른 사람들과의 인간관계에서 현실적이고 안정감이 있으며, 자존심이 강하고 스트레스에 대한 저항력이 높으며, 자기 확신과 자기 주도적인 경향이 강하다.

〈표 6-2〉 Marcia의 정체감의 네 가지 상태

직업과 이념에 관한 입장	정체감의 상태			
	정체감 혼미	정체감 유실	정체감 유예	정체감 성취
위 기	없 음	없 음	있 음	있 음
수 행	없 음	있 음	없 음	있 음

자료 : Santrock, John W.(1997). Life-Span Development(6th ed.). Madison, WI : Brown & Benchmark Publishers, p.401.

3) 자아정체감의 형성

자아정체감의 형성은 아동기의 동일시에 뿌리를 두고 있으며, 청소년기를 거쳐 전 생애 동안 지속된다. 자아정체감의 기초가 인생의 초기에 이미 형성되어 일생 동안 계속적으로 진행되는 과업이라 할지라도 자아정체감의 형성에 있어서 결정적 시기는 청소년기이다.

자아정체감 형성에서 청소년기가 다른 어느 시기보다도 중요하게 부각되는 이유는 이 시기에 신체적 · 심리적 · 성적인 면에서 급격한 변화가 일어나며, 인지능력이 발달하고, 신체적으로는 성인이지만 정서적 · 경제적으로는 부모에게 의존하는 주변인(marginal man)이기 때문이다. 또한 청소년기는 자기 자신에 대한 정의를 내리게 되고, 인생에서 중요한 결정을 내려야 하는 시기이며, 과거와 현재에 이어 미래에 자기 자신이 무엇을 할 수 있는지 고민하고 탐색하는 시간을 가지게 되기 때문이다. 이러한 청소년기의 내적 · 외적 상황들은 자아정체감을 형성하는데 도움이 된다(허혜경 · 김혜수, 2002 : 119).

청소년에게 주요한 질문은 '나는 누구인가?'이다. 즉, 이것은 자신의 존재에 대한 숙고와 자각을 통하여 자아정체감을 찾기 위한 노력이며, 그들과 관련된 생활의 선택을 검토하고 자기 결정을 내리기 위한 것이다. 청소년은 이러한 과정을 통해 자아정체감을 형성하게 된다. 청소년기의 자아정체감의 형성에 있어서 주요한 쟁점은 직업의 선택, 신뢰성과 생활에 기초한 가치의 적용, 만족스러운 성적인 정체감의 발달 등과 관련되어 있다(Papalia, Olds, & Feldman, 1998 : 369).

자아정체감이 형성되기 위해서는 먼저 신체적 · 성적 성숙이 이루어져야 하며, 추상적 사고가 발달해야 하고, 정서적으로 안정되어 있어야 하며, 부모나 또래의 영향으로부터 자유로워야 한다. 자아정체감 형성에서 청소년의 과업은 동일시의 산물을 미래의 열망과 적절히 연결시켜 자신에 대한 만족감을 얻는 방향으로 통합하는 것이다. 자아정체감이 형성된 사람은 신념, 가치관, 정치적 견해, 직업 등에서 스스로 의사결정을 할 수 있다.

4) 자아정체감 형성의 영향요인

자아정체감의 형성은 오랜 시간을 필요로 하는 과정으로 정체감 혼미 상태로부터 점차 정체감 성취의 상태로 이루어진다. 청소년의 자아정체감의 형성에 영향을 미치는 요인은 다양하지만 그중에서도 부모와 동년배가 많은 영향을 미치고 있다.

부모는 청소년의 자아정체감 형성에 크게 영향을 미친다. 부모가 자녀에게 애정적이고 부모-자녀 사이의 의사소통을 격려하며 자녀의 자주적이고 독립적인 노력을 권장하는 경우에는 청소년이 자신의 인생에 대해 고민하고 자유롭게 의사결정을 하게 되어 자아정체감의 성취나 유예 상태가 된다.

부모가 자녀에게 적대적이며 행동을 엄격하게 통제하고 강압적인 경우에는 청소년이 자신의 장래를 고민하기보다는 부모의 결정을 그대로 받아들이기 때문에 자아정체감 유실 상태에 놓이게 된다. 한편 부모가 자녀에게 무관심하고 접촉을 회피하며 무시하고 거부적인 경우에는 청소년이 자아정체감 혼미에 빠지기 쉽다(허혜경·김혜수, 2002 : 129).

동년배는 청소년의 자아정체감 형성에 영향을 미친다. 청소년기에는 자신에 대한 의문과 불확실한 미래 등과 같은 비슷한 고민으로 방황하는 시기이다. 청소년기의 또래집단은 이러한 고민을 비롯한 부모와의 갈등, 가치, 신념, 진로, 장래의 직업 등에 대하여 의논하고 받아들일 수 있는 역할을 수행한다.

한편 자아정체감의 형성에는 성별로 다소 차이가 존재하지만 점차 변화되고 있다. 정체감의 탐색에서 남성은 이념이나 직업선택이 핵심적인 관심사인 반면에 여성은 인간관계와 혼인에 중점을 두는 경향이 있다는 것이다. 여성이 남성에 비해 자아정체감의 형성을 더욱 복잡하고 힘든 과업으로 생각하고 있으며, 남성이 여성에 비해 더 높은 수준의 자아정체감의 형성을 보인다는 것이다.

5 사회성 발달

1) 사회적 관계

(1) 가족관계

청소년은 자기 자신과 친구에게 의존하기 시작하면서 부모와 가족으로부터 점차 멀어지기 시작한다. 부모는 청소년의 성장하는 모습을 보면서 자신의 역할을 다하고 있다는 기쁨과 함께 자녀들로부터 거부당하는 느낌을 동시에 갖게 된다. 특히 아버지보다는 어머니가 자신에게서 멀어져 가는 자녀의 행동을 수용하지 못한다.

청소년은 독립된 인격체로서 부모에게 대우받기를 원하며, 자율성을 추구하고자 하는 욕구가 강해진다. 그와 더불어 청소년이 신체적으로 성장하면서 부모의 물리적인 처벌이나 통제가 어려워지며, 인지발달로 인하여 부모가 제시하는 규칙이나 가치관에 대해 의문을 제기하기도 한다. 따라서 청소년을 가진 부모는 아동기와는 달리 보호자로서의 역할을 재정립할 필요가 있다.

청소년은 자율성과 부모와의 애착이나 통제 사이의 균형을 유지해야 하는 새로운 과제에 직면하게 된다. 이러한 과정에서 부모와 청소년 자녀 사이에 갈등이 존재하며, 이것은 청소년의 독립성과 자아의 확립을 위해 필요하다는 것이다. 갈등은 청소년에게 도덕적 규칙, 태도, 관념, 가치관 등에 대한 의문을 제기하게 하며, 그 결과 자신과 세계에 대한 보다 나은 이해를 획득하도록 한다는 것이다(김태련 · 장휘숙, 1996 : 234).

청소년기 부모-자녀 관계에서 가장 중요한 것은 행복하고 안정된 가정생활을 영위하면서 부모와 자녀의 의사소통의 기회를 확대하고 서로 간의 차이를 발견하고 해결해 나가는 것이다. 한편 청소년기에는 형제자매간의 경쟁이 점차 감소되고 형제자매를 인생에서 중요한 타자들로 생각하는 경향이 증대된다.

(2) 동년배 관계

청소년은 동년배와 만나 이야기를 나누거나 다양한 활동을 함께 하면서 그들과 지내는 시간이 많아지며, 그들로부터 많은 영향을 받게 된다. 청소년기의 동년배와의 관계는 아동기와는 달리 좀 더 구조화되고 통합된 형태를 보이며, 그들과의 관계를 매우 중요시한다.

동년배는 청소년에게 정서적 안정을 제공하며, 우정을 통하여 자신을 표현하고 타인을 이해할 수 있게 한다. 그들은 청소년에게 흥미 있는 정보와 즐거움을 제공하며, 지지, 격려, 환류 등을 통하여 청소년이 스스로 유능하고 매력적이며 가치 있는 사람이라고 느낄 수 있도록 돕는다. 또한 동년배는 청소년들이 서로를 비교하여 자신이 어떤 위치에 있는가를 알 수 있는 정보를 제공하며, 청소년으로 하여금 자신을 노출하고 타인과 따뜻하고 친근하며 신뢰할 수 있는 관계를 맺을 수 있게 한다 (허혜경 · 김혜수, 2002 : 263).

그러나 청소년은 동년배와의 관계에서 갈등이나 긴장을 초래할 수 있으며, 이것이 지속되면 청소년에게 고통과 혼란을 안겨준다. 또한 동년배는 청소년에게 개성을 억누르면서 집단의 규율에 일치하도록 강요하기도 하며, 청소년에게 바람직하지 않은 행동을 학습시키기도 한다.

(3) 이성관계

청소년기는 동성의 친구들과 긴밀한 관계를 형성하고 우정을 나누면서 이성에게도 관심을 보이는 시기이다. 청소년 초기에는 동성에 대하여 강한 애착을 보이다가 점차 이성에 대한 호기심이 생기게 되어 동성애착에서 이성애착으로 변화된다. 이성애착의 시기에는 영웅숭배 현상이 나타나 연상의 이성을 사모하다가 비슷한 연령의 이성에게 강한 관심을 나타내며, 마지막으로 이성관계를 추구한다.

청소년의 이성과의 접촉은 대개 단체활동을 통해 이루어지다가 점차 개별적으로 발전한다. 이성교제는 청소년의 성역할을 명백하게 해주며, 남성이나 여성으로서 자신을 가치 있는 존재로 인식할 수 있게 한다. 그러나 이것은 청소년으로 하여금 학업을 소홀히 하게 하거나, 비행과 접할 수 있는 기회를 증진시키는 부정적인 영향도 있다.

청소년의 이성교제는 서구 문화권에서는 자연스럽게 이루어지고 있지만, 동양 문화권에서는 원활하게 이루어지지 못하고 있다. 특히 한국의 청소년들은 대학입학을 위한 과중한 학업부담으로 집단활동에 참여할 기회나 시간이 부족하며, 부모나 주위 사람들이 이성교제를 부정적으로 보는 시각 때문에 청소년의 이성교제가 제한되고 있다. 그러나 청소년의 이성교제를 부정적으로 보고 무조건 막기보다는 건전한 방향으로 이루어질 수 있도록 해야 할 것이다.

2) 성역할 정체감의 발달

성역할 정체감은 남성과 여성이 각각 사회가 그들에게 적절하다고 인정하는 특성, 태도, 행동 등을 내면화한 체제를 의미한다. 남성과 여성에게는 사회가 기대하는 각각의 성역할이 있으며, 각각의 성역할을 내면화시키지 못하게 되면 심리적으로 문제가 있는 것으로 인식될 수 있다. 성역할 정체감은 시대에 따라 변할 수 있지만, 성별로 기대되는 일정 수준의 역할이 존재한다.

사회가 요구하는 성에 대한 적절한 태도와 행동은 청소년기에서 시작된다. 남성은 강한 신체적 힘과 운동능력을 가지며, 내적인 정서변화를 외부적으로 표현하지 않는 특성이 요구된다. 여성은 혼인하여 가정에 전념하는 전통적인 여성상과 성공과 자율성을 강조하는 여성상 사이에서 갈등을 경험할 수 있다(김태련 · 장휘숙, 1996 : 270). 그 결과 여성은 성역할 정체감의 확립에 있어서 남성에 비해 늦어질 수 있으며, 확고한 정체감을 갖지 못하고 신체적 · 정서적 적응문제에서 어려움을 겪는 경향이 있다.

성역할 정체감의 발달에 영향을 미치는 요인으로는 부모, 동년배, 학교, 대중매체 등이 있다. 부모는 청소년이 성역할을 동일시할 수 있는 대상이면서 지도자로서 청소년의 성역할 정체감의 발달에 크게 영향을 미친다. 부모가 자녀에게 성별로 부여하는 과제에 따라, 부모가 자녀에게 기대하는 성별역할에 따라, 그리고 부모가 가정에서 행하는 역할에 따라 청소년의 성역할 정체감에 큰 영향을 미치게 된다.

동년배는 청소년의 성에 대한 지식의 공급자이면서 성역할 정체감을 학습할 수 있는 기회의 제공자로서 영향을 미치고 있다. 학교는 남성과 여성이 차별적으로 성역할을 수행하도록 지도하는 경향을 보이고 있기 때문에 성역할 고정관념이 내면화될 수 있게 한다. 대중매체는 프로그램의 성격에 따라 차이가 있지만, 남녀 간의 차별적인 성역할을 내면화시키는데 기여하여 성역할 정체감의 발달에 영향을 미친다.

3) 도덕성의 발달

청소년기의 도덕적 사고는 사회가 기대하는 바에 따라 행동하며, 사회적 규범과 의무를 준수하려는 인습적 수준에 속한다. 청소년은 자신의 사회적 역할에 수반되는 도덕적 책무를 중시하며, 그러한 책무를 충실히 수행하려고 노력한다. 그들은 친구 간의 우정을 지키려는 강한 의무감을 가지고 있으며, 규칙과 질서를 중요시하고 인간관계의 신의를 소중히 여긴다.

청소년 후기 도덕적 사고의 특징 중의 하나는 도덕적 상대주의이다. 도덕적 상대주의란 모든 사람이 준수해야 할 객관적이고 보편적이며 타당한 도덕률의 존재를 부정하고, 개인적이며 주관적인 관점에서 도덕성을 판단하는 것이다. 청소년 초기의 인습적 수준의 도덕성은 정의, 공평성, 생명의 존엄성 등과 같이 어느 시대를 막론하고 준수되어야 할 절대적이며 보편적인 도덕원리를 전제로 한다. 그러나 인습적 수준으로부터 벗어나면서 후인습적 수준에 도달하지 못한 청소년은 선악과 가치에 대한 절대적 기준을 부정하고 도덕률을 근본적으로 임의적인 것으로 보는 도덕적 상대주의를 선택한다(송명자, 1996 : 358). 도덕적 상대주의의 불안정성과 불확실성으로부터 벗어나 개인의 권리와 존엄성에 대한 확신을 갖는 후인습적 수준에 도달하는 것은 청년기에 이르러서이다. 그러나 청년기에 후인습적 수준에 도달하지 못하는 사람들은 청소년 후기의 도덕적 상대주의를 그 이후에도 지속적으로 갖게 될 수 있다.

도덕성의 발달에 영향을 주는 요인으로는 부모, 동년배, 학교, 대중매체 등이 있다. 부모가 청소년에게 애정적이고 수용적이면 도덕성 발달 수준을 상승시키는 반면에, 엄격하고 통제적이면 도덕성 발달 수준을 오히려 하락시키는 경향이 있다는 것이다. 부모의 훈육의 일관성은 도덕성 발달의 중요한 요인이 되지만, 일관성이 부족하면 불복종, 불안, 적대감을 갖게 되어 낮은 수준의 도덕성을 갖게 된다.

동년배는 도덕적 가치관을 강화하는 역할을 수행하기도 하지만, 반사회적 행동에 대한 불안감이나 죄책감을 감소시켜 주는 역할을 수행하여 낮은 수준의 도덕적 판단을 갖게 하기도 한다. 학교는 도덕교육을 통하여 도덕적 판단 수준을 향상시키고 높은 수준의 도덕적 행동을 수행할 수 있도록 한다. 대중매체는 상징적 모델을 통하여 태도, 행동, 가치관, 정서반응 등을 학습할 수 있는 기회를 제공하며, 프로그램의 성격에 따라 도덕성 발달에 영향을 미치게 된다.

6 사회복지실천의 관심영역

1) 청소년비행

청소년비행(juvenile delinquency)은 10세 이상 19세 미만의 청소년이 저지른 범법행위를 말한다. 그러나 이것은 대개 청소년기에 일어나는 도덕적 · 사회적 · 법률적 측면에서 옳지 못한 행위를 광범위하게 일컫는 말이다. 즉, 청소년비행은 청소년이 형벌 법령에 위배되는 행위를 하거나, 보호자의 정당한 감독에 복종하지 않거나, 가출 · 음주 · 흡연 · 폭력 · 흉기소지 · 원조교제 · 성폭력 · 청소년 유해업소 출입 · 약물남용 등의 행위를 하는 것을 말한다. 청소년비행 중에서도 특히 청소년범죄는 그동안 큰 폭의 증가세를 보이다가 최근 다소 감소하는 추세이지만, 아직도 중요한 사회문제 중의 하나이다. 청소년범죄의 범행동기를 보면 우발적 범행이 가장 많으며, 유흥비 마련과 호기심에 의한 범죄도 많은 편이다. 성별로는 남성이 여성보다 5.2배 정도 높은 비율을 차지하고 있으며, 주로 재산범죄(절도, 장물, 사기 등), 강력범죄

(폭력 : 폭행, 상해, 협박, 공갈 등), 교통사범, 강력범죄(흉악 : 살인, 강도, 방화, 성폭력)의 순으로 나타났다. 연령별로 보면 16~18세가 가장 많다(여성가족부, 2022 : 477-480).

청소년비행의 원인은 다양하지만 대개 성격적 요인, 사회구조적 요인, 지역사회 요인 및 사회변동 요인으로 나누어 볼 수 있다. 성격적 요인으로는 청소년 개인의 성격결함이나 욕구불만이 있으며, 사회구조적 요인으로는 가족배경, 교우관계, 학교생활, 대중매체의 영향 등이 있다. 지역사회 요인으로는 지역사회의 규범이 확립되어 있지 않고 각종 다양한 모순이 존재하는 것과 관련되어 있으며, 사회변동 요인으로는 급격한 산업화, 도시화 등이 있다.

청소년비행을 예방하기 위해서는 우선 청소년기에 쉽게 저지를 수 있는 비행에 대한 철저한 예방교육을 실시하여 문제행동과의 접촉을 사전에 차단하며, 청소년이 바람직한 자아와 가치관을 정립할 수 있도록 도와주어야 한다. 또한 청소년이 긴장과 불안을 해소하고 신체적 · 정신적으로 건강을 유지할 수 있도록 건전한 여가 및 청소년문화와 접할 수 있는 기회를 촉진하며, 청소년 유해환경을 정비하고, 비행에 노출된 청소년을 적극적으로 발견하여 지도해야 한다(한국청소년학회 편, 1999 : 328-329). 이와 같이 청소년비행의 예방은 청소년 본인은 물론 가정, 학교, 지역사회 및 국가의 총체적인 노력이 있어야 한다.

2) 우울증

우울증(depression)은 청소년기에 비교적 흔히 나타나는 장애로서 견딜 수 없는 울적한 기분이 주요 증상이다. 이것은 대인관계의 위축, 권태감, 무력감, 흥미나 즐거움의 상실, 식욕의 현격한 증감, 불면이나 과다 수면, 피로감, 활기부족 등이 수반된다(최윤미 외, 1998 : 361).

우울증은 일반적인 우울한 느낌이나 불행한 감정을 느끼는 것만으로는 진단될 수 없으며, 경험한 스트레스에 비하여 우울한 감정이 지나칠 정도로 심하게 나타나거나, 우울증을 일으키는 선행사건이 불분명할 때 진단될 수 있다. 또한 우울증은 우울증상이 너무 심해 일상생활에 지장이 있거나, 우울증상이 심한 상태에서 만성화되어 장기간 지속될 경우에 적용될 수 있다는 것이다.

우울증은 아동기에도 나타나지만 청소년기에 증가하며, 그 이후에는 줄어드는 경향이 있고, 여성이 남성보다 빈도가 높다. 이것은 우울한 기분이 주요한 증상이지만 청소년들은 극심한 피로감, 주의집중장애, 두통, 복통 등의 증상으로 표출되기도 하며, 반사회적 행동이나 문제행동으로 나타나기도 한다.

3) 자 살

자살(suicide)은 우울과 밀접한 관계가 있다고 한다. 자살을 기도한 사람들은 대체로 외롭고, 소외되어 있으며, 따돌림을 받고 있다고 느끼고, 부모나 친구로부터 사랑을 받지 못한다고 생각한다. 청소년기에는 불안, 열등감, 수치심, 죄책감 등과 같은 부정적 정서로 인하여 우울한 증상을 보이는 경우가 많기 때문에 자살의 위험에 노출될 수 있다.

청소년이 자살하는 원인으로는 학업부진, 진학실패, 실연, 원하지 않는 임신, 부모의 사망이나 이혼, 집단따돌림 등이 있다. 그러나 이러한 것들이 청소년의 자살에 직접적인 원인이라 할 수는 없으며, 그들이 과중한 스트레스에 대처할 수 있는 능력을 지니지 못하여 자살만이 유일한 해결책이라고 생각하기 때문에 자살을 하는 것이다. 또한 그들은 부모를 비롯한 중요한 타자들과의 대화의 단절로 정신적으로 의지할 곳이 없다고 생각할 경우에 극단적인 행동을 취할 수 있다(이옥형, 2002 : 453).

자살을 시도하는 사람들은 자살에 대한 경고와 자살의 의사를 밝히거나, 특유의 행동유형을 나타낸다는 것이다. 자살을 시도하려는 사람들은 일반적으로 편지나 일기에 직접 고민을 남기거나 친구나 다른 사람들에게 간접적인 표현을 하는 경우가 많다. 특히 청소년들은 자살하기 이전에 우울한 경향이 증가하고, 대인관계가 멀어지고 고립되며, 자살기도에 대한 암시를 하고, 학업성적이 떨어지며, 지나치게 외모에 무관심하다는 것이다. 따라서 청소년들을 자살의 위험으로부터 보호하기 위해서는 부모를 포함한 중요한 타자들이 자살의 경고나 의사 및 특유한 행동유형을 빨리 파악하여 적절한 개입을 취하는 것이 중요하다.

4) 섭식장애

섭식장애(eating disorders)는 식생활 습관의 장애로서 청소년의 신체발달과 심리적·사회적 적응에 중요한 영향을 미친다. 즉, 이것은 성장기 청소년의 신체발달을 저해할 수 있으며, 죄책감, 수치심, 우울증, 스트레스 등의 원인이 되기도 한다. 섭식장애는 주로 여성 청소년에게 많으며, 거식증과 폭식증이 여기에 속한다.

거식증(anorexia nervosa)은 식욕을 상실하지 않았음에도 불구하고 자신의 체중을 최소화하기 위하여 불필요하게 음식의 섭취를 거부하는 신경성 식욕부진이다. 즉, 이것은 굶주림을 통하여 날씬함을 혹독하게 추구하는 섭식장애이다.

거식증은 비만에 대한 공포가 원인이 되며, 자신의 체중에 대해 실제 체중보다 높게 지각하는 왜곡된 신체상을 갖고 있는 것이 특징이다. 이것은 또한 부모로부터 받지 못한 애정에 대한 분노의 표출이거나, 날씬한 신체상을 이상으로 하는 현대문화의 영향으로 보는 견해도 있다. 거식증은 적절한 영양을 섭취하지 못해 신체기능이 약화되어 빈혈, 저혈압, 월경불순, 심장기능 약화, 근육약화, 골다공증 등을 일으킬 수 있으며, 심하면 생명을 잃기도 한다(Santrock, 1997 : 376).

폭식증(bulimia)은 많은 양의 음식을 한꺼번에 섭취하고 체중의 증가를 막기 위해서 인위적으로 토하거나 설사약을 복용하는 등의 왜곡된 행동을 반복하는 심리적 장애이다. 거식증은 대개 마른 상태를 보이지만, 폭식증은 전형적으로 정상적인 체중을 유지하고 건강하며 사교적인 모습을 보인다(Zanden, 1997 : 335).

폭식증을 가진 사람은 거식증처럼 자신의 체형이나 체중에 대해 지나친 우려를 갖게 되며, 엄청난 양의 음식의 섭취로 인하여 죄책감, 수치심, 우울증 등에 빠지게 된다. 폭식증은 대개 정서적 스트레스나 고통스러운 사건이 선행되는 경우가 많으며, 지나친 다이어트와 번갈아 나타나는 경향이 있고, 주로 혼자 있을 때 이루어진다. 이것은 폭식, 구토, 설사약의 복용 등으로 인하여 복통, 소화장애, 충치, 월경불순, 약물중독 등을 초래할 수 있다.

5) 집단따돌림

집단따돌림은 힘의 우위에 있는 집단구성원들이 집단 내의 약자인 한 성원을 심리적·신체적으로 반복해서 괴롭히는 행위이다. 즉, 이것은 두 명 이상이 집단을 이루어 지속적이면서도 집요하게 특정인을 그가 소속한 집단 속에서 소외시켜 구성원으로의 역할수행을 제약하거나 인격적으로 무시하고 괴롭히는 일체의 심리적·신체적 행위를 말한다.

집단따돌림은 청소년기의 학교생활에서 발생하는 경우가 많으며, 대화 거부하기, 약점 들추기, 바보 만들기, 비난하기, 괴롭히기 등 다양한 형태가 있다. 집단따돌림의 원인은 집단 내에서 유사성이 결여된 한 개인에 대한 집단의 거부반응, 자신과 타인의 차이를 인정하려 하지 않는 집단이기주의, 불안심리를 완화하려는 무의식적인 자기방어, 갈등 해소를 위한 표출 등이라 할 수 있다(허혜경·김혜수, 2002 : 281).

집단따돌림의 피해는 학업부진, 등교 거부, 심리적 장애, 소외감, 무기력, 자신감의 결여, 우울증, 자살 등으로 나타날 수 있다. 집단따돌림은 이와 같이 청소년의 학교생활은 물론 심리적·사회적으로도 그들에게 심각한 피해를 줄 수 있기 때문에 적절한 예방과 지도가 있어야 한다.

CHAPTER

07 장년기

장년기(壯年期)는 25~39세 사이의 시기로서 신체적·심리적·사회적으로 성숙해지며, 일생에서 가장 활력이 넘치고 활동적인 시기이다. 이 시기에는 배우자를 선택하여 가정을 이루고, 배우자와 원만한 인간관계를 맺으며, 자녀를 양육하고 부모로서의 역할을 수행하면서 가정생활을 관리해 나간다. 또한 경제적으로 독립의 필요성을 느끼고 직업생활을 시작하며, 직장에서 자기 일을 만족스럽게 수행하고, 사회인으로서의 책임과 의무를 다하는 시기이다.

1 신체발달

장년기는 신체발달이 완성되는 시기이며, 신체적으로 가장 건강한 시기이다. 장년초기에는 체력, 정력, 지구력 등이 최고조에 달하게 되며, 그 이후부터 점진적으로 감퇴하기 시작한다. 특히 신체적 수행능력은 19~26세 사이에 정점에 도달하였다가 그 이후부터 점차 하락하게 된다. 시각, 청각, 후각, 미각, 촉각 등의 감각기능도 이 시기에 최고조에 달하게 된다.

장년기는 심폐기능과 생식능력이 왕성한 시기이지만, 면역기능은 아동기나 청소년기에 비하여 다소 떨어진다. 피부는 청소년기 이후 수분을 잃기 시작하여 점점 건조해지면서 장년기부터 주름이 생기기 시작한다. 피부의 노화에 영향을 미치는 요인으로는 자외선, 흡연, 기후, 건강상태 등이 있다.

장년기의 외모는 자아개념에 매우 중요한 역할을 한다. 신체적 매력을 높이 평가하는 사회에서는 더욱 그러하며, 특히 외모에 많은 가치를 부여하는 여성의 경우에는 더욱 심하다. 30세를 넘으면서 피부에 탄력성이 떨어져 주름이 생기고 머리카락의 양도 감소하여 외모에 변화가 생기게 된다. 연령과 관계된 외모의 변화는 개인에 따라 차이가 크며, 성별로도 차이가 있다. 머리카락은 여성보다 남성이 더 빨리 감소하며, 얼굴의 주름은 남성보다 여성이 많다(정옥분, 2000 : 75-76).

장년기의 건강에 영향을 미치는 요소로는 음주, 흡연, 약물남용, 스트레스, 음식물, 운동 등이 있다. 특히 장년기는 다양한 생활의 변화로 인하여 스트레스가 많은 시기이며, 스트레스는 심장질환, 뇌졸중, 고혈압, 위궤양 등을 일으키거나 악화시키는 요인이 된다. 따라서 장년기의 신체적 건강을 계속적으로 유지하기 위해서는 음주, 흡연, 스트레스 등을 줄이고 적절한 영양공급과 규칙적인 운동을 해야 한다.

2 성격발달

1) 친밀감의 형성

장년기의 중요한 발달과업 중의 하나는 가족 이외의 다른 사람들과 친밀한 관계를 형성하는 것이다. 친밀감의 형성은 능동적인 과정으로서 자신의 정체감을 잃을지도 모른다는 두려움 없이 타인과 개방적이고 지지적이며 조화로운 관계를 형성하는 능력이다. 타인과 친밀한 관계를 형성한 사람은 자신의 견해나 계획을 다른 사람들과 의논할 수 있으며, 감정이입능력, 욕구조절능력, 자기통제능력 등을 갖추고 있다. 친밀감의 형성은 자아정체감을 확립한 후에 이루어지는 것으로 자신을 가치 있고 유능하며 신뢰할 수 있는 사람으로 지각할 수 있을 때 가능하다(김태련 · 장휘숙, 1996 : 315).

장년기의 친밀감은 혼인상대와 애정을 나눌 수 있으며, 사회생활에서 우정을 나눌 수 있는 관계를 포함한다. 친밀감은 대개 혼인관계에서 형성되지만, 혼인 초기의 상호적응,

첫 자녀의 출산, 부모와 친척의 기대 등이 부부의 친밀감 형성을 방해할 수 있다. 그러나 혼인생활을 통하여 서로의 욕구를 만족시키고 약점을 수용하면서 친밀감을 형성해가며, 친밀감이 형성되면서 인간관계가 점차 성숙해진다.

장년기 친밀감의 형성에는 성별로 차이가 존재한다. 장년기의 남성은 친밀하고 상호의존적인 관계형성에 저항하는 경향이 있기 때문에 친밀감의 형성에 어려움이 존재한다. 그러나 여성은 친밀감 형성의 요구를 충족시킬 준비가 되어 있으며, 자신의 문제에 관심을 가지고 지지해 주는 사람들과 친밀한 관계를 형성할 수 있다. 장년기에 친밀감을 획득하지 못한 사람은 지나치게 자기 의식적이고 자신의 사회적 행동과 적응에 대해 걱정하고 불안해하기 때문에 원만한 사회적 상호작용을 하지 못하여 고립감에 빠져들게 된다. 그들은 친근감의 형성이 자신의 정체감 확립을 손상시킨다고 생각하여 자신과 타인과의 관계형성을 제한한다.

2) 성격의 성숙

장년기는 개인적인 성격이 성숙해지는 것은 물론 사회적으로도 성숙해지는 시기이다. 장년기에는 타인과 친밀한 관계를 형성하면서 자신과 타인을 인정하고 수용하며, 정서적으로 안정되고, 독립성과 목표의식을 갖는 등 성격이 성숙해진다. 또한 장년기는 사회생활에서 자신의 책임과 의무를 다하며, 사회와 국가의 발전에도 기여하는 시기이다.

성숙한 성격을 지닌 사람의 특성을 살펴보면, 그들은 현실을 객관적으로 지각하며, 생활의 전 영역에서 일시적인 감정, 선입관, 편견 등을 배제시킨다. 그들은 배우자, 부모, 형제, 친구, 동료 등 주위의 많은 사람들과 친근감을 표현할 수 있으며, 타인을 수용하며 신뢰한다. 그들은 정서적으로 안정되어 있어서 불안, 스트레스, 좌절 등을 효율적으로 해결할 수 있으며, 자신의 과업에 적합한 기술을 발휘할 수 있고, 책임감과 삶에 대한 긍정적 시각을 지니고 있다(Schultz, 1990 : 41-44).

성숙한 성격을 지닌 사람은 또한 자신에 대한 정확한 지식을 소유하고 있으며, 타인의 의견에 개방적인 태도를 지니고 있다. 그들은 삶의 목표가 뚜렷하고, 자발적이고 독립적이며, 인간미가 풍부하다. 그들은 독창성이 풍부하여 창의적이고 혁신적이며, 다양한 상상력과 사고능력을 소유하고 새로운 무엇인가를 추구하기 위해서 노력한다.

장년기는 개인적인 성격의 성숙과 더불어 그가 속해 있는 직장, 지역사회, 국가, 문화 등을 이해하고 받아들여 사회적으로 성숙해지는 시기이다. 이 시기에는 자신의 권리와 의무를 동시에 수행하는 사회적 역할을 다해야 하며, 자신의 이익과 사회의 이익을 조화시키고 건전한 사회변화와 발전을 주도하고 협력해야 한다.

3 직 업

1) 직업선택

장년기의 중요한 발달과업 중의 하나는 직업을 선택하고 그에 따르는 준비를 하는 것이다. 이 시기에는 직업을 통해서 경제적으로 자립하고 자신의 인생을 개척해 나가면서 자아실현을 하는 시기이다. 이러한 직업은 삶의 상태를 결정하는 중요한 요인으로서 일상생활의 거의 모든 것을 지배하며, 사회경제적 지위를 결정하고, 자신의 가치관을 표현하게 해주는 것이기도 하다.

직업선택은 장년기에 부과된 어려운 과제이다. 특히 오늘날과 같이 산업화·정보화·국제화로 인하여 직업의 종류가 상당히 다양해지고, 직업에 필요한 기술이 급속히 변화되는 시대에는 더욱 어려운 문제이다. 직업선택은 그동안 주로 남성의 몫이었으나, 오늘날은 여성도 직업에 대해 점점 더 많은 관심을 갖게 되었다.

직업선택은 개인적 요인과 환경적 요인에 의해 영향을 받게 된다. 직업선택에 영향을 미치는 개인적 요인으로는 능력, 적성, 관심, 흥미, 가치관, 학력, 성, 연령, 신체조건 등이 있다. 환경적 요인으로는 부모의 직업, 가정의 사회경제적 지위, 부모의 가치관과 직업관, 교사의 영향, 산업구조의 변화, 직업수요 등이 있다.

2) 직업생활

직업생활은 장년기의 생활에 중요한 의미를 가진다. 즉, 자기가 선택한 직업에서 만족을 느끼지 못하는 사람은 일생을 통해서 행복을 발견하지 못할 정도로 직업생활은 인생에서 매우 중요한 위치를 차지하고 있다. 따라서 장년기에는 자신이 선택한 직업에 만족을 느끼고 성공하기 위해서 최선을 다할 필요가 있다.

직업생활을 성공적으로 수행하기 위해서는 자신이 수행해야 할 특정 직무와 관련된 전문적 지식과 기술을 습득하여 활용해야 한다. 그와 더불어 직업능력의 개발과 외국어의 숙달 등과 같은 자기발전을 꾀하기 위한 일들에 최선을 다하여 안정된 직업생활이 되도록 해야 한다. 특히 특정의 직업역할을 수행하기 위해서는 적절한 직업훈련을 필요로 하기 때문에 직업훈련 과정을 충실히 이행하고 자신에게 부과된 직무를 책임감 있게 잘 수행해야 한다.

직업생활에서 직장동료와의 관계는 직업만족의 중요한 요소이므로 그들과 조화로운 상호작용 및 협력관계를 유지해야 한다. 직장동료는 많은 시간을 함께 지내면서 성취감, 경쟁심, 협동심 등을 통해서 직업능률을 높이고 자기발전을 가져오게 한다. 그러나 직장동료와의 과도한 경쟁의식, 권위적인 태도, 불성실한 태도 등은 동료, 상사 및 부하직원과 갈등을 유발할 수 있기 때문에, 이러한 상황에 잘 적응하고 해결할 수 있는 능력과 노력이 필요하다.

한편 직업생활에서 직무수행능력은 연령별로 크게 차이가 없는 것으로 나타나고 있으나, 직업의 만족도에서는 차이가 존재하고 있다. 즉, 30세 미만의 사람들은 자신의 직업에 대해 만족을 느끼지 못하는 경향이 있는 반면에 30세 이상은 자신의 직업에 만족하고 있으며, 연령이 증가할수록 만족도도 높아지는 것으로 나타나고 있다. 그것은 30세 이전에는 자신에게 가장 적합한 직업을 선택하지 못한 상태에서 직업생활을 시작할 수 있으며, 급여수준도 낮은 직종에 종사하는 것과 관련되어 있는 것 같다(김태련 · 장휘숙, 1996 : 340).

4 혼 인

1) 혼인 준비

혼인은 장년기에 친밀감이 형성되고 성숙한 사회적 관계가 확립되면서 배우자를 선택하여 새로운 가족을 형성하는 것이다. 이것은 장년기의 생활에서 사랑의 실현, 정서적 안정, 경제적 안정, 성적 만족, 자녀의 출산 등에 기여한다. 혼인은 책임과 의무가 수반되는 인생의 중요한 결정사항이기 때문에, 혼인을 하기 위해서는 심리적 · 사회적 · 경제적 준비가 되어 있어야 한다.

혼인을 하기 위해서는 혼인상대에 대해 온정과 애정을 가질 수 있고, 친밀감을 나눌 수 있으며, 상대의 개인적 특성을 현실적으로 이해할 수 있고, 상대의 정서생활에 관심을 기울일 수 있어야 한다. 또한 혼인 후에 일어날 경제적 문제에 현실적으로 대처할 수 있는 자신감과 능력이 있어야 하며, 개인적인 계획에 상대를 고려할 수 있고, 자신의 능력을 최대한 발휘하여 혼인생활에 공헌할 마음가짐이 되어 있어야 한다. 그 외에도 기꺼이 성적 상대가 될 수 있어야 하며, 남편과 아내로서의 위치를 받아들일 준비가 되어 있어야 한다(Duvall, 1977 : 188-189).

혼인은 남성과 여성이 모두 육체적으로나 정신적으로 성숙한 시기에 하는 것이 바람직하다. 그러나 육체적 · 정신적 성숙도는 개인차가 크기 때문에 혼인에 적합한 연령을 정확히 판단하기는 어렵다. 혼인에 적합한 연령은 대체로 남녀 모두 25～30세 정도라고 할 수 있지만, 이러한 연령도 사회적 · 문화적 변화에 따라 달라질 수 있다.

2) 배우자의 선택

배우자의 선택은 혼인생활의 안정과 행복의 가장 중요한 요소이다. 그러므로 배우자를 선택할 때에는 상대방에 대한 다양한 사항들을 고려하여 신중하게 결정해야 한다. 배우자의 선택에서 근접성, 이상적 이성상, 부족한 부분에 대한 보상적 욕구, 환경의 동질성, 성향의 동질성 등은 선택의 동기로 작용할 수 있다. 배우자의 선택에서 고려해야 할 주요 사항으로는 신체적·정신적 건강, 성숙한 성격, 사회적·경제적·문화적 배경을 포함한 성장배경, 건전한 이념과 가치관, 연령, 경제적 능력 등이 있다(유안진·김혜선, 1996 : 296-298).

배우자의 선택에서 개인차가 있기는 하지만 대개 남성은 여성의 외모와 성격을 중요시하고, 여성은 남성의 경제적 능력과 장래성을 중요시하는 경향이 있다는 것이다. 그러나 최근 여성의 경제적 능력의 향상을 비롯한 다양한 사회적 변화로 인하여 배우자 선택에서 중요시하는 요소들이 변화되고 있다.

배우자의 선택에서 혼인동기가 건전하지 못할 경우에는 혼인을 결정하지 않는 것이 바람직하다는 것이다. 만일 혼인동기가 연애에 실패한 후 상처를 치유하기 위해서, 동정심에서, 외로움을 이길 수 없어서, 불행한 가정에서 탈출하기 위해서, 혼전임신으로 등과 같이 부정적인 경우에는 혼인생활이 행복해질 수 없기 때문이다. 한편 정서적으로 불안정한 사람, 신경질적인 사람, 열등감이 강한 사람, 터무니없는 우월감을 갖는 사람, 냉혹한 사람, 무계획적인 사람, 독립심이 부족한 사람 등은 배우자로서 적합하지 않다는 것이다. 또한 쉽게 싫증을 느끼는 사람, 극단적인 허영심을 소유한 사람, 무책임한 사람, 금전의식이 올바르지 못한 사람, 사회적응능력이 결여된 사람 등도 혼인생활을 순조롭게 이끌 수 있는 능력이 없는 사람들이기 때문에 배우자로서 적합하지 않다는 것이다(서병숙, 1993 : 53-54).

3) 가족생활

가족은 친밀한 인간관계를 통해서 서로의 애정, 신뢰, 위안, 존경 등 심리적·정서적 만족을 얻을 수 있는 곳이다. 그러나 혼인과 더불어 가족생활은 수많은 결정과 적응을 필요로 하는 일이 많으면서 여러 가지 어려움에 직면하게 된다. 혼인한 젊은 부부는 가족생활에서 직면하게 될 갈등이나 긴장을 예상하지 못했기 때문에 처음 몇 년 동안은 더욱 어려운 시기를 보내게 된다.

혼인 초기의 긴장과 갈등은 사회적 · 경제적 · 종교적 · 교육적 배경이 서로 유사하지 않을 경우에 더 많이 존재하며, 이러한 배경들을 서로 공유하고 있을 지라도 혼인생활은 긴장과 갈등이 존재한다. 특히 경제적 어려움은 부부 상호 간의 정서적 안정을 해치고 상호의존의 느낌을 감소시키며, 부부 각자의 부모들의 요구도 혼인생활의 어려움을 증가시킨다(김태련 · 장휘숙, 1996 : 323).

따라서 혼인 후 처음 몇 년간은 부부 상호 간의 적응 및 부부와 관련된 다른 사람들과의 관계형성을 위해서 상호 간의 적극적인 노력이 요구된다. 부부간에는 수면유형, 음식기호, 일하는 습관, 욕실 사용 습관 등에 대해서도 적응해야 하며, 금전의 지출에서도 의견의 일치를 보아야 하고, 만족스러운 성적 관계를 확립하기 위해서 노력해야 한다. 특히 남편은 아내가 새로운 생활에 익숙할 때까지 격려할 수 있어야 하며, 아내에게 안정감을 제공해야 한다.

5 자녀양육

1) 자녀출생

자녀의 출생은 부부의 인생에 있어서 중요한 전환점이 된다. 부부만의 친밀한 관계로부터 전적으로 의존적인 인물을 포함하는 가족관계로의 전환은 혼인생활을 변화시킨다. 부모가 된다는 것은 개인의 인생에서 갑작스러운 변화로서 혼인생활의 낭만이 줄어들고, 부부가 보다 동반자적 관계로 되어 간다는 것을 의미한다.

자녀의 출생은 부모가 되는 기쁨과 함께 혼인생활의 만족감과 행복감을 저해할 수 있다. 자녀 출생 후 몇 개월 동안 부모들은 수면부족 때문에 고통을 겪는 동시에 새로운 의무감과 가사의 분담문제에 직면하게 된다. 신생아를 돌보는 일에 대한 자신감의 부족과 양육방식의 차이는 잠재적 갈등의 원인이 된다. 신생아는 부부간의 질투심을 자극하기도 하며, 맞벌이 부부의 혼인생활에 더 많은 긴장과 갈등을 불러일으킨다. 자녀의 출생으로 부부간의 애정표현과 대화가 줄어들고 여가활동을 함께 하는 일도 줄어든다. 자녀출생과 함께 부부는 많은 어려움을 겪게 되지만, 자녀는 혼인관계를 안정시키며 가족생활의 만족과 행복을 가져다주는 원천이 된다. 자녀출생의 어려운 시기를 서로 협력하며 참고 견딘 부부는 영아에 대한 애착을 바탕으로 부모-자녀 간의 깊은 애정을 형성하며, 그 이후의 가족생활에서 배우자와의 강력한 유대관계를 형성할 수 있다.

2) 자녀양육

장년기의 중요한 발달과업 중의 하나는 배우자를 선택하고 자녀를 양육하는 것이다. 자녀양육은 정서적·인지적 학습이 요구되는 어려운 과정이다. 자녀양육과 부모의 역할에 대한 충분한 지식과 경험이 부족한 젊은 부부들은 자녀양육에 대해 긴장하고 실망한다. 그러나 부모가 자녀를 보호하고 양육하는데 몰두하면, 그들의 특성과 요구에 효과적으로 대처할 수 있는 능력을 획득하게 된다.

자녀가 성장함에 따라 부모의 양육방식에 변화가 일어나게 된다. 영아기에는 계속적인 부모의 보호와 관심이 필요하며, 유아기에는 자율성을 획득할 수 있도록 노력해야 하므로 부모의 훈육과 인내가 요구된다. 아동기에는 또래집단과의 관계형성 및 기술획득과 재능발휘를 위해 부모의 도움이 필요하며, 자신의 능력을 확장시키고 가정 밖의 새로운 세계에 대한 탐색을 위하여 새로운 경험이 요구된다. 특히 성격발달과 지적 발달이 유아기와 아동기에 각각 거의 이루어지기 때문에 부모의 자녀양육은 자녀의 발달에 큰 영향을 미치게 된다.

자녀양육은 부모가 자녀의 성장·발달에 관한 지식과 기술을 갖추어 무기력한 자녀로 하여금 독립된 인간으로 성장할 수 있는 능력을 갖추도록 하는 것이다. 또한 이것은 자녀가 속한 사회의 생활양식, 행동규범, 가치체계를 배우도록 돕는 것이며, 사회에 적응하면서 사회적 역할을 수행할 수 있도록 하는 것이다(유안진·김혜선, 1996 : 303). 따라서 장년기의 부모는 자녀의 요구에 성공적으로 대처하면서 자녀양육에서 다양한 역할을 수행해야 한다.

6 사회복지실천의 관심영역

1) 이 혼

이혼(divorce)은 부부와 자녀의 삶에 심각한 영향을 초래하는 중대한 사건이다. 이혼은 부부 모두에게 스트레스, 우울증, 죄의식, 외로움, 실패감, 낮은 자존심, 자아의 상실, 자기비난 등을 가져오게 하며, 자녀에게 비행, 범죄, 정신장애의 간접적인 요인으로 작용하고 있다(김경희, 2001 : 281). 또한 이혼은 자녀양육문제, 경제적 곤란, 역할상실, 사회적 고립, 부모－자녀 간의 갈등, 대인관계의 문제, 이혼한 전 배우자와의 관계, 일상생활의 가사문제 등의 어려움을 겪게 한다.

혼인생활이 아무리 불행했다 하더라도 그것을 끝낸다는 것은 언제나 고통스러우며, 특히 자녀가 개입되었을 때에는 더욱 그러하다. 많은 사람들이 이혼을 부부관계에서의 실패로 보지 않고 인생 전반에서의 실패로 보기 때문에, 이혼 후에 많은 사람들은 흔히 우울증에 빠지게 된다. 이혼이 아무리 자의적인 것이었다 하여도 고통스러운 적응기간이 있기 마련이다(정옥분, 2000 : 216-217). 이러한 이혼의 원인으로는 대개 성격차이, 배우자의 부정, 가족부양 소홀, 알코올중독, 도박, 배우자학대, 경제문제 등이 있다.

최근 이혼율이 과거에 비해 현저하게 증가하고 있다. 과거에는 불행한 혼인생활이더라도 그것을 지속하는 것이 자녀들을 위한 길이라고 생각하여 이혼을 하지 않았지만, 최근에는 그것이 자신은 물론 자녀를 위한 최선의 길이라고 생각하지 않고 있다. 그와 더불어 남성과 여성의 경제적 지위가 동등해지고 있으며, 이혼에 대한 사회적 인식도 달라지고 있다. 또한 배우자가 자신의 삶을 풍요롭게 해주고, 자신의 잠재능력을 향상시켜 주며, 사랑하는 동료이자 원만한 성적 상대자이기를 바라지만, 이러한 기대에 미치지 못하면 이혼을 고려하게 된다. 혼인생활에서의 이와 같은 변화들이 이혼율을 증가시키는 요인이 되고 있다.

이혼한 부부는 혼인생활 동안 경험하지 못했던 광범위한 문제들로 고통을 받기 때문에, 이러한 문제들을 해결하기 위한 적극적인 노력이 필요하다. 이혼에 적응하기 위해서 심리적으로는 상담과 다양한 사회활동을, 사회적으로는 자녀교육에 대한 관심과 재혼을, 그리고 경제적으로는 직업훈련과 취업 등을 필요로 한다.

2) 배우자학대

배우자학대(spouse abuse)는 남편 또는 아내가 다른 한 편의 배우자에게 신체적 · 정서적 · 성적으로 위해를 가하는 것을 말한다. 이것은 주로 남편에 의한 아내의 학대를 말하는 것이지만, 아내에 의한 남편의 학대도 포함하고 있다.

배우자학대는 신체를 주먹, 발, 물건 등으로 구타하거나, 흉기로 위협하거나, 폭언, 협박, 멸시, 차별 등을 행하거나, 또는 모욕적인 성행위를 강요하는 등 다양하게 이루어지고 있다. 그 밖에도 이것은 대인관계나 출입을 통제하거나, 직장생활을 하지 못하도록 하거나, 자녀를 이용하여 무시하는 경우도 있다(조흥식 외, 2000 : 241).

배우자학대의 원인은 개인적 요인, 가정적 요인, 사회적 요인 및 문화적 요인으로 나누어 볼 수 있다. 개인적 요인으로는 알코올중독이나 습관성 음주, 약물남용, 정신장애, 스트레스, 학대받은 경험, 배우자학대에 대한 관찰학습 경험 등이 있다. 가정적 요인으로는 부부갈등, 가부장적 가족구조 등이 있으며, 사회적 요인으로는 경제적 무능력, 실직 등이 있다. 문화적 요인으로는 배우자학대를 부부간의 일로 간주하고 단순한 부부싸움으로 여기는 전통적 태도가 있다.

배우자학대가 우리 사회에서는 부부싸움으로 여겨지거나, 가정 내에서 부부간에 있을 수 있는 일로 생각하는 태도 때문에 빈번히 발생하고 있다. 이것은 사랑과 친밀감을 나누는 가정이 학대가 일어나는 장소가 됨으로써 가족구성원 모두에게 심각한 부정적인 영향을 미칠 수 있다. 특히 배우자학대는 학대를 당하는 배우자에게 신체적 · 심리적 · 사회적 · 정신적으로 심한 손상을 입힐 수 있으며, 자녀에게 폭력을 학습할 수 있는 장을 제공할 수 있다는 점에서 더욱 심각한 문제가 아닐 수 없다(최선화 외, 1999 : 271). 또한 배우자학대는 부부간의 별거나 이혼으로 이어질 수 있으며, 자녀들에게 불안감, 공격성, 비행, 학업부진 등의 요인이 될 수 있다.

배우자학대를 예방하기 위해서는 가정이나 사회에서 학대를 묵인하는 태도, 관습, 가치 등을 제거하고, 빈곤, 실업 등과 같은 학대를 유발할 수 있는 사회적 요인을 감소시켜야 한다. 그와 더불어 가정에서 학대와 관련된 학습을 할 수 있는 기회를 차단하도록 하며, 배우자학대의 가능성이 있는 가정에게 가족치료를 제공해야 한다.

CHAPTER

08 중년기

중년기(中年期)는 40~64세 사이의 시기로서 인생의 목표를 성취해 가는 인생의 절정기이다. 이 시기에는 노화가 시작되는 자신의 신체적·생리적 변화를 인정하고 적응하며, 사회에 공헌하고 생산성을 획득해 나가면서 중년의 위기에 대처한다. 성숙한 부모의 태도를 소유하고 자녀를 지도하며, 부부간의 동반자 의식을 신장시키고, 노부모를 부양한다. 또한 직업안정을 통하여 경제적 안정을 누리고, 여가를 활용하며, 은퇴에 대비해 나간다.

1 신체변화

1) 신체적 변화

중년기가 되면 신체적인 노화가 점차 시작된다. 피부는 탄력을 잃게 되어 늘어지며, 더욱 얇아지게 되고, 혈액순환이 잘 되지 않아 안색이 나빠진다. 주름이 눈 가장자리, 입 주위, 이마, 목 부위 등에 나타나며, 턱이 처지고 눈 아래에 검은 선이 생기며, 갈색의 노화반점이 보이기 시작한다. 모발이 많이 빠지며, 머리카락이 은백색으로 변하고, 가늘어지면서 성장속도도 느려진다. 얼굴의 전체적인 모습에 변화가 생기며, 치아도 차츰 마모되어 간다.

신체적인 힘과 지구력이 어느 정도 감소하여 활력을 잃어가며, 질병에 대한 저항력이 약해지고 회복하는데 더 많은 시간이 소요된다. 신체의 근육조직이 감소하고 지방조직이 증가하여 체중이 늘기 시작하며, 허리둘레가 커진다. 심장에 탄력성이 줄어들고 혈액의 양이 감소하여 심장기능이 약해진다. 폐의 탄력성도 감소하고 흉곽이 작아지기 시작하며, 흉곽의 근육이 약해져 호흡의 효율성이 떨어진다. 신경계에도 변화가 생겨 자극이 뇌에서 근육조직으로 전달되는 속도가 점차 감소하게 된다.

중년기가 되면 이와 같이 노화가 점차 진행되면서 신체적 능력과 건강이 약해진다. 그러나 중년기까지 많은 사람들은 비교적 양호한 건강상태를 유지하고 있다. 그것은 규칙적으로 운동을 하고 적절한 영양을 섭취하며 스트레스에 잘 대처하게 되면 가능한 일이다. 한편 중년기가 되면 시력이 감퇴하고 원시경향이 나타나며, 빛에 적응하는 시간이 더 길어지면서 야간운전이 어렵게 된다. 청각기능이 점차적으로 감퇴하기 시작하며, 55세 이후부터 감퇴속도가 빨라진다. 미각과 후각기능도 감퇴하기 시작하며, 촉각과 통각에 대한 민감성이 점차 줄어들게 된다(Papalia, Olds, & Feldman, 1998 : 473).

2) 성적 변화

중년기가 되면 성별로 차이가 있기는 하지만 남녀 모두 생리적 변화로 인하여 성적 능력이 저하된다. 여성은 40대 후반에서 50대 초반 사이에 월경이 중지되고 생식능력이 상실되는 폐경(menopause)을 경험하게 된다. 여성이 폐경에 이르기까지 다양한 생리적 변화를 겪게 되는 기간을 갱년기(climacteric)라고 한다. 갱년기에는 여성호르몬인 에스트로겐의 생산이 감소되며, 월경이 불규칙해지기 시작하다가 점차 중단되게 된다(Zanden, 1997 : 457).

폐경기의 여성에게는 얼굴의 홍조현상, 두통, 구토증, 현기증, 골반통, 피로감, 호흡장애, 골다공증 등이 나타나며, 호르몬 분비의 급격한 감소로 인하여 유방과 자궁이 퇴화되기 때문에 신체적 고통을 일으키게 된다. 폐경기 동안 여성에게 우울증과 불안감이 있을 수 있으나, 많은 여성들은 당연한 사건으로 받아들이고 생활에 큰 변화가 없는 것으로 나타나고 있다. 대부분의 여성들은 폐경기 이후에도 성공적인 부부생활이 가능하며, 여성의 특성을 계속 유지하게 되고, 점차 자녀의 혼인, 노화, 배우자의 사망 등과 같은 사회적 변화에 관심을 갖게 된다.

중년기 남성은 여성에 비해 심한 생리적 변화는 없으나 남성호르몬인 테스토스테론의 생산이 감소되어 정액과 정자의 감소, 절정감의 약화, 성적 능력의 저하 등을 초래한다. 남성들은 상당히 늦은 나이까지도 계속해서 생식능력을 갖게 되지만, 일부 중년기 남성은 수정능력 및 오르가즘 빈도가 감소하고 발기불능이 증가하게 된다(정옥분, 2000 : 244). 중년기 남성에게 나타나는 발기불능과 같은 성적 무능력은 갱년기 증상이라기보다는 직업에서의 성공과 재산 증식에 대한 과도한 관심, 정신적 피로, 과음, 만성질환, 성적 수행에 대한 실패공포 등에 기인한다는 것이다. 중년기 남성은 전립선이 비대해지면서 요도를 압박하여 소변보기가 힘들어지며, 남성호르몬의 감소로 근육조직의 손실과 심장질환의 위험을 증가시키기도 한다.

남성의 갱년기는 여성보다 늦게 시작되며, 변화가 보다 점진적으로 진행된다. 생리적 변화가 점진적으로 이루어지기 때문에 심각한 신체적 · 정신적 어려움은 없으나, 남성다움의 상실에 대한 두려움을 갖는다는 것이다. 갱년기 동안 남성들에게도 정서적 · 심리적 변화가 나타나지만, 이것은 갱년기의 증상이라기보다는 배우자와의 이혼이나 사별, 가족문제, 혼인생활의 갈등, 자신과 아내의 질병, 부모의 죽음, 직장에서의 스트레스나 퇴직 등과 관련되어 있는 경우가 많다.

2 성격변화

1) 성격의 안정

중년기는 자기의 경험, 지식, 기술 등을 통합하여 인생의 목표를 성취해 나가는 인생의 절정기이다. 이 시기는 인생이 보다 완숙해지고 통합적이며, 생산적이고 풍요로워지며, 자아실현을 위해 노력한다. 또한 자기 자신에 대해 보다 정확하고 객관적으로 알게 되어 자기에 대한 신뢰감을 지니게 된다. 이것은 중년기에 접어들게 되면 그동안 축적된 지식과 경험을 통해서 사물과 사건에 대해 보다 객관적으로 볼 수 있게 되고, 의사결정 과정에서 감정에 의해 좌우되지 않으며, 사실과 이성에 의해 판단하기 때문이다(유안진 · 김혜선, 1996 : 311).

중년기에는 많은 사회적 경험으로 인하여 편견, 선입관, 왜곡 등을 극복할 수 있으며, 인간이나 사물과 사건을 이해하는데 있어서 융통성과 다양성을 지니게 된다. 정서적인 안정을 기초로 자기 자신에 대한 타인의 비판에 귀를 기울이는 개방성을 지니게 되며, 사회활동에서 긍정적이고 적극적인 태도를 취하게 된다. 자기의 판단능력에 대한 신뢰감을 가지고 주위 사람들의 의견을 수용하려는 개방성을 지니고 있기 때문에 사고와 행동에서 보다 자유롭게 된다.

이 시기는 사회생활이 활발한 때로서 사회의 주역으로 사회의 다양한 분야에 공헌하게 된다. 이 시기에는 많은 사람이나 집단들과 다양한 관계를 맺고 사회의 한 부분만이 아닌 사회 전체를 볼 수 있도록 관심이 확대되며, 어느 시기보다 이타적인 태도를 취하게 된다. 즉, 개인의 복지, 사회문제, 지역사회와 국가의 발전, 국가적인 경쟁과 협력의 중요성 등을 비롯한 정치, 경제, 사회, 문화의 각 부분에 대한 문제로 관심을 확대시켜 나간다.

중년기는 가장 생산적인 시기로서 자신을 확대·발전시키고 여러 분야에서 성취를 이루고자 한다. 이 시기에 자신의 분야에서 성취를 이루기 위해서는 성실성, 모험심, 자신감, 창의성, 혁신의식, 책임감, 미래지향성 등을 지녀야 한다. 한편 중년기는 다음 세대를 위해 자녀를 낳아 기르고, 젊은 세대를 지도하며, 직장이나 지역사회에 도움이 될 수 있는 일들을 함으로써 생산성을 획득하고자 한다. 만일 이 시기에 다음 세대를 위해 자신이 한 일이 아무것도 없다고 느끼게 되면 침체성에 빠지게 된다.

2) 중년의 위기

중년기가 되면 이전에 가치를 두었던 삶의 목표와 과정에 의문을 제기하게 되며, 다양한 신체적·심리적·사회적 변화로 인하여 중년의 위기(midlife crisis)가 시작된다는 것이다. 중년의 위기는 침체성, 무력감, 불행, 지루함 등의 정서적 위기를 느끼게 하는 것으로 나타나고 있다.

중년기가 되면서 수행해야 할 과제에 비해 시간이 짧아지고 있다는 것을 느끼면서 우울해하기도 하고, 신체적으로 점차 노화가 일어나 건강에 대한 자신감이 없어지기도 하며, 정신적 허무감, 불안, 갈등 등을 경험하기도 한다는 것이다. 또한 직업생활에 위기를 느끼면서 절망감에 빠지기도 하며, 부모-자녀관계, 자녀의 학업성적과 진로문제 등에 대한 불만족으로 스트레스를 많이 받게 된다는 것이다.

중년의 위기가 존재하느냐 하지 않느냐 하는 것은 사회경제적 수준과 문화적 배경에 따라 차이가 있다는 것이다. 중년기에 직업을 가지고 사회활동을 활발히 하는 경우에는 중년의 위기를 경험하지 못할 수 있으나, 직업이 없으며 사회경제적 지위가 낮은 경우에는 위기를 경험할 수 있다는 것이다. 특히 여성의 경우에 직업이 없이 가정주부의 역할만을 수행하는 문화에서는 중년의 위기가 존재할 수 있다는 것이다. 그러나 중년의 위기는 불가피한 것이 아니라는 견해가 많다. 많은 사람들은 중년의 위기를 경험하지 않고 중년을 넘기며, 이것을 인생의 전환기로 생각한다는 것이다(Papalia, Olds, & Feldman, 1998 : 514-515).

3 가족생활

1) 부부관계

중년기는 부부간에 적응과정의 어려움을 극복하고 진정한 동반자로서의 의식을 강화시켜 나가는 시기이다. 중년기가 되어 자녀들이 어느 정도 자율적으로 생활하게 되면서 부부가 전보다 더욱 밀착된 관계로 발전해 간다. 이 시기에 부부간에 서로 노력하게 되면 참다운 동반자로서 인생의 새로운 만족을 경험할 수 있다. 그러나 상대방에 대한 지식과 이해의 부족, 친밀감의 부족, 의사소통의 결여 등은 서로 간에 만족하지 못하고 인생의 무의미함을 느낄 수 있는 요소가 될 수 있다.

혼인생활의 만족도는 혼인 초기에 높게 나타나다가 자녀를 양육하는 시기에 낮아지며, 자녀가 독립하는 시기에 다시 높아지게 된다. 특히 청소년기의 자녀를 둔 부부에게 만족도가 낮으며, 이 시기의 혼인생활의 만족도는 부모가 동성의 청소년 자녀와 얼마나 친밀한 관계를 유지하는가와 관련되어 있다는 것이다.

중년기의 혼인생활의 만족도에는 성별로 차이가 있으며, 남성이 여성보다 만족도가 높게 나타나고 있다. 이 시기에 여성의 주된 불만은 남편이 너무 의존적이라는 것이다. 또한 중년기의 여성들은 친구나 성장한 자녀를 주된 의논상대로 여기는 반면에 남성들은 연령이 증가하면서 배우자를 더욱 중요하게 인식한다(정옥분, 2000 : 319-320).

자녀들이 독립하게 되면서 중년기의 부부는 부모의 의무로부터 해방되어 부부간에 많은 시간을 갖게 되면서 혼인생활의 만족도가 높아지게 된다. 이 시기에 부부간에 서로에 대해 더 잘 알게 되고 즐거움과 슬픔을 함께 나누면서 동반자의식이 더욱 강화된다. 중년기 부부에게 이러한 동반자의식이 신장되지 못하게 되면 별거나 이혼과 같은 문제가 발생할 수 있다. 따라서 중년기에 부부간에 동반자의식을 가지고 혼인생활의 만족을 느끼면서 살아가기 위해서는 서로 간에 충분한 의사소통을 하며, 서로의 인격을 존중하고, 친구나 동료와 같은 친밀감은 물론 성적 친밀감을 느낄 수 있도록 해야 한다.

2) 자녀와의 관계

부모가 중년기가 되면 자녀들이 청소년기나 장년기가 되기 때문에 이들에 대한 지원과 지도가 필요하다. 부모는 청소년 자녀가 신체적 성장과 성적 성숙에 적응할 수 있도록 그들에게 적절한 교육과 지도를 해야 하며, 그들과 효율적으로 의사소통을 해야 한다. 중년기의 부모는 청소년 자녀가 자아개념을 발달시키고 자아정체감을 확립할 수 있도록 지원해야 한다. 부모는 청소년들이 자율적이면서 독립적으로 행동할 수 있도록 지지하고 안내하며 지원할 책임이 있다(조복희 · 정옥분 · 유가효, 1997 : 474).

중년기의 부모에게 자녀의 학교교육과 진로선택은 상당히 어려운 문제이다. 학교교육이 자녀의 장래 사회적 성취와 상당히 관련되어 있기 때문에 중년기 부모에게 스트레스를 유발시키는 요인이 된다. 학교교육에 대한 부모의 기대가 지나치면 자녀에게 심각한 부담과 좌절감을 안겨 줄 수 있으며, 부모가 무관심하거나 지원을 하지 않으면 자녀에게 상처가 될 수 있다. 따라서 부모가 자녀에 대하여 어느 정도 적절한 기대를 하도록 하며, 자녀의 교육에 필요한 지원을 적극적으로 하도록 해야 한다. 그와 더불어 자녀들이 적성, 능력, 기대, 소질 등에 적절한 진로를 선택할 수 있도록 지도해야 한다.

중년기 후반이 되면 자녀가 장년기가 되어 취업과 혼인을 해야 하기 때문에 새로운 부모의 역할이 요구된다. 이 시기에 자녀들이 혼인을 하고 새로운 가정을 형성하여 분가하므로, 부모는 물리적으로나 심리적으로 공허감을 느끼게 된다. 특히 중년기 여성의 경우 이러한 빈둥지 증후군(empty nest syndrome)을 경험하게 되며, 이 시기에 부부관계를 더욱 향상시킬 수 있도록 노력해야 한다.

3) 노부모의 부양

중년기에 접어들게 되면 부모세대가 신체적으로 노화와 질병 등으로 어려움을 겪게 되고, 경제적으로나 심리적으로 의존적인 시기이므로 이들에 대한 부양자로서의 역할을 수행해야 한다. 중년기 자녀들은 대개 노부모에 대한 은혜에 보답하고 그들을 부양해야 한다는 도덕적 의무감을 느끼고 있다. 그러나 자신의 신체적·심리적 노화를 경험하면서 사회적으로 스트레스를 많이 받게 되는 중년기에 노부모를 부양한다는 것이 결코 쉬운 일이 아니며, 경제적으로 빈곤하고 거동이 불편한 허약한 부모인 경우에는 더욱 어렵다.

최근 가족구조의 변화, 평균 가구원 수의 축소, 자녀세대의 노부모부양의식의 약화, 노인세대의 증가, 여성의 사회참여 증대 등으로 인하여 노부모들이 자녀의 부양을 제대로 받지 못하고 있다. 자녀의 부양을 받는 경우에도 자녀들이 신체적·정신적·경제적으로 상당한 부양부담을 느끼고 있기 때문에(정경희 외, 2001 : 252) 부모-자녀 관계는 물론 가족의 분위기를 해치고 부부관계의 불화를 일으킬 수 있어서 노부모에 대한 부양은 더욱 어려워지고 있다. 노인부양문제는 앞으로 가족구성원의 보호를 기반으로 다양하고 체계적인 사회복지정책과 사회복지실천의 접근을 통하여 해결해 나가야 할 것이다.

중년기에 부모를 부양한다는 것이 어려운 과제이지만, 노부모의 부양에 따른 긍정적인 면도 존재한다. 노부모의 부양을 통하여 자신의 노후문제와 죽음에 대한 인식을 새롭게 하면서 인간적으로 더욱 성숙해질 수 있으며, 중년기에 노부모를 잘 보살펴 드린 자녀는 자신이 노부모가 되었을 때 자녀의 보살핌을 제공받을 가능성도 커질 수 있다.

4 직업생활

1) 직업안정

중년기는 직업생활을 안정적으로 유지하는 시기이다. 이 시기에는 사람들이 그들의 직업적 야망을 달성하였거나, 처음에 기대했던 만큼 못 미치더라도 거기에 정착하게 된다. 중년기에는 자신의 직업에서 성공하며, 경제적으로 여유가 생기게 되고, 많은 영향력을 행사하며, 다른 어느 시기보다도 직접적으로 존경을 받는 시기이다.

중년기의 직업생활에서 안정을 유지하기 위해서는 직업적 성공이 선행되어야 한다. 직업생활에서 성공하기 위한 요인으로는 지적 능력, 대인관계기술, 성취욕구 등이 있다. 우선적으로 업무와 관련된 지적 능력을 배양하기 위해 노력해야 하며, 효과적인 업무수행을 위해 직장동료들과의 원만한 대인관계를 수립해야 한다. 그와 더불어 남보다 앞서려는 성취욕구를 지니고 추진해야 하며, 행동양식에서의 유연성과 지도력을 갖추어야 한다. 이러한 것들은 직업에서 계속적으로 성공할 수 있는 원동력이 된다.

중년기의 직장인들은 대부분 자신의 직업에 만족한다. 중년기에는 높은 지위에 오르고 수입도 많기 때문에 직업만족도가 높으며, 생산성도 증가하게 된다. 중년기 직장인의 직업만족도에 영향을 미치는 요인으로는 직업의 자율성, 직업의 안정성, 개인적 도전과 성숙의 기회, 성취감, 사회의 기여도 등이다. 한편 중년기 후반에는 직업만족도가 감소하게 되며, 그 요인으로는 승진 기회의 부족, 자신의 꿈을 실현할 기회의 상실, 은퇴준비 등이 있다(정옥분, 2000 : 280).

2) 직업전환

중년기의 직업전환이 점점 보편적인 현상이 되고 있다. 중년기에는 자기의 직업에서 은퇴할 수 있는 시간이 얼마 남지 않았으므로 자기의 목표성취를 되돌아보게 되고, 목표를 달성할 수 있는 가능성이 없으면, 목표를 축소하거나 직업을 전환하려고 시도한다. 또한 새로운 직업 전망이나 보다 높은 수준의 개인적 욕구를 충족시키기 위해 직업을 전환하기도 한다(조복희 · 정옥분 · 유가효, 1997 : 280).

직업전환은 직업에 종사하는 기간이 길어지면서 새로운 것을 시도해 보려는 기회가 많아지게 되며, 기술혁신으로 새로운 직업이 많이 개발되고, 조기에 퇴직하는 사람들이 많아지면서 더욱 필요하게 되었다. 앞으로 일생 동안 한 가지 직업에만 종사하는 사람의 수가 점점 적어질 것으로 예상된다. 그러나 직업전환은 직업에서 소외를 느껴 자발적으로 그만두거나, 외적 요인으로 물러나거나 어느 경우에도 불안하고 절박한 느낌이 뒤따르게 된다. 특히 중년기의 직업전환은 상당히 어려우며, 직업을 전환하였다 하더라도 성공하기가 쉽지 않다.

직업전환에 있어서 대부분의 사람들은 이미 습득한 기술, 교육, 취미를 토대로 한다. 어떤 사람들은 보다 적극적으로 직업전환에 필요한 기술을 습득하기 위해서 교육과 훈련을 받기도 한다. 따라서 중년기에 직업을 전환하기 위해서는 직업재훈련과 직업상담이 필요하며, 직업전환을 계획하고 준비하는데 많은 시간과 노력을 기울여야 한다.

3) 여가활동

여가활동이란 휴식, 기분전환, 사회적 성취 및 개인적 발전을 위해서 활용하는 제반활동을 말한다(Ramon, 1991 : 182). 이것은 개인적 관심을 표현하는 수단이 되며, 다양한 사람들과 서로 교류하고, 신체적 · 정신적 기능을 개선시킬 수 있으며, 자신에 대한 긍정적 느낌을 갖게 한다. 그와 더불어 여가활동은 휴식, 기분전환 및 사회적 성취를 도모하며, 스트레스에 대처할 수 있게 한다. 여가활동은 경제적으로나 시간적으로 여유가 있어서 여가에 대한 폭넓은 기회와 접할 수 있는 중년기에 수행해야 하는 중요한 과업 중의 하나이다. 중년기가 되면 개인적으로나 사회적으로 다양한 변화를 접하게 되고 이에 적응해야 한다. 여가활동은 중년기의 위기를 극복하고 적응하는데 중요한 역할을 수행할 수 있다.

중년기에는 은퇴에 대비하여 경제적·심리적인 준비가 필요하며, 여가활동은 은퇴를 위한 심리적 준비에 도움이 될 수 있다. 그러나 젊은 시절부터 다양한 활동을 했던 사람은 중년기에도 다양한 여가활동을 할 수 있지만, 그렇지 못한 사람들은 중년기에 여가활동을 시작하기가 어려울 수 있다. 따라서 중년기에는 직업으로부터 은퇴로의 전환을 용이하게 할 수 있는 여가활동에 능동적이고 적극적으로 참여하여 노년기의 성공적인 적응에 도움이 될 수 있도록 해야 한다.

5 사회복지실천의 관심영역

1) 실 업

실업(unemployment)은 어느 연령층을 막론하고 대단히 위협적인 사건이다. 특히 중년기의 실업은 수입상실로 인한 경제적인 어려움뿐만 아니라 자존심을 상실하게 하며, 가정생활을 어렵게 한다. 중년기에는 그 어느 시기보다도 실업에 대한 두려움이 가장 높다. 중년기에 실직하면 새로운 직업을 구할 기회가 매우 드물며, 새로운 직업을 구한다고 하더라도 이전보다 수입이 적어 어려움이 많다.

중년기의 실업은 자녀교육을 포함한 많은 금전적 지출에 대비하기 어렵기 때문에 재정적인 압박 등으로 많은 스트레스를 받게 된다. 장기간의 실직은 불안, 우울증, 공허감, 신체적 건강 약화, 알코올중독 등의 증상을 보이게 되며, 심지어는 자살에 이르기도 한다.

중년기의 실업에 대처하기 위해서는 개인적 차원에서 신체적 건강의 유지, 특수한 직업기술의 소유, 가족의 사회적 지지, 실업에 대한 인지적 이해능력, 직업상실의 예상과 준비, 융통성 · 경험의 개방성 · 탄력성 등과 같은 개인적 성격 특성, 재정적 자원 등이 있어야 한다(Papalia, Olds, & Feldman, 1998 : 537). 사회적 · 국가적 차원에서는 고용의 안정, 정년의 연장, 퇴직 후의 직업재훈련 프로그램, 고용보험제도의 활성화 등이 있어야 한다.

2) 갱년기장애

갱년기장애(climacterium)는 갱년기에 접어들면서 발한, 두통, 불면증, 수족냉증, 이명증(tinnitus), 우울증 등이 나타나는 신체적 · 생리적 · 정서적 장애를 말한다. 즉, 이것은 중년기가 되어 인체가 점차 노화되면서 갱년기 동안에 나타나는 심신의 기능장애이다.

갱년기장애의 주요 증상으로는 발한 · 두통 · 불면증 · 식욕부진 · 이명증 · 우울증 · 불안감 · 초조감 등의 생리적 · 정서적 장애, 요통 · 근육통 · 관절통 등의 운동신경장애, 비만 · 고지혈증 등의 신진대사장애, 수족냉증 · 현기증 등의 신체적 · 생리적 장애 등이 있다.

갱년기장애를 극복하기 위해서는 운동, 여가활동 등을 통하여 능동적이면서도 활동적으로 건강을 유지하고, 갱년기의 여러 증상들이 인생주기에서 겪게 되는 필연적인 과정으로 받아들이며, 긍정적인 태도를 가지고 극복하기 위한 노력을 해야 한다. 또한 점차 상실되어 가는 자신의 건강과 젊음을 생산성과 인생의 목표를 성취하기 위한 노력으로 전환시켜야 한다.

CHAPTER

09 노년기

노년기(老年期)는 65세 이상으로서 신체적 노화현상이 나타나고 감각기능이 쇠퇴하는 시기이다. 이 시기에는 기억력이 감퇴하고 학습과 문제해결에 느린 반응으로 보이며, 성격이 다소 변화되어 노인들만의 어떤 독특한 성격 특성을 보이기도 한다. 배우자, 자녀, 친구 등과 친밀감을 나누고 유대관계를 강화해야 하며, 배우자의 죽음에 적응해야 한다. 또한 은퇴 이후의 생활에 적응해야 하며, 자아통합을 성취하고 죽음을 수용해야 하는 시기이다.

1 신체변화

1) 신체적 노화

노년기가 되면 여러 가지 신체적 노화현상이 나타난다. 신체적 노화란 연령이 증가하면서 나타나는 신체적 쇠퇴현상을 의미한다. 신체적 노화는 개인에 따라 그 속도나 시기가 조금씩 다르고 점진적으로 일어나며, 신체구조의 변화와 신체기능의 약화를 가져온다.

신체 외부의 변화로서 피부는 더욱 건조해지고 피하지방의 손실로 주름이 생기며, 탄력성이 감소되고 노인성 반점이 생긴다. 모발은 색이 엷어지고 가늘어지며, 머리카락이 많이 빠지고 흰머리가 많아진다. 치아는 색이 탁해지고 잇몸이 수축되며, 치아가 손상되거나 빠진다. 척추의 추간판 수축으로 인해 신장이 줄어들고, 척추 사이에 있는 콜라겐의 감소로 허리가 구부러진다. 뼈에 구멍이 생기는 골다공증으로 뼈가 약해져서 부서지기 쉬우며, 근육의 힘과 무게도 감소한다.

신체 내부의 변화로서 뇌와 신경계의 변화는 일상생활에서 반응시간을 길어지게 하며, 기억에도 영향을 미친다. 심장은 크기가 그대로 유지되지만 심장 근육의 힘이 감소하고 조직이 위축된다. 대동맥이 탄력성을 잃게 되며, 동맥이 딱딱해지고 위축되어 혈액이 체내로 자유롭게 흐르지 못하게 된다. 호흡량과 산소소모량이 감소하여 호흡기 계통의 효율성이 떨어지며, 신진대사가 줄어든다.

위장계통에도 변화가 생겨 소화액의 생성이 감소하고 연동운동이 약화되어 소화기능이 감퇴한다. 비뇨기계통의 효율성이 떨어지기 때문에 배뇨시간이 길어지며, 신장 내 세포 수가 감소하여 체내로부터 독소와 찌꺼기의 배설작용이 원활하지 못하게 되고, 전립선이 확대되며, 방광의 탄력성이 줄어든다. 또한 면역력이 약화되어 면역체계의 기능이 효율적이지 못하게 된다.

2) 감각기능의 변화

감각기능은 중년기부터 변화가 시작되어 노년기에는 현저하게 쇠퇴한다. 노년기에는 자극에 대한 민감성이 둔화되고 감각기관의 효율성이 떨어져 감각자극에 대해 민첩하게 반응하지 못하며, 그들의 환경에서 적절한 정보를 인식하여 받아들이지 못한다. 특히 시력과 청력이 현저하게 쇠퇴하며, 다른 감각기관의 능력도 느리게 퇴화한다. 이러한 감각기능의 변화는 심리적으로 영향을 미치며, 시각과 청각의 손상이 일상생활에서 의존성을 증대시키는 요인이 된다.

시각의 변화로는 중년기부터 나타나기 시작한 원시현상이 더욱 현저하게 나타나며, 노란색 안경을 쓰고 주위의 물체를 보는 것과 같은 황화현상이 나타나기도 한다. 갑작스러운 빛의 변화에 적응하기 어렵기 때문에 어두운 곳에서 시력이 급격히 떨어지며, 색깔 변별능력이 낮아진다. 또한 수정체가 혼탁해짐으로써 안개가 낀 것처럼 보이는 백내장 및 안압의 상승으로 시신경이 손상되어 시력이 저하되고 실명에 이를 수 있는 녹내장에 걸리기 쉽다. 청각의 변화로는 노인성 난청현상이 나타나 목소리 구별의 감수성이 낮아지고, 소리의 높이 판별에 장애가 오며, 복합적인 청각자극에 대한 변별력이 약화된다. 청각기능의 장애는 타인과의 의사소통의 장애를 일으키게 되어 대인관계에 문제를 가져오며, 사회적 고립, 우울증, 정서장애가 일어난다.

그 밖에도 미각이나 후각에 대한 변별능력이 조금씩 둔화되며, 진동이나 압력에 대한 피부의 민감성이 감소하게 되어 촉각과 통각을 식별하는 속도가 느려지는 경향을 보인다. 한편 노년기가 되면 수면시간이 감소되고, 숙면을 취하지 못하게 된다.

2 인지변화

노년기의 인지변화에서 중요한 것은 일반적인 지능의 변화와 기억력의 감퇴이다. 일반적인 지능은 노년기에 다소 떨어지지만 비교적 안정적으로 유지하고 있다. 그러나 이것은 개인차가 크고 환경적·문화적 요인에 의해 영향을 받는 것으로 나타나고 있다. 기억력의 변화에서는 노인들이 최근에 일어난 일은 잘 기억하지 못해도 오래 전에 일어난 일은 매우 자세하게 기억하는 경향이 있다.

노년기가 되면 감각능력과 반응시간이 쇠퇴하여 학습이나 문제해결에 느린 반응을 보인다. 이와 같이 노인들이 인지적 과제의 수행 수준이 낮은 것은 지적 능력의 감퇴에도 원인이 있겠지만, 그것보다는 오히려 건강의 악화로 인한 주의력의 결핍, 학습에 대한 동기의 부족, 오랜 기간 동안의 교육경험의 부재, 지나친 조심성으로 인한 적극적인 수행의 회피 등과 관련되어 있는 것으로 보인다.

노인들은 대개 반응속도가 감소하기 때문에 빠른 속도의 수행을 요구할 때 불안해하고 흥분되어 정확한 반응을 보이기 어렵지만, 더 많은 시간이 주어지거나 시간이 자유롭게 허용되면 정확하게 반응한다는 것이다. 즉, 노인들이 불안해하거나 흥분하지 않는다면 요구되는 상황에서 훨씬 더 나은 수행을 할 수 있다는 것이다. 그러므로 노인들에게 학습을 비롯한 수행능력을 향상시키기 위해서는 충분한 시간을 갖고 구체적이고 의미 있는 과제를 부여하며, 결과에 대한 적극적인 환류가 이루어져야 한다.

노인들은 사회적 역할이 상실되어 사회참여가 감소하면서 사고가 점점 자아중심성을 갖는 경향으로 변화되기도 하지만, 불확실한 인생사에 대한 현명한 판단과 인생문제에 대한 좋은 충고를 할 수 있도록 지혜로워진다는 것이다. 한편 지적 능력이 갑작스럽게 감퇴한 노인들이 능력의 감퇴가 적은 노인에 비해 더 일찍 사망하는 것으로 나타나고 있다.

3 성격변화

1) 성격 특성

노년기로 접어들면서 여러 가지 신체적·인지적 노화현상으로 인하여 성격적 특성에도 변화를 보이게 된다. 성격 특성은 원래부터 일정한 것이기 때문에 노년기가 되어도 젊은 시기의 성격을 그대로 유지한다는 주장과 변화한다는 주장이 동시에 제기되고 있다. 그러나 대개 노년기에 이르면 다소 변화되어 어떠한 독특한 성격 특성이 존재한다고 보고 있다. 이러한 성격 특성으로는 ① 우울증 경향의 증가, ② 내향성과 수동성의 증가, ③ 경직성의 증가, ④ 조심성의 증가, ⑤ 의존성의 증가, ⑥ 생에 대한 회상의 증가, ⑦ 친근한 사물에 대한 애착심, ⑧ 생애의 나날이 짧아지고 있음을 느끼는 시간전망의 변화, ⑨ 유산을 남기려는 경향, 그리고 ⑩ 성역할 지각의 변화 등이 있다는 것이다(윤 진, 1994 : 181-189).

노인이 되면 신체적 건강 수준의 쇠퇴, 만성질환, 평생토록 함께 살아 온 배우자의 죽음, 정년퇴직으로 인한 경제사정의 악화, 가족이나 사회로부터의 소외 등으로 인하여 외로움, 고독감, 불안감, 좌절감, 죄의식 등을 갖게 되어 우울증 경향이 증가한다.

노년기가 되어 사회활동이 줄어들면서 노인들은 사회로부터 위축되어 내면의 자아로 몰두하게 되면서 내향성이 증가하게 된다. 또한 노인들은 어떤 일을 처리하는데 있어서 스스로 노력이나 시도를 해보기도 전에 포기하거나 문제해결을 우연에 맡기는 경향이 있으며, 능동적이라기보다는 수동적이다(유안진 · 김혜선, 1996 : 392).

노인이 되면 융통성이 부족하고 경직성이 증가하여 환경의 변화에 적응하지 못하고 과거의 사고방식이나 태도를 고집하는 경향이 있다. 또한 시각, 청각 등의 감각기관의 퇴화와 과거의 경험을 바탕으로 한 정확성과 완벽성의 추구로 인하여 어떤 일을 할 때 조심성이 증가한다. 노인들은 가족구성원 간의 감정적 유대관계를 중요시하고, 믿고 의지할 사람을 찾게 되며, 물질적 도움보다는 심리적으로 의존할 수 있는 대상을 필요로 한다.

노인이 되면 그동안 살아온 자신의 인생을 되돌아보고 과거의 다양한 경험을 회상하는 일이 많아지며, 자신이 오랫동안 소중하게 여겼던 물건들이나 주위의 친근한 사물에 대해 애착을 갖게 된다. 노년기에는 시간의 흐름에 대한 인식이 달라져 생애의 나날이 젊은 시절보다 더욱 빠르게 느껴지며, 자녀, 재산, 작품 등과 같은 유산을 남기고자 하는 경향이 나타나게 된다. 또한 노인이 되면 남성과 여성의 성역할 지각의 변화가 나타나 남성은 집안에 있기를 좋아하는 반면 여성은 사회활동을 좋아하게 된다.

2) 성공적인 노화

성공적인 노화가 무엇이라고 단언하기에는 상당한 어려움이 있다. 노인이 되어서도 과거와 마찬가지로 활발한 사회활동을 계속하는 것이 성공적인 노화인지, 또는 노인 스스로 사회활동을 줄이고 자신만의 조용한 시간을 갖는 것이 성공적인 노화인지에 대한 판단은 어려운 문제이다. 그러나 성공적인 노화에 영향을 미치는 요인들은 몇 가지로 정리해 볼 수 있으며, 그것들은 신체적 · 정신적 건강, 경제적 안정, 사회참여, 원숙한 성격, 사회적 지지 등이라 할 수 있다.

성공적인 노화를 위해서는 규칙적인 운동, 건강관리, 적당한 영양, 질병치료 등을 통하여 신체적 건강을 유지해야 하며, 불안·우울 등에서 벗어나 정신적으로 건강해야 한다. 또한 노년기 동안 일상생활을 영위하는 데 필요한 충분한 경제적 능력이 있어야 한다. 특히 노년기의 경제적 불안정은 많은 심각한 문제들을 야기할 수 있기 때문에 경제적인 안정이 무엇보다도 중요하다. 사회참여는 경제활동, 여가활동, 자원봉사, 종교활동 등을 통하여 노년기의 건강증진과 생활의 만족, 욕구충족과 노인문제의 해결 및 자기성장과 자아실현에 기여할 수 있기 때문에 성공적 노화에서 중요한 위치를 차지하고 있다.

성공적 노화를 위해서는 자신의 지나온 삶을 긍정적으로 받아들이고, 일상적 활동이나 대인관계에 만족을 느끼며, 가정과 사회에서 적절한 역할을 수행하고, 자존심과 존엄성을 유지하면서 자율성·독립성·개방성·융통성 등을 갖는 원숙한 성격을 소유해야 한다. 또한 노년기에 생활의 안정감과 흥미를 갖고 사회에 잘 적응할 수 있도록 노인에 대한 가족·친척·친구·이웃 등의 관심과 사회적 지지가 필요하다.

4 사회적 관계

1) 부부관계

노년기에는 가족생활의 관심이 자녀로부터 배우자에게로 이동하게 되어 부부관계가 더욱 중요하게 된다. 즉, 노년기가 되면 자녀들이 독립해 나갈 뿐만 아니라 친구들도 점차 세상을 떠나게 되므로 친밀감을 나눌 수 있는 유일한 대상이 배우자가 된다. 배우자는 인생의 반려자로서 더욱 소중한 사람으로 인식되며, 자신이 의지하고 대화하며 의논할 수 있는 훌륭한 대상이 된다.

노년기의 부부관계는 비교적 안정적이며, 혼인생활의 만족도가 중년기보다 더 높은 것으로 나타나고 있다. 이것은 노년기가 되어 부부간에 서로 친밀감을 나누고,

상호 의지하며, 서로에 대한 소속감을 갖기 때문인 것으로 보인다. 이러한 노년기의 부부관계가 더욱 성공적이기 위해서는 애정, 서로에 대한 존중, 공통 관심사의 증진, 동료의식, 성적 친밀감, 서로 간의 감정을 솔직히 표현할 수 있는 기회의 증진 등이 필요하다(정옥분, 2000 : 419).

노년기의 부부관계에서 배우자와의 사별은 흔히 볼 수 있는 일이지만, 살아 있는 배우자가 새로운 삶에 적응해 나간다는 것은 매우 어려운 일이다. 배우자와의 사별은 인생에서 가장 심각한 스트레스로서 정서적으로 우울증, 의기소침, 분노, 죄의식, 비통함, 불안감, 사망한 배우자에 대한 끊임없는 상념 등을 경험하게 한다.

배우자와 사별한 노인은 배우자와 같이 사는 노인에 비하여 우울증과 정신장애를 가질 확률이 높다. 남성은 아내와 사별한 후 6개월 이내에 사망할 가능성이 많으며, 여성은 남편과 사별한 후 만성질환이 더욱 진전되기 쉽다(Zastrow, & Kirst- Ashman, 1997 : 585). 배우자와의 사별은 평생의 반려자에 대한 상실감으로 심리적 충격이 크기 때문에 사별에 대한 심리적 준비가 필요하며, 취미활동이나 사회적 관계를 통해서 적응해 나가야 한다.

한편 노년기의 형제자매 관계는 서로에게 친밀감을 느끼게 하며 생활의 만족을 줄 수 있다. 형제자매 관계는 서로에게 정서적 지지는 물론 다른 도움도 줄 수 있기 때문에 노년기 생활에서 중요한 부분이 된다. 특히 배우자와 사별하고 혼자서 살아야 하는 시간이 많은 여성들에게 자매관계는 노년기를 살아가는데 큰 도움이 된다.

2) 부모-자녀 관계

노년기에는 성인자녀와 적절한 유대관계를 형성하고, 서로 간에 부모와 자녀로서의 역할을 적절히 수행하면서 협력해 나가야 한다. 전통사회에서는 노인이 자녀로부터 보살핌을 받는 것이 보편적이었지만, 최근에는 노인들의 의식이 변화하여 자녀에게 의존하기보다는 독립적으로 노후를 보내려는 사람들이 증가하고 있다. 노인들이 과거처럼 자녀의 효도에 의존하지 않고, 건강이 허락하는 한 여가활동, 운동, 취미생활 등을 통해 즐겁게 생활하고자 한다.

노년기가 되어 건강이 약화되고 경제적으로 어렵게 되면 자녀에게 의존하게 된다. 그러나 성인자녀의 도움을 원하는 노인들은 경제적 지원보다는 그들을 자주 방문하고 정서적으로 지지하기를 더 바라고 있다. 성인자녀가 노부모를 모시고 있는 경우에 부모-자녀 관계에 갈등이 존재할 수 있다. 특히 고부간의 갈등은 전체 가족관계에도 영향을 미치기 때문에 적절히 해결해야 한다.

노년기에는 자녀에게 일방적으로 의존하기보다는 가능한 한 교환론적 입장에서 상호지원체계를 유지하는 것이 필요하다. 즉, 성인자녀가 노부모에게 정서적 지지와 경제적 도움을 주고, 노부모는 손자녀를 양육하는 것이다(최성재 · 장인협, 2002 : 252-253). 노부모와 성인자녀의 관계는 의무감에서가 아니라 애정적인 유대감에서 비롯되어야 노년기의 생활만족도를 높일 수 있다.

3) 손자녀와의 관계

노년기가 되면 노인들이 조부모의 역할을 수행하게 되며, 이러한 역할은 노년기의 삶에 중요한 의미를 갖는다. 조부모는 손자녀를 자기 삶의 중요한 부분으로 인식하고 있으며, 조부모로서의 역할을 통해 자신의 존재가치를 확인하고, 상실감을 극복하며, 삶에 대해 보다 의욕적인 자세를 가질 수 있다(정옥분, 2000 : 426).

조부모는 자녀양육에 대한 경험이 많으므로 손자녀를 잘 양육할 수 있으며, 그들에게 정서적 안정감을 제공해 줄 수 있다. 조부모는 손자녀에 대한 직접적인 의무감이나 책임감이 없기 때문에 순수한 애정적인 관계에서 유대감을 형성하고 그들을 돌볼 수 있다. 또한 조부모는 육아와 관련된 지식, 삶의 지혜, 사랑, 관용이 풍부한 사람으로서 손자녀의 삶에 많은 영향을 미치며, 그들에게 노인에 대한 긍정적인 태도를 심어줄 수 있다.

손자녀의 양육과 관련하여 조부모는 자녀와 양육방법에 있어서 갈등을 경험하기도 하며, 손자녀의 양육보다는 노인 자신의 관심추구에 시간을 보내기를 원하기도 한다(김태련 · 장휘숙, 1996 : 397-398). 최근에는 조부모가 손자녀를 양육해 주는 일이 줄어들고 있으며, 필요에 따라 방문하여 손자녀를 돌보며 즐거운 시간을 보내는 경우가 많다.

4) 친구관계

노년기에 있어서 친구관계는 노인생활의 만족과 적응에 매우 중요하며, 사회적 지지의 중요한 원천이 된다. 친구관계는 가족관계에서 전통적으로 제공되었던 온정과 동반자의식을 대신하게 되며, 노년기에 직면하는 여러 가지 문제를 완화시켜 준다.

노인들은 친구와 함께 좀 더 활동적인 여가생활을 즐기며, 공통의 관심, 사회참여, 상호협조 등을 통하여 서로 간에 친밀감을 나눈다. 친구와의 친밀감은 역할상실 또는 신분상실에도 불구하고 자신이 여전히 가치 있고 필요한 존재라고 느끼기를 원하는 노인에게 특히 중요하다. 친구는 종종 멀리 사는 가족을 대신하게 되며, 친밀하고 안정된 친구관계는 노인들로 하여금 노년기의 여러 가지 변화와 위기에 잘 대처할 수 있게 해준다(정옥분, 2000 : 429).

노년기의 친구관계를 성별로 살펴보면, 여성이 남성에 비하여 친구 수가 더 많으며, 친구와 더욱 친밀한 우정을 나눈다는 것이다. 한편 노년기에 친구들과 친밀한 유대관계를 유지하기 위해서는 건강상태가 양호해야 하며, 경제적으로 안정되어 있어야 하고, 동일한 지역에서 오랫동안 거주하는 것이 바람직하다(권중돈 · 김동배, 2006 : 208).

5 은퇴와 적응

1) 은퇴의 단계

직업생활에서 물러나는 은퇴는 갑작스러운 사건이 아니라 점진적인 하나의 과정으로서 노년기 생활에 중대한 영향을 미친다. 은퇴는 특정한 연령에 도달하여 직면하게 되는 사회적 역할변화이면서 노년기에 접어들었음을 인정하는 증거이기도 하다.

이러한 은퇴는 몇 가지 단계를 거쳐 이루어지며, 은퇴의 과정에 대해서 애칠리(Atchley, 1976)는 ① 원격단계, ② 근접단계, ③ 밀월단계, ④ 환멸단계, ⑤ 적응단계, ⑥ 안정단계, ⑦ 종결단계 등의 7단계를 제시하였다. 그러나 은퇴 연령과 이유가 개인적으로 각기 다르기 때문에 모든 사람들이 일률적으로 이러한 단계를 거치는 것은 아니다.

원격단계(remote phrase)는 대부분의 사람들이 은퇴준비를 거의 하지 않는 단계이다. 그들은 은퇴할 연령이 되었음에도 불구하고 은퇴가 언젠가 일어날 막연한 일로 인식하거나 은퇴가 있을 것이라는 사실을 부인하며, 은퇴에 대한 대비를 하지 않는다.

근접단계(near phrase)는 직장인들이 은퇴 프로그램에 참여하기 시작하는 단계이다. 그들은 은퇴가 언제 있을 것인가를 구체적으로 생각하며, 은퇴 후의 경제적 · 신체적 · 정신적 문제를 고려한다. 이미 은퇴한 사람들에게서 정보를 얻기도 하며, 은퇴 후에 받게 될 연금이나 급여에 대한 정보를 파악한다.

밀월단계(honeymoon phrase)는 많은 사람들이 은퇴에 대하여 행복감을 느끼게 하는 것으로 생각하는 단계이다. 그들은 평소에 하고 싶었지만 시간이 없어서 할 수 없었던 여가활동을 즐긴다. 그러나 강제퇴직이나 건강문제로 은퇴한 사람들은 이러한 느낌을 경험하지 못한다.

환멸단계(disenchantment phrase)는 은퇴 이후를 위해 세웠던 계획이 환상이었으며 현실적이지 못함을 깨닫게 되는 단계이다. 밀월단계 이후에 일상생활에 몰두하기도 하지만, 생활이 침체되고 인생의 의미를 상실하며, 심하면 우울증에 빠지기도 한다.

적응단계(reorientation phrase)는 은퇴 후의 생활에 대해 보다 현실적인 대안을 생각하며 생활에 만족을 가져다 줄 생활양식에 대해 탐색하고 평가하는 단계이다. 자신의 재정상태, 한계성, 어떤 특정한 일에 대한 실천 가능성 등을 검토하고 비교적 현실을 정확하게 인식한다.

안정단계(stability phrase)는 은퇴에 필요한 선택사항들에 대한 일련의 기준과 수행할 방법을 결정하는 단계이다. 은퇴 후에 수행하게 될 새로운 역할, 새로운 행동기준, 사회적 규범 등을 습득한다. 은퇴에 대한 적응이 잘되면 안정단계는 오랫동안 지속될 수 있다.

종결단계(termination phrase)는 노년기가 되어 자립할 수 있는 기능을 수행할 수 없게 됨으로써 은퇴의 역할이 의존자의 역할로 대체되는 단계이다. 은퇴의 역할이 재취업을 함으로써 종결되기도 하지만, 대부분의 경우에는 나이가 들어 병들거나 무능력하게 됨으로써 소멸되는 것이다(Santrock, 1997 : 560-561).

2) 은퇴에 대한 적응

은퇴는 단순히 직업의 상실이라는 차원을 넘어 새로운 신체적・심리적・사회적 적응을 필요로 하는 중대한 사건이다. 일반적으로 건강하고, 적당한 수입이 있으며, 활동적이고, 교육 수준이 높으며, 가족・친구 등으로부터 사회적 지지를 많이 받고, 은퇴 전 생활만족도가 높은 사람들이 은퇴에 잘 적응한다.

노년기가 되어 직업에서 은퇴하게 되면 여러 가지 문제로 스트레스를 받게 되며, 자존심과 역할의 상실을 초래한다. 그러므로 심리적인 안정과 적응을 통해서 은퇴로 인하여 나타나는 부정적인 문제들을 잘 해결할 필요가 있다. 은퇴로 인한 부정적인 영향을 극복하고 잘 적응하는 사람들은 과거와의 연속성을 갖고 그들의 장기적인 욕구를 잘 충족시키는 생활양식을 개발할 수 있다(정옥분, 2000 : 389).

은퇴에 대한 적응에 많은 영향을 미치는 것이 건강문제와 경제문제이다. 은퇴시기가 되면 신체적 노화로 건강을 상실할 수 있으므로 은퇴 이후를 대비하여 건강관리를 철저히 할 필요가 있다. 한편 대부분의 경우 노년기에 들어서면서 직업에서 은퇴하거나, 일을 계속하더라도 과거보다 수입이 훨씬 적기 때문에 경제적으로 어려움을 겪게 된다. 그러므로 수입의 축소에 대비하여 생활비를 줄여나가거나, 줄어드는 소득에 자신을 적응시키는 것을 포함하여 경제적으로 적응해야 한다.

은퇴에 대한 적응에 중요한 영향을 미치는 요인 중의 하나가 여가시간을 효율적으로 활용하는 것이다. 은퇴 이후 여가시간을 활용하는 유형에는 대개 일자리형, 여가활동형, 자원봉사형, 자기계발형 등이 있다. 은퇴 후 긴 여가시간을 어떻게 보내는가 하는 것은 노인의 사회적 적응 및 생활의 만족과 깊은 관계가 있다. 따라서 노년기 동안 일자리, 취미생활, 봉사활동 등을 통하여 여가시간을 효율적으로 활용하여 은퇴에 잘 적응하도록 해야 한다.

3) 여가생활

노인에게 여가생활은 휴식·취미·오락·문화·교육·건강증진 등과 관련된 제반활동을 통하여 노인의 다양한 욕구를 충족시키고, 고독·소외감·역할상실 등을 해결하며, 건강을 유지할 수 있게 한다. 이것은 노인들에게 생활의 만족을 느끼면서 자아실현을 할 수 있는 기회를 제공하며, 사회 발전을 위해 자신의 시간을 활용할 수 있게 하고, 지역사회 생활에 잘 적응하면서 독립적으로 살아갈 수 있도록 한다.

여가생활은 이와 같이 노인들의 삶에 중요한 부분을 차지하고 있는 것으로 개인적으로는 노후생활의 만족과 자기 충족을 느낄 수 있도록 하며, 사회적으로는 생산적이고 건설적으로 기여할 수 있는 계기가 될 수 있다(김정후·한만주, 1998 : 128). 그러므로 노인들이 노년기의 풍부한 시간을 이용하여 여가를 충분히 활용할 수 있도록 해야 한다.

노인의 여가생활은 주로 TV 시청·라디오 청취, 친구·친척들과의 만남, 종교생활, 신문·책 읽기, 화투·장기·바둑 등의 오락, 운동·등산·낚시, 정원 손질 등을 통하여 이루어지고 있다(이가옥 외, 1994 : 181). 노인들은 비교적 단순하고 비용이 들지 않는 여가활동을 즐기고 있으며, 시간과 비용을 투자해야 하는 취미생활을 포함한 다양한 여가활동을 즐기지 못하는 것으로 나타나고 있다. 따라서 노인들이 취미오락, 건강증진, 사회교육, 지역사회봉사 등과 관련된 다양한 여가생활을 즐길 수 있도록 사회적 여건을 조성해야 한다.

6 자아통합과 죽음

1) 자아통합

노년기는 자신의 삶을 되돌아보고 그동안의 일들을 점검하고 받아들이는 시기이다. 즉, 노년기는 자신이 살아온 인생을 수용하고 만족스럽게 생각하며 두려움 없이 죽음에 직면할 수 있는 태도를 갖는 자아통합의 시기인 것이다. 자아통합은 자신의 인생의 의미를 숙고한 다음 일생 동안에 있었던 모든 과오, 실패, 결점, 갈등, 절망 등을 인정하고 수용하는 어려운 과업을 통해서 성취될 수 있다.

자아통합은 어떤 의미에서 심리사회적으로 가장 높은 수준에 이른 결과이며, 인생의 의미를 발견함으로써 도달할 수 있는 것이라 할 수 있다. 자아통합을 성취한 개인은 자신의 인생이 만족스러웠으며 의미가 있었다고 평가하며, 과거의 사실을 부정하지 않고 있는 그대로 수용할 수 있다. 따라서 그들은 현재의 상황과 과거의 사건을 통합하고 현재의 결과에 만족한다(김태련 · 장휘숙, 1996 : 408).

자아통합을 획득한 사람과는 대조적으로 자신의 과거와 현재의 인생을 후회하고 불만스럽게 생각하는 사람은 절망감에 빠진다. 그들은 기회가 주어진다면 다르게 살아보겠다는 생각을 하지만, 다시 성취하려고 노력하기에는 너무 시간이 짧아 어찌할 수 없다고 판단한다. 따라서 그들은 다가오는 죽음을 만족스럽게 수용할 수 없으며, 자신과 타인을 원망하면서 우울해하고 불안해한다.

2) 죽음에 대한 태도

노년기가 되면 누구나 죽음을 가까운 현실로 지각하고 나름대로 받아들이려고 노력한다. 그래서 자신의 재산, 소유물 등을 정리하며, 과거에 대해 회상하는 시간을 많이 갖고, 자신을 재평가하며 통합하려고 노력한다. 이와 같이 노년기에 죽음에 대해 받아들일 준비가 되어 있다 하더라도 인간의 죽음에 대한 공포는 자연스럽고 정상적인 경험이다.

사람들은 죽음 자체보다는 죽음 후의 세계에 대해 아무것도 알 수 없다는 무력감, 죽음의 고통, 죽음 이후의 자신의 존재의 소멸, 육체의 부패 등을 두려워한다는 것이다. 성별로는 여성이 남성보다 죽음을 더 두려워하지만 자신의 죽음을 더 인정하며, 연령별로는 연령이 많은 사람이 적은 사람에 비해 죽음에 대해 더 많이 생각하고 덜 두려워한다는 것이다. 특히 연령이 많은 노인일수록 죽음을 더 의연하게 받아들이는 것으로 나타났다(이가옥 외, 1994 : 201).

죽음에 대한 태도는 자아통합의 성취 정도에 따라 차이를 보인다. 자아통합을 성취한 사람은 자신의 죽음에 대한 갈등과 불안을 줄이고 죽음을 받아들일 수 있는 반면에, 절망감을 갖는 사람은 죽음을 수용하지 못한다. 또한 종교가 죽음에 대한 태도에 영향을 미치는 요인이 되고 있으며, 신앙심이 깊은 사람은 다른 사람에 비해 죽음을 덜 두려워한다는 것이다(정옥분, 2000 : 440).

3) 죽음의 과정

노년기가 되어 인간이 죽음에 이르는 것은 하나의 연속적인 과정을 거치며, 생물학적 변화뿐만 아니라 심리적 변화과정을 거치게 된다. 인간의 죽음과정에 대해서 큐블러－로스(Kübler-Ross, 1969)는 ① 부정, ② 분노, ③ 타협, ④ 우울, ⑤ 수용 등의 다섯 단계를 제시하였다. 인간의 죽음의 과정에는 개인차가 존재하며, 다섯 단계를 모두 경험하는 사람이 있는가 하면 그렇지 않은 경우도 있다. 그러나 이 모든 단계에서 기초가 되는 정서는 희망이다.

부정(denial)은 죽음에 이르는 첫 단계로서 자신의 죽음이 임박한 사실을 알았을 때 대부분의 사람들은 충격을 받고 그 사실을 부정하려고 한다. 즉, 사람들은 죽음이 자신에게 해당되지 않으며, 자신이 죽을 것이라는 사실을 인정할 수 없다고 말한다. 부정은 죽음의 충격에 대한 임시적인 방어수단으로서 죽음이라는 현실에 대한 고통을 일시적으로 덜어주게 된다.

분노(anger)는 자신의 죽음에 대한 부정이 더 이상 유지될 수 없다고 인식되었을 때 나타나게 된다. 대체로 분노, 격분, 질투, 원한 등의 감정을 경험하며, 의사, 간호사, 가족구성원 등에게 다른 사람이 아니고 하필이면 왜 나인가에 대해 화를 낸다. 그러므로 이 단계에서는 가족들을 비롯해서 죽어 가는 사람을 돌보는 모든 사람들이 그에 대해 이해해 주고 따뜻한 관심을 가져줄 필요가 있다.

타협(bargaining)은 죽음이 어떻게든지 조금이라도 연기되거나 지연될 수 있기를 바라는 단계이다. 자기에게는 아직 처리해야 할 일들이 많이 남았으므로 그 일들을 마칠 때까지만 살 수 있게 해달라고 때때로 절대자인 신과 타협이나 협상에 들어

가게 된다. 죽어 가는 사람은 조금이라도 더 살 수 있다면 예전과 다르게 다른 사람들을 위해 헌신하겠다고 약속하기도 한다.

우울(depression)은 죽어 가는 사람이 죽음의 필연성을 받아들이고 우울해하거나 슬퍼하는 단계이다. 죽어 가는 사람은 침묵하게 되고, 방문자를 거절하며, 많은 시간을 울거나 슬퍼하면서 보낸다. 이러한 행동은 개인이 주위의 가족과 친지 그리고 기타 일생 동안 연결되어 왔던 모든 사물들과 결별하기 위한 하나의 점진적이고도 자연스러운 과정이다. 그러므로 주위의 보호자는 죽어 가는 사람의 심정을 잘 이해하여 우울해하거나 슬퍼하는 표현을 잘 받아들일 필요가 있다.

수용(acceptance)은 자신의 운명을 수용하고 평온한 마음을 갖게 되는 단계이다. 이 단계에서는 감정의 표현이나 변화를 거의 보이지 않으면서 죽음을 기다리는 태도를 보이게 된다. 즉, 우울해 하거나 슬퍼하는 감정이나 육체적 고통이 실질적으로 사라지고 편안한 마음으로 죽음을 받아들이는 단계이다(Santrock, 1997 : 601-603).

7 사회복지실천의 관심영역

1) 우울증

우울증(depression)은 노년기에 신체적 · 정신적 노화를 경험하면서 보편적으로 나타나는 증상이다. 노년기에는 대개 건강이 약화되고 가정적 · 직업적 · 사회적 역할을 상실하면서 우울증에 빠지기 쉽다. 우울증이 심해지면 식욕부진, 심한 피로감, 불면증 등의 기능장애를 일으키며, 자살충동을 일으킬 수 있다. 그러나 노년기의 우울증은 일반적인 믿음과는 달리 심각한 증상을 보이는 경우는 그리 많지 않다.

노년기 우울증의 주요한 증상은 적어도 2주 이상 지속적으로 극단적인 슬픔을 느끼거나, 기쁨을 상실하거나, 의기소침해 하거나, 비관적인 생각을 하거나, 무력감을 느끼는 것을 포함한다. 그 외의 다른 증상으로는 체중의 변화, 불면증, 부적절한 죄악감, 기억상실증, 집중력의 상실, 죽음에 대한 사고 등이 있다(Papalia, Olds, & Feldman, 1998 : 598).

우울증은 뇌의 생화학적 불균형에 의해서나 유전적인 영향에 의해서 초래되기도 하며, 배우자 · 직업 · 건강 등의 상실과 같은 심리사회적 문제로 인하여 초래되기도 한다(Kail & Cavanaugh, 1996 : 469). 노년기 우울증은 가족, 친구, 이웃, 종교단체 등을 포함한 사회관계망을 형성하여 노인과 밀접한 관계를 맺게 함으로써 예방할 수 있으며, 인지행동치료를 통하여 부정적인 사고를 긍정적으로 인식하고 수정하도록 함으로써 해결할 수 있다.

2) 노인성 치매

노인성 치매(senile dementia)는 노인에게 나타나는 만성적 혼돈, 망각, 성격변화 등과 같은 인지적 · 행동적 기능장애를 의미한다(Craig, 1999 : 567). 즉, 이것은 노인에게 나타나는 대표적인 정신장애로서 기억 · 언어 · 시간과 공간의 지각 · 사물인지 등과 같은 인지능력의 장애 및 우울증 · 자기중심적 행동 · 충동적 행동 · 피해망상증 · 수면장애 등과 같은 행동장애를 일으키는 증상을 말한다.

노인성 치매의 원인은 치매의 유형에 따라 다르게 나타날 수 있다. 알츠하이머형 치매는 뇌 세포의 점진적인 기능의 저하에 기인하는 것으로, 특히 대뇌 피질 내에 있는 세포의 퇴화에 원인이 있는 것으로 보고 있다. 그러나 아직도 알츠하이머형 치매의 정확한 원인은 잘 알려져 있지 않다. 혈관성 치매는 동맥경화, 고혈압, 당뇨, 심장질환, 흡연, 고지혈증 등이 있는 사람이 뇌혈관이 막히면서 뇌 세포가 파괴되는데 원인이 있는 것으로 나타나고 있다.

치매노인의 많은 부분을 차지하고 있는 알츠하이머형 치매는 특별한 치료방법이 없는 진행성 질환으로 종국에는 죽음으로 이어지는 것이 일반적이다. 그러나 혈관성 치매는 초기의 치료에 의해 증상의 진행을 막거나 지연시킬 수 있으며, 약물치료와 재활에 의해 상태를 어느 정도 회복시킬 수 있다(박차상 외, 2002 : 366-367).

노인성 치매를 치료하는 방법은 아직 많이 개발되어 있지 않다. 그것은 손상된 뇌 세포의 기능이 치료에 의해서 회복되기 어렵기 때문이다. 치매를 근본적으로 치료하기보다는 치매노인이 가정과 지역사회에 잘 적응하며 살아갈 수 있도록 해야 한다. 그러나 치매노인의 대부분은 인지능력과 일상생활 기능수준이 현저하게 떨어져 혼자서 생활하지 못하고 장기간 다른 사람의 수발, 간병, 가사원조 등을 필요로 하므로, 그들에게는 가족의 보호와 국가의 장기요양보호정책이 필요하다.

3) 노인학대

노인학대(elder abuse)는 노인의 배우자, 자녀, 또는 다른 부양자에 의해서 노인에게 행해지는 신체적·정서적·경제적·성적 학대 및 방임을 말한다(Papalia, Olds, & Feldman, 1998 : 598). 이것은 노인이 가족과 함께 생활하거나 시설에 거주하는 경우에 발생하며, 점차 심각한 사회문제로 대두되고 있다.

노인학대의 유형 중에 신체적 학대는 노인에게 가해자가 손·발·주먹이나 도구 등을 이용하여 신체적 고통이나 손상을 입히는 것이다. 정서적 학대는 노인에게 모욕을 주거나, 무시하거나, 욕설을 퍼붓거나, 공포심을 일으키도록 위협을 가하거나, 정신적으로 스트레스를 주는 것이다. 경제적 학대는 생활비를 제공하지 않거나, 노인의 재산을 불법적으로 빼앗는 것이다. 성적 학대는 노인과의 합의가 없이 강제로 행하는 모든 형태의 성적 접촉을 말한다. 방임은 음식, 주거, 의복, 건강보호 등을 제대로 제공하지 않거나, 수발을 의도적으로 적절하게 제공하지 않는 것이다.

노인학대는 노인부양에 따른 시간적·신체적·심리적·경제적 문제로 인한 스트레스 때문에 발생하는 경우가 많으며, 어떤 경우에는 어린 시절 부모에게 당한 학대의 보복일 수도 있다. 또한 노부모의 정서적 반응, 신체적 손상, 생활양식, 과도한 음주와 같은 개인적 습관 등에 동요하여 학대할 수 있으며, 노부모가 집에서 나가도록 강요하기 위해 계획적으로 학대를 하기도 한다. 노인학대의 전형적인 피해자는 빈곤하고 허약한 여성노인이며, 자녀와 배우자에 의해서 학대를 받을 가능성이 높고, 부양자가 우울증이 있을 경우에는 학대의 위험성이 더 증가한다는 것이다(Zastrow & Kirst-Ashman, 1997 : 608).

노인학대를 예방하기 위해서는 아동학대와 마찬가지로 학대의 가능성이 높은 가정의 배우자와 자녀 또는 시설의 부양자에 대한 교육과 상담이 필요하며, 빈곤으로부터 가정의 경제적 조건을 개선시킬 수 있는 방안이 강구되어야 한다. 그와 더불어 부양자의 노인에 대한 부양부담을 경감시킬 수 있도록 요양과 수발을 제도적·체계적으로 제공할 수 있도록 해야 한다.

4) 노인자살

노인자살은 노인이 스스로 혹은 의도적으로 자신의 생명을 끊는 행위이며, 광의로 보면 자살행위, 자살시도, 자살생각 등을 포함하는 개념이다. 노인자살이 꾸준히 증가하여 최근 세계에서 가장 높은 비율을 나타내고 있으며, 점차 심각한 사회문제로 대두되고 있다.

노인이 자살하는 주요한 원인으로는 신체적 질병, 경제적 어려움, 외로움과 고독, 가정불화 등이 있으며(통계청, 2009), 그 외에도 우울증, 직업역할의 상실, 신체적·정신적 장애, 사회관계 범위의 축소, 건강약화, 배우자의 상실 등이 있는 것으로 나타나고 있다(한국노인복지학회 편, 2006 : 148).

노인자살의 현황을 보면, 2020년 인구 10만 명당 자살에 의한 사망인원은 우리나라 전체가 25.7명인 것에 비하여 65~69세가 30.6명, 70~74세 34.2명, 75~79세가 44.5명, 80~84세 62.1명, 85~89세 65.7명, 90세 이상이 57.8명으로 전체 평균에 비해 노인자살률이 훨씬 높은 것으로 나타나고 있다(통계청, 2021). 특히 노인의 연령이 증가할수록 자살률도 더 높으며, 남성노인이 여성노인에 비해 3배 정도 높은 것으로 나타나고 있다.

노인자살을 예방하기 위해서는 노인의 신체적 질병을 조기에 발견하고 치료하기 위한 국가적 대책이 필요하며, 노인장기요양보험의 대상자를 늘리고 수준 높은 요양서비스를 제공하며, 일자리의 제공과 여가활동의 증진 등을 통하여 노인의 사회참여 기회를 확대하는 것이 필요하다. 그와 더불어 노인의 자존감 회복을 위한 다양한 프로그램이 제공되어야 하며, 노인상담과 노인교육을 활성화하고, 기초생활보장을 위한 지원이 확대되어야 할 것이다.

Human Behavior and social Enviroment

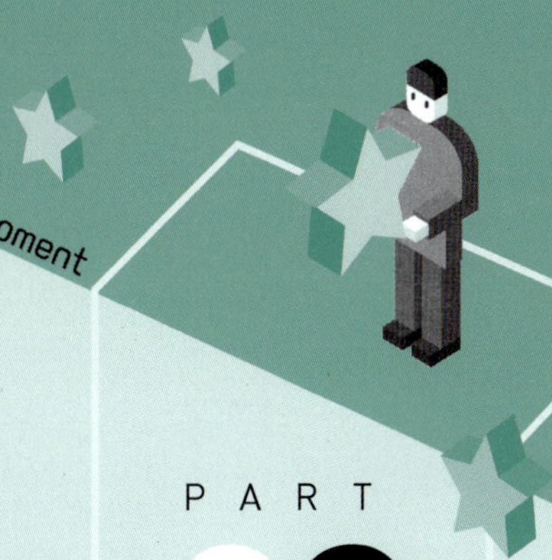

PART 03

인간행동의 발달이론

CHAPTER

10 정신역동이론

1 정신분석이론

정신분석이론(psychoanalystic theory)은 20세기 서구문명의 지적 충격이라고 할 수 있는 프로이트(Sigmund Freud)에 의해 최초로 개발된 성격발달이론이다. 정신분석이론이란 인간의 정신세계의 대부분을 차지하고 있는 무의식에 초점을 두어 무의식적인 성적·공격적 충동에 의해 발생하는 갈등을 파악하고 이를 분석한 이론이다. 프로이트 이론의 특징은 인간의 성격발달에서 성적 욕망을 강조했다는 것이다. 프로이트의 이러한 이론이 많은 학자들의 비판을 받고 있지만, 아직도 그의 이론은 심리학은 물론 다양한 학문 분야에 깊게 영향을 미치고 있다.

1) 프로이트의 생애

프로이트는 1856년 오스트리아 모라비아의 프라이베르크(Freiberg)에서 상업을 하는 40세의 아버지와 20세인 어머니 사이에서 장남으로 태어났다. 그는 4살이 되었을 때 가족의 경제적 이유 때문에 비엔나로 이주하였으며, 1938년 영국으로 옮겨갈 때까지 거기에서 살았다.

프로이트는 유태인이었기 때문에 의학과 법학을 제외한 다른 직업을 가질 수 없었다. 그는 1873년 비엔나대학의 의학부에 입학하였으며, 1881년 의학박사학위를 받았다. 1885년 파리에서 당시의 유명한 신경학자인 장 샤르코(Jean Charcot)로부터 최면에 대해 배웠으며, 이때부터 프로이트의 위대한 업적이 시작되었다. 프로이트는

1886년 혼인 후 경제적인 문제로 정신치료자로서 개인진료소를 개업하였다. 이때 비엔나의 유명한 외과의사인 요제프 브로이어(Joseph Breuer)와 함께 최면법과 정화법을 통해 환자의 신경증 증상을 완화시키는 것을 연구하였으며, 1895년 『히스테리에 관한 연구』를 출판하였다. 그러나 이러한 경험을 통해 프로이트는 최면의 효율성에 회의를 갖게 되었으며, 성욕이 히스테리의 주요 원인이라고 주장하였다. 그는 1896년 공식적으로 최면법의 사용을 포기하였으며, 자유연상법을 사용하여 정신분석학의 선구자가 되었다.

프로이트의 명성이 높아져 많은 지지자들이 모였으며, 아들러(Alfred Adler), 융(Carl Jung) 등이 그의 제자가 되었다. 그들은 몇 년 후 독창적인 정신역동이론을 발달시켜 프로이트로부터 분리되었다. 프로이트는 그의 삶이 다할 때까지 정신분석이론을 발전시키고 수정하였다. 그는 나치의 핍박을 피해 1938년 런던으로 망명하였으며, 1939년 83세에 사망하였다.

프로이트의 영향력은 심리학뿐만 아니라 문학 등 여러 다양한 분야에도 미쳤으며, 20세기의 지적 발달에 큰 공헌을 하였다. 그의 대표적인 저서로는 『꿈의 해석』(1900), 『일상생활에서의 정신병리학』(1901), 『정신분석학 입문』(1920), 『자아와 원초아』(1923), 『환상의 미래』(1927), 『문명과 그 불만』(1930), 『신 정신분석학 입문』(1933) 등이 있다.

2) 프로이트의 인간관

프로이트는 인간을 수동적 존재 및 결정론적 존재로 보았다. 그는 인간을 성욕이나 과거의 경험 및 무의식에 의해 지배되는 수동적인 존재로 보았다는 것이다. 즉, 인간은 자유의지에 의해서 변화될 수 있는 능동적이며 적극적인 존재가 아니라 비합리적이고 통제할 수 없는 무의식적 본능에 의해 지배를 받는 수동적 · 소극적인 존재라는 것이다. 이와 같이 프로이트는 인간을 의식적 · 합리적으로 판단하여 행동할 수 있는 존재로 보기보다는 무의식적 · 비합리적인 생물학적 본능에 의해 지배되는 수동적이면서도 비관적인 존재로 보고 있다.

프로이트는 인간의 기본적 성격구조가 출생에서 만 5세까지의 경험에 의해 결정된다고 보았다. 즉, 인간이 주체적으로 현재의 행동을 결정하기보다는 영아기 및 유아기의 경험이 무의식 속에 잠재되어 그 이후의 성격발달과 행동을 결정한다는 것이다. 그 외에도 인간은 무의식적 충동에 의해 야기되는 긴장을 즉각적으로 해소하려고 쾌락을 추구하거나 자신의 행복을 극대화하려는 속성을 지니고 있으며, 이를 방해하는 사회적 요인들과 도덕 사이에서 지속적으로 갈등하는 존재라는 것이다.

3) 인간의 의식수준

프로이트는 정신분석학의 이론을 정립시키는 과정에서 지형학적인 모형을 가지고 성격의 구조를 설명하려고 하였다. 그는 이러한 모형에서 인간의 정신생활을 의식(consciousness), 전의식(preconsciousness) 및 무의식(unconsciousness)의 세 가지 의식수준으로 나타내었다.

(1) 의식

의식은 어떤 순간에 우리가 알거나 느낄 수 있는 모든 경험과 감각을 말한다. 이것은 지각 · 운동 · 활동 · 감정 등을 통해 외부세계와 접촉하며, 꿈 · 심상 · 사고 등과 같은 개인의 내적 세계와 접촉한다. 프로이트는 정신세계의 극히 일부만이 의식의 범위에 포함된다고 보았다. 우리가 어떤 순간에 경험하는 일들은 선택적 여과과정을 거쳐 극히 일부만이 의식으로 나타나게 된다.

의식은 정신생활의 중심이 아니며, 수면 위에 떠올라 있는 빙산의 일부에 지나지 않는 것으로 비유되고 있다. 정신생활의 더 큰 부분은 수면 아래에 잠겨 있는 것으로 비유되는 무의식이며, 무의식적인 내용이나 동기를 의식적인 것으로 나타내기 위한 방법이 정신분석의 중요한 과제가 되었다.

(2) 전의식

전의식은 어느 순간에 있어서는 의식되지 않으나 조금만 노력하면 곧 의식될 수 있는 “이용 가능한 기억”을 말한다. 즉, 이것은 지난주에 행한 일, 좋아하는 음식 등과 같이 잠시 잊어버리고 있었지만 곰곰이 돌이켜 생각해 보면 알 수 있는 경험들을 말한다. 이와 같이 전의식은 의식 속에는 없지만 기억, 회상 등을 통하여 의식으로 상기할 수 있는 정신세계의 일부분이다.

전의식은 개인이 그 내용을 의식하지 못하기 때문에 어떤 의미에서 무의식의 일부라고 할 수 있다. 그러나 전의식의 많은 부분은 개인이 조금만 노력하면 자발적으로 회상할 수 있기 때문에 의식의 일부로도 나타낼 수 있다. 이와 같이 전의식은 마음속에서 무의식과 의식을 연결해 주는 통로가 되고 있다.

(3) 무의식

무의식은 인간의 정신세계의 가장 깊은 곳에 감추어져 있어서 기억하지 못하는 부분이다. 무의식은 의식의 하부에 존재하는 정신세계로서 본능 · 충동 · 억압된 관념 등이 잠재되어 있는 곳이다. 이것은 인간의 정신세계의 대부분을 차지하고 있으며, 전혀 인식되지 않지만 인간의 사고와 행동을 주로 결정한다.

프로이트에게 무의식은 정신병리에서 지배적인 힘으로 보았으며, 성격의 일부분으로서 반드시 탐구해야 하는 것으로 생각했다. 그는 성격의 이러한 영역에 인간행동의 중요한 인과적 요인이 존재한다고 믿었기 때문에, 인간행동을 이해하려면 반드시 무의식을 밝혀내야 한다고 했다. 그러나 무의식적 내용은 변장되고 상징화된 형태로 나타나기 때문에 이러한 무의식을 연구하는 수단으로 환상과 꿈을 해석할 것을 강조하였다(Hjelle & Ziegler, 1994 : 55).

4) 성격의 구조

프로이트의 초기 성격구조이론의 중심이 되는 개념은 무의식적 정신과정이었다. 그러나 1920년대에 그는 정신생활의 개념모형을 수정하였으며, 인간의 의식수준과 밀접하게 관련된 또 다른 정신의 세 가지 모형을 발달시켰다. 즉, 그는 인간의 성격구조가 원초아(id), 자아(ego) 및 초자아(superego)로 구성되었다고 제시하였다. 인간 행동은 이러한 성격구조의 세 가지 구성요소가 상호작용함으로써 발생하게 된다.

(1) 원초아

원초아는 출생할 때부터 작용하는 생득적인 정신에너지의 근원으로서 전 생애 동안 성격의 기초가 된다. 원초아는 심리적 에너지, 충동, 행동의 동기를 정신에 제공하며, 성격의 원천적인 요소로서 이것으로부터 자아와 초자아가 분화되고 발달한다. 원초아는 성욕이나 공격성과 같은 본능적 욕구를 관장하는 곳으로, 현실을 고려하지 않고 생물적인 쾌락과 충동에 따라 행동하려 한다.

원초아는 본능에 따라 움직이므로 모든 억압을 무시하며, 성욕과 공격성과 같은 충동에 의해 나타나는 정신에너지를 즉각적으로 방출하는 일차적 원리(primary principle)를 나타낸다. 만일 이러한 충동이 억제될 경우에는 성격체제에 긴장이 오기 때문에, 원초아는 참을성이 없이 즉각적으로 긴장을 감소하려는 쾌락원칙(pleasure principle)에 따른다. 따라서 원초아는 무의식적이고 충동적이며 불합리하고 자애적인 방법으로 표현되며, 이런 행동이 다른 사람이나 자신의 보전에 미치는 영향을 전혀 도외시한다.

프로이트는 긴장으로부터 성격을 해방시키는 원초아의 두 가지 기제로 반사작용(reflex actions)과 일차과정(primary process)을 제시했다. 원초아는 반사작용을 통해 자동적으로 불안을 일으키는 자극에 대하여 반응하며, 이러한 자극이 유발하는 긴장을 재빨리 제거한다. 일차적 과정은 심리학적인 현상으로서 개인이 언젠가 자기의 기본적인 욕구를 만족시켜준 적이 있는 어떤 대상물의 심상을 떠올려 긴장을 감소시키는 것이다. 일차적 과정은 적극적인 과정이지만, 배고픔, 목마름, 성적 충동 등에 의해 야기된 긴장을 만족스럽게 방출할 수는 없으며, 참된 만족을 얻으려면 현실세계와 접촉해야 한다(Nye, 1991 : 27).

원초아가 지배적인 성격을 가진 사람은 성적·공격적 충동과 같은 본능적인 욕구를 거의 통제하지 못한다. 그런 사람의 행동은 주로 쾌락원칙에 따라 욕구를 즉각적으로 충족시키고자 하며, 현실세계나 사회의 윤리와 가치에 거의 관심을 보이지 않는다.

(2) 자아

자아는 성격의 집행자로서 외부 현실과 초자아의 제한을 고려하여 원초아의 욕구를 표현하고 만족시키는 정신기제의 일부이다. 자아는 원초아로부터 진화되었으며, 그것으로부터 에너지를 빌어서 환경의 요구에 반응한다. 원초아의 요구가 충족되지 않거나 긴장감소를 위해 유기체와 외부세계와의 교섭이 필요할 때 원초아로부터 자아가 발생하게 된다. 자아는 본능이나 충동을 현실적이고 합리적으로 해소시킬 수 있는 상황 여건을 고려하기 때문에 현실원칙(reality principle)에 따른다. 현실원칙은 욕구를 만족시키는 대상이나 환경조건이 성숙될 때까지 본능적 만족을 지연시켜 사회적으로 용인될 수 있는 형태로 만족을 얻는 것이다. 자아는 원초아와는 달리 사실과 허구를 구별할 수 있으며, 상당한 양의 긴장을 참을 수 있고, 새로운 것을 경험함에 따라 변화가 오며, 인지적·지각적 기술을 발달시킨다(Hjelle & Ziegler, 1994 : 58).

현실원칙은 이차과정(secondary process)에 의해 지켜진다. 이차과정은 자신이나 타인에게 해를 끼치지 않고 본능적 욕구를 충족시키고자 하는 현실적 사고에 입각하여, 어떤 대상물의 심상을 떠올려 긴장을 감소시키는 단계를 지나 욕구를 만족시킬 대상을 현실적인 존재로 만드는 과정이다. 자아는 이러한 행동이 효과적인지 아닌지 알아보기 위해서 현실세계의 사건과 자기 마음속의 사건이 서로 관계가 있는가를 알아보는 현실검증(reality testing)의 기능을 수행한다(Hall, 1990 : 50).

자아는 주위 환경에 효율적으로 대처함으로써 원초아의 긴장을 감소시키려고 한다. 원초아의 본능이 가지고 있는 원래의 정신적 에너지의 일부는 자아가 작용하는데 소모된다. 여기에서 원초아를 만족시키는 어떤 대상이나 과정에 정신적 에너지를 쏟는 것을 집중(cathexis)이라고 하며, 이러한 것들을 금지하거나 억제하는데 에너지를 소모하는 것을 반집중(anticathexis)이라고 한다. 원초아는 집중만을 할 수 있으며, 자아는 집중과 반집중을 모두 지니고 있다(Nye, 1991 : 28).

한편 자아는 행동을 통해 충동을 방출하는 것이 자신에게 최선의 이익이 되지 않을 경우에 이를 막는다. 즉, 자아는 개인으로 하여금 충동을 통제하고 좌절을 인내하도록 돕는다. 자아는 본능적 욕구를 통제하거나 방출하는 기능을 수행하며, 개인으로 하여금 현실에 적응하도록 한다. 기본적인 욕구를 충족시키면서 현실세계에 합리적이며 만족할 만한 적응을 할 수 있는 사람이 강한 자아를 가질 수 있으며, 이것은 건강한 성격의 기초가 된다.

(3) 초자아

초자아는 사회규범과 행동기준이 내면화한 형태로 나타나며, 현실보다는 이상을, 쾌락보다는 완벽을 추구한다. 즉, 이것은 사회의 가치와 도덕이 내면화된 표상으로서 자신의 행동이 윤리적으로 옳고 그름을 판단하게 해준다. 초자아는 성격구조의 세 가지 구성요소 중 마지막으로 발달되는 체제로서 부모와의 동일시 과정을 통해서 발달한다. 초자아는 출생할 때부터 선천적으로 가지고 태어나는 것이 아니며, 부모나 선생님 등이 주는 보상과 처벌을 통하여 초자아를 자기 내부에 내면화함으로써 발달한다.

초자아는 양심(conscience)과 자아이상(ego ideal)이라는 두 가지의 하위체계로 이루어져 있다. 양심은 부모의 처벌을 통해서 얻어지는 것으로, 부모가 잘못된 행동이라고 말한 것과 그리고 이 때문에 아동이 처벌받는 것과 관련되어 있다. 자아이상은 부모가 아동을 인정해 주고 보상해 줄 때 생기며, 부모가 아동에게 자부심을 갖도록 하는 것과 관련되어 있다. 자아이상은 개인으로 하여금 목표와 포부를 갖게 해주며, 그가 이것을 달성한다면 자존심과 긍지를 느끼게 된다. 초자아는 부모가 하던 조절을 자기 스스로 조절할 수 있을 때 비로소 완전히 성숙했다고 할 수 있다(Hjelle & Ziegler, 1994 : 60).

초자아는 사회가 용납하지 않는 원초아의 성적·공격적 충동을 억제하며, 현실적 목표를 도덕적 목표로 전환하도록 자아를 설득하고, 이상과 완벽을 추구하는 기능을 가지고 있다. 초자아는 자신에 대한 비판적 평가능력이나 도덕적인 억압 그리고 개인이 이상으로 여기는 대로 생활하지 못하는 데에서 오는 죄의식 등을 포함한다.

한편 원초아가 선천적인 생물학적 특성이 심리적으로 나타난 것이라고 한다면, 자아는 객관적 현실과 교류한 결과이며, 초자아는 사회의 산물로서 문화적 전통을 전달하는 매개체이다. 이 세 가지 체계 사이에는 분명한 경계선이 없으며, 각기 독립된 개체라고 할 수도 없는 것이다. 즉, 자아는 원초아로부터, 초자아는 자아로부터 형성되며, 이것들은 일상생활을 통해 끊임없이 상호작용하고 융화된다.

성격의 세 가지 체계는 각기 고유의 기능과 특성 및 역동성을 지니면서 인간의 성격을 이루고 있다. 인간의 에너지양은 일정하기 때문에 성격의 세 가지 체계 중 어느 것에 에너지를 많이 투여하는가에 따라 성격에 영향을 미치게 된다. 원초아에 에너지를 많이 투여하게 되면 나머지 두 곳의 에너지가 적어지게 되어 본능적 사람이 되고, 자아에 에너지를 많이 투여하게 되면 현실적인 사람이 되며, 초자아에 에너지를 많이 투여하게 되면 도덕적인 사람이 된다는 것이다. 한편 자아가 원초아와 초자아를 적절히 통제하고 조정하여 성격구조의 관리자가 되어 에너지 체계가 적절하게 균형을 이룰 때 건전한 성격이 형성된다고 한다(이옥형, 2002 : 28).

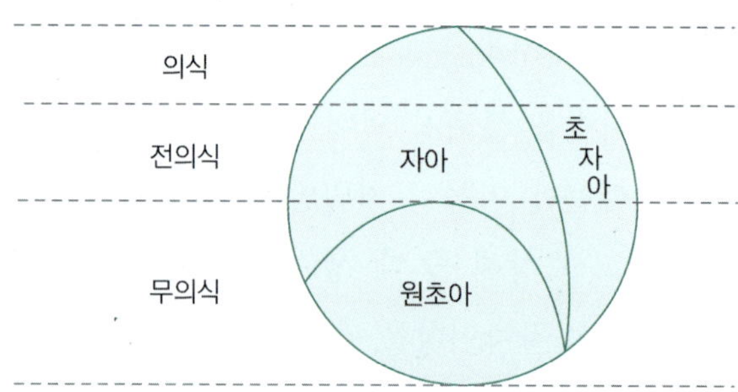

[그림 10-1] 인간의 의식수준과 성격의 구조와의 관계

5) 인간의 본능

프로이트에 의하면 본능은 신체적 흥분이 소망의 형태로 나타난 것이며, 인간의 모든 행동은 이러한 본능에 의해 결정된다는 것이다. 즉, 인간은 본능적인 긴장의 충동 때문에 행동하며, 그 행동은 다만 이러한 긴장을 감소시키기 위한 것으로서 본능은 모든 행동의 궁극적인 원인이 된다는 것이다. 이와 같이 본능은 성격의 기초적인 요소로서 인간행동을 일으키고 행동의 방향을 결정하는 동기를 유발하는 힘인 것이다(Schultz & Schultz, 1994 : 41). 인간의 본능에는 삶의 본능(eros)과 죽음의 본능(thanatos)이 있다.

(1) 삶의 본능

삶의 본능은 생동적인 삶을 가능케 해주고 종족번식을 책임지는 각종의 힘을 포함한다. 배고픔, 목마름, 성적 충동 등은 삶의 본능이 가지고 있는 특성들이다. 삶의 본능이 가지고 있는 에너지를 리비도(libido)라고 하며, 이것은 성적 에너지와 같은 뜻으로 쓰이기도 한다.

삶의 본능 중에서 인간의 성격발달에 가장 큰 영향력을 미치는 것이 성본능이며, 이것은 인간의 정신구조에 상당히 중요한 역할을 한다. 성본능에 내재해 있는 에너지인 리비도는 생존본능의 힘 또는 순전히 성적 행동을 통해서 만족을 얻고자 하는 정신에너지의 일부이다.

(2) 죽음의 본능

죽음의 본능은 인간행동의 부정적·파괴적인 힘을 말한다. 즉, 이것은 잔인성·공격·자살·살인·전쟁 등과 같은 것을 나타내는 것이다. 죽음의 본능은 삶의 본능과 마찬가지로 인간의 행동을 결정하는데 중요한 역할을 한다.

삶의 본능의 에너지인 리비도에 대비되는 죽음의 본능이 가지고 있는 에너지에 대해서는 구체적인 명칭이 붙여져 있지 않다. 그러나 삶의 본능과 마찬가지로 죽음의 본능에도 에너지가 있으며, 인간의 행동을 결정하는데 중요한 영향을 미친다(Hjelle & Ziegler, 1994 : 61).

한편 인간의 본능과 관련되어 인간이 대처해야 할 가장 중요한 두 가지의 충동은 성적 충동(sexual drive)과 공격적 충동(aggressive drive)이다. 이것들은 인간의 기본적인 충동이며, 원초아에 내재하는 삶의 본능과 죽음의 본능을 대표하는 것으로서 인간에게 유전되는 특성을 가지고 있다(Nye, 1991 : 22).

6) 불 안

프로이트가 신경증으로 고통받는 사람들을 치료하고 설명하는데 관심을 보이면서 불안현상에 관하여 흥미를 갖게 되었다. 그는 불안이 각 개인에게 반격하거나 피해야 하는 절박한 위험을 알려주는 자아의 기능이라고 하였다. 따라서 불안은 개인으로 하여금 위급한 상황에 적합한 방법으로 반응하도록 한다. 불안의 출처에 대해서 오토 랭크(Otto Rank)는 출생외상이 모든 불안의 근원이라고 주장한 반면에, 프로이트는 어머니와 유아의 격리에서 느끼는 유아의 심리적 충격이 불안의 원천이라고 하였다. 이러한 불안에는 현실적 불안, 신경적 불안, 도덕적 불안의 세 가지 형태가 있다는 것이다.

(1) 현실적 불안

현실적 불안(reality anxiety)은 위협에 대한 정서적 반응 또는 외적 환경에서 위협을 지각하는 것을 말하며, 두려움과 같이 현실세계의 어떤 위협이 있을 때 나타나게 된다. 사람이 위험한 것이라고 생각되는 외적 상황에 직면하게 되면, 불안은 어떤 행동을 함으로써 그 위험을 감소시켜야 한다는 것을 알려주는 자극의 역할을 한다.

개인이 불안에 처했을 때 그에 대처할 적절한 행동을 취하게 되면 불안이 감소되지만, 만약 적절한 행동을 하지 못하면 불안이 증가되어 그 사람을 무기력하게 만들어 버린다. 이와 같이 불안은 개인이 위험에 효과적으로 대처할 수 있는 능력을 약화시키지만, 자아를 보존하는데 도움을 준다(Hjelle & Ziegler, 1994 : 75).

(2) 신경적 불안

신경적 불안(neurotic anxiety)은 원초아의 충동이 의식화될 것이라는 것으로 인하여 위협을 받고 이에 따라 생긴 정서반응을 말한다. 즉, 이것은 원초아의 충동이 의식 밖으로 튀어나와 위협을 주어 처벌받게 될 어떤 행동을 하도록 독려할 때 일어나게 된다.

신경적 불안은 원초아의 성적·공격적 본능을 자아가 조절할 수 없을 것이라는 두려움이 원인이 되며, 원초아의 본능적 충동이 자아조절을 파괴하려는 위협이 있을 때 발생하게 된다. 이러한 경우에 사람들은 통제력을 상실하거나 고통을 받는 것을 두려워한다. 이와 같은 공포는 완전히 의식되지 않으며, 원인을 알지 못한 채 불안을 경험하는 경우가 있다(Nye, 1991 : 45).

(3) 도덕적 불안

도덕적 불안(moral anxiety)은 자아가 초자아로부터 벌의 위협을 받을 때 일어나는 정서반응을 말한다. 즉, 이것은 자아가 죄책감 또는 수치감을 경험하고 양심으로부터 위험을 의식함으로써 발생하는 불안이다. 도덕적 불안은 개인이 바람직하다고 여기는 가치관이나 도덕적 규범에 위배되는 어떤 것을 생각하거나, 느끼거나, 행동하는 경우에 초자아의 영향으로 인해 나타나는 불안이다.

도덕적 불안은 원초아가 비도덕적 생각이나 행동을 표현하려고 할 때 또는 초자아가 수치심, 죄의식, 열등감, 자기저주 등의 감정으로 반응할 때 발생한다. 또한 이것은 초자아의 완벽한 명령을 어기는 어떤 것을 행하거나 생각할 경우 부모로부터 벌을 받으리라는 객관적인 두려움에 기인한다. 도덕적 불안에는 자신의 양심에서 오는 처벌에 대한 두려움이 수반되며, 이것은 개인의 행동이 자기양심에 알맞은 방향으로 나가게 한다.

7) 자아의 방어기제

자아의 방어기제(defense mechanism)는 자아가 불안에 처하여 합리적인 방법으로 이것을 해결하지 못할 때, 현실을 부정하거나 왜곡하면서 무의식적으로 불안을 제거하려는 심리기제이다(Schultz & Schultz, 1994 : 41). 즉, 이것은 개인이 처한 환경의 위협이나 충동에 현실적이고 합리적인 방법으로 대처하지 못하고 비현실적인 방식으로 제거하려 할 때 사용하는 기제이다.

자아의 방어기제는 원초아의 충동의 공개적인 표현과 이와 대립되는 초자아의 압력으로부터 개인을 보호하기 위한 전략인 것이다(Hjelle & Ziegler, 1994 : 75). 자아의 방어기제는 프로이트의 딸인 안나 프로이트(Anna Freud)에 의해 체계화되었다. 주요한 자아의 방어기제로는 합리화, 억압, 전치, 동일시, 고립, 반동형성, 취소, 내면화, 투사, 부정, 강박관념, 고착과 퇴행, 승화, 보상, 환상 등이 있다.

(1) 합리화

합리화(rationalization)는 어떤 행동이 참된 동기나 원인을 그대로 인정하면 자기의 무능과 결함이 분명하게 되므로 다른 핑계 좋은 이유를 달아서 자기의 정서적 안정을 추구하려는 방법이다. 즉, 이것은 부당하고 비논리적인 행동이나 생각에 대해서 변명하거나 정당화시키려는 것을 말한다(Nye, 1991 : 48). 합리화는 대개 죄의식을 느끼게 될 충동적인 행동에 대한 그럴듯한 이유를 만들거나, 자신의 목적을 성취하지 못한 것에 대한 변명이나 이유 등으로 사용된다.

(2) 억압

억압(repression)은 가장 기본적인 방어기제로서 불안을 야기하는 충동 및 기억 등을 의식에 떠오르지 못하도록 무의식적으로 막는 것이다. 즉, 이것은 수치스럽다고 느껴지는 생각, 죄의식을 느끼는 기억, 괴로운 경험 및 싫증나는 일들을 의식으로부터 무의식적으로 밀어내는 것을 말한다(Schultz & Schultz, 1994 : 48). 하지만 억압된 욕망이나 생각을 거의 또는 전혀 인식하지 못한다 해도 그것은 우리의 무의식적 경험 차원에 잔류하게 되어 개인의 행위 속에 간접적으로 나타나게 된다.

(3) 전치

전치(displacement)는 기본적인 성적·공격적 욕구를 직접적으로 충족시킬 수 없을 때 현실적으로 용납될 수 있는 대상이나 방법으로 바꾸어 그 욕구를 충족시킴으로써 불안을 회피하는 기제이다. 즉, 이것은 에너지가 하나의 대상에서 다른 대상으로 흘러 들어가는 과정으로서 사람이나 사물, 상황 등에 대한 느낌, 욕망, 노력 등 다른 방향으로 돌려 불안을 제거하는 것을 의미한다(박병석, 1986 : 141).

(4) 동일시

동일시(identification)는 어떤 사람이 다른 사람의 제반 성질을 받아들여 그것들을 자신의 성격의 한 부분으로 합쳐버리는 것을 말한다. 즉, 이것은 다른 사람의 행동을 따름으로써 긴장을 감소시키게 되는 것으로 자기보다 더 욕구를 만족시키는 것으로 보이는 사람을 본보기로 삼는 것이다. 그래서 아동은 자기 부모와 동일시하게 되는데, 이는 부모가 아동에게는 전능한 존재로 보이기 때문이다. 동일시는 자기도취, 욕구불만, 무능 및 불안의 네 가지 조건에 의해 발생된다. 이에 따라 동일시의 유형도 자기도취적 동일시, 목표지향적 동일시, 대상상실의 동일시 및 권위자와의 동일시의 네 가지가 있다.

(5) 격리

격리(isolation)는 고통스러운 생각이나 기억을 그에 수반된 감정상태와 분리시키는 것이다. 즉, 이것은 감정의 억압 혹은 정서의 억압으로서, 고통스러운 감정이나 경험을 의식으로부터 떼어내어 억압시키는 과정이다. 격리는 쾌락의 원칙에 따라 작용하며, 정신역학의 측면에서 보면 기억이 과거에 지녔던 감정으로부터 분리되는 기제라 할 수 있다.

(6) 반동형성

반동형성(reaction formation)은 불안을 일으키는 성적·공격적 충동, 생각, 감정 등을 억제만 하지 않고 의식의 수준에서 그 반대의 태도로 나타내는 것이다. 즉, 이것은 받아들일 수 없는 욕망과 대립되는 과장된 감정이나 행동을 취해서 그러한 욕망을 극복하려는 시도이다. 즉, 미움은 사랑으로, 복수심은 애정으로, 성욕은 전혀 문제가 되지 않는 다른 대상에 대한 애착으로 바뀌는 것을 말한다. 반동형성은 두 가지 단계를 거친다. 첫째는 받아들일 수 없는 충동을 억압하는 것이며, 둘째는 그 반대적 행동이 의식적 차원에서 표현되는 것이다(Hjelle & Ziegler, 1994 : 79).

(7) 취소

취소(undoing)는 개인이 이전에 받아들일 수 없었던 행동의 결과를 철회하기 위하여 반복적으로 행하는 것으로서, 무의식적으로 상상되는 해악을 반증하거나 무효화시키는 것을 목적으로 작용하는 기제이다. 즉, 이것은 자아를 해치게 될 경험을 말살시키거나 제거하려고 하는 무의식적인 기도를 말한다. 대개의 경우 이 기제의 의미는 의식적인 것이 되기 전에 왜곡되고 변형되는 까닭에 그 발견이 용이하지 않다.

(8) 내면화

내면화(introjection)는 개인이 어떤 사람이나 대상에 대한 감정을 버리고 상상된 형태의 신념과 가치관을 내면적으로 자기 것으로 받아들이는 것이다. 이것은 사회화의 기본이 되는 것으로서 타인의 속성과 특질을 모방하는 동일시도 내면화의 결과이다. 즉, 아동이 부모의 속성을 내면화시켰을 때 부모와 동일시했다고 한다.

(9) 투사

투사(projection)는 전치의 한 형태로서 개인이 스스로 받아들일 수 없는 충동, 태도 및 행동을 무의식적으로 타인이나 환경의 탓으로 돌리는 과정을 말한다(Hall, 1990 :

131). 이것은 자기의 결점을 어떤 사람이나 사물을 통해 비난한다. 투사는 개인이 자기의 적개심, 이기심, 성적 문란 등의 결점이나 허물에 대한 객관적인 증거가 존재하지 않을 때, 이들을 동료나 타인의 탓으로 돌려 자기 자신이 받아들일 수 없는 충격을 완화하고자 하는 것이다.

(10) 부정

부정(denial)은 자신에게 불안을 가져다주는 일들을 사실이 아니라고 부정하거나, 불쾌하거나 위협적인 사실을 목격하거나 듣는 것을 거절하는 것이다(Nye, 1991 : 48). 부정은 불안과 고통을 제거하는 단순하고 효과적이며 널리 사용되고 있는 기제 중의 하나이다. 때로는 어떤 사실들을 부정하는 것이 심각한 위기에서 긍정적인 효과를 발휘할 때가 있다. 어떤 절망적인 사실에 대하여 이를 부정하고 희망을 갖도록 한다는 것은 부정이 지닌 긍정적인 기능이라 할 수 있다.

(11) 강박관념

강박관념(obsession)은 불안을 제거하거나 경감시키기 위하여 행하는 어떤 반복적이고 영속적인 행동, 사고 및 습관을 말한다. 이것은 어떤 특수한 부분의 생각을 잠시 동안 의식하지 않기 위하여 자신의 정상적인 생각으로부터 그것들을 분리하여 고립화시키는 것이다. 즉, 불안을 일으키는 부분만을 빈 공간으로 만들어 사고하는데 연결되지 않도록 하며, 그 부분을 의식하는 것으로부터 불가능하게 방해하는 것이다.

(12) 고착

고착(fixation)은 발달단계의 어느 한 시기에 고정되어 그 이후의 발달이 중지되고 성숙된 독립이 형성되지 않은 상태를 말한다. 즉, 이것은 불안정, 실패, 처벌 등이 두려워 다음 단계로 발달하지 못하고 초기의 어느 한 단계에 머물러 있는 상태이다. 이와 같이 고착은 발달되지 않은 상태가 어느 한 단계에서 그대로 계속 유지되어 가는 것이다.

(13) 퇴행

퇴행(regression)은 생의 초기에 성공적으로 사용했던 생각, 감정, 행동에 의지하여 자기 자신의 불안이나 위협을 해소하려는 과정이다. 즉, 이것은 실패할 가능성이 있거나 불안한 상황에 대한 해결책으로 생의 초기단계의 행동양식으로 후퇴하는 것이다. 퇴행은 안전하고 즐거웠던 인생의 이전 단계로 후퇴함으로써 불안을 완화시키며, 일시적으로 불안을 감소시키지만 근본적인 원인은 해결하지 못한다.

(14) 승화

승화(sublimation)는 정서적 긴장, 충동, 감정 등을 사회적으로 인정될 수 있는 행동방식으로 표출하는 것이다. 즉, 이것은 사회적으로 가치 있는 대상을 통하여 욕구를 충족시키는 기제로서, 창조적이거나 헌신적인 작업에 몰두하는 것을 말한다(Schultz & Schultz, 1994 : 49). 승화는 대체로 성적인 에너지가 전환되어 사회적으로 유익한 목적으로 사용되며, 자아가 충동을 억제하지 않고 충동의 목적이나 대상을 변화시켜 문제가 있는 충동을 건전하고 건설적인 방법으로 다루는 전략이다.

(15) 보상

보상(compensation)은 개인의 결함이나 열등감을 극복하기 위한 수단으로서, 어떤 분야에서 탁월하게 인정을 받아 다른 분야에서의 실패나 약점을 보충하여 자존심을 고양시키는 기제이다. 즉, 개인의 결함을 다른 것으로 대치시킴으로써 보상을 하는 것을 말한다. 보상은 긍정적인 면과 부정적인 면을 동시에 지니고 있다. 전자는 청각장애인이 유명한 음악가가 되는 것이며, 후자는 소외당한 사람이 다른 사람의 관심을 끌기 위해 반사회적 행동을 하는 것이다(박병석, 1986 : 157).

8) 심리성적 발달단계

프로이트에 의하면, 심리성적 발달(psychosexual development)은 영아기로부터 시작하여 특정 발달의 시기 동안 리비도의 충족을 가져오는 성감대에 따라 일련의 예정된 단계를 거친다는 것이다. 그는 모든 인간이 이러한 심리성적 경험을 하게 되며, 이들 단계는 모든 문화권에서 보편적인 것이라고 가정하였다. 그러나 프로이트는 이 발달과정에서 각 단계들이 서로 중복될 수도 있고, 특정 시기에 두 단계가 공존하기도 한다는 것이다. 이러한 심리성적 발달단계는 구순기, 항문기, 남근기, 잠복기 및 생식기를 거친다.

(1) 구순기

구순기(oral stage)는 출생 후부터 생후 18개월 사이의 연령에 해당된다. 이 시기에는 구순이 쾌락의 주요한 원천이며, 입으로 빨고, 삼키고, 깨무는 자극을 통하여 쾌감을 얻는다. 영아는 젖을 빨아 영양을 공급받고 배고픔의 충동을 만족시키며, 동시에 입을 움직여 기쁨을 얻는다. 이와 같이 구순은 생물학적 충동과 동시에 유쾌한 감각을 해소시키는 신체의 일부로서 대부분의 성적 에너지를 포함하고 있다.

구순 전기의 영아는 주로 빠는 행위를 통해 쾌감을 얻으며, 구순 후기에는 씹거나 깨무는 행동으로 리비도의 욕구가 충족된다. 구순은 일생을 통해 중요한 성감대로 존재하며, 성인이 되어도 이러한 행동의 흔적이 남는다(Hjelle & Ziegler, 1994 : 65-66). 구순기에 적당한 자극을 통하여 적절히 욕구를 충족하게 되면 개별화, 분리, 대상관계의 형성 등과 같은 발달과업을 성취할 수 있게 된다. 또한 이러한 경우에 다른 사람과 쉽게 친밀한 관계를 형성할 수 있으며, 공개적으로 다른 사람에게 공격성을 보이거나 탐욕적인 행동을 하지 않는다(권중돈 · 김동배, 2006 : 232).

그러나 구순기에 너무 과다하거나 불충분한 양의 자극이 제공되면, 영아가 구순의 만족과 쾌감에 너무 집착하게 되어 다음의 발달단계로 이행하지 못하고 이 시기에 고착되어 어른이 되어도 구순고착적 성격을 갖게 된다. 구순고착적 성격은 구순의존적 성격과 구순공격적 성격으로 나누어진다.

구순의존적 성격은 입으로 빠는 행동이 주류를 이루는 구순 전기에 고착된 성격으로 어른이 되어도 수동적이고, 미숙하며, 의타심이 많고, 잘 속는 등 의존적 성격 특징을 갖게 된다. 또한 음식에 대한 지나친 집착, 과도한 흡연이나 음주, 사람과의 접촉에 대한 지나친 요구, 손가락 빨기 등의 퇴행적 성격을 보이기 쉽다. 구순공격적 성격은 이가 나기 시작하면서 깨무는 행동이 나타나는 구순 후기에 고착된 성격으로 수다스럽게 지껄이거나, 타인을 비난하거나, 논쟁하거나, 독설을 퍼붓거나, 신랄하게 비꼬기도 한다(이옥형, 2002 : 30).

(2) 항문기

항문기(anal stage)는 생후 18개월에서 3세에 해당하는 시기이다. 이 시기는 항문이 성적으로 가장 흥분되는 신체부위로서 배설물을 보유하거나 방출함으로써 쾌감을 얻는다. 즉, 항문기에는 리비도의 초점이 구강에서 항문으로 옮겨가며, 대변의 배출과 보유에서 상당한 만족을 얻고 대장운동을 지연시켜 만족을 증진시키는 방법을 알게 된다.

항문기는 배변훈련을 하는 시기로서 유아가 처음으로 외부세계로부터 통제를 경험하게 된다. 유아는 배변훈련을 통해서 원초아의 요구와 부모에 의해서 부과되는 사회적인 제지를 분간하는 것을 배워야 한다. 배변훈련 과정에서 적절히 조력해 주고 정기적인 대장운동을 시키며 배변한 후 칭찬해 주면, 배변에 대한 즐거움을 느끼고 변을 만드는 행위가 대단히 중요하다고 생각하며, 이러한 생각은 창조력과 생산력의 밑바탕이 된다. 그러나 이 과정에서 부모가 지나치게 청결을 강조하거나 엄하고 강압적이면 변을 잘 보지 못하게 되며, 다음 발달단계로 원만하게 이행하지 못하고 항문고착적 성격이 나타나게 된다.

항문기에 고착된 성격은 항문공격적 성격과 항문보유적 성격으로 나누어진다. 항문공격적 성격(anal aggressive personality)은 항문기 전반부에 배변훈련을 하는 과정에서 부모가 지나치게 청결을 강조하여 배변을 함부로 방출함으로써 부모에 대한 적개심을 표현하는 것이다. 이러한 성격을 소유한 사람은 잔인하고, 파괴적이며, 난폭하고, 적개심과 의심이 많다는 것이다.

항문보유적 성격(anal retentive personality)은 항문기 후반부에 배변훈련에서 부모가 지나치고 엄격하게 함으로써 배변을 통제하여 내보내지 않고 보유하는 것이 중요하다고 생각하게 되어 갖게 되는 성격이다. 이러한 성격을 소유한 사람은 인색하고, 깔끔하며, 고집이 세고 완고하며, 지나치게 시간과 질서를 엄수하고, 완벽을 추구한다는 것이다. 이러한 행동들은 항문기의 억압에 대한 분노가 소극적으로 나타나는 방식이다(Schultz & Schultz, 1994 : 53).

(3) 남근기

남근기(phallic stage)는 4~5세 사이에 아동의 리비도적 관심이 새로운 성감대인 생식기로 옮겨가는 시기이다. 아동은 자신의 성기를 자세히 관찰하고, 자위행위를 하며, 출생과 성에 대한 관심을 나타낸다. 프로이트는 이 시기의 아동은 성기로부터 쾌감을 느낄 수 있을 만큼 신체적으로 성숙하였으므로, 성기를 통해 리비도의 만족을 추구하게 된다고 생각하였다.

남근기의 두드러진 갈등은 남아의 오이디푸스 콤플렉스(Oedipus complex)와 여아의 엘렉트라 콤플렉스(Electra complex)이다. 이러한 갈등은 이성의 부모에 대하여 강한 성적 매력을 느끼는 것과 동시에 동성의 부모에 대해서는 적대감을 느끼는 현상이다.

오이디푸스 콤플렉스는 이 시기 남아의 성격 형성에 중요한 역할을 한다. 프로이트에 의하면, 어머니에 대해 강력한 애정의 욕구를 가진 남아는 아버지를 경쟁자로 생각한다. 그러나 아버지는 남아에 비해 대단히 크고 강한 존재이므로 아버지에 대한 경쟁심은 두려움으로 변모하게 된다. 남아는 아버지가 자신의 적대감을 알고 해칠지도 모른다는 불안감을 느끼게 되며, 이러한 피해의식은 남아에게 아버지가 자신의 성기를 잘라 버릴지도 모른다는 불안을 느끼게 한다. 이것이 거세불안(castration anxiety)이며, 이 때문에 5~7세 사이의 남아는 어머니에 대한 성적 욕망을 포기한 채 아버지에 대한 적대감을 억압하고, 아버지와 동일시함으로써 갈등을 해결한다. 이것이 공격자와의 동일시이며, 동일시에 의해 남아는 아버지의 생각·태도·행동 등을 모방하고 자기의 것으로 내면화함으로써 아버지를 닮아가게 된다. 또한 이 시기는 동일시에 의해 아버지의 도덕률과 가치를 내면화하여 양심을 발달시키며, 아버지를 남아가 도달할 이상으로 여김으로써 자아이상이 발달한다.

엘렉트라 콤플렉스는 남아의 오이디푸스 콤플렉스에 해당하는 여아의 갈등이다. 남아처럼 여아의 최초의 사랑의 대상도 어머니이다. 그러나 여아가 남근기로 접어들면서 자신은 아버지나 남자 형제들처럼 남근이 없다는 것을 깨닫게 되며, 남근을 갖고 싶어 하는 남근선망(penis envy) 현상이 나타난다. 여아는 어머니가 자신의 성기를 빼앗았다고 생각하여 어머니에 대한 적개심을 갖게 되며, 동시에 부러운 기관을 가지고 있는 아버지를 소유하고 싶어 한다. 그러나 여아는 남근을 갖는다는 것이 불가능하다는 사실을 인식할 뿐만 아니라 어머니에게 미움을 사서 보복을 당할 위험이 있다고 보고 여아 스스로 어머니와 동일시하게 된다. 그러나 프로이트는 오이디푸스 콤플렉스와는 달리 엘렉트라 콤플렉스의 해결과정을 명쾌하게 제시하지 못하였다.

남근기의 남아와 여아 모두 이러한 갈등을 성공적으로 해결할 경우에 성역할의 동일시를 통하여 성정체감을 가질 수 있게 된다. 이 단계의 발달과업을 적절하게 이행하면 성인이 되어 정상적인 성행위를 통하여 성적 욕망을 해결할 수 있으며, 충성심, 효도, 헌신, 낭만적 사랑 등의 감정을 표현할 수 있다(권중돈 · 김동배, 2006 : 235).

남근기에 고착된 성격은 남녀 간에 다소 차이가 있다. 남성은 경솔하고, 과시적이며, 야심적이고, 강함과 남성다움을 나타내려고 노력한다. 여성은 성관계에 있어서 순진하고 결백해 보이지만, 유혹적이고 경박한 기질을 갖고 있으며, 자기주장이 아주 강하여 남성을 능가하려고 한다는 것이다. 남녀 모두 해결되지 않은 남근기의 갈등은 성인기가 되어 신경증의 원인이 되며, 남성의 성적 무기력과 여성의 불감증의 근원이 된다는 것이다(Hjelle & Ziegler, 1994 : 71-72).

(4) 잠복기

잠복기(latency period)는 6세부터 사춘기까지로서 성적 수면상태에 속하는 시기를 말한다. 이 시기에는 리비도가 무의식 속에 억압되어 잠복되어 있기 때문에 의미 있는 갈등이나 충동은 일어나지 않고 안정상태를 유지한다. 리비도는 승화되어 지적 관심, 운동, 동성친구 간의 우정으로 전환된다. 그러나 성적인 욕망이 완전히 사라지는 것은 아니며, 그 강도가 약화되어 있다고 볼 수 있다. 이러한 잠복기는 생식기에 일어나게 될 중요한 성장을 준비하는 시기라고 생각되며, 사춘기의 성적 변화와 더불어 끝나게 된다.

잠복기는 아동이 생리학적인 현상으로 인하여 성적 관심이 저하되고, 그전까지 경험하지 못했던 지적 활동에 관심을 집중시키며, 일상생활에 적응하기 위한 지식과 기능을 습득하는데 열중하고, 사회성이 발달하는 시기이다. 이 시기는 새로운 성감대가 나타나지 않고 성적 본능이 수면상태에 있기 때문에 심리성적 발달단계의 하나라고 할 수는 없을 것 같다. 프로이트도 잠복기에 일어나는 발달과정에 관해서는 별로 관심을 보이지 않았다.

(5) 생식기

생식기(genital stage)는 사춘기가 되어 생식기관이 발달하고 성호르몬의 분비가 많아지면서 성적 충동을 현실적으로 수행할 신체적 · 생리적 능력을 갖추게 되는 시기이다. 새로이 분출된 성에너지는 동성의 사람에게로 향하다가 점차로 이성으로 옮겨가게 된다. 이 시기는 성적 충동의 가장 완전한 만족을 추구하려는 특징이 있으며, 사회화가 조성되는 시기로서 이성관계 · 구애 · 혼인 · 가족형성 · 직장생활 등에 관심을 갖게 된다(Hall, 1990 : 162).

생식기 이전 단계까지 리비도가 원만히 충족되고 이 시기의 발달이 순조로운 청소년은 성숙된 성격을 갖게 된다. 이상적인 생식기적 성격을 획득하기 위해서는 일하는 것을 배워야 하고, 만족을 지연시켜야 하며, 책임감이 있어야 하고, 적극적인 활동을 통해서 생활문제를 해결해 나가야 한다는 것이다.

9) 프로이트의 연구방법

프로이트는 치료과정에서 나타난 신경증환자의 언행에 의존한 경험적 방법을 통하여 자료를 조사하였다. 그는 실험적 심리학자가 아니었으며, 자료를 양적으로 수

집하고 분석하지도 않았다. 그러나 그는 자유연상법에서 나타난 분석에서와 같이 인간의 내면을 지향하는 일관된 방법으로서 신경증을 치료받는 사람들의 생생한 자료를 분석하였다. 그는 자료의 일부분에서 구성된 추론을 다른 여러 부분에서 나타난 증거를 상대로 진위를 비교하였다. 프로이트의 정신분석에서 치료의 목표는 문제를 일으키는 무의식 속의 정서를 의식 속에서 표현하게 하여 통찰력을 갖도록 하는 것이며, 그가 활용한 치료방법으로는 자유연상법, 꿈의 해석, 전이 등이 있다.

자유연상법(free association)은 환자가 의식 속에 떠오르는 모든 것을 자유롭게 이야기함으로써 무의식을 밝혀내려는 정신분석학적 방법이다. 즉, 이것은 환자로 하여금 듣기에 아무리 우스꽝스럽고 부적당한 것이라 할지라도 환자의 의식에 떠오르는 것은 무엇이든지 전부 이야기하도록 하는 방법이다. 이때 치료자는 전적으로 수동적인 입장에 있으며, 이러한 기억들이 성격의 구조를 형성·발전시키는 밑바탕이 된다고 보고, 이러한 기억들의 연관성을 밝혀 통찰력을 갖게 하는 것이다.

꿈의 해석(dream analysis)은 환자가 자기의 증상이나 동기적 갈등의 원인을 이해하도록 꿈이 상징하는 것을 해석해 주는 정신분석학적 기술이다. 꿈은 여러 작용의 원초적 표현이며, 무의식이 전의식을 통해 의식으로 나타난 결과라고 할 수 있기 때문에, 꿈의 분석을 통하여 환자의 증상이나 갈등의 원인을 이해하도록 돕는 것이다(Schultz & Schultz, 1994 : 59).

전이(transference)는 아주 어릴 때 억압되고 눌려서 잊어버렸던 경험을 치료자를 통하여 재생하는 것을 말한다. 즉, 이것은 부모, 형제 및 다른 사람에게 가졌던 잊어버리고 억압되었던 애정이나 증오 등의 감정이나 명상들이 정신분석치료 도중에 치료자를 통하여 사람의 의식 위에 되살아나 재생되는 것이다. 이러한 과정을 통해서 환자들은 이전의 관계를 다시 경험하면서 그러한 경험을 안전하게 해소하도록 하는 것이다(Nye, 1991 : 57). 한편 역전이(counter transference)는 치료자가 환자에게 보이는 감정이며, 치료자는 환자와 일정한 거리를 두고 객관성을 유지하는 것이 필요하다.

10) 프로이트 이론의 평가

프로이트의 이론은 20세기의 서구문명에 막대한 영향을 주었으며, 전 인류문명에 광범위하게 영향을 미쳐왔다. 특히 그는 성격심리학의 발달에 대단히 큰 공헌을 하였다. 프로이트는 성격발달에 관한 최초의 포괄적이고 과학적인 이론을 정립하였으며, 인생발달단계의 특징과 심리적 기제를 체계적으로 설명하였다. 그러나 프로이트는 이러한 학문적인 공헌에도 불구하고 그의 이론은 많은 부분에서 비판을 받고 있다.

첫째, 인간의 성격발달에 있어서 인간의 성적 욕망을 지나치게 강조하였다는 것이다. 특히 유아기의 성욕을 강조하였으며, 성적 에너지가 성감대를 찾아 신체부위로 옮겨가는 과정을 발달로 보았다는 것이다.

둘째, 인간을 성욕이나 과거의 경험 및 무의식에 의해 지배되는 수동적이고 소극적인 존재로 보았다는 것이다. 즉, 인간이 학습이나 자유의지에 의해서 어느 정도 변화될 수 있는 적극적인 존재라는 사실을 간과하고 있다(Schultz & Schultz, 1994 : 67).

셋째, 남아의 오이디푸스 콤플렉스와 여아의 엘렉트라 콤플렉스 및 여성의 열등감에 대한 프로이트의 편견은 비교문화 연구의 결과 보편성이 증명되지 못하고 있다는 것이다. 즉, 문화의 특수성에 따라 이러한 갈등을 경험하지 않고도 발달이 이루어지고 있으며, 남녀의 성역할이 전도되기도 한다는 것이다.

넷째, 신경증환자만을 대상으로 그들의 심리치료 과정에서 도출된 사실에 기초한 경험적 연구이기 때문에 심리학적으로 건강한 사람의 발달에 적용하기가 어려우며, 과학적인 검증이나 설명이 불가능하다는 것이다.

2 심리사회이론

심리사회이론(psychosocial theory)은 정신분석가이면서 자아심리학자인 에릭슨(Erik H. Erikson)에 의해 체계화된 이론이다. 에릭슨은 자아의 발달과 기능에 큰 관심을 기울였으며, 인간행동의 발달에서 사회적·문화적 요인을 중요시하였다. 에릭슨은 성숙의 점성원칙(epigenetic principle)에 의해 지배되는 인간의 전 생애를 통한 발달변화를 강조하였으며, 청소년기의 자아정체감 확립의 중요성을 특히 강조하였다. 그는 병적인 것이 아닌 건강한 것에 초점을 두었으며, 성격구조의 설명에서 문화적 요인을 결부시키려고 노력하였다.

1) 에릭슨의 생애

에릭슨은 1902년 독일의 프랑크푸르트(Frankfurt)에서 덴마크인 아버지와 유태인 어머니에게서 출생하였다. 에릭슨이 태어나기 전에 그의 부모가 이혼하였으며, 그가 세 살이 되었을 때 어머니가 유태인인 소아과 의사와 재혼했다. 에릭슨은 여러 해가 지난 뒤에 자신이 양부의 밑에서 자란 사실을 알게 되었다. 어린 시절 에릭슨은 부모가 유태인이었지만 자신은 덴마크인 외모를 가졌기 때문에 유태인 친구들로부터 놀림을 받아 학교생활에 제대로 적응하지 못했다. 이러한 경험이 후에 그의 정체성 위기와 혼미에 관한 연구의 기초가 된 것으로 알려지고 있다.

1927년 에릭슨은 안나 프로이트가 설립한 비엔나의 학교에서 아동들을 지도해달라는 제안을 받았으며, 그곳에서 안나 프로이트의 지도하에 아동정신분석에 대한 수련을 받았다. 1933년 미국으로 건너가 아동분석가로 활동하였으며, 이것이 그가 유명하게 되는 계기가 되었다. 1936년부터 3년간 예일대학교에서 문화인류학에 관심을 갖고 자유롭게 연구하였으며, 1939년부터 버클리에 있는 캘리포니아대학교에서 아동정신분석을 연구하였다. 1961년 공식적인 학위는 없었지만 하버드대학교의 교수로 임명되었고, 은퇴할 때까지 그곳에서 일했으며, 1994년 92세에 사망하였다.

에릭슨의 가장 유명한 저서로는 『아동기와 사회』(1963)가 있으며, 이 책에서 인생의 전 단계를 통해 어떻게 이러한 단계들이 상이한 문화에서 상이한 방법으로 진행되는지를 보여주었다. 그의 대표적인 저서로는 『청년 루터, 정신분석과 역사의 연구』(1958), 『통찰력과 책임』(1964), 『정체성 : 청년기의 위기』(1968), 『간디의 진리』(1969), 『성인기』(1978) 등이 있다.

2) 에릭슨의 인간관

에릭슨은 인간행동이 프로이트의 이론처럼 무의식에 의해 결정되는 것이 아니라 의식의 수준에서 자아의 경험에 의해 영향을 받는다고 보았다. 즉, 그는 인간행동 발달의 결정요소를 본능적인 생물학적 힘이 아닌 심리사회적 경험으로 보았으며 (Schultz & Schultz, 1994 : 261), 자아의 발달과 기능에 큰 관심을 기울였다. 에릭슨은 인간이 성장을 지시하는 잠재성을 가지고 있다고 보았으며, 인간행동의 발달에서 유전적 요소보다는 가족이나 친구 간의 사회적 접촉을 통한 사회화의 기능과 문화적 요인을 강조하였다(임규혁 · 이차숙, 1994 : 74).

에릭슨은 인간을 합리적이고, 이성적이며, 창조적인 존재로 간주하였다. 그는 인간이 가변성을 지니고 있으며, 새로운 발달과업을 달성하려고 노력하는 성장지향적인 존재라는 것이다(강상경, 2011 : 89-90). 즉, 인간은 심리사회적 위기를 극복할 수 있는 잠재적 가능성을 지니고 있으며, 이러한 극복을 통해서 인간이 성장해 나간다는 낙관적인 견해를 가지고 있다. 인간은 그들이 직면하는 갈등이나 문제에 대한 합리적인 해결방안을 탐색하며, 현실을 검증하고 창조적으로 문제를 해결하며, 실패하였을 경우에는 새로운 대안을 모색할 수 있는 존재라는 것이다.(권중돈, 2014 : 238).

3) 프로이트 이론과 에릭슨 이론의 비교

에릭슨은 프로이트의 이론을 바탕으로 자아의 발달에 영향을 미치는 사회적 · 문화적 요소를 고려하여 정신분석이론의 타당성과 실용성을 더욱 발전시켰다. 이러한 에릭슨의 이론은 프로이트의 이론과 몇 가지 점에서 공통점과 차이점이 존재한다.

(1) 프로이트 이론과 에릭슨 이론의 공통점

첫째, 프로이트와 에릭슨의 이론은 인간의 성격발달의 설명에서 인간의 자아 분석에 기초를 두고 있다는 것이다. 즉, 두 이론은 모두 자아의 구축과 성장의 과정을 설명하고 있다.

둘째, 프로이트와 에릭슨의 이론은 인간의 초기경험을 중요시하였다. 두 이론은 출생 후부터 인생 초기에 이르기까지의 시기가 후기 인생의 기초가 형성되는 중요한 시기임을 강조하였다.

셋째, 프로이트와 에릭슨의 이론은 인간의 성격발달단계가 미리 정해져 있으며 그 순서가 불변한다고 보는 발달의 단계이론이다.

넷째, 프로이트와 에릭슨의 이론은 인간의 행동이 기본적으로 생물학적 요인에 의해 발생하며, 이것들이 성격형성에 기초가 된다고 보았다.

다섯째, 프로이트와 에릭슨 이론은 발달단계의 구분에서 과학적인 정확성이 결여되어 있다는 것이다. 즉, 두 이론은 모두 계획적이고 조직적인 실험연구의 과정을 거쳐서 과학적인 근거를 제시하여 도출된 이론이 아니라, 연구자 자신과 연구대상자의 자아분석을 기초로 하여 수립한 이론이다.

(2) 프로이트 이론과 에릭슨 이론의 차이점

첫째, 프로이트가 인간행동의 기초로서 원초아를 강조한 반면, 에릭슨은 원초아의 영향을 완전히 배제하지는 않았으나, 자아를 중시하고 이를 분석하고자 노력하였다. 즉, 프로이트는 무의식과 본능이 인간행동을 지배하는 것으로 간주하였지만, 에릭슨은 자아를 성격의 자율구조로 간주하고 인간이 의사결정의 문제해결에 있어서 보다 합리적이고 논리적이라고 묘사하였다(Hjelle & Ziegler, 1994 : 145).

둘째, 프로이트는 자아발달에 대한 이론에서 초기 아동기에 성격의 기틀이 형성된다고 보고 남근기 이후의 발달에는 관심을 보이지 않은 반면, 에릭슨은 초기 아동기부터 노년기에 이르기까지 전 생애를 포괄하는 성격발달을 고려하였다. 즉, 프로이트는 인생 초기 발달을 중요시한 반면, 에릭슨은 그가 제시한 성격발달의 8단계 모두가 중요하며 가치가 있다고 보았다.

셋째, 프로이트는 부모가 아동의 성격발달에 주는 영향에 대해서만 관심을 보인 반면, 에릭슨은 아동의 자아가 형성되는 사회적·문화적 배경을 강조하였다. 즉, 에릭슨은 자아발달이 부모 또는 주변 사람들과의 사회적 환경, 사회제도와 가치체계의 양상 등과 밀접한 관계가 있다고 보았다. 프로이트가 원초아와 성적 충동을 강조하고 있기 때문에 심리성적 발달이라고 하는데 비하여 에릭슨은 사회적·문화적 영향을 강조함으로써 심리사회적 발달이라고 한다.

넷째, 프로이트는 정신생활의 무의식적 작용과 존재를 해명하고 초기 외상이 어떻게 성인기의 정신병리를 일으키는가를 설명하려 한 반면, 에릭슨은 모든 인간은 심리사회적 위기를 극복할 수 있는 잠재 가능성이 있으며, 위기 극복을 통해 인간이 성장할 수 있다고 봄으로써 인간발달을 긍정적인 측면에서 바라보고 있다(Schultz & Schultz, 1994 : 261).

4) 심리사회적 발달단계

에릭슨의 자아발달이론의 핵심은 인간발달이 몇 단계로 구분되어 진행되며, 이것은 성숙의 점성원칙에 의해 지배된다는 것이다. 점성원칙이란 인생주기의 각 단계는 그 단계에 우세하게 출현되는 최적의 시기가 있고, 모든 단계가 계획대로 전개될 때 완전하게 통합된 전체로 기능하게 된다는 것이다(Erikson, 1968 : 92).

[그림 10-2] 점성원칙에 따른 에릭슨의 심리사회적 발달단계

각각의 발달단계는 생리적 성숙과 그 단계에 있는 개인에게 부과된 사회적 요구로부터 유발된 심리사회적 위기가 수반되며, 각각의 심리사회적 위기는 긍정적 요소와 부정적 요소를 모두 포함하고 있다. 즉, 심리사회적 발달단계는 사회적 환경에 적응하려는 개인의 욕구와 욕구충족 과정에서 야기되는 갈등에 의해 구별되며, 각 단계는 대립되는 두 개념으로 설정되어 있다.

이러한 갈등이 처음부터 만족스럽게 해결되면 긍정적 요소는 점차 성장·발달하는 자아 속에 스며들어 보다 건전한 발달이 이루어지지만, 갈등이 계속되거나 처음부터 불만스럽게 해결되면 자아발달은 손상을 받고 부정적 요소가 자아 속에 통합된다. 따라서 개인이 다음 발달단계에 잘 적응하고 건전한 발달이 이루어지기 위해서는 각각의 위기를 적절하게 해결해 나가야 한다(Hjelle & Ziegler, 1994 : 148).

(1) 신뢰감 대 불신감

신뢰감 대 불신감(trust vs mistrust)은 생후 1년 간 영아가 경험하는 심리사회적 위기이다. 신뢰감은 건강한 성격의 초석으로 다른 사람에 대한 믿음과 자신에 대한 믿음을 포함한다. 영아는 최초로 사회적 관계를 맺게 되는 어머니가 영아의 심리사회적 욕구를 민감하게 알아차리고 적절하게 충족시켜 주면 어머니에 대한 신뢰감을 갖게 된다. 즉, 영아가 타인으로부터 신뢰감을 얻을 수 있는 능력의 정도는 그가 어머니로부터 받는 양육의 질에 의존한다는 것이다. 영아의 만족감과 안정감을 좌우하는 것은 바로 어머니이다.

부모와의 관계에서 욕구를 충족하고 부모로부터 진정한 애정을 느끼게 되면 영아는 부모를 비롯한 그의 주변 세계가 안전하고 믿을 수 있다고 생각하여 신뢰감을 확대해 나간다. 즉, 부모로부터 따뜻하고 애정적인 보살핌을 받게 되면 영아는 자신과 주변에 대해 신뢰감을 형성하지만, 부모로부터 부적절하거나, 거부적이거나, 일관성이 없는 보호를 받게 되면 불신감을 가지고 인생을 시작한다. 이 시기에 갖게 되는 영아의 신뢰감은 이후의 모든 대인관계의 기초가 된다.

부모와 영아와의 관계에서 영아가 신뢰감만을 갖고 불신감을 전혀 경험하지 않는 것이 바람직하다는 것은 아니며, 불신감보다 신뢰감을 훨씬 더 많이 경험할 수 있도록 해야 한다는 것이다. 에릭슨에 의하면, 영아의 건전한 성장·발달은 전적으로 신뢰감에서만 기인하는 것이 아니라 신뢰감과 불신감의 적절한 혼합에 있다는 것이다.

이 시기에 형성된 신뢰감이나 불신감은 일생을 통해서 지속되며, 다음 단계의 성격발달에 직접적인 영향을 미치게 되고, 일단 형성된 불신감은 변화되기 어려운 특성을 갖고 있다. 신뢰감 대 불신감의 갈등이 성공적으로 해결되면 심리사회적 능력, 덕성 또는 자아특질인 희망을 얻게 된다. 그러나 이러한 위기가 적절하게 해결되지 못하면 자기비하, 정체감 혼란, 우울증 등을 초래할 수 있다.

(2) 자율성 대 수치와 의심

자율성 대 수치와 의심(autonomy vs shame and doubt)은 2～3세의 유아가 경험하는 심리사회적 위기이다. 부모로부터 신뢰감을 획득하게 되면 유아는 독립심에 대한 강한 욕구를 갖게 된다. 이 시기에 유아는 자신의 행동주체가 자기 자신이라는 것을 깨닫게 되어 의도적인 행동을 보이며, 이러한 의도적인 행동을 통해 자율성을 획득하게 된다. 유아는 걷기·달리기·기어오르기 등의 운동능력, 식사·옷입기 등의 자조기술 및 배변통제능력이 향상되어 상당히 자율적이 된다. 이 시기에 유아는 여러 충동들 사이에서 선택이 요구될 때 자신의 의지를 나타내려고 한다(이옥형, 2002 : 38).

유아에게 대소변 가리기 훈련은 자신의 행위에 대한 독립심을 키워주게 되어 자율성 개발의 기초가 된다. 대소변 가리기 훈련과정에서 부모가 자녀에게 칭찬해 주고 유아가 능력을 발휘할 수 있도록 적절히 도와주면 자신의 신체와 주변 환경을 통제할 수 있다는 것을 깨닫게 되며, 이러한 자신감이 자율성으로 발전된다. 즉, 부모가 사회적으로 적합한 행동을 요구하므로 그러한 훈련을 통해 스스로 환경을 조절할 수 있다는 것을 알게 된다. 유아 자신이 무엇을 할 수 있다는 생각과 동시에 자신의 지나친 시도에 대한 주위의 비난도 인식할 수 있게 되어 이 둘 간의 평형을 유지하도록 노력한다.

그러나 대소변 가리기 훈련과정에서 부모가 유아에게 너무 엄격하고 실수에 대해 비난하게 되면, 유아는 자기 자신에 대하여 수치심을 느끼게 된다. 즉, 유아가 덜 성숙된 상태에서 외부 통제가 너무 빨리 또는 너무 엄격하게 주어진다면, 유아는 자신의 통제능력의 미약함과 더불어 외부압력을 조절할 수 없는 무능력에 대해 심한 수치심과 의심을 갖게 된다.

한편 부모가 과잉보호하거나 무관심하게 되면 유아는 환경에 적절히 대처할 능력을 배울 수 없게 되어 타인에 대해 수치심을 갖게 되며, 외부세계와 자신을 통제하는 자신의 능력에 대해 뚜렷한 의심을 갖게 된다. 이러한 유아는 자신의 의지력을 불신하게 되어 자기의심, 무기력 등과 같은 심리사회적 태도를 갖게 된다.

유아가 자율성을 충분히 획득하게 되면 이후에 창의성·생산성·독립성·자존심 등을 갖게 되며, 유아의 신뢰감을 더욱 높이게 된다. 자율성 대 수치와 의심의 갈등이 성공적으로 해결되면 심리사회적 능력, 덕성 또는 자아특질인 의지력을 얻게 된다. 그러나 이러한 위기가 적절하게 해결되지 못하면 강박적 행동, 피해망상, 편집증 등을 초래할 수 있다. 이러한 자율성 대 수치와 의심의 극복은 일생 동안 지속되는 자기통제력의 기초가 된다.

(3) 주도성 대 죄의식

주도성 대 죄의식(initiative vs guilt)은 4~5세의 유아가 경험하는 심리사회적 위기이다. 이 시기에 유아는 새로운 것을 해보려는 호기심과 자기 주위의 사회 속에서 책임을 지는데 관심을 가지며, 여러 가지 사회놀이에 참여한다. 즉, 유아는 신체적·인지적 능력이 발달하여 자발적이고 책임의식이 확대되며, 자신의 활동을 계획하고 목표를 세우며, 이를 달성하고자 노력한다. 이러한 과정 속에서 자신의 계획이나 목표를 설정하고 성취하고자 할 때 주도성을 갖게 된다.

이 시기에 유아가 자신의 목표나 계획이 원만하게 성취되며, 부모가 유아에게 탐색하고 실험할 수 있는 자유를 허용하고, 유아의 질문에 대하여 충실히 답해 주게 되면 주도성이 발달하게 된다. 그러나 자신의 목표나 계획이 잘 이루어지지 않고, 유아의 신체활동이나 언어활동을 제한하고 간섭하며, 유아의 활동과 질문을 귀찮게 여기게 되면 유아는 좌절을 느끼고 죄의식을 갖게 된다. 이와 같이 유아의 죄의식은 부모가 유아 스스로 목표나 계획을 완수하도록 기회를 제공하기를 꺼려하는데 기인한다고 본다. 또한 죄의식은 이성의 부모로부터 사랑을 받거나 사랑하려는 자녀의 욕구에 대해 부모가 너무 과도한 벌을 주기 때문에 생긴다는 것이다.

유아가 자신의 죄의식을 바람직하게 극복하고 주도성을 지닌 채 이 단계를 지나갈 것인가의 여부는 부모가 유아의 주도적 행동에 어떻게 반응하는가에 달려 있다. 즉, 유아가 자기 스스로의 활동을 추구하도록 고무된 아동은 주도성이 더욱 강화된다. 주도성의 발달은 부모가 자녀의 호기심을 인식하고 환상적인 행동을 우스꽝스럽게 여기거나 금지하지 않을 때 더욱 조장된다.

주도성을 갖지 못하고 죄의식에 의해 몸이 굳어진 유아는 체념, 무가치감 등을 갖으며, 자신을 내세우는데 두려워하고, 동료집단의 주변에만 머뭇거리며, 어른에게 심하게 의존한다. 또한 가능한 목표를 수립하고 추구하려는 목적의식이나 용기가 부족하게 된다.

주도성의 획득은 생산적으로 일할 수 있는 기반이 되며, 이후에 포부 수준을 형성하는데 중요한 기초가 된다. 주도성 대 죄의식의 갈등이 성공적으로 해결되면 심리사회적 능력, 덕성 또는 자아특질인 목적을 갖게 된다. 그러나 이러한 위기가 적절하게 해결되지 못하면 소극성, 성적무기력, 불감증 등을 초래할 수 있다(Hjelle & Ziegler, 1994 : 156).

(4) 근면성 대 열등감

근면성 대 열등감(industriousness vs inferiority)은 6～12세의 아동이 경험하는 심리사회적 위기이다. 이 시기에 아동은 처음으로 형식적인 교육을 통하여 문화에 대한 기초기능을 배우게 되며, 기초적인 인지적 · 사회적 기능을 습득하게 된다. 아동은 무엇을 스스로 알아내고 성취하는 것을 통하여 인정을 받고 싶어 하며, 자신의 능력과 가능성을 확인하려는 욕구가 강하게 나타난다. 이 시기에 동성부모에 대한 경쟁의식은 동일시로 승화되고 배우려는 의욕과 생산적이 되려는 강한 의욕이 나타난다.

아동은 학교를 다니기 시작하면서 그들의 문화에 대한 기술을 이해하기 시작할 때 근면성이 발달하며, 사물이 만들어지고 조작되는 방법에 몰두하기 때문에 근면은 이 시기의 주요한 발달주제가 된다. 즉, 아동은 학교에서 부과하는 여러 가지 과제들에 꾸준히 주의를 기울이고 성실히 작업에 임하는 과정 속에서 근면성을 획득하게 되며, 이러한 근면성을 통해 전 생애 동안 중요하게 여기는 과업인 성실성을 갖게 된다.

이 시기에 아동은 사회에서 필요한 유용한 기술이나 지식을 익히게 된다. 아동은 기술이나 지식을 익히고 난 뒤의 성취감, 또래집단에 비하여 자기가 더 잘할 수 있다고 생각하는 우월감, 이러한 일들에 대한 타인의 인정 등은 근면성 획득의 주요한 요소이다. 아동에게 무엇을 성취하도록 기회를 제공하고, 성취한 과업을 인정하며, 또다시 시도해 보도록 격려하게 되면 근면성을 갖게 된다(이옥형, 2002 : 39).

그러나 아동이 자신의 기술이나 지위가 다른 동료들에 비하여 열등하다고 느끼거나, 무엇을 성취할 기회를 주지 않거나, 성취한 결과에 대해 비난하거나, 무리한 요구를 하여 좌절을 경험하게 하거나, 귀찮은 존재로 취급하게 되면 열등감을 갖는다. 즉, 아동이 학교에서나 가정에서 자신에게 주어진 일에 적절한 성취를 느끼지 못하면 열등감에 빠지게 된다. 이러한 점에서 아동을 격려하며, 재능을 발견하고 북돋워 줄 수 있는 교사나 부모의 태도가 중요시된다.

근면성의 획득은 과업에 대한 성실성을 기초로 하여 이후의 학교생활의 적응, 학업성취, 개인의 일과 의무에 대한 기본적인 태도 등을 형성하게 한다. 근면성 대 열등감의 갈등이 성공적으로 해결되면 심리사회적 능력, 덕성 또는 자아특질인 능력을 갖게 된다.

(5) 정체감 대 정체감 혼란

정체감 대 정체감 혼란(identity vs identity confusion)은 13～20세의 청소년이 경험하는 심리사회적 위기이다. 에릭슨은 청소년기의 자아정체감의 확립을 전 생애를 통하여 가장 중요한 발달과업으로 보았다. 이 시기에는 급격한 신체적 변화와 함께 지금까지와는 다른 사회적 압력과 요구가 나타나는 시기이다. 즉, 청소년기가 되어 신체적 성숙이 이루어지고 부모로부터 정서적으로 독립할 수 있게 되면서, 청소년들은 자신이 어떤 사람이 되어야 하는가에 관하여 관심을 갖게 된다. 따라서 청소년은 이러한 새로운 상황에 어떻게 대처해야 할 것인지를 결정하게 되며, 자기의 존재에 대해서 새로운 의문과 탐색이 시작된다.

이 시기에 청소년은 가정 · 학교 · 사회에서 자신의 위치와 역할을 발견하게 되며, 남성 또는 여성으로서의 자신을 발견하기 위해 노력한다. '나는 누구인가?' 등과 같은 자신에 대한 끊임없는 질문과 함께 자신의 능력, 존재의 의미 등을 탐색하면서 고민과 갈등을 겪으며 방황하게 된다. 이러한 고민과 방황이 길어지면 정체감의 혼란이 일어난다(Burger, 1986 : 91).

그러나 청소년이 자신의 역할을 정확히 인식하고, 뚜렷한 목적의식을 가지며, 자신에 대한 통찰력을 갖게 되면 자아정체감(ego identity)이 확립된다. 즉, 청소년이 자아정체감을 확립하기 위해서는 자기 자신이 내적 동일성과 일관성을 가진 것으로 지각해야 하며, 다른 사람이 자기를 동일성과 일관성이 있는 사람으로 지각해야 하고, 이러한 일관성에 대한 결과적 자신감이 있어야 한다는 것이다. 또한 자아정체감 발달에는 적절한 성역할에 대한 동일시가 있어야 한다. 여기에서 자아정체감이란 자기 동일성과 일관성에 대한 자각이며, 자기의 위치, 능력, 역할 및 책임에 대한 인식이다. 이것은 장래의 진로와 직업 선택, 배우자 선택, 인생관 확립 등에 중요한 역할을 한다.

성공적인 청소년기를 위한 기초와 통합된 자아정체감의 획득은 초기 아동기에서 유래하며, 청소년의 자아정체감의 발달은 그들이 서로 동일시하는 사회집단에 의해 현저하게 영향을 받게 된다. 또한 급격한 사회적·정치적·기술적 변화는 자아정체감의 발달을 위태롭게 할 수 있다. 이와 같이 불행한 어린 시절의 경험이나 현재의 사회환경 때문에 청소년이 정체감 발달에 실패하면 정체감 위기를 초래한다. 이것은 직업선택을 못하거나, 추후의 교육을 추구하지 못하는 것으로 나타나며, 무력감, 혼란감, 허무감, 부족감, 비인간화, 소외감 등을 느끼게 하며, 부정적 정체감을 추구하게 한다(Hjelle & Ziegler, 1994 : 161).

정체감 대 정체감 혼란의 갈등이 성공적으로 해결되면 심리사회적 능력, 덕성 또는 자아특질인 충성심을 갖게 된다. 이러한 충성심은 사회적 습관, 사회적 윤리, 사회의 이데올로기를 지각하고 이를 지키는 청소년의 능력을 나타낸다.

(6) 친밀감 대 고립감

친밀감 대 고립감(intimacy vs isolation)은 20~40세 사이의 성인이 경험하는 심리사회적 위기이다. 이 시기는 배우자를 선택하여 혼인을 하며, 직업을 선택하여 정력적으로 일하는 때이다. 이러한 시기에는 다른 사람과 더불어 성적 친밀감은 물론 사회적 친밀감을 가져야 한다. 여기에서 친밀감이란 자신에 대한 친밀감을 포함하여 친구, 배우자, 형제자매, 부모, 친척, 동료 등과 친밀한 관계를 형성하는 것이다.

친밀감의 획득이 가능한 사람은 다른 사람을 사랑하고 일할 능력이 있는 사람이다. 그러나 이 단계에서 주요한 위험은 자기 도취되거나, 친밀감이나 사회적 관여를 맺게 해주는 사람들과의 관계를 피하는 것이다. 이것은 안락하고 친밀한 인간관계를 맺을 수 없으며, 사회적 공허감이나 소외감을 느끼게 한다. 특히 자기 도취된 사람은 단순히 공식적이고 피상적인 인간관계를 추구하며, 친밀감의 요구를 위협으로 느끼므로 다른 사람들과 친근감을 나누지 못하고 자신을 고립시킨다.

한편 친밀감은 다른 사람들과 감정과 가치를 교류하는 성숙된 인간관계를 필요로 하기 때문에, 자아정체감이 잘 확립되어 있는 사람만이 진정한 의미의 친밀감을 나눌 수 있다. 즉, 다른 사람이나 자신과 친밀해지려면 자신이 누구이며 무엇인가에 대한 확고한 느낌이 발달되어 있어야 한다. 이러한 친밀감은 혼인생활을 성공적으로 수행하는데 결정적인 역할을 한다.

이 시기에 친밀감을 형성하지 못한 사람들에게는 고립감이 나타난다. 이러한 사람들은 사회적 관계를 회피하며, 다른 사람을 거절하고, 친밀감을 나타내는 것이 자신의 자아정체감에 대한 위협으로 보기 때문에 친밀감을 두려워하고 혼자 지내기를 좋아한다(Schultz & Schultz, 1994 : 258). 이 단계의 긍정적인 결과는 성적 친밀감, 진정한 우정, 안정된 사랑, 혼인생활의 지속 등을 포함한 친밀감의 유지이지만, 부정적 결과는 고립, 고독, 이혼, 별거 등이다.

친밀감 대 고립감의 갈등이 성공적으로 해결되면 심리사회적 능력, 덕성 또는 자아특질인 사랑을 얻게 된다. 이러한 사랑은 자신을 타인에게 관여시키고 이 관여를 지키려는 능력이며, 다른 사람에 대한 보호, 존중, 책임의 태도를 가질 때 나타난다.

(7) 생산성 대 침체성

생산성 대 침체성(generativity vs stagnation)은 40~65세 사이의 성인이 경험하는 심리사회적 위기이다. 가정적으로는 자녀를 낳아 교육하며, 사회적 전통을 전수시키고 가치관을 전달하는 부모로서의 역할이 생산성을 획득하게 한다. 사회적으로는 직장에서 다음 세대를 지도하고 양성하는데 관심과 노력을 기울이며, 창의적인 학문적 성취, 기술적 생산품, 예술적 업적 등을 통해서 생산성을 획득하게 된다. 한편 자신의 자녀가 없는 경우에는 다음 세대들을 위한 사회적 봉사를 통해서 생산성을 획득하기도 한다.

생산성을 제대로 획득하지 못하면 침체성이 형성된다. 즉, 다음 세대에 대한 관심이나 배려를 하지 않고 자기 자신의 신체적·물질적 측면에만 치중하게 되면 타인에 대한 관대함이 결여되며 침체성에 빠지게 된다. 이와 같이 생산성의 획득에 실패한 사람은 자신에게 더욱더 몰두하는 자기도취의 상태가 된다. 이러한 사람들은 자기탐닉을 위한 것을 제외하고는 누구에게도 무엇에 대해서도 관여하지 않는 사람들이다. 즉, 그들은 생산적으로 사회의 일원으로서 기능하지 못하고 자신의 욕구를 만족시키기 위해 살며, 인간관계가 거의 없다.

생산성 대 침체성의 갈등이 성공적으로 해결되면 심리사회적 능력, 덕성 또는 자아특질인 배려가 나타난다. 이러한 배려는 심리적인 무관심의 반대 개념으로 다른 사람을 위해 마음을 쓰고 돌보는 것이며, 무엇인가 또는 누군가가 문제가 있다는 느낌으로부터 비롯된다.

(8) 통합성 대 절망감

통합성 대 절망감(integrity vs despair)은 노년기에 경험하는 심리사회적 위기이다. 노년기에는 지금까지 자신이 살아온 삶을 돌아보는 시기이다. 자신의 생애를 돌아보면서 보람이 있었으며 가치가 있었다는 것을 인식하고 오랜 삶을 통해 노련한 지혜를 획득하게 되면 통합성을 갖게 된다. 즉, 통합성은 모든 관점에서 자신의 인생을 돌이켜 보고 겸허하게 그러나 확고하게 '나는 만족스럽다'라고 확신하는 능력에서 생긴다(Hjelle & Ziegler, 1994 : 166).

그러나 노년기에 직업에서 은퇴한 후 신체적·경제적 무력감을 느끼며, 지금까지 자신이 살아온 인생이 무의미하고 가치가 없다고 생각하고 후회와 회한에 빠지게 되면 절망감을 느끼게 된다. 절망감과 죽음에 대한 공포를 느끼는 노인들은 성취감을 이루지 못한 지금까지의 인생을 다른 방향으로 바꾸기에는 시간이 너무 짧다는 것을 인식하여 초조해지기 시작한다. 희망이 없고 고독감에 찬 노인들은 비참한 절망감에서 인생을 끝내게 되는 것이다.

통합성 대 절망감의 갈등이 성공적으로 해결되면 심리사회적 능력, 덕성 또는 자아특질인 지혜를 갖게 된다. 이러한 지혜는 죽음에 직면하여 인생에는 초연하되 이에 대하여 아주 적극적인 관심을 갖는 것이다. 그러나 이러한 위기가 적절하게 해결되지 못하면 우울증, 피해망상 등을 초래할 수 있다.

5) 에릭슨 이론의 평가

에릭슨의 이론은 생애주기를 통한 전 생애의 발달변화를 강조하였으며, 사회적·문화적 요인을 배경으로 인간발달을 이해하게 함으로써 정신분석학을 확대·발전시켰다. 그의 이론은 인간성격의 건전한 발달을 위한 가능성을 제시했으며, 성숙의 개념을 보다 폭넓은 의미로 이해하고 활용할 수 있도록 하였다. 그러나 에릭슨의 이론은 몇 가지 부분에서 비판을 받고 있다(Crain, 1993 : 279-280).

첫째, 에릭슨이 자아발달의 여러 측면들을 프로이트의 성적 신체부위에 너무 무리하게 연결시키려고 하였다는 것이다. 즉, 에릭슨은 각 신체부위마다 자아가 외부세계와 상호작용을 하는 특징적 양식이 있다고 보았지만 그렇지 않다는 것이다. 예를 들면, 유아의 자율성을 획득하려는 많은 노력이 보유와 배설의 항문 통제방식과 관계가 있다고 보기는 어렵다는 것이다.

둘째, 에릭슨의 이론은 개념정의가 명확하지 못하며, 이론체계가 명료하지 못하고 모호하다는 것이다. 즉, 이론을 구축하는 방법에서 애매하고 모호한 개념들이 많이 발견되고 있다.

셋째, 발달의 원인에 대한 설명이 부족하고 각 발달의 구분에서 과학적인 정확한 근거가 제시되지 못했다는 것이다. 예를 들면, 노년기의 지혜가 어떻게 성숙의 일부분인지 분명하게 설명해 주고 있지 않다는 것이다.

3 분석심리이론

분석심리이론(analytical psychology theory)은 융(Carl Gustav Jung)에 의해 체계화된 이론이다. 융은 무의식의 본질에 주된 관심을 두면서 성격기능의 다양한 체계를 포괄하는 성격이론을 발달시켰다. 그는 개인적인 것과 사회문화적 원형이 갖는 힘의 상호작용을 이해하지 않고는 인간의 정신을 이해하기 어렵다고 믿었다. 융은 성격발달을 의식과 무의식이 서로 교류하고 적절히 조화를 이루는 것으로 보았으며, 인간의 성격발달에서 중년기의 중요성을 강조하였다.

1) 융의 생애

융은 1875년 스위스의 케스빌(Kesswil)에서 태어났다. 그가 유년시절에 부모의 혼인생활이 긴장의 연속이었기 때문에, 그는 대체로 불행하고 고독했다. 아버지가 목사였으므로 교회에 다니기는 하였지만, 그는 교회를 싫어하여 종교문제로 아버지와 격렬한 종교적 논쟁을 벌이기도 했다. 그는 유년시절과 청년시절 동안 자연을 탐구하고 희곡 · 시 · 역사 · 철학 등에 관심을 갖게 되었다.

융은 이러한 문제에도 불구하고 공부를 계속하여 의사 자격을 취득하였으며, 취리히(Zurich)에서 정신과의사로 활동하였고, 그때부터 정신병에 대한 지속적인 흥미를 갖게 되었다. 프로이트의 이론에 대해 흥미를 갖게 되면서 그와 관계를 시작하였다. 그러나 융은 프로이트 이론의 모두에 동의하지는 않았으며, 특히 모든 무의식적 사건을 성적 충동으로 돌리려는 것에 반대하였다. 융은 무의식이 종교적 · 정신적 욕구를 포함하여 여러 종류의 욕구들을 지니고 있다고 보았다. 1913년 융은 자신의 독자적인 견해를 펴나가기로 결심하고 프로이트와 결별하였다.

프로이트와 헤어지고 나서 융은 혼란과 내적 불안정으로 정신병적 수준에까지 이르게 되었으나, 무의식에 자신을 내맡기기로 결심하고, 그에게 일어나고 있는 일들을 이해하려고 노력하였다. 그는 서서히 자신의 내적 의문의 목표를 발견하기 시작했으며, 무의식과 그 상징들에 대한 탐구를 그의 나머지 생애 동안의 중심적인 과제로 삼았다. 그는 꿈과 환상을 꾸준히 탐색하였고, 또한 여러 문화의 신화와 예술을 폭 넓게 연구하면서 이들 속에서 보편적이고 무의식적인 갈망과 긴장의 표현을 발견하려 하였다. 융은 1961년 86세에 사망하였으며, 그의 대표적인 저서로는 『영혼을 추구하는 현대인』(1933), 『분석심리학 소론』(1953), 『기억, 꿈, 반영』(1961) 등이 있다.

2) 분석심리이론의 기본 관점

융은 인간이 과거로부터 타고난 정신적 구조를 가지고 있지만, 후천적으로 변화될 수 있는 가변적 존재라는 것이다. 즉, 인간은 독립적으로 존재하기보다는 역사적으로 연결되어 있으며, 사회적 · 문화적 요구에 의해 점차 적응해 나가고 변화되는 존재라는 것이다(강상경, 2011 : 79-80).

분석심리이론에서 인간의 성격은 무의식의 영향을 받지만 의식에 의해 조절될 수 있다는 것이다. 즉, 인간은 의식과 무의식이 서로 교류하고 적절한 조화를 이루어가면서 성격을 발달시켜 나가는 존재라는 것이다. 심리적 안정은 의식과 무의식이 서로 조화를 이루어나가면서 정신의 전체성을 유지하는 것이다.

인간행동은 프로이트의 이론에서처럼 무의식에 의해서 결정되는 것이 아니라 의식에 의해 무의식을 조절해 나가면서 형성되고 발달한다는 것이다. 즉, 인간행동이 과거에 의해 어느 정도 결정되는 측면이 있다는 것을 인정하면서도 개인이 가지고 있는 미래의 목표와 가능성을 달성하기 위한 미래지향성에 의해 조절된다는 것이다(권중돈, 2014 : 210).

3) 주요 개념

융은 무의식의 본질에 주된 관심을 두기는 하였지만, 성격기능의 다양한 체계를 포괄하는 성격이론을 발달시켰다. 그는 정신을 의식인 자아, 개인무의식 및 집단무의식의 세 가지 수준으로 구분하였으며, 그 외의 주요한 체계로는 페르소나, 음영, 아니마와 아니무스, 자기, 내향성과 외향성 등이 있다.

(1) 자아

자아(ego)는 지각, 사고, 감정 및 기억과 관련된 정신의 일부분인 의식적인 마음이다. 이것은 우리 자신에 대한 의식뿐만 아니라 외부세계에 대한 우리들의 자각도 포함한다. 자아는 우리 스스로의 지각이며, 의식세계의 정상적인 활동을 이행하는 책임과 관련되어 있다. 자아는 우리에게 노출된 자극의 일부를 의식적인 지각으로 받아들이는 선택적인 방법으로 행동한다. 이것은 우리가 우리 자신의 세계를 지각하는 방법에서의 안정성이라 할 수 있는 연속성, 일관성 및 정체성을 제공한다(Schultz & Schultz, 1994 : 81).

(2) 페르소나

페르소나(persona)는 자아의 가면으로 개인이 외부세계에 내보이는 이미지이다. 즉, 이것은 개인이 사회적 요구에 적절히 반응하기 위해서 다른 사람들에게 내보이는 공적인 모습 또는 역할인 것이다. 페르소나는 사회에 적응하거나 사회에서 성공하기 위해서 어느 정도 필요하다. 즉, 개인이 학교나 직장에서 성공하기 위해서나 다양한 사람들과 더불어 살아가기 위해서 많은 역할을 해야 하기 때문이다. 예를 들면, 한 남자가 사업가로서 동료들에게 주는 이미지와 아버지로서 자식에게 주는 이미지는 다를 수 있다(Crain, 1993 : 311). 페르소나는 성격이 안정되어 있을수록 발달하지만, 그렇다고 해서 성격의 다른 부분이 도외시되지는 않는다. 그러나 성격의 보다 깊은 부분은 도외시한 채 페르소나를 발달시키면, 겉으로 드러난 표면적인 모습 밑에 본질적인 것은 없게 된다.

(3) 음영

음영(shadow)은 원시적인 동물적 본능을 포함하고 있는 원형인 성격의 어두운 측면이다(Schultz & Schultz, 1994 : 87). 이것은 가장 강력한 원형으로서 인간생활의 활력과 추진력이며 삶의 원천이다. 자아는 사회생활을 무리 없이 하기 위해 늘 자기 속에 있는 동물적 충동을 억제하고 페르소나를 발달시킨다. 그러나 자아가 음영을 지나치게 억제시키면 생명력과 활력이 없기 때문에 음영과 페르소나 사이의 적절한 조화가 필요하다(최순남, 2002 : 209).

음영은 긍정적인 자기상과 반대되는 개념이기 때문에 대부분 부정적이다. 그러나 의식적인 자기상이 부정적이면 무의식적인 음영은 긍정적이 된다. 예를 들면, 자신이 매력적이 아니라고 생각하는 젊은 여성은 아름다운 숙녀에 대한 꿈을 꾼다. 그녀는 꿈에서 본 그 숙녀를 어떤 다른 사람으로 생각하지만, 사실은 아름다워지고자 하는 그녀의 소망이 나타난 것으로 볼 수 있다. 긍정적이든 부정적이든 간에 음영과 접하는 것은 중요하다. 음영의 본질에 대한 통찰은 자기 자각과 자신의 성격 통합의 첫 걸음이기 때문이다.

(4) 아니마와 아니무스

인간은 생물학적으로 남성과 여성으로 나누어져 각각의 특징을 가지고 있다. 그러나 남녀 간에 유전적인 차이가 있으며, 사회화의 압력으로 이러한 차이가 더 커지게 된다. 그 결과 남성에게는 여성적인 측면을, 여성에게는 남성다운 측면을 억압하고 무시해 왔다. 그러나 이렇게 무시한 측면이 아주 사라지는 것은 아니며, 무의식 속에 생생하게 남아 있다. 무의식 속에 남아 있는 남성의 여성적인 측면을 아니마(anima), 여성의 남성적인 측면을 아니무스(animus)라고 한다. 이러한 반대의 성에 대한 특성을 갖는 것은 이성의 본질을 이해할 수 있게 하기 때문에 인간의 적응과 생존에 도움이 된다(Schultz & Schultz, 1994 : 86-87).

(5) 개인무의식

융은 인간의 무의식이 개인무의식(personal unconscious)과 집단무의식(collective un- conscious)의 두 가지 수준으로 이루어져 있다고 하였다. 개인무의식은 높고 피상적인 수준이며, 집단무의식은 더 깊고 심오하며 영향력 있는 수준이라는 것이다.

개인무의식은 프로이트의 전의식의 개념과 유사하며, 개인이 잃어버리거나 억압해 왔지만 언젠가 의식했던 일들이 쌓여 있는 것이다. 즉, 이것은 개인이 살아오는 과정에서 억압한 모든 성향과 감정들을 포함하고 있다. 음영의 대부분은 개인적 무의식에 들어 있으며, 아니마와 아니무스도 부분적으로 여기에서 발견된다. 개인무의식은 개인이 자라온 과정에서 형성되어 그가 어떠한 인생관, 가치관 및 태도를 확립할 것인가에 영향을 미치기 때문에 중요시된다.

(6) 집단무의식

융은 모든 인류에게 공통적으로 유전되어 온 집단무의식이 정신의 심층에 존재한다고 믿었다. 집단무의식은 인간 정신의 가장 깊은 곳에 자리 잡고 있는 것으로 생래적 에너지와 원형으로 구성되어 있다. 여기에서 원형(archetypes)이란 오랫동안 반복되어 온 경험이 마음속에 축적되어 나타난 무의식적인 이미지이다. 원형은 직접적으로 알 수 없으나, 세계 여러 민족들의 신화, 예술, 꿈, 환상 등에서 발견되는 원형적 이미지를 통하여 알아볼 수 있다. 이러한 원형적 이미지를 통해 사람들은 내부 심층의 열망과 무의식적 경향을 표현하려 한다. 집단무의식은 개인의 행동 결정에 직접적인 계기가 된다(Engler, 1991 : 86).

(7) 자기

자기(self)는 성격 전체의 일관성, 통합성, 조화성을 이루려는 무의식적인 갈망이다. 즉, 이것은 성격의 상반된 측면을 균형 있고 조화롭게 만들려는 내적 충동이다. 자기는 조화로운 성격체계를 위해 노력하는 기능을 하며, 모든 성격체계를 볼 수 있고 통합시킬 수 있는 조정자의 역할을 한다.

인간의 행동은 의식뿐만 아니라 무의식과도 관련되어 있으나, 의식 수준인 자아에 의해 결정되기 때문에 의식과 무의식이 서로 단절되므로 무의식은 끊임없이 꿈이나 사건 등을 통해 자아에게 자신의 존재를 알리려고 노력한다. 이때 자기가 두 체계 간의 조정자 역할을 하여 인간행동에 조화와 통일성을 이루게 한다(최순남, 2002 : 213).

자기는 인간행동의 동기를 유발하며, 인생의 완성을 추구하도록 한다. 자기는 사람들이 항상 그것을 위해 노력하며, 인생의 궁극적인 목표이지만 도달하기가 어렵다. 자아가 자기에 가까워지기 위해서는 자아의식이 확대되어 무의식을 깨달아야 한다.

(8) 외향성과 내향성

융은 자아의 기본적 태도를 외향성과 내향성으로 구분했다. 외향성(extraversion)은 리비도가 객관적 세계로 지향할 때를 말하며, 성격의 특성이 쾌활하고 남성적이며 적극적이고 능동적인 것이라 하였다. 내향성(introversion)은 리비도가 주관적 세계로 지향할 때를 말하며, 성격 특성이 여성적이며 소극적이고 수동적인 것이라고 하였다. 모든 사람은 외향성과 내향성을 다 가지고 있으나, 어느 한 쪽이 상대적으로 우세한가에 따라 그 유형이 결정된다는 것이다.

외향성의 사람은 다른 사람에게 관심을 많이 가지며, 진취적이고 실천적이며, 적극성을 가지고 있다. 그들은 외적 가치기준과 객관적인 자료에 의해 판단하고 행동하며, 새로운 환경에 잘 적응하고 사교적이지만, 사려가 깊지 못하고 때때로 공격적이 되기도 한다.

내향성의 사람은 자기의 내적 가치기준에 의하여 행동하고 주관적으로 판단하고 결정할 때가 많다. 절대적인 표준과 원리에 의하여 행동하므로 정확하지만 융통성과 결단력이 없고 적응력이 부족하다. 어떠한 일에 당면하게 되면 당황하게 되고, 의심과 공포심을 갖게 되어 소극적인 행동을 취할 때가 많다. 또한 모든 면에 있어서 활동적이거나 사교적이지 못하고, 내적 안정감이 결여되어 있다(김제한, 2001 : 124-125).

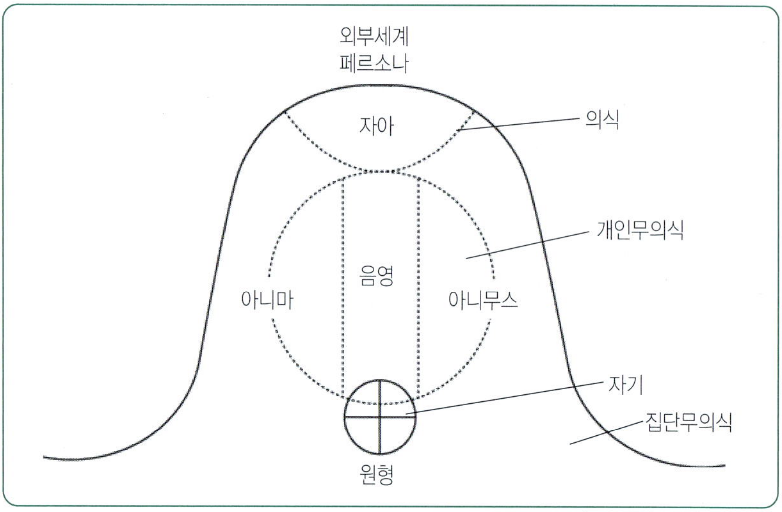

[그림 10-3] 융 이론의 정신구조

4) 성격발달단계

융은 프로이트나 에릭슨처럼 유년기부터 노년기에 이르기까지 연령별로 발달단계를 명확하게 구분하여 제시하지는 않았다. 그는 성격발달을 아동기, 청년기, 중년기 및 노년기의 네 가지 단계로 나누었으며, 특히 중년기에 초점을 두어 기술하였다.

(1) 아동기

유아는 신체적 본능에 의해 지배되며, 의식적인 자아가 아직 형성되지 않았기 때문에 심리학적 문제를 가지고 있지 않다. 자아는 초기아동기에 발달하기 시작하지만, 아직도 발달이 미숙하여 부모의 영향을 크게 받는다. 이 시기에 부모가 아동에게 나타내는 행동방식에 따라 성격발달을 촉진하거나 방해할 수 있다. 부모는 자기 자신의 연장선상에서 아동에게 자신의 성격을 강요하거나, 대리적 보상을 추구하고 그들의 결함을 보충하는 방식으로 아동이 자신들과 다른 성격을 발달시키기를 기대한다. 그러나 자아는 아동이 그들 자신과 다른 사람들을 구별할 수 있을 때 형성되기 시작한다(Schultz & Schultz, 1994 : 89).

(2) 청년기

사춘기가 되면서 정신적으로 성숙해지기 시작한다. 융이 정신적 탄생(psychic birth)이라고 말한 이 시기는 급격한 변화에 적응할 필요성과 어려움이 동시에 존재한다. 아동기의 환상은 청소년기가 시작되어 현실적인 요구에 직면하면서 끝나게 된다. 신체적 · 정신적 성숙으로 자아가 발달하고 외부세계에 대처할 역량이 발휘된다. 이 시기에 직업생활을 시작하고 혼인하여 가정을 이루게 되며, 사회적 성공을 획득하기 위해 노력한다. 이때 남성과 여성은 각기 다른 특성과 기술을 발달시킬 필요가 있다(Crain, 1993 : 317). 이 시기는 외부환경의 요구에 확고하고 단호하게 대처해야 하기 때문에 내향적인 사람보다는 외향적인 사람이 더 잘 적응할 수 있다. 청년기에는 새로운 세계에 도전하고 자신의 목표를 성취하기 위해서 적극적으로 노력해야 한다.

(3) 중년기

중년기가 되면 성격의 변화가 일어나기 시작하여 위기를 맞이하게 된다. 청년기 적응의 문제가 해결되고 가정, 직장, 지역사회에서 안정된 지위를 확보하게 되지만, 모험, 흥분, 열정 등은 사라지고 성취 뒤에 오는 공허감으로 인하여 인생의 의미를 상실하게 된다. 중년기에는 성격의 변화가 불가피하며, 그동안 성취했던 것과는 다른 활동이나 영역으로 관심을 돌려야 한다. 이 시기에는 지금까지 소홀했던 내적인 주관적 세계에 헌신해야 하며, 외향적인 성격을 내향적인 성격으로 전환해야 한다. 의식에 집중했던 성격을 무의식의 자각을 통하여 완화시키고, 신체적 · 물질적인 것으로부터 정신적 · 철학적인 것으로 관심을 전환해야 한다. 성격의 한 측면은 다른 측면과의 균형을 이루기 위해서 변화되어야 한다.

중년기는 자기(self)를 실현하는 과정을 시작하는 시기이다. 이때 의식과 무의식을 성공적으로 통합하게 되면 긍정적인 심리학적 건강상태인 개체화(individuation)가 이루어진다. 개체화를 이루기 위해서는 지금까지 해왔던 행동과 가치를 버리고 무의식에 직면해야 하며, 꿈과 환상에 관심을 가져야 한다(Schultz & Schultz, 1994 : 90).

중년기부터 사람들은 점차 자신의 내면세계에 초점을 두기 시작하지만, 아직도 외적 상황을 변화시킬 수 있는 에너지와 자원을 가지고 있다. 이 시기에는 사람들이 오랫동안 소홀해 왔던 분야에 관심을 갖게 되며, 심지어 직업을 전환하는 경우도 있다. 남녀 모두 상반된 성적 측면을 표현하기 시작하며, 이것이 혼인생활의 갈등을 초래할 수도 있다. 그러나 남성은 아니마 원형을, 여성은 아니무스 원형을 표현할 수 있어야 한다. 중년기에는 생의 전반기에 가졌던 가치나 목표를 버리고, 그동안 무시되어 왔던 측면에 과감하게 직면하는 것이 발달에 도움이 될 수 있다.

(4) 노년기

노년기가 되면 인간은 자신이 살아온 인생을 되돌아보게 된다. 노인은 명상과 반성을 많이 하게 됨에 따라 자연적으로 내적 이미지를 갖게 되며, 자기 자신에 대해 진지하게 생각하게 된다. 노인은 죽음 앞에서 생의 본질을 이해하려고 애쓴다. 노인은 죽음의 불가피성을 받아들여야 하며, 인간적인 온정을 베풀고 보람 있는 삶을 위해 최선을 다하는 자세를 보여야 한다.

융은 내세에 대해 아무런 이미지도 갖고 있지 않은 사람들은 죽음을 건전하게 직면할 수 없다고 믿었으며, 내세에 대한 원형적인 이미지에 대한 어떤 모습을 얻으려고 노력했다. 그는 원형적인 이미지에 대한 이해를 하는데 있어서 주로 자신의 마지막 꿈과 죽음을 앞둔 사람들의 꿈에 근거를 두고 있다. 그는 죽은 후의 삶도 삶 그 자체의 연속으로 보았으며, 죽은 자도 노인과 마찬가지로 존재에 대한 물음을 계속 갖는다고 하였다.

5) 융 이론의 평가

융의 이론은 현대 심리학의 발전에 크게 영향을 미쳤으며, 정신의학, 철학, 종교학 등을 비롯한 다양한 학문 분야의 발전에도 기여했다. 그의 이론 중에서 특히 내적 경험의 중요성, 인간 본성의 양면성, 상징주의, 중년기 발달에 대한 관심 등은 지금까지도 중요하게 다루어지고 있다. 이러한 학문적인 공헌에도 불구하고 융의 이론은 몇 가지 측면에서 비판을 받고 있다.

첫째, 융의 이론은 개념이 너무 어려워 이해하기가 쉽지 않다는 것이다. 즉, 이것은 개념의 명료성이 다른 정신역동이론에 비해 부족하며, 이론 간의 관련성이 애매하다는 것이다. 또한 융의 이론은 체계적으로 구성되어 있지 못하며, 신비로움과 초자연적인 것과 깊이 관련되어 있어서 모호한 점이 많다(Schultz & Schultz, 1994 : 95).

둘째, 융의 이론은 프로이트와 마찬가지로 환자의 치료과정에서 나타난 경험적 자료를 바탕으로 연구한 것이기 때문에 과학적인 검증이 어렵다. 또한 그의 이론은 문화, 종교, 신화, 상징, 연금술, 신비 등과 관련된 자료를 활용하여 연구한 것이기 때문에 실증적인 검증이나 설명이 어렵다(Engler, 1991 : 99).

4 개인심리이론

개인심리이론(individual psychology theory)은 아들러(Alfred Adler)에 의해 체계화된 이론이다. 아들러는 인간이 창조적이고 통합적인 존재로서 개인적으로 삶의 방식을 선택할 수 있다고 보고 있다. 즉, 인간은 자신의 삶을 지각하고 스스로 자신의 발전을 위해 노력하는 합리적인 존재로서 열등감에 대한 보상과 우월성을 추구하려는 노력을 통하여 인간성격을 발달시킬 수 있다는 것이다. 아들러는 인간이 완전한 것을 향하여 능동적으로 나가는 낙관주의적이면서 전체주의적 관점에서 인간발달을 볼 수 있는 시각을 제공하였다.

1) 아들러의 생애

아들러는 1870년 오스트리아의 비엔나에서 6남매 중 둘째로 태어났다. 어린 시절부터 매우 약하고 섬세했으며, 형의 질투와 동생의 출생으로 스스로 불행한 어린 시절을 보냈다고 회상했다. 학교에서도 특별하게 우수한 학생이 아니었으며, 1895년 비엔나의 의과대학을 졸업한 후 안과 의사로서 진료활동을 시작하였고, 궁극적으로 신경학과 정신의학으로 관심을 돌렸다. 1902년 프로이트를 알게 되었지만 자신을 프로이트의 제자라고 생각하지 않고 오히려 동료로 생각했다. 1910년 비엔나정신분석학회의 초대회장으로 임명되었지만 프로이트의 성적 주장에 대해 강한 반대를 표명하면서 회장직을 사퇴했다.

아들러는 자유정신분석학회라는 모임을 결성하였으며, 1912년 개인심리학회로 명칭을 변경하였다. 『신경증의 형성』(1917)이라는 저서를 통해 자신의 개념 중 가장 중요한 '열등감'과 '우월성의 추구'를 정신건강에 도입하기 시작했으며, 1920년대에는 아동과 교육으로 관심을 돌렸다. 1934년 미국으로 이주하여 롱아일랜드 의과대학의 교수로 임명되었으며, 1937년 순회강연 중에 심장마비로 사망하였다. 그의 대표적인 저서로는 『개인주의 심리학의 이론과 실천』(1927), 『인간본성의 이해』(1927), 『생활양식』(1930) 등이 있다.

2) 아들러의 인간관

아들러는 프로이트가 생물학적 요인이나 본능을 지나치게 강조한다고 생각하여 그의 이론을 반대했지만 생애 초기의 경험이 성인기에 많은 영향을 준다는 점에는 동의했다. 프로이트가 무의식과 과거에 초점을 두었다면 아들러는 창조적 자아와 과거의 경험이 현재에 미치는 영향을 강조하였다. 이러한 점들이 인본주의 대표적인 학자인 로저스(Rogers)와 매슬로우(Maslow)에게 강력한 영향력을 미쳤다(Lundin, 1989 : 201).

아들러는 인간이 통일되고 일관성 있는 유기체로서 분리할 수 없는 통합체이며, 인간은 항상 전체적으로 작용하는 역동적인 존재라고 하였다. 인간은 항상 개인적으로 중요한 인생의 목표를 향해 전진하는 독특한 존재이며, 지속적인 완성의 추구를 통해서 자신의 행동과 운명을 결정할 능력을 소유하고 있다는 것이다. 창조적인 힘이 있기 때문에 그들이 인생의 목표를 직시할 수 있으며, 합리적인 존재로서 스스로 결정을 내리고 그들의 목적과 일치하는 여러 삶의 방식을 선택할 수 있다고 보았다.

아들러는 기본적으로 인간에 대해 낙관적이었으며, 그들 모두 잠재적인 사회적 관심을 갖고 태어났기 때문에 자신의 향상과 함께 사회를 발전시킬 수 있는 존재로 보았다. 인간은 완성을 추구하고 협동적으로 상호작용하는 사회적 관계를 맺을 수 있는 선천적 능력을 타고 났으며, 자신이 어떻게 주관적으로 지각하느냐에 따라 행동이 결정된다고 보았다(Hjelle & Ziegler, 1994 : 102-104).

3) 주요 개념

(1) 열등감과 보상

아들러는 초기의 많은 저서에서 열등감을 극복하고 보상하는 방법에 관한 내용을 다루었다. 열등감(inferiority)은 개인이 잘 적응하지 못하거나 해결할 수 없는 문제에 직면했을 때 생기는 것으로 자기가 다른 사람보다 뒤떨어진다는 의식을 말한다. 열등감의 원천은 대개 신체적 특성, 환경, 가족상황, 출생순위 등이며, 열등감은 우월성의 추구를 위한 추진력으로서 기여한다.

열등감에 대처하는 가장 기본적인 수단의 하나가 보상이다. 보상은 신체적 · 정신적으로 부족한 점을 충족시키기 위한 시도이며, 열등감과 그에 대한 보상 노력이 인간을 발전시키는 원동력이 되고 있다. 열등감과 보상의 개념은 긍정적 측면과 부정적 측면을 동시에 갖는다. 열등감이 있으면 보통의 사람들은 그것을 극복하거나 보상하기 위해 노력하고 더 높은 수준의 발달을 향해 나아가며, 보상은 잠재력을 발휘하도록 인간을 자극하고 삶의 문제에 적응하도록 도울 수 있다. 그러나 지나친 열등감은 성공에 대해 너무 많은 비현실적인 상황을 탐닉하게 함으로써 문제를 전혀 해결하지 못하게 하며, 결과적으로 다양한 심리적 장애를 가질 수 있게 한다는 것이다. 충분치 못한 보상도 부적응 등과 같은 심리적 어려움을 초래하게 할 수 있다(Lundin, 1989 : 40).

(2) 우월성의 추구

우월성의 추구(striving for superiority)는 자신의 약점을 극복하고 잠재력을 극대화하기 위한 노력이라 할 수 있다. 이것은 모든 인간이 선천적으로 갖는 기본적인 동기로서 열등감을 보상하려는 욕구에서 나온다. 인간은 출생에서 사망에 이르기까지 우월성을 추구하기 위해 노력하며, 개인이 열등감을 극복하고 완성에 도달하기 위한 우월성을 추구하게 되면 건설적 생활양식을 갖게 되어 심리적 건강을 달성하게 된다. 우월성의 추구는 개인적 성공, 자기완성, 자아실현 등의 맥락에서 이해할 수 있으며, 건강한 사람에게는 개인적 차원을 넘어 사회적 관심, 공동체에 대한 관심, 인류애를 추구하는 형태로 나타난다.

우월성의 추구는 다양한 보상을 통해 달성되며, 자신이 부족한 점은 스스로 채우고 미완성인 것은 완성하려고 노력하는 경향성을 나타낸다. 우월을 향한 목표는 매우 개인적이며 고유한 것으로서 인간생활의 궁극적인 목적은 바로 우월하게 되는 것이지만, 개인이 인생에 부여하는 의미에 따라 각기 다르게 나타난다(설영환 역, 1992 : 91). 우월의 목표는 긍정적인 경향 혹은 부정적인 경향을 취할 수 있다. 긍정적인 경향은 사회적 관심이나 다른 사람의 행복을 추구하는 이타적 목표이며, 부정적 경향은 개인적인 우월성을 추구하는 이기적 목표이다.

(3) 사회적 관심

사회적 관심(social interest)은 각 개인이 자신의 이익보다는 타인과 협동하여 공동체의 목표를 달성하고자 사회에 공헌하려는 성향을 의미한다. 이것은 공동체로서의 자기의 확장으로서 사회적으로 유용한 사람이 되고자 하는 것과 공동체 속에 살고 있는 사람들의 향상에 대한 관심을 포함한다. 사회적 관심은 사회적 상황에 반응하려는 타고난 성향으로 개인의 기본적인 인간성이며, 우월성의 추구도 때로는 그 속으로 통합되어질 수 있다.

사회적 관심은 긍정적인 사회적응의 주요한 준거가 되며, 각 개인의 심리적 건강을 측정하는 유용한 척도가 된다. 이것은 인생의 문제를 성공적으로 해결하는 중요한 요소이므로 적절한 지도와 훈련을 통하여 의식적으로 개발하는 것이 필요하다. 사회적 관심은 아동기의 경험과 가족관계를 통하여 발달하며, 특히 어머니가 사회적 관심의 발달에 가장 큰 영향을 미치고 아버지와 부모의 부부관계도 지대한 영향을 미친다는 것이다. 사회적 관심은 개인의 심리적 건강의 유용한 척도로서 이것이 부족한 사람은 사회적 적응을 제대로 하지 못하며, 사회에 부적응적인 사람들의 공통적 요인이 자기중심적이고 타인에 대한 관심과 사회적 목적의식이 부족하다는 것이다(Hjelle & Ziegler, 1994 : 116-119).

(4) 가상적 목표

가상적 목표(fictional finalism)는 현실에서 검증되거나 확인할 수 없는 미래의 궁극적인 목적을 의미한다. 이것은 미래에 실재하는 것이 아니지만 주관적으로 현재의 행동에 영향을 미치는 개인적인 이상이라 할 수 있다. 가상적 목표는 인간의 행동이 과거의 경험에 의해 지배를 받기보다는 미래에 대한 기대에 더 큰 영향을 받는다는 것을 전제로 하고 있으며, 우월성 추구의 결정요소가 된다는 것이다.

인간은 생득적으로 목적을 추구하는 경향이 있으며, 현재를 바탕으로 미래지향적인 삶의 목적을 향해 노력하는 존재라는 것이다. 가상적 목표는 인생을 더욱 유쾌하고 생동감 있게 하는 요소가 되며, 진실이 아닌 허구이지만 현재에 존재하면서 개인의 행동에 영향을 미치고 현실세계에 효과적으로 대처하는데 도움이 될 수 있다. 이것은 개인의 열등감에 대한 보상의 한 측면이라고 볼 수 있으며, 의식적이면서도 자유롭고 창의적인 선택의 산물로서 각 개인마다 독특하다는 것이다. 가상적 목표의 설정은 아동기에 현저하게 나타나며 성격이 건강하다는 증거라고 볼 수 있다(Lundin, 1989 : 53).

(5) 창조적 자아

창조적 자아(creative self)는 개인이 목표를 직시하고 결정하고 선택하며, 그들의 목표와 가치관에 부합되는 성격을 형성하는 능력을 말한다. 이것은 개인심리학을 대표하는 개념으로 인생의 의미를 제공하는 원리인 것이다. 창조적 자아는 어린 시절에 나타나 인생의 목표와 그 목표를 추구하는 방법에 영향을 미치며, 사회적 관심과 생활양식의 발달에도 공헌한다. 이것은 각 개인의 지각, 기억, 상상, 환상, 꿈 등에도 영향을 주어 자주적인 사람이 되게 한다.

아들러는 인간행동을 형성하는 결정요인으로 유전과 환경을 부인하지는 않았다. 그러나 인간은 유전과 환경의 산물 그 이상으로 환경에 의해 영향을 받기도 하지만 스스로 환경에 영향을 미쳐 환경이 자신에게 적절히 반응하도록 창조하는 존재라는 것이다. 인간의 성격 형성에서 가장 중요한 것은 사람이 무엇을 소지하느냐가 아니라 그것을 어떻게 사용하느냐에 달려 있다고 보았다. 창조적 자아에 의해 인간은 자신에게 주어진 유전적인 조건, 환경과 경험 등에 대하여 자신의 관점으로 해석하며, 사회적 관심을 성숙시키고 가장 적합한 생활양식을 만들어 간다는 것이다(Hjelle & Ziegler, 1994 : 120-122).

(6) 생활양식

생활양식(style of life)은 개인의 생활에서 일관성을 부여하는 특성, 태도, 습관, 적응방식 등의 독특한 형태이다. 이것은 4~5세에 형성되어 일생 동안 거의 변하지 않으며, 어린 시절의 생활양식은 계속적으로 유지되어 그 이후의 행동에 근본이 된다. 즉, 생활양식은 인생 초기의 경험에 의해 결정되며, 인생문제에 접근할 때 지속적인 영향력을 미친다는 것이다. 개인의 모든 특징적인 행동은 그들의 생활양식에서 나온다고 보고 있으며, 열등감을 보상하기 위해 노력하면서 부모와 어떤 상호작용을 하는가에 따라 개인의 생활양식이 결정된다는 것이다. 생활양식은 개인의 창조적인 힘에 의해 영향을 받으며, 그 방향은 자신의 내적 추구에 의해 결정되고, 긴박할 때 진정한 생활양식이 나타나며 그의 본래의 모습을 볼 수 있다는 것이다(Lundin, 1989 : 84-87).

생활양식의 유형은 개인이 인생문제에 접근하고 해결하는 방법을 통해 알 수 있으며, 세 가지의 중요한 인생과업인 직업, 우정, 사랑의 문제를 해결하는 방법도 생활양식에 달려 있다는 것이다. 그것은 창조하는 개인에 따라 각기 다르게 나타나며, 생활양식의 유형은 지배형, 획득형, 회피형, 사회적 유용형 등으로 구분할 수 있다(Hjelle & Ziegler, 1994 : 112-114).

지배형은 독단적이고 공격적이며 활동적이지만, 사회적 인식이나 관심이 거의 없는 형태로서 외부세계에 대해 지배하려는 태도를 가지고 있으며, 인생과업을 공격적이고 반사회적인 방법으로 대처해 나간다. 획득형은 기생적인 방법으로 외부세계와 관계를 맺으며, 다른 사람에게 의존하여 대부분의 욕구를 충족하는 형태이다. 그들의 관심은 가능한 한 많은 것을 다른 사람으로부터 얻어내는 것이지만, 활동수준이 낮고 그렇게 위험하지는 않다. 회피형은 참여하려는 사회적 관심도 적고 어떤 형식의 참여활동도 하지 않는다. 성공을 바라기보다는 실패하는 것을 더 두려워하며, 인생과업으로부터 도피하는 행동이 주가 된다. 사회적 유용형은 심리적으로 건강한 사람의 표본이며, 사회적 관심과 활동수준이 높다. 그들은 인생과업을 완수하기 위해서 협동, 개인적 용기, 타인의 안녕 등에 공헌하려는 의지를 가지고 있다. 생활양식의 네 가지 유형 중 어느 하나에 절대적으로 부합되는 사람은 없지만, 이것은 인간행동을 이해하는데 도움이 될 수 있다.

(7) 출생순위

출생순위(birth order)는 개인의 생활양식과 성격발달에 영향을 미치는 주요한 요소가 된다. 특히 아동의 가정환경이 생활양식의 형성에 큰 영향을 미치며, 이러한 환경에는 형제자매 중의 위치, 동생의 수, 부모의 교육수준, 부모의 태도와 가치 등이 포함된다. 부모가 같고 거의 같은 가정환경에서 자란 자녀들이라도 출생순위에 따라 생활양식과 성격이 달라질 수 있다는 것이다. 아들러는 어떤 특정 출생순위에 태어난 아이들이 어떤 특정한 성격 특성을 가지고 있음을 발견하였으며, 첫째 아이, 둘째 아이, 막내 및 독자로 구분하여 연구하였다(Lundin, 1989 : 91-93).

첫째 아이는 처음 태어나서 부모의 끊임없는 사랑과 관심을 받다가 동생이 태어난 후 제대로 관심을 받지 못하면 '폐위된 왕'이 된다. 그들은 스스로 고립해서 적응해 나가며, 다른 사람의 애정이나 인정을 얻고자 하는 욕구에 초연해서 혼자 생존해 나가는 전략을 습득한다. 그들은 대개 사회적으로 유용한 사람이 되거나 지배자가 될 가능성이 높다.

둘째 아이는 형이 있기 때문에 첫째보다 훨씬 빠른 속도로 발전하며, 경쟁심이 강하고 대단한 야망을 가진 성격이 된다. 그의 생활양식은 항상 자기가 형보다 낫다는 것을 증명하기 위해 노력하는 것이며, 형을 능가하기 위해 직접적이거나 우회적인 방법으로 목표를 달성하고자 하는 특성을 가지고 있다. 그들은 강한 협력태도를 지닌 사람이 되거나 경쟁의식이 너무 강하여 혁명가가 될 수도 있다.

막내는 가족의 귀염둥이로서 부모나 형제들에 의해 응석받이로 자라게 되지만, 부모가 경제적으로 넉넉하지 못할 경우 늘 귀찮게 붙어 다니는 아이의 위치로 전락할 수도 있다. 그는 자기보다 크고 힘이 세며 특권이 있는 형들로 둘러싸여 있어서 독립심이 부족할 수 있으며 강한 열등감을 경험하기 쉽다. 그러나 형들을 능가하려는 강한 동기유발로 도전적인 막내가 되어 혁명가가 될 가능성이 많다.

독자는 형제가 없기 때문에 어머니가 응석받이로 키우기 쉬우며, 아버지에 대해 강한 경쟁의식을 가질 수 있다. 그는 다른 사람들로부터 보호받기를 원하며, 이런 생활방식에서 의존심과 자기중심성이 현저하게 나타나게 된다. 독자는 형제들과 경쟁해 본 일이 없기 때문에 경쟁자가 될 가능성이 적으며, 전형적으로 소심하고 의존적인 성격을 소유할 수 있다는 것이다.

아들러의 제안처럼 출생순위에 따라 생활양식이 꼭 일치하는 것은 아니지만, 가족 내의 아이들의 위치에 따라 독특한 문제가 나타나기 쉽다는 것이다. 출생순위에 대한 관심은 아이들이 당면한 문제의 내용을 알아내고, 그 문제를 어떻게 해결해 나아가는가를 밝히고자 하는 것과 관련되어 있다.

4) 아들러 이론의 평가

아들러는 낙관주의적이면서도 전체주의적 관점에서 인간발달을 볼 수 있는 시각을 제공하였다. 그는 인간이 독특하며 각 개인은 완전한 것을 향해 나아가는 능동적인 존재로서 창조적인 힘을 가지고 있으며, 열등감에 대한 보상과 우월성을 추구하려는 노력을 통하여 인간성격이 발달한다고 보았다. 이러한 학문적인 공헌에도 불구하고 아들러의 이론은 몇 가지 측면에서 비판을 받고 있다.

첫째, 인간발달의 단계를 제시하지는 않았으나 5세까지를 성격형성의 절대적 시기로 보고 그 이후에는 성격의 기본 구조가 거의 변화하지 않는다고 보았지만, 5세까지 성격의 기본 구조가 결정된다고 보는 견해에는 무리가 있다.

둘째, 인간발달에서 사회적 요인의 중요성을 강조하였다는 점에서 공로가 있지만 이것의 중요성을 지나치게 강조하고 있으며, 주요한 개념인 창조적 자아, 가상적 목표 등은 실체가 없고 너무 주관적이다(Hjelle & Ziegler, 1994 : 130-132).

셋째, 인간발달이 미래지향적인 결과로 이루어진다고는 볼 수 없으며, 인간에 대해 지나치게 단순한 해석을 하고 있고, 인간을 너무 낙관적인 존재로 보아 인간 본성의 관점에서 비현실적이라는 것이다(Lundin, 1989 : 204).

CHAPTER

11 행동주의이론

1 고전적 조건형성이론

고전적 조건형성이론(classical conditioning theory)은 러시아의 생리학자 파블로프(Ivan Patrovich Pavlov)의 동물실험을 통해 확립되었으며, 미국의 심리학자 왓슨(John B. Watson)이 이 이론을 인간에게 적용하여 행동주의 학습이론의 기초가 되었다. 고전적 조건형성이론은 중성자극을 반응을 유발하는 조건자극으로 변화시켜 조건반응을 일으키도록 하는 반응적 조건형성(respondent conditioning)에 관한 이론이다.

1) 파블로프의 고전적 조건형성

(1) 파블로프의 생애

파블로프는 1849년 러시아의 라잔(Ryazan)에서 태어났으며, 1936년 87세에 사망했다. 그는 21세부터 과학적인 일에 흥미를 갖고 오랫동안 생리적인 연구에 전념하였으며, 1904년 소화계통에 관한 연구로 노벨상을 받았다. 파블로프는 노벨상을 받기 전인 50세에 개의 타액분비의 본질에 관한 우연한 발견으로 조건반응에 대한 연구를 시작하였다.

파블로프는 개들이 입안에 음식이 들어가기 전에도 침을 분비한다는 사실을 발견하였다. 개들은 음식이 오는 것을 보거나, 가까이 오는 발자국 소리만 들어도 침을 분비하게 되어, 전에 반응을 일으키지 않았던 자극이 조건형성을 통하여 반응을 일으킨다는 사실을 발견하였다. 그는 고전적 조건형성의 기틀을 마련했으며, 행동주의 학습이론을 확고한 과학적 기반 위에 올려놓은 최초의 학자였다.

(2) 고전적 조건형성

고전적 조건형성은 일정한 자극에 의해서 선천적으로 유발되는 반응을 그것과 아무런 관계가 없는 중성자극과 연합시킴으로써 그 중성자극이 조건자극으로 변화되어 조건반응을 일으키게 하는 것을 말한다. 이러한 조건자극으로 인하여 일어나는 조건반응은 주어진 자극에 대한 새로운 반응으로서 학습된 반응인 것이다.

파블로프의 개의 타액분비에 관한 연구에서 개에게 음식물을 주면 타액을 분비하게 되는데, 종소리를 울리고 음식물을 주는 일을 몇 차례 반복하게 되면 나중에는 종소리만 울려도 개가 타액을 분비하였다. 여기에서 개는 종소리에 대해 반응하도록 조건형성된 것이다. 이러한 과정을 고전적 조건형성이라고 한다.

여기에서 음식물을 주는 것은 무조건 자극(unconditioned stimulus)이며, 음식에 대해 타액을 분비하는 것은 무조건 반응(unconditioned response)이다. 종소리는 타액의 분비와 관계가 없는 중성자극(natural stimulus)이지만, 나중에 종소리만 울려도 타액을 분비하면 종소리가 조건자극(conditioned stimulus)이 되며, 타액을 분비하는 것은 조건반응(unconditioned response)이 된다. 이러한 조건반응은 조건자극과 무조건 자극의 연합이 지속될 경우에 더욱 강화된다.

2) 왓슨의 고전적 조건형성

(1) 왓슨의 생애

왓슨은 1878년 미국 남부 캐롤라이나의 그린빌(Greenville)에서 태어났으며, 1958년 80세에 사망했다. 그는 시카고대학교에서 동물을 대상으로 심리학을 연구하여 박사학위를 받았으며, 존스홉킨스(Johns Hopkins)대학교에 있으면서 활발하게 연구하였다. 1913년 왓슨은 '행동주의 입장에서 본 심리학'이란 선언문을 발표하여 최초로 행동주의라는 말을 제안했으며, 심리학에 큰 영향을 주었다.

왓슨은 심리학이 의식, 정신상태, 만족 등과 같은 용어를 버리고 '행동의 예언과 통제'를 목표로 삼아야 한다는 것이다. 특히 그는 심리학이 자극, 반응 및 습관 형성만을 연구해야 과학이 될 수 있다고 주장하였다. 1918년 왓슨은 파블로프의 고전적 조건형성을 바탕으로 어린 아동에 대한 연구를 시작하였으며, 인간발달의 문제에 학습원리를 적용시킨 최초의 심리학자였다.

(2) 고전적 조건형성의 적용

왓슨은 파블로프의 고전적 조건형성을 기초로 하여 이러한 원리를 인간에게 적용하였다. 그는 영아에게 선천적으로 타고난 특질이 없으며, 그들의 성장·발달은 양육환경과 그들의 생활에서 중요한 위치를 차지하는 부모를 비롯한 주변 사람들의 양육방식과 태도에 달려 있다고 하였다. 왓슨은 영아의 정서반응이 선천적인 것이 아니고 자극과 반응의 연합에 의해서 학습된 것임을 증명하는 실험을 하였다.

왓슨은 알버트(Albert)라는 11개월 된 영아를 대상으로 그가 흰쥐에 대해 공포를 갖도록 조건형성이 이루어질 수 있는가를 알아보고자 했다. 알버트는 처음에 흰쥐에 대해 아무런 공포반응을 보이지 않았지만, 흰쥐를 보여주고 동시에 큰 소리가 나게 하였더니 놀라는 반응을 일으켰다. 알버트에게 이러한 실험을 몇 차례 반복한 후 흰쥐만 보여줘도 공포반응을 보이게 되었다. 이것은 중성자극이던 흰쥐가 큰소리와 연합하여 조건자극으로 변화되면서 조건반응을 일으키도록 조건형성이 이루어진 결과이다. 흰쥐를 보고 공포반응을 일으킨 알버트는 그 뒤 자극이 일반화되어 여러 사물을 갖고 놀지만 털이 난 것은 모두 무서워하였다.

왓슨은 영아가 성장함에 따라 분노, 사랑 등과 같은 정서적 반응의 상당한 부분을 고전적 조건형성을 통해 학습하는 것으로 보았다. 그는 어린 아동이 동물을 무서워하는 공포에 대해서 그것을 조금씩 감소시키는 방법을 통하여 소거시킬 수도 있다고 하였다.

왓슨은 심리학자들이 인간행동을 연구하는데 파블로프의 고전적 조건형성이론을 어떻게 연관시키는가를 확인시켰으며, 유아기에서의 고전적 조건형성의 역할에 관한 수많은 연구를 하도록 자극하였다. 그러나 왓슨의 이론은 정서적인 반응을 포함한 선천적인 반응이나 반사적 반응에 한정된다는 비판도 있다(Crain, 1993 : 337-338).

2 조작적 조건형성이론

조작적 조건형성이론(operant conditioning theory)은 스키너(Burrhus Frederic Skinner)가 고전적 조건형성이론을 수용하여 더욱 발전시킨 이론이다. 그는 행동주의 학습이론의 가장 뛰어난 선구자로서, 인간의 행동이 반응행동(response behavior)보다는 조작행동(operant behavior)에 의해 더 많이 좌우된다고 보았으며, 조작적 조건형성 및 그와 관련된 다양한 원리와 방법을 제시했다. 조작적 조건형성이론은 인간의 행동이 행동의 결과에 의해 변화된다고 보고, 환경을 조작하여 그러한 행동의 반응비율에 영향을 미칠 수 있도록 한 이론이다.

1) 스키너의 생애

스키너는 1904년 미국 펜실베이니아의 서스퀘하나(Susquehanna)에서 태어나 화목하고 안정된 가정에서 성장했다. 소년시절에는 학교생활을 좋아했으며, 고등학교를 졸업한 후 뉴욕에 있는 해밀턴대학에 진학하여 영문학을 전공했다. 1928년 하버드대학교 대학원에 입학하여 심리학을 공부했으며, 1931년 박사학위를 받았다.

스키너는 1931년부터 1936년까지 하버드대학교에서 연구하였으며, 1936년부터 1945년까지 미네소타대학교에서 강의하였다. 이 기간 동안 그는 자신을 행동주의 학습이론의 선구자적 위치에 올려놓았다. 그는 1945년부터 인디아나대학교의 심리학과 교수로 재직하다가 1947년에 하버드대학교의 심리학과 교수가 되었으며, 1990년 86세에 사망했다. 스키너가 관심을 제일 많이 가진 영역은 행동의 경험적 분석이었다. 처음에는 동물을 통해 연구하였으며, 연구를 통해서 얻은 원리를 인간에게 적용하였다. 또한 그는 '스키너 상자(Skinner Box)'로 알려진 장치를 동물의 조작행동을 연구하는데 사용했으며, 온도가 조절된 유아용 침대를 고안하기도 했다. 스키너는 행동주의 학습이론과 관련된 지대한 업적으로 현대 심리학의 거목이 되었다.

스키너의 가장 유명한 저서로는 『월덴 투』(1948)가 있으며, 이 책에서 그는 심리학적 원칙을 통한 행동조절을 기초로 하여 소형의 유토피아적 사회의 창조를 묘사하였다. 그의 대표적인 저서로는 『유기체의 행동』(1938), 『과학과 인간행동』(1953), 『강화계획』(1957), 『자유와 존엄의 실제』(1971), 『행동주의에 관하여』(1974) 등이 있다.

2) 인간행동에 대한 관점

(1) 자율적 인간관의 부정

스키너는 인간이 자신의 운명을 스스로 결정하는 자유로운 행위자가 아니며, 인간의 행동이 개인의 선택에 의해 지배된다는 가정도 있을 수 없다고 하였다. 즉, 인간은 그의 행동을 스스로 창출하는 존재가 아니라 환경적 상황에서 행동목록을 습득해 온 유기체이며, 개인의 행동은 그 자신이 속해 있는 객관적 세계에서 겪은 과거의 경험 또는 현재의 경험에 의해 결정된다는 것이다(Nye, 1991 : 72).

(2) 인간행동에 대한 유전적 설명의 거부

스키너는 선천적이고 유전적인 요인이 행동에 영향을 준다는 사실을 부인하지는 않았다. 즉, 그는 인간의 어떤 행동의 양상을 출생계절, 체형 또는 유전적 소질 등 생물학적 · 유전적 요소로 보는 데는 반대하지 않지만, 이것들은 조작에 의해 변형하기 어렵기 때문에 이들을 거부한다는 것이다(Hjelle & Ziegler, 1994 : 231).

유전적 소질은 사람들이 반응을 보일 수 있는 일반적인 반응의 범위를 결정하며, 그 반응 뒤에 오는 어떤 결과가 그 반응을 강화할 것인가를 결정하는 데에도 영향을 준다고 생각했다. 그러나 스키너는 만약 유전적 소질로 행동을 설명한다면 환경도 반드시 고려해야 하며, 환경이 그동안 인간행동을 통제해 왔으며 앞으로도 통제할 것이라는 점이 중요하다는 것이다. 그는 특정한 행동의 원인이 본능에 있다고 보는 것을 반대했다. 그 이유는 본능으로만 설명을 하면 인간행동에 대한 환경의 인과적 역할이 무시되는 경향이 있기 때문이라는 것이다.

(3) 인간행동의 법칙성

스키너는 인간의 모든 행동은 법칙적으로 결정되며, 예측이 가능하고, 환경적 통제하에 가져올 수 있다고 가정하였다. 그는 인간이 자유의지를 가진 존재라기보다는 매우 복잡하기는 하지만 틀림없는 기계로 볼 수 있다는 것이다. 또한 그는 인간행동 과학의 목표는 연구할 현상을 예측하고 통제하는 것이라고 주장하였다. 즉, 인간의 행동에 대한 설명은 측정과 관찰을 할 수 있는 실험적 조작을 통해서 이루어져야 하며, 철학적 사색에 의존하는 방법으로는 아무것도 결정할 수 없다는 것이다.

스키너는 모든 과학은 단순한 것으로부터 복잡한 것으로 발달하는 것이므로 인간을 연구하기에 앞서 하위동물을 연구해야 한다고 주장하였다. 즉, 그는 하위동물이나 인간이 서로 행위는 다를지라도 그 행위를 통제하는 기본적인 과학적 법칙은 다르지 않으므로 이러한 법칙을 다른 유기체에 일반화할 수 있다고 하였다.

(4) 인간행동에 대한 내적 영향의 부정

스키너는 인간의 행동을 인간의 내적 영향에 의한 것으로 보기보다는 자기의 주위 환경에 대한 반응으로 보아야 한다는 것이다. 즉, 동기 · 욕구 · 갈등 · 감정 등은 인간행동을 이해하는데 아무런 도움을 주지 못하며, 개인에게 영향을 미치는 환경과 그것에 의해 나타나는 반응 사이의 기능적 관련성을 통해서 인간행동을 설명해야 한다는 것이다. 인간행동에 관한 연구는 개인의 행동을 좌우한다고 보는 내적 · 정신적 특성을 연구하는 것이 아니라, 유기체의 행동과 그 행동의 강화된 결과 사이의 어떤 독특한 관계의 양식을 발견하려는데 있다는 것이다.

3) 조작적 조건형성

(1) 반응행동

스키너는 행동을 반응행동과 조작행동으로 분류하였다. 반응행동은 구체적인 자극에 의해 유발되는 구체적 행동을 말한다. 즉, 이것은 이미 알려진 자극에 의해 자동적으로 유발되는 반사적 반응으로서, 자극이 행동보다 먼저 나타나게 된다. 파블로프가 연구한 고전적 조건형성은 이러한 반응행동에 관한 것이다. 여기에서 중요한 것은 반응행동이 조건형성 될 수 있다는 점이다.

스키너는 선행하는 조건자극이 조건반응을 유발한다는 고전적 조건형성을 인정했다. 그러나 그는 가장 중요하면서도 복잡한 행동은 단순히 특정 자극에 대해 조건화된 반사적 반응은 아니라고 생각했다. 오히려 인간에게 있어서 중요한 행동은 방출되어 어떤 결과를 가져오는 반응이라고 믿었다. 그는 고전적 조건형성에서 강조하는 수동적인 유기체보다는 능동적이고 적극적인 유기체에 더 많은 관심을 가지고 있었다. 그는 반응행동과 관련된 고전적 조건형성을 강조한 왓슨과는 달리 조작행동과 관련된 조작적 조건형성을 강조했다(Nye, 1991 : 79).

(2) 조작행동

조작행동은 환경을 조작해서 어떤 결과를 가져오도록 하는 행동이다. 즉, 이것은 하나의 행동에 어떤 결과가 뒤따르게 되고, 그 결과의 특성에 따라 유기체가 그러한 행동을 되풀이하는 습득된 행동을 말한다. 예를 들면, 아동이 독서를 할 때 부모가 관심을 보이고 칭찬하게 되면, 아동은 독서를 계속하게 될 것이다. 이때 아동이 독서를 계속하게 되는 행동은 부모의 관심과 칭찬으로 인하여 나타난 조작행동이다.

조작행동은 자극에 의해 유발되는 것이 아니고 스스로에 의해 방출되는 것이며, 이것은 능동적인 유기체의 특성이다. 즉, 반응행동은 그에 앞서 일어나는 사건들에 의해 직접적인 통제를 받지만, 조작행동은 처음부터 쉽게 확인할 수 있는 유발자극이 없이 유기체가 보이게 되는 행동이며 그 결과에 의해 통제된다. 우리가 일상생활에서 하고 있는 중요한 행동들의 대부분은 조작행동이다(Schultz & Schultz, 1994 : 358).

(3) 조작적 조건형성

인간의 행동은 그 행동의 결과에 의해 변화된다. 행동의 결과가 유익하다면 조작행동이 미래에 출현될 가능성은 증가한다. 이러한 것을 행동이 강화되었다고 하며, 어떤 행동이 강화를 받으면 그 행동은 반복되는 경향이 있고 더욱 강력해진다. 즉, 장차 그와 유사한 상황에서 그런 유형의 행동이 다시 나타날 가능성이 증가된다. 강화에 의해 영향을 받은 조작행동은 조건형성 되며, 그 행동은 반응비율이 증가하게 되고 그 사람의 행동목록에서 일상적인 반응으로 자리를 잡게 된다. 이러한 반응들이 조건화된 행동(conditioned behavior)이다.

조작적 조건형성(operant conditioning)은 행동의 결과에 따른 변화가 그러한 행동이 발생하는 반응비율에 영향을 미치도록 한 절차이다. 즉, 이것은 행동이 그 결과에 의해 변화된다고 보고, 그러한 행동의 반응비율에 영향을 미칠 수 있도록 임의로 조건을 제시하는 과정인 것이다. 고전적 조건형성에서 행동의 발생원인이 행동 이전의 자극이라면, 조작적 조건형성에서는 행동 이후의 강화물이며, 고전적 조건형성에서 행동의 근거가 무의식적 반응이라면, 조작적 조건형성에서는 의식적인 통제인 것이다.

스키너는 그의 이론을 증명하기 위해 '스키너 상자'라 불리는 독특한 실험장치를 만들었다. 이 상자의 한쪽 구석에는 지렛대가 있고, 이것을 누르면 전원과 연결되어 자동적으로 먹이와 물이 나오도록 고안되어 있다. 실험에서 굶주린 쥐를 상자에 집어넣으면 쥐는 처음에는 먹이를 얻기 위해 이리저리 돌아다니다가 우연히 지렛대를 누르게 되고, 그럼으로써 먹이를 얻을 수 있게 된다. 시간이 흐름에 따라 지렛대를 더욱 자주 누르게 된다.

스키너의 실험에서 나타난 이러한 과정을 조작적 조건형성이라 한다. 한편 고전적 조건형성이 행동보다 먼저 제시되는 조건에 초점을 두는 것이라면, 조작적 조건형성은 행동이 일어난 후의 결과에 초점을 둔다. 그러한 행동의 결과를 어떻게 제시하느냐에 따라 조작행동이 강화되거나 소거될 수 있는 것이다.

4) 조건형성의 원리

(1) 강화와 소거

강화(reinforcement)란 보상을 제공하여 행동에 대한 반응을 강력하게 하는 것이다. 즉, 이것은 행동에 대한 반응의 가능성을 증진하기 위한 어떤 활동인 것이다(Engler, 1991 : 216). 강화는 스키너의 조작적 조건형성에서 가장 중요한 개념이며, 조작행동의 발생 가능성과 깊은 관계가 있다.

강화에는 정적 강화(positive reinforcement)와 부적 강화(negative reinforcement)가 있다. 정적 강화는 반응의 비율을 높이기 위해서 자극을 제공하는 것을 말하며, 부적 강화는 불쾌하거나 혐오스러운 자극을 제거함으로써 반응의 가능성을 높이는 것을 말한다. 이러한 두 가지 강화는 모두 반응의 가능성을 증대시킨다. 예를 들면, 스키너 상자에서 먹이를 제공하는 것은 정적 강화이며, 전기가 흐르는 상자에 놓인 쥐가 지렛대를 누르면 전기쇼크를 멈추게 할 수 있다고 할 때 지렛대를 누르는 행동이 강화되는데, 여기에서 전기쇼크를 제거하는 것은 부적 강화이다. 만일 견디기 힘든 추위를 회피하기 위해서 운동을 더 많이 한다면, 그때의 반응은 부적으로 강화된 것이다. 인간의 많은 행동은 정적 강화의 경우처럼 어떤 결과를 얻을 수 있기 때문에 또는 부적 강화의 경우처럼 어떤 것을 회피할 수 있기 때문에 조건형성되는 것이다.

소거(extinction)는 더 이상 강화되지 않아서 반응이 약화되거나 사라지는 경향을 말한다. 예를 들면, 아동이 단지 부모의 주의를 끌기 위해서 지나치게 울거나 투정을 부릴 때, 이러한 바람직하지 않은 행동들이 발생할 때마다 주의를 기울이지 않고 계속 내버려둔다면 이러한 행동들은 약화되거나 사라지게 될 것이다.

(2) 일반화와 변별

일반화(generalization)는 특정한 상황에서만 반응을 보이던 것이 그와 비슷한 다른 상황에서도 반응을 보이는 것을 말한다. 즉, 이것은 강화된 행위가 다양한 관련 상황으로 확장되는 경향이다. 이것은 자극일반화(stimulus generalization)와 반응일반화(response generalization)로 구분할 수 있다. 자극일반화는 하나의 반응이 단 하나의 자극에만 조건형성이 될지라도 그러한 특정한 자극에만 반응을 하는 것이 아니라 그와 비슷한 다른 자극들에 대해서도 반응을 보이는 것을 말한다. 반응일반화는 어떤 특정한 반응이 강화되면 그와 비슷한 다른 상황에서도 반응을 보이는 것을 말한다.

변별(discrimination)은 주어지는 자극에 대해서 선택적으로 반응을 보이는 것을 말한다. 이것은 자극일반화 이후에 분화과정을 통해 나타나는 것으로, 어떤 자극에 반응하는 행동은 강화해 주고 다른 자극에 반응하는 행동은 강화하지 않음으로써 학습된다. 한편 사회적응에 있어서 반응을 일반화하는 능력도 중요하지만, 각기 다른 상황에서 변별을 잘하는 능력도 중요하다. 인간의 지적인 행동은 변별할 수 있는 능력에 의존하는 경우가 많다. 스키너는 건강한 성격은 일반화와 변별의 능력을 혼합한 결과로 발달한다고 주장한다(Hjelle & Ziegler, 1994 : 253).

(3) 처벌

처벌(punishment)은 바람직하지 않은 행동에 제시하는 혐오자극이다. 즉, 이것은 현대 생활에서 가장 보편적인 통제기법으로서, 체벌과 같은 혐오자극을 제공하거나 소중하게 여기는 특권 등을 철회함으로써 바람직하지 않은 행동의 수행이 감소되도록 하는 것이다. 처벌은 행동을 통제하는데 빠른 효과를 나타내기도 하지만, 일시적으로만 효과를 나타낼 수도 있다. 이것은 행동통제에 항상 효과적으로 작용하는 것만은 아니며, 처벌이 원치 않았던 부작용을 초래할 수도 있다. 따라서 정적 강화는 최대화하고 처벌은 최소화하여 행동을 조절해야 한다.

한편 처벌과 부적 강화는 비슷해 보이지만 서로 다른 것이다. 처벌은 체벌과 같은 혐오자극을 제공하거나 보상을 제공하지 않음으로써 특정 행위의 발생을 억제하는 것이며, 부적 강화는 혐오자극을 제거함으로써 특정 행위의 반응비율을 증가시키는 것이다(Crain, 1993 : 348).

(4) 행동조성

행동조성(shaping)은 유기체의 행동이 바람직한 행동에 가까워질 때까지 점진적으로 행동을 형성해 가는 과정이다(Engler, 1991 : 506). 즉, 이것은 유기체 내에 잠재되어 있는 행동이나 학습할 가능성이 있는 거의 모든 종류의 행동들을 조건형성 하여 시간을 더 단축하고 더 빨리 학습하도록 하는 접근방법이다. 행동조성은 원하는 행동에 접근할 때마다 강화가 주어지기 때문에 행동에 대한 점진적 접근(method of approximations)이라고도 하며, 복잡한 행동이나 기술을 학습시키는데 매우 유용한 방법이다. 스키너는 조작적 조건형성이 행동을 조성하는 방식은 조각가가 조각품을 만드는 방법과 유사하다고 지적했다.

조작적 조건형성 과정에서 원하는 행동이 일어났을 때 강화를 제공함으로써 학습이 이루어지지만, 학습시키기를 원하는 행동이 자발적으로 일어날 가능성이 적은 경우가 많다. 이러한 문제를 해결하기 위해서는 조건형성 하고자 하는 행동에 가장 가까운 행동부터 점진적으로 접근하여 강화하는 방법인 행동조성이 필요하다. 특히 복잡한 행동을 학습시킬 때 모든 가능한 행동들을 구체적이고 세분화된 단계로 구분하여 점진적으로 접근하도록 하는 것이다. 인간의 많은 행동은 행동조성을 통해서 점진적으로 학습된다.

(5) 미신행동

미신행동(superstitious behavior)은 강화와 반응 간의 우연한 연합으로 조건형성되는 것을 말한다. 즉, 이것은 우연히 생긴 결과가 마치 어떤 원인과 결과인 것처럼 생각되어 그것이 미래의 행동을 다시 일으키는 것이다. 조작적 조건형성이 환경을 조작해서 어떤 결과를 가져오게 하는 것이지만, 미신행동은 가끔 어떤 반응과 그 반응에 뒤따르는 결과 사이의 관련성이 매우 우연적으로 일어나는 것이다. 예를 들면,

야구선수가 목걸이를 하고 경기를 하였을 때 승리하는 경우가 많았다면 경기 때마다 목걸이를 하고 나갈 것이다.

스키너에 따르면 미신행동은 반드시 개인 자신의 조건화 역사의 결과는 아니라는 것이다. 미신의 대부분은 민속학, 전설, 원시문화, 마술 등의 형태로 한 세대에서 다음 세대로 계승된다. 비록 받은 사람들이 어떠한 조건하에서 직접적인 행운이나 불운을 경험하지는 않았지만, 이러한 생각은 그들 문화의 사회적 배경을 통하여 전해지고 가끔 강화되었기 때문에 미신으로 남아 있게 된다(Hjelle & Ziegler, 1994 : 244).

5) 강화계획

강화계획(reinforcement schedule)은 조작적 행동이 습득되고 유지될 수 있도록 강화가 제시되는 조건을 나타내는 규칙을 말한다. 이것은 조작적 조건형성이 모든 다른 조건이 동일하다면 강화된 행동은 반복되는 경향이 있으며, 반면에 강화되지 않은 행동은 반복되지 않거나 소멸되는 경향이 있다는 사실에 근거하여 강화가 제시되는 절차를 나타낸 계획이다.

강화계획은 강화가 제시되는 연속성의 여부에 따라 연속적 강화와 간헐적 강화로 나눌 수 있다. 연속적 강화(continuous reinforcement)는 어떤 행동이 나타날 때마다 지속적으로 강화가 제시되는 것을 말하며, 발달이 빨리 이루어져야 하거나 바람직하지 못한 행동을 수정할 때 사용된다. 그러나 이것은 대부분의 일상생활에서 행동할 때마다 일정하고 규칙적으로 강화가 제공되기 어렵기 때문에 실용적이거나 경제적이지 못한 방법이다. 대부분 인간의 사회적 행동은 간헐적으로 강화된다.

간헐적 강화(intermittent reinforcement)는 어떤 행동이 나타날 때마다 강화가 제시되지 않고 간헐적으로 제시되는 것이다. 간헐적 강화는 크게 반응의 시간에 따른 간격계획과 반응의 횟수에 따른 비율계획으로 나눌 수 있으며, 이것은 다시 강화가 규칙적으로 제시되는 고정계획, 불규칙적으로 제시되는 변수계획으로 나눌 수 있다. 여기에서 간헐적 강화계획은 고정간격계획, 변수간격계획, 고정비율계획, 변수비율계획으로 구분된다.

(1) 고정간격계획

고정간격계획(fixed-Interval schedule)은 유기체의 반응비율과 관계없이 특정한 시간간격을 정해 놓고 그 기간이 경과한 후에 강화가 주어지는 것이다. 예를 들면, 열심히 일을 하든 않든 간에 정해진 날짜가 되면 받게 되는 월급 및 학업성취의 정도에 관계없이 정기적으로 보는 중간고사와 기말고사 등이 여기에 속한다. 고정간격계획은 강화를 받은 행동이 규칙적으로 나타나지 않으며, 강화를 받은 직후에는 한동안 반응이 정지하는 경향을 보인다. 그 이후에 다시 반응비율이 점진적으로 증가하여 다음의 강화시기에 가까워질수록 반응은 급속하게 증가한다.

(2) 변수간격계획

변수간격계획(variable-interval schedule)은 강화가 일정한 시간간격에 따라 일어나다가 강화 사이의 간격이 불규칙해져서 예측할 수 없는 것이다. 즉, 이것은 강화를 주는 평균시간 간격은 일정하지만 실제 강화가 주어지는 시간간격은 다른 경우를 말한다. 예를 들면, 학생들에게 안정된 학습을 시키기 위해 치르는 불시의 시험은 여기에 속한다. 변수간격계획은 강화를 받은 직후에 다시 강화를 받을 수도 있는 것처럼 언제 강화가 주어질 것인가를 알 수 없기 때문에 유기체의 반응이 비교적 안정되어 있으며 천천히 소거된다.

(3) 고정비율계획

고정비율계획(fixed-ratio schedule)은 미리 정해 놓은 또는 고정된 횟수의 반응을 수행한 후에 강화를 제공하는 것이다. 즉, 이것은 특정한 횟수의 행동이 일어난 후에 강화가 주어지는 것이다. 예를 들면, 상품의 생산량이나 판매량에 따라 보상이 주어지는 근로자의 성과급은 여기에 속한다. 고정비율계획은 반응이 많을수록 더 많은 보상을 받기 때문에 유기체의 반응비율이 높게 나타난다. 이것은 고정간격계획처럼 강화를 받은 직후에는 반응이 일시적으로 정지될 수 있으나, 즉각 반응비율이 높아지는 경향이 있다.

(4) 변수비율계획

변수비율계획(variable-ratio schedule)은 강화를 받는데 필요한 반응의 수가 어떤 정해진 평균치 범위 안에서 무작위로 변하는 것이다. 즉, 일정한 반응의 횟수 안에서 강화가 언제 주어질 것인가를 예측할 수 없는 것이다. 예를 들면, 일정한 횟수 안에서 거액이 나오도록 설계되어 있지만, 언제 나올 것인가를 알 수 없는 슬롯머신과 경마는 여기에 속한다. 변수비율계획은 보상을 받기 위해서 유기체가 높은 비율의 반응을 나타내며 학습된 행동의 소거도 매우 느리기 때문에 행동을 유지하는데 가장 효과적인 방법이다(Schultz & Schultz, 1994 : 362).

이러한 네 가지의 강화계획들 중에서 변수비율계획이 가장 높은 반응을 지속적으로 유지시키며, 그 다음으로는 고정비율계획, 변수간격계획, 고정간격계획의 순으로 반응을 지속시킨다(최순남, 2002 : 248). 강화계획은 행동을 통제하거나, 수정하거나, 조성하는데 효과적으로 활용될 수 있는 기술이기 때문에 임상현장과 산업현장을 비롯한 다양한 분야에서 폭넓게 적용될 수 있다.

한편 강화계획에서 특정 반응의 가능성을 증가시키거나 감소시키기 위해서 매개물로 활용하는 강화인자(reinforcer)에는 물질적 강화인자, 상징적 강화인자, 사회적 강화인자가 있다. 물질적 강화인자는 음식, 금전, 옷, 상품권 등이 있으며, 상징적 강화인자로는 토큰, 스티커, 막대기 등이 있고, 사회적 강화인자로는 칭찬, 미소, 주목, 인정, 호의, 사회적 승인 등이 있다.

6) 행동수정

행동수정(behavior modification)은 조작적 조건형성의 원리를 활용하여 행동의 변화를 추구하는 기술이다. 이것은 관찰이 가능한 개인의 문제행동을 대상으로 하며, 이러한 행동의 학습·강화·유지·약화·제거에 초점을 두고 있다. 행동수정은 다양한 기법을 활용하여 문제행동을 수정하며, 그러한 기법에는 정적 강화, 부적 강화, 소거, 변별, 적응, 충만, 체계적 둔감화, 토큰경제 등이 있다.

이러한 행동수정기법에서 적응(adaptation)은 불안을 일으키는 자극을 조금씩 점차로 제시하여 그 자극에 점점 익숙하도록 하는 것이며, 충만(flooding)은 불안을 일으키는 자극을 갑자기 많이 일시에 제시하여 불안을 소멸시키는 것이다. 체계적 둔감화(systematic desensitization)는 볼페(Joseph Wolpe)가 제시한 기법으로 불안을 일으키는 최하위 자극부터 시작하여 점차 높은 서열의 자극을 제시하여 불안이 발생하지 않도록 하는 것이다. 토큰경제(token economy)는 아이론(Teodoro Ayllon)이 제시한 기법으로 다양한 특권으로 교환할 수 있는 토큰을 활용하여 개인의 행동을 수정하는 공동체 활동이다(Engler, 1991 : 508). 즉, 이것은 개인이 적절한 행동을 할 때 상징적 강화인자로서 토큰을 주고, 토큰이 일정하게 모였을 때 개인이 원하는 것과 교환하는 방법으로 행동을 수정하는 기법이다.

7) 스키너 이론의 평가

스키너의 이론은 행동주의 학습이론의 범위를 상당히 넓혔으며, 과학적 실험연구를 통하여 인간행동의 발달과 관련된 구체적이고 명확하면서도 유용한 지식을 제공하였다. 특히 정적 강화, 강화계획, 행동조성 등과 같은 일련의 뛰어난 연구는 사회생활에서 실용적 가치와 효과성이 입증되고 있으며, 다양한 분야에서 활용되고 있다. 이러한 뛰어난 학문적인 업적에도 불구하고 스키너의 이론은 몇 가지 측면에서 비판을 받고 있다.

첫째, 스키너의 이론은 인간의 행동에 대한 환경의 결정력을 너무 강조하여 행동에 영향을 미치는 인간의 내적·정신적 특성을 배제하고 있다. 즉, 인간의 발달에 영향을 주는 요인들은 매우 다양하고 복잡하기 때문에 환경의 영향으로만 설명할 수는 없으며, 인간의 의지, 동기, 욕구, 감정, 갈등, 사고, 자발성, 창조성 등도 고려해야 한다.

둘째, 스키너의 이론은 인간을 조작이 가능한 대상으로 취급하고 있기 때문에 인간의 자유와 존엄성을 무시할 수 있다는 것이다. 또한 동물실험의 결과를 그대로 인간에게 적용하고 있으나, 인간의 행동은 동물과 다르므로 인간의 행동을 동물과 동일하게 다룰 수 없으며, 이것은 인본주의 입장에서 지나치게 비인간적이라는 비판을 받고 있다.

셋째, 스키너의 이론에서 인간의 모든 행동이 조작을 통해서 변화될 수 있다고 보는 것은 인간을 지나치게 단순화·객관화·과학화하고 있다는 측면에서 비판을 받고 있다. 그러나 인간의 행동은 개인차가 있고 연령에 따라 다르게 나타나며 독특성을 지니고 있기 때문에, 인간의 행동을 객관화하거나 예측하기는 어렵다. 또한 이 이론은 접근방법이 단순하여 복잡한 행동 특성을 잘 나타내는데 한계가 있다.

3 사회학습이론

사회학습이론(social learning theory)은 반두라(Albert Bandura)에 의해 세워진 이론이다. 반두라는 인간의 내적 과정을 바탕으로 한 연구를 넘어 사회적 상황 속에서의 행동의 학습에 관심을 갖고 인간행동의 상호결정론과 행동의 습득에서 관찰학습의 중요성을 크게 강조하였다. 인간은 타인의 행동을 관찰함으로써 행동을 학습하며, 여기에는 내적·인지적 요소가 포함된다는 것이다. 사회학습이론이란 인간의 행동이 사회적 상황 속에서 개인의 내적·인지적 과정과 환경적 영향력간의 상호작용으로 결정된다는 성격이론이다.

1) 반두라의 생애

반두라는 1925년 캐나다의 앨버타(Alberta) 지방에서 태어났다. 그는 어린 시절 아주 조그만 시골마을에서 성장하였으며, 고등학교를 졸업한 후 브리티시 컬럼비아 대학교에서 심리학을 전공하였다. 아이오와대학교 대학원 심리학과에 입학하여 석사학위와 박사학위를 취득하였으며, 여기에서 사회학습이론의 선구자 중 한 사람인 시어즈(Robert Sears)와 함께 연구하였다.

아이오와대학교에서 반두라는 임상심리학에 흥미를 가졌으며, 초기 연구의 초점은 심리치료 과정, 가족상황에서의 아동의 공격성 등에 있었다. 특히 그는 아동이 사회적 상황에서 모방을 통해 받은 것을 학습한다고 주장하여 모방학습의 이해에 관심을 고조시켰다. 반두라는 1953년 스탠퍼드대학교 심리학과 교수로 임용되었다. 그는 1972년 미국심리학회로부터 우수과학자상을 받았으며, 1973년에는 미국심리학회 회장으로 선출되었다.

반두라의 가장 유명한 저서로는 『사회학습이론』(1977)이 있으며, 그는 여기에서 사회학습 분야에서의 이론적·실험적 연구를 통합하고자 하였다. 그의 대표적인 저서로는 『청소년의 공격성』(1959), 『사회학습과 성격발달』(1963), 『행동수정의 원칙』(1969), 『공격성 : 사회학습의 분석』(1971) 등이 있다.

2) 사회학습이론의 기본 원리

(1) 내적 과정의 초월

반두라는 인간의 행동이 의식 이하에서 작용하는 동기·충동·욕구 등과 같은 내적 과정으로부터 일어난다고 보는 것은 개념적·실험적 근거로 볼 때 한계가 있다는 것이다. 즉, 인간의 내적 동기요인은 각각 다른 상황에서 다른 사람들을 대할 때 또는 다른 사회적 역할을 가질 때, 어떤 행동의 빈도와 강도가 다르게 나타나는 점을 잘 설명해 주지 못한다는 것이다.

인간의 내적 과정을 바탕으로 한 연구는 이미 발생한 사건들에 대해서 흥미로운 해석을 제공할 수는 있지만, 경험적인 타당성이 의문시되며, 어떤 상황 속에서 인간이 어떻게 행동할 것인가에 대한 예측능력이 부족하다는 것이다. 즉, 인간행동에 대한 이해를 향상시키려면, 개념적·경험적 측면에서 설명능력이 향상되어야 한다는 것이다. 따라서 인간의 행동을 이해하기 위해서는 내적 과정을 초월하여 사회적 상황이나 역할에 대해서 더 많은 주의를 기울여야 한다는 것이다.

(2) 상호결정론

반두라는 인간이 어느 정도 자기방향성을 제시할 수 있는 우수한 능력을 갖고 있기 때문에 인간의 행동이 내적 과정에 의해서 움직여지는 것도 아니며, 환경에 영향을 받는 것만도 아니라는 것이다. 오히려 인간행동의 원인들은 행동적 · 인지적 · 환경적 영향력 간의 끊임없는 상호작용으로 이해되어야 한다는 것이다.

이러한 반두라의 상호결정론(reciprocal determinism)은 인간의 행동이 개인(person), 행동(behavior), 환경(environment)의 요소들 간의 지속적인 상호작용에 의해서 결정된다고 보는 견해이다. 즉, 인간의 행동은 개인의 기질적 요인들과 사회의 상황적 요인들이 상호 의존적으로 영향을 미친 결과인 것이다.

인간의 행동은 환경에 의해서 영향을 받기도 하지만, 인간은 어느 정도 자신의 행동에 영향을 미칠 수 있다. 또한 인간은 외적 자극에 대해서 단순히 반응만 하는 존재는 아니며, 상징을 사용할 수 있는 비범한 능력을 가지고 있으므로 행동으로 나타나는 인지과정인 사고, 창조, 계획 등의 일들을 할 수 있다(Hjelle & Ziegler, 1994 : 274).

(3) 관찰학습

반두라는 인간행동이 직접적인 외적 강화가 주어지지 않더라도 관찰학습(obser-vational learning)을 통한 모델의 영향으로 습득될 수 있다고 보았다. 사회적 상황 속에서 사람들은 단순히 다른 사람들의 행동을 관찰함으로써 훨씬 더 빨리 행동을 학습할 수 있다는 것이다. 여기에서 관찰학습이란 환경적 자극에 대한 반응을 통하여 행동을 학습하는 것이 아니라 타인의 행동을 관찰함으로써 학습하는 것이다.

관찰학습은 다른 사람의 행동을 관찰하여 단순히 모방하는 것이 아니며, 여기에는 내적인 인지요소들이 포함된다. 또한 다른 사람들이 새로운 행동을 시도할 때 어떤 결과가 나타나는지를 보게 된다. 이러한 과정을 대리강화(vicarious reinfor- cement)라고 하는데, 이것도 인지적 과정이다. 따라서 자기 자신이 직접적인 행동을 하지 않고도 자신의 행동의 결과에 대해 예상할 수 있다. 인간은 많은 종류의 모델을 통하여 행동을 학습하며, 상징적 모델의 또 다른 형태인 언어적 지시를 통해서도 많은 것을 배우게 된다(Crain, 1993 : 365).

(4) 행동결과의 예측성

반두라는 강화가 인간행동의 습득·유지·수정의 필수조건이기는 하지만, 이것은 행동이 어떻게 습득되고, 유지되고, 변경되는가를 완전히 설명해 주지 못한다고 주장한다. 그는 대부분의 인간행동이 직접적인 외적 강화에 의해서 통제되지 않는다는 것이다. 인간은 과거경험의 결과를 통해서 어떤 종류의 행동은 가치있는 결과를 가져올 수 있으며, 어떤 행동은 바람직하지 못한 결과를 가져올 수 있는가를 알 수 있게 된다. 그렇기 때문에 인간의 행동은 예상되는 결과에 의해 많이 규제된다는 것이다.

인간은 실제적으로 경험한 결과가 아니더라도 결과를 상상하여 행동을 할 수 있다. 즉, 인간은 실제 결과를 상징적으로 표현할 수 있는 능력을 가지고 있으며, 미래결과를 행동에 영향을 미치게 되는 현재의 동기요인으로 해석할 수 있다. 이와 같은 고도의 정신과정은 인간에게 통찰력과 예측능력을 제공한다.

(5) 자기규제

사회학습이론에서는 인간의 독특한 자기규제(self-regulation)능력에 중요한 역할을 부여하고 있다. 인간은 당면한 환경적 상황을 조정해 나가고, 인지적 능력을 발휘하며, 그들 자신의 행동결과를 산출해 냄으로써 그들의 행동에 어느 정도 영향력을 행사할 수 있다. 이와 같이 자기규제는 자신의 행동에 영향력을 행사할 수 있는 개인의 능력이기 때문에 창조되며 환경의 영향에 의해서 유지된다.

반두라는 상징적 사고를 할 수 있는 인간의 우수한 지적 능력이 그들의 환경을 다루는 하나의 강력한 수단을 제공하고 있다고 주장한다. 인간은 상징화하는 능력을 갖고 있으므로 실제적이고 외부적인 시행착오를 범하지 않고서도 문제를 해결할 수 있으며, 여러 다른 행동의 가능한 결과들을 예상하고 그에 따라 행동을 수정할 수 있다는 것이다. 또한 인간은 바람직한 미래상을 형성할 수 있는 능력이 있으므로 자기행동이 장기적인 목표를 취하도록 해주는 행동전략을 가질 수 있다는 것이다(Hjelle & Ziegler, 1994 : 276).

3) 관찰학습의 과정

관찰학습은 직접적인 강화가 주어지지 않은 상태에서 관찰을 통하여 행동에 대한 학습이 이루어지는 것이다. 이것은 모델링이 제공하는 정보기능을 통해서 학습이 발생하며, 적절하거나 부적절한 행동의 표본이 되는 모델행동의 상징적 표상의 습득을 통해 이루어진다. 관찰학습은 네 개의 상호 관련된 구성요소인 주의집중과정, 보존과정, 운동재생과정 및 동기과정으로 이루어진다.

(1) 주의집중과정

주의집중과정(attentional process)은 모델의 행동을 관찰하고 주의 깊게 집중하며, 모델을 정확하게 지각하는 과정이다. 즉, 이 과정에서는 단순히 모델과 모델의 행동을 보는 것만으로는 불충분하며, 모델을 모방하는데 이용할 적절한 관련 정보를 이끌어 낼 수 있도록 충분한 지각적 정확성을 가지고 모델에 주의를 기울여야 한다. 왜냐하면 어떤 사람이든 모델행동의 두드러진 특징이나 뚜렷한 단서를 주시하지 않거나 정확하게 지적하지 않는다면 관찰에 의해서 많은 것을 배울 수 없기 때문이다. 주의집중과정은 이와 같이 모델의 행동을 보고 어느 것을 선택적으로 지각하고, 어느 것을 습득할 것인가를 결정한다.

주의집중과정에서 모델의 행동에 더욱 밀접하게 주의를 기울일수록 그것을 모방할 가능성은 더욱 높아진다. 즉, 유능하게 보이는 모델이나 개인적인 매력이 있어 보이는 모델은 이러한 속성을 결여한 모델보다 모방할 가능성이 높게 되는데, 이것은 그 모델이 다른 것에 비해서 주의를 기울일 가능성을 더욱 높여 주기 때문이다. 특히 대중매체를 통해 나타난 매력적인 모델은 모방할 가능성이 더욱 높다. 또한 관찰자 스스로 수행하려고 했던 행동을 모델이 수행할 경우에는 개인적 관련성이 없을 때보다 더욱 많은 주의를 기울인다. 관찰자는 긍정적 또는 부정적 결과를 산출하는 모델의 행동에 더욱더 밀접하게 주의를 기울이며, 관찰된 처벌은 관찰학습을 증진시키는데 효과적이다(Schultz & Schultz, 1994 : 388).

(2) 보존과정

보존과정(retention process)은 언젠가 모델을 통하여 주의 깊게 관찰한 행동을 기억하여 장기간 보존하는 과정이다. 만일 사람이 관찰한 행동을 기억할 수 없다면 모델의 행동을 통하여 영향을 받을 수 없으며, 행동의 변화도 가져올 수 없을 것이다. 이 과정에서는 모델의 행동을 보고 즉각적으로 반응을 보이는 것이 아니라 나중에 필요할 때 사용할 수 있도록 어떤 방법을 통하여 묘사하는 것이다(Engler, 1991 : 242).

모델의 행동을 기억하여 장기간 보존하기 위해서는 이것을 어떤 상징적인 형태로 부호화해야 한다. 반두라는 모델의 행동을 기억하여 다음에 자신의 행동으로 전환되도록 하는 수단으로 심상적(imaginal) 및 언어적(verbal)인 두 가지의 내적 표상체계(internal representation system)를 제안했다. 심상적 표상체계는 사람이 모델을 관찰할 때 감각조건형성 과정을 통해 관찰된 것을 비교적 지속적이고 용이하게 상기시킬 수 있는 심상으로 만든다. 심상이 형성되면 이전에 관찰된 사건들에 대한 어떤 준거를 통해 즉각적으로 생생한 물리적 자극의 심상이나 영상이 기억된다.

언어적 표상체계는 이전에 관찰한 사건에 대한 언어적 부호화를 나타낸다. 모델을 관찰하는 동안 관찰자는 모델이 행하는 것을 스스로 말로 거듭 되풀이 할 수 있을 것이다. 이러한 음성적 묘사는 실제적 행동의 실행 없이도 나중에 내적으로 연습될 수 있다. 사람은 모델화된 일련의 행동들을 다음에 시행하기 위해서 마음속에서 예행연습을 하는 것이고, 그가 그 기술을 수행하고자 할 때 언어적 부호는 적절한 실마리를 제공하는 것이다(Hjelle & Ziegler, 1994 : 281).

(3) 운동재생과정

운동재생과정(motor reproduction process)은 모델을 모방하기 위해서 모델행동의 상징적 표상을 적절한 행동으로 전환하는 과정이다. 사람들이 모델행동의 상징적 표상을 주의 깊게 형성하고, 기억하고, 여러 번 그 행동을 연습하여도 그러한 행동을 올바르게 수행하지 못할 수 있다. 물론 어떤 행동을 관찰하고 의도적으로 연습하는 것은 적어도 이전에 관찰한 것을 근거로 해서 필요한 동작수행을 할 수 있도록 하기 때문에 학습을 촉진할 수는 있다. 그러나 단순한 관찰이나 연습만 가지고는 매끄럽고 조화된 행동을 수행하기에는 충분하지 않다. 완전한 행동을 수행하려면 운동동작의 계속적인 실천과 정보의 환류에 근거한 자기수정적 조정이 필수적이다.

운동재생과정은 네 가지 하위단계를 포함하고 있다. 그것은 반응행동의 인지적 조직, 행동의 개시, 행동의 점검 및 행동의 정제이다. 행동을 수행하기 위해서 사람들은 인지적 수준에서 반응행동을 선택하고 조직화하며, 행동이 수행되는 방법에 관한 인식을 기초로 하여 행동을 시작한다. 행동수행능력은 행동을 구성하는데 필요한 기술에 의존하므로 행동 개시 이후에 이러한 기술을 바탕으로 행동을 점검한다. 또한 행동수행과 관련된 각각의 부분들을 모방하고 연습하며 조정함으로써 행동이 구성된다(Engler, 1991 : 242).

(4) 동기과정

동기과정(motivational process)은 행동을 수행하게 하는데 영향을 미칠 수 있는 정적 강화가 주어지면 모델의 행동을 수행하는 과정이다. 사람들은 모델의 행동을 습득하고, 기억하고, 능숙하게 수행할 수 있는 능력을 가지고 있을지라도 그 행동이 부정적으로 승인되거나 바람직하게 받아들여지지 않는다면, 그러한 학습은 좀처럼 외부행동으로 활성화되지 않을 수 있다. 그러나 정적 자극이 주어지면 모델행동에 대한 관찰학습은 빠르게 행동으로 전환된다. 그와 더불어 정적 강화는 습득된 행동을 표현하거나 수행할 가능성을 실제로 증가시킬 뿐만 아니라 사람의 주의집중과정이나 보존과정에도 영향을 미친다.

모델의 행동에 주의를 기울이고, 그것을 기억해 두고, 행동으로 옮기려는 의도에 영향을 미칠 수 있는 방법은 그렇게 행동하는 것에 대한 강화나 처벌을 예상하는 것이다. 다른 사람의 행동이 긍정적인 보상을 초래하거나 어떤 유해한 사태를 방지하는 것을 관찰하는 것은 그 행동에 주의를 기울이고, 기억하며, 나중에 그 행동을 수행하는데 강한 자극제가 될 수 있다.

이처럼 모델을 관찰한 이후에 똑같은 행동을 실제로 실천하도록 하기 위해서는 충분한 보상이 주어져야 한다. 행동의 결과가 값지고, 유용하며, 매력이 있다면 행동을 실천하려는 경향은 더욱 두드러지게 나타날 것이다. 또한 모델이 그러한 행동 결과로 긍정적 결과를 경험하면 관찰자는 대리강화를 받게 되고, 그것을 더욱 모방하게 될 것이다.

4) 사회화의 영향요소

(1) 공격성

공격성은 다른 행동들과 마찬가지로 부분적으로 조작적 조건형성의 결과로 볼 수 있다. 사회화 과정에서 아동들은 공격적인 모델을 관찰하고 그 모델이 언제 강화를 받는가를 주시하며, 이에 따라 모델의 행동을 모방한다. 다른 사람들이 공격적인 행동을 했을 때, 어떤 일이 일어나는지 생각해 보거나 실제 관찰하는 것은 그러한 행동을 스스로 경험하는 것만큼 효과를 발휘할 수 있기 때문이다. 이와 같이 아동의 공격성은 대리강화를 통한 관찰학습을 통해서 이루어질 수 있다.

아동들은 특히 대중매체에서 접하는 폭력이나 범죄 장면에서 나오는 공격적 행동을 학습하게 되며, 다만 그러한 행동을 할 수 있는 환경이 조성될 때까지 억제하고 있다는 것이다. 아동들은 공격적인 모델을 관찰하고 획득한 반응을 똑같이 수행하기도 하지만, 이러한 행동은 그와 유사한 다른 행동을 수행하는 데에도 영향을 미치게 된다. 그와 마찬가지로 공격적인 모델이 이전에 학습한 공격성을 억제하는 데에도 효과가 있다는 것이다. 만일 아동이 공격적인 행동을 하는 사람이 벌을 받는 것을 관찰했다면, 아동은 자신의 충동을 억누르고 그러한 행동을 하지 않게 될 것이다(Crain, 1993 : 371-372).

(2) 성역할

성역할의 많은 부분들은 사회화 과정에서 학습될 수 있다. 사회화 과정에서 아동들은 자신의 성에 적합한 방식으로 행동하는 것을 배우게 된다. 사회는 소년에게는 남성적 특성을, 소녀에게는 여성적 특성을 발달시키도록 격려한다. 성특질이 부분적으로 유전적인 요소와 관련되어 있기는 하지만, 더 많은 것들은 사회화 과정에서 모방을 통한 학습에서 얻어진다는 것이다.

성역할의 학습에서 아동들은 관찰을 통해 두 가지 성과 관계되는 행동을 모두 학습하게 되지만, 대개 그들 자신의 성에 적합한 행동만을 선택하여 수행하는 경우가 많다. 한편 성역할을 관찰하는데 있어서 특정 모델을 모방한 것에 대해 보상을 받을 때 그러한 모델의 후속행동을 더 잘 기억하는 것처럼, 사회적 강화는 관찰과정에까지도 영향을 미치게 된다.

(3) 친사회적 행동

친사회적 행동(prosocial behavior)은 이타성, 협동심, 기부행위, 원조활동, 감정이입 등을 비롯한 긍정적이고 온정적인 사회적 행위를 말한다. 이러한 친사회적 행동은 그러한 행동을 하는 적절한 모델에 대한 관찰을 통해 쉽게 영향을 받게 된다. 특히 대중매체에서 접할 수 있는 다양한 친사회적 행동의 모델은 사람들에게 그러한 행동을 할 수 있는 동기를 부여하며, 행동을 습득할 수 있는 많은 기회를 제공한다.

친사회적 행동을 하는 모델들이 특히 아동들에게 협동심을 기르거나, 어려운 사람들을 돕거나, 다른 사람들을 위해 기부하거나, 다른 사람들의 감정에 관심을 갖는 행동에 영향을 주고 있다는 것이다. 한편 부모의 행동은 그 자녀가 친사회적 행동을 학습하는데 훌륭한 모델이 될 수 있으며, 특히 자녀들이 이타성을 학습하는데 크게 영향을 미칠 수 있다는 것이다.

(4) 대리강화

대리강화는 자신이 직접 행동을 하여 결과를 경험하지 않고도 모델이 하는 행동을 보고 강화를 받는 절차를 말한다. 우리는 사회적 존재로서 타인의 행동과 그 행동들이 보상받고, 무시되고, 또는 처벌당하는 상황을 계속 주시한다. 타인의 행동으로부터 관찰되는 보상과 처벌은 우리의 행동을 규제하는데 커다란 역할을 한다. 이와 같이 대리강화는 인간의 행동을 조정하는데 매우 중요한 역할을 한다. 대리강화는 관찰자가 모델이 한 행동에 뒤따르는 결과를 직접 목격할 때마다 작용하며,

여기에는 정적 대리강화와 대리처벌이 있다. 정적 대리강화는 타인이 강화되는 것을 본 관찰자가 자기 행위를 증가시키는 것을 말하며, 반면에 대리처벌은 관찰된 부정적 결과가 행동을 감소시키는 경우를 말한다.

관찰한 결과에 의해 얻은 정보는 관찰자로 하여금 어떤 외부에서 가해진 강화요인이 보상이 될 것인지 처벌될 것인지를 판단할 수 있도록 해준다. 따라서 만일 어떤 사람이 다른 사람이 행한 것에 대해 보상받는 것을 보았다면 그러한 행동을 할 가능성은 더 커지며, 다른 사람이 처벌받는 것을 보았다면 그러한 행동을 할 가능성은 더 작아진다(Hjelle & Ziegler, 1994 : 286). 직접적인 경험으로부터 초래되는 모든 학습현상들은 타인의 행동과 그 행동의 결과를 관찰하는 것에 근거하여 대리적으로 발생할 수 있다.

(5) 자기강화

자기강화(self-reinforcement)는 자신의 기대와 표준을 정해놓고 그것에 도달하거나, 초과하거나, 미치지 못할 때 자기 자신에 대한 보상과 처벌을 스스로 관리하는 것이다(권중돈 · 김동배, 2006 : 333). 즉, 이것은 자신이 스스로 통제할 수 있는 보상과 처벌을 자신에게 제공함으로써 자신의 행동을 개선하거나 유지하는 과정이다.

인간행동은 전적으로 외적인 영향에 의해서만 좌우되는 것이 아니며, 자신의 감정 · 사고 · 행동을 통제할 수 있는 능력을 가지고 있기 때문에 자기생성적 요인과 외적 영향요인의 상호작용에 의해서 지배된다. 사람들은 대개 자신의 성취기준을 설정해 놓고 자신의 노력을 판단하여 평가하고 이를 보상하거나 처벌한다. 그들은 자신의 행동을 개선시키고, 자신의 성취를 칭찬하거나 비판하며, 자신이 이용할 수 있는 수많은 사회적 · 물질적 보상과 처벌을 스스로 관리한다.

우리의 많은 행동들은 자기강화의 연속적인 과정을 통해서 규제된다. 자기강화는 우리가 자신의 행동을 평가하는 수행의 내적 표준 및 주관적인 기준을 요구한다. 우리의 과거의 행동은 때때로 현재의 행동을 평가하는 준거가 되며, 미래의 더 나은 수행을 위한 자극이 된다. 우리가 성취의 어떤 수준에 도달하면 동기가 부여되며 만족해하고 표준을 상승시키며, 성취하는데 실패하면 더욱 현실적인 수준까지 표준을 낮추게 된다(Schultz & Schultz, 1994 : 390-391).

(6) 자기효능감

자기효능감(self-efficacy)은 자신의 생활에 대처하는 적당성, 효율성 및 능력의 감정이며, 삶의 사건들을 일으키고 규제하는 능력에 대한 자신의 인식인 것이다(Bandura, 1982 : 122). 즉, 이것은 자신이 특정 행동을 성공적으로 수행할 수 있다는 효과성의 인식인 것이다. 자기효능감은 행동수행의 표준을 달성하고 유지하는 것을 통하여 향상시킬 수 있다.

자기효능감이 낮은 사람들은 자신의 생활사건에 어떠한 영향도 발휘할 수 없다는 무력감을 느낀다. 그들은 자신이 행하는 노력이 실패할 것이라고 믿으며, 점점 의기소침하고, 무관심하며, 염려하게 된다. 그들이 어려운 일을 당했을 때, 그들은 처음의 시도에서 문제를 효과적으로 처리하지 못할 경우에 빨리 포기한다. 자기효능감이 극히 낮은 사람들은 그들이 아무 것에도 영향을 미칠 수 없다고 확신하기 때문에 어떤 일에도 대처하기를 시도하지 않을 것이다.

반면에 자기효능감이 높은 사람들은 그들이 직면하는 사건이나 상황을 효과적으로 처리한다고 믿는다. 그들은 어려운 일을 성공적으로 극복할 것을 기대하기 때문에 과업을 헤쳐 나가고 그것을 높은 수준으로 수행하게 된다. 그들은 자기효능감이 낮은 사람들보다 자신의 능력에 대한 확신을 가지고 있으며, 자기의심을 거의 표현하지 않는다. 그들은 도전의식이 강하며, 능동적으로 새로운 상황을 추구해 나간다.

자기효능감을 높이기 위해서는 도달할 수 있는 목표를 세우고 수행능력을 증진시켜 성공한 경험을 갖게 하며, 대리적으로 성공의 경험을 증진시킬 수 있는 적절한 모델과 접하게 해야 한다. 또한 사람들이 성공적으로 수행할 수 있는 자신의 능력을 신뢰하도록 언어적인 설득과 격려가 필요하며, 힘을 증진시키는 운동 프로그램, 스트레스 감소, 대처능력의 향상 등을 통하여 심리사회적 능력을 촉진해야 한다(Schultz & Schultz, 1994 : 391-392).

5) 반두라 이론의 평가

반두라의 이론은 모방학습의 중요성에 대한 우리의 자각을 증진시켰으며, 사회적 환경이 인간에게 얼마나 많은 영향을 미치는가에 대해 다시 한 번 인식하도록 하였다. 그는 스키너와는 달리 관찰학습에서 행동에 영향을 줄 수 있는 자기강화와 자기효능감 등과 같은 인지적 요소의 중요성을 받아들였으며, 행동주의 학습이론을 한 단계 높은 수준으로 끌어올려 놓았다. 이러한 학문적인 많은 공헌에도 불구하고 반두라의 이론은 몇 가지 측면에서 비판을 받고 있다.

첫째, 반두라의 이론은 인간행동에서 외부환경의 중요성을 강조하면서 내적이고 자발적인 측면을 과소평가하고 있다는 것이다. 그러나 인간의 행동은 내적인 사고, 감정, 동기, 욕구 등을 통해 자연발생적으로 발달할 수 있으며, 외적 자극에 의한 것만으로 발달하는 것은 아니다. 인간의 행동에서 외적 강화가 행동을 증가시키는 중요한 요인이기는 하지만, 모델의 강화가 없이도 내적 흥미로부터 자발적으로 행동을 학습할 수 있다.

둘째, 관찰학습은 단순한 행동을 신속하고 쉽게 학습할 수 있다는 장점을 가지고 있지만, 다양하고 복잡한 기능을 필요로 하는 행동의 학습을 설명하는 데에는 한계가 있다는 것이다.

셋째, 반두라의 이론은 인간행동의 발달에서 연령별로 다르게 나타나는 학습과 관련된 인지적 수준을 고려하지 않고 있다는 것이다. 즉, 인간행동의 학습에서 연령에 따라 인지적 수준이 다르게 나타나지만, 이러한 수준을 고려한 연령에 따른 학습과정을 제시하지 못하고 있다는 것이다.

CHAPTER

12 인본주의이론

1 현상학이론

현상학이론(phenomenological theory)은 로저스(Carl R. Rogers)가 체계화한 이론이다. 로저스는 인간마다 현실을 달리 지각하며 주관적인 경험이 행동을 지배한다고 믿었다. 그러므로 그는 인간행동이 개인이 세계를 지각하고 해석한 직접적인 사건의 결과로 생긴다고 보았다. 로저스는 인간이 기본적으로 자유로우며, 자신의 행동에 대해 책임을 지고, 자발적이며 합리적이고 건설적인 방향으로 나가는 미래지향적 존재라고 주장하였다. 현상학이론이란 개인의 주관적 경험, 감정 및 세계와 자기 자신에 대한 개인적인 견해 및 사적 개념을 연구하는 인본주의 성격이론이다.

1) 로저스의 생애

로저스는 1902년 미국 일리노이의 오크 파크(Oak Park)에서 태어났다. 그는 화목하고 경제적으로 안정된 집안에서 성장했으며, 고교시절까지 가족 외에는 친구가 없이 대부분 혼자서 사색과 독서로 보냈다. 1919년 위스콘신대학교에 입학하여 세계기독학생연합회의 파견단원으로 많은 활동을 하였으며, 1924년 사학과를 졸업했다. 1928년 컬럼비아대학교에서 석사학위를 받았으며, 1931년 임상심리학으로 박사학위를 받았다.

로저스는 박사학위를 마치고 아동학대방지협회 아동연구부의 심리학 연구원으로 일하면서 비행아동과 불우한 아동을 위한 심리학적 치료활동을 하였다. 1940년 오하이오주립대학교의 심리학과 교수가 되었으며, 임상환경에서 학구적 환경으로의 전환은 그로 하여금 임상심리학 분야의 폭넓은 인식을 갖게 했다. 1945년부터 1957년까지 시카고대학교의 심리학과 교수로 재직하다가 1957년부터는 위스콘신대학교 심리학과 교수가 되었다. 1964년 교수직을 사임하고 캘리포니아에 있는 서부행동과학연구소와 인간연구소에서 연구활동을 계속했으며, 1987년 85세에 사망했다.

로저스의 가장 유명한 저서로는 『상담과 심리치료』(1942)가 있으며, 이 책에서 그는 상담의 이론과 실천에 대한 기반을 확립했다. 그의 대표적인 저서로는 『클라이언트 중심치료』(1951), 『심리요법과 성격변화』(1954), 『심리학 : 과학의 연구』(1959), 『인간형성에 관하여』(1961), 『존재방식』(1980) 등이 있다.

2) 인간의 본성

로저스의 인간 본성에 대한 사상은 정서적으로 장애를 가지고 있는 사람들을 치료한 경험이 밑바탕이 되었다. 그는 인간 본성의 가장 깊숙한 핵심은 근본적으로 합목적적이며, 전진적이고, 건설적이며, 현실적이고, 아주 신뢰할 만한 것이라고 보았다. 그는 인간을 자기가 통제할 수 없는 어떤 힘에 이끌리는 피조물이라기보다는 미래의 목적과 자기 지시적 목적으로 지향된 에너지를 가진 능동적인 존재로 간주했다.

로저스는 인간이 때때로 비정한 살인의 감정, 비정상적인 충동, 기묘한 반사회적인 행동을 나타내기도 하지만, 이것은 인간이 그들의 내부의 본성에서 진실로 우러나와 그렇게 행동하는 것은 아니라는 것이다. 그러므로 인간이 자유롭게 자신의 내적 본성을 경험하고 만족하게 되면, 인간은 그들 자신과 다른 사람들과 조화를 이루어 살아갈 수 있는 긍정적이고 합리적인 피조물이 된다는 것이다. 로저스의 인간 본성에 대한 이러한 가정들이 성격이론에서 인본주의 입장으로 간주되도록 하였다. 그는 인간의 본성을 존중하는 심오한 사상을 가졌으며, 인간이 분화, 자기책임감, 협동과 성숙의 방향으로 나가려는 선천적인 경향을 가지고 있다고 단정하였다 (Hjelle & Ziegler, 1994 : 449-450).

3) 자아실현의 경향

로저스는 자아실현의 경향을 유일하고도 기본적인 인간의 동기라고 하였다. 그는 인간 유기체가 자신을 유지하고 향상시키려는 선천적인 경향을 가지고 있다는 것이다. 그러므로 인간의 삶에 있어서 최우선의 동기는 그 자신을 실현하고 보존하거나 개발하기 위한 것이다. 그것은 그들의 유전적인 특질이 허용하는 한도 내에서 최선의 자기가 되는 것이다. 즉, 인간은 출생 이후부터 자아실현을 향해 생산적으로 성장하도록 되어 있으며, 가능한 한 자신의 잠재력을 최대한 발휘하려 한다는 것이다(Nye, 1991 : 150).

로저스는 유기체적 평가과정(organismic valuating process)을 통해 인간이 자아실현의 경향에 얼마나 공헌했느냐에 따라 모든 생활의 경험들이 평가된다고 보고 있다. 자아실현의 경향에 이바지하는 경험들은 바람직한 것으로 평가되고 긍정적인 가치가 부여되는 반면에, 자아실현을 방해하는 경험들은 바람직하지 못한 것으로 평가되고 부정적인 가치가 부여된다. 이러한 인식이 바람직한 경험을 반복적으로 추구하게 되는 원동력이 된다(Schultz & Schultz, 1994 : 305).

성격의 관점에서 자아실현의 경향이 중요한 것은 자아실현이 인간의 자기충족, 성숙, 향상 등과 같은 진보적인 추진력을 포함하고 있다는 것이다. 자아실현의 경향을 통해 인간은 더욱 자기 충족적이 되고, 창조적이며 자율적으로 기능할 수 있게 되며, 자신을 좀 더 능력 있는 사람으로 될 수 있도록 한다. 그러므로 인간은 근본적으로 활동적이며 자아실현의 경향을 가지고 있다.

4) 로저스의 현상학

(1) 주관적 경험과 행동

현상학은 현실을 결정하는데 있어서 개인의 즉각적인 의식적 경험의 중요성을 강조한다. 로저스는 이러한 개개인의 현실지각에 관한 지식이 인간행동을 이해하는데 필요하며, 인간 개개인은 자기 자신과 주변의 세계에 관한 주관적인 인식이 일치하는 방향으로 행동한다고 주장한다. 그러므로 인간행동의 결정인자는 객관적인 현실이 아니라 오히려 개인이 현실을 보는 방식에 기초한 주관적 경험이라는 점이다(Nye, 1991 : 142).

로저스는 인간의 행동이 과거에 일어난 어떤 것에 의해 결정되는 것은 아니며, 현재 행위에 영향을 미치는 것은 과거경험의 사실적 존재가 아니라 과거경험에 대한 현재적 해석이라는 것이다. 그는 현재의 행동이란 항상 현재의 지각과 해석에 의해 영향을 받는다고 주장한다. 또한 그는 개인이 그의 미래를 어떻게 예견하는가가 현재의 행동에 강하게 영향을 준다고 믿으며, 인간의 성격은 현재-미래의 틀 속에서 연구되어야 한다는 생각을 지지한다. 로저스가 성격이론에서 현상학적 접근을 택한 것은 인간행동의 복잡성을 이해하고 설명하는데 있어서 오직 전체적(holistic) 인간을 살펴봄으로써 그것이 가능하다는 그의 신념을 반영한 것이다(Hjelle & Ziegler, 1994 : 455-456).

(2) 자기의 중요성

자기(self)는 로저스의 성격이론에서 중요한 구성개념이며, 인간행동을 이해하는데 불가결한 요소이다. 자기개념은 인간이 자기 스스로가 어떤 사람인가를 인식하는 것이다(Engler, 1991 : 347). 이것은 자신의 현재 모습에 대한 지각뿐만 아니라 자신이 되어야 한다고 생각하거나 되고자 생각하는 것까지 포함하는 것이다. 여기에서 자신이 어떤 존재가 되고자 하거나, 또는 어떤 존재가 되기를 원하는 것이 이상적 자기(ideal self)이며, 이것은 개인이 갖추어야 할 자기개념이다.

로저스는 인간의 자기개념은 항상 정형화된 형태적 특성을 지니고 있기 때문에, 시간의 흐름에 따라 개인이 변화한다고 하더라도 인간은 자신이 이전과 똑같은 사람임을 느끼는 확고한 내적 감정을 보유하고 있다는 것이다. 한편 자기는 행동을 통제하지 않는 대신에 개인의 현존하는 의식적 경험세계를 상징화한다(Hjelle & Ziegler, 1994 : 458).

자기는 인생 초기에는 존재하지 않지만, 분화과정을 통해서 나를 제외한 나머지 세계와 자신을 구분하기 시작하면서 출현한다. 자기의 구조는 환경과의 상호작용을 통해서 형성되고 발전하며, 특히 부모, 형제, 친척, 친구 등과 같은 중요한 타자들을 통해 가장 큰 영향을 받는다. 인간의 자기개념은 사회적 상호작용의 산물로서 인간이 인지적·지각적인 능력이 성숙해감에 따라 점차적으로 분화되고 복잡해진다.

(3) 긍정적 관심

긍정적 관심(positive regard)은 자기개념이 나타남에 따라 발달하며, 인간이 보편적이며 영속적으로 갖게 되는 욕구이다. 이것은 부모를 비롯한 다른 사람들로부터 받게 되는 수용, 사랑, 승인, 존중 등을 포함하는 개념이다(Schultz & Schultz, 1994 : 307). 긍정적 관심에 대한 욕구는 다른 사람에 의해 인정될 때 개인이 갖게 되는 만족과 인정받지 못할 때 갖게 되는 좌절 속에서 점차 나타나게 된다. 긍정적 관심은 학습되거나 생득적으로 타고난 것이며, 이것의 특성은 상호관계의 성질을 가지고 있다는 점이다. 즉, 개인 자신이 타인의 긍정적 관심의 욕구를 만족시키고 있음을 지각하면 그도 역시 이러한 욕구의 만족을 경험하게 된다는 것이다.

로저스에 의하면 인간은 타인으로부터 뿐만 아니라 자기 자신으로부터 긍정적 관심을 요구한다는 것이다. 긍정적 관심은 자신을 인정할 때의 개인적 만족과 인정하지 않을 때의 불만족을 통해 발달하는 욕구이다. 이것은 자아실현의 경향의 일부분인 독립적인 인간과 관련되어 있으며, 자기개념과 일치하는 행동의 형태를 취하게 해준다.

무조건적인 긍정적 관심(unconditional positive regard)은 아동에 대한 부모의 사랑처럼 어느 개인의 행위에 부여된 가치와는 무관하게 긍정적인 관심을 주거나 받는 것을 말한다. 이것은 로저스의 이론에서 가장 중요한 개념 중의 하나이며, 인간이 자신의 모든 자기경험이 중요한 타자들로부터 긍정적 관심을 갖는 것으로 지각될 때에 받아들여진다. 즉, 무조건적인 긍정적 관심은 다른 사람을 수용하거나 존중하는 것을 포함하며, 타인의 모든 자기경험이 자신과 동등한 것으로 가치가 부여될 때 주어진다.

무조건적인 긍정적 관심은 다른 사람에게 무조건적인 가치를 부여한다는 것이며, 타인으로부터 긍정적인 관심을 획득하고 유지하기 위해 자신의 경험의 어떤 측면을 부정하거나 거부하지도 않는다. 이것은 실제로 적용하기가 매우 어렵지만, 타인과의 상호작용의 특성과는 관계없이 타인에 대한 관심 및 수용과 존중에 대한 사고와 감정을 유지해야 하는 것이 중요하다(Nye, 1991 : 158-159).

(4) 가치의 조건

가치의 조건(conditions of worth)은 다른 사람들로부터 거절당할 행동이나 태도를 삼가하고 바람직한 행동과 태도를 표현할 때 인정하고 수용할 가치가 있다는 믿음이다(Schultz & Schultz, 1994 : 307). 아동은 긍정적 관심에 대한 강한 욕구를 가지고 있으며, 점차로 자기 인생에서 중요한 사람들의 자기에 대한 기대와 태도에 영향을 받고 민감해진다. 그들은 타인의 기대에 따라 행동함으로써 칭찬, 주의 및 인정이나 보상을 받는다.

아동에게 부과된 가치의 조건은 아동이 완전히 기능하는 사람이 되어 가는데 결정적인 영향을 준다. 이것은 아동이 현재의 자기나 앞으로 되고자 하는 자기를 찾고 그렇게 되고자 노력하기보다는 타인이 세운 기준에 맞추려고 했기 때문이다. 아동은 인간으로서 그의 가치와 자기 자신을 남이 인정하고 지지해 준 그의 행동, 사고, 느낌 등을 토대로 평가한다. 그러나 가치의 조건은 우리가 활용할 수 있는 이전의 경험을 무시하게 되며, 사람들의 행동을 제한하고 현실을 왜곡하게 한다. 그러므로 가치의 조건과는 무관하게 무조건적인 긍정적인 관심을 주거나 받는 것이 필요하다(Hjelle & Ziegler, 1994 : 461-462).

5) 완전히 기능하는 사람

완전히 기능하는 사람(the fully functioning person)은 심리적 발달과 사회적 진화의 바람직한 결과이다(Schultz & Schultz, 1994 : 309). 로저스는 훌륭한 삶이란 인간이 어떤 방향으로든 자유롭게 움직일 수 있는 내적 자유가 있을 때 그가 선택하는 방향으로 움직이는 과정이라는 것이다. 이러한 선택된 방향이 갖는 일반적 자질은 그것이 일정한 보편성을 갖는 것으로, 심리적으로 좀 더 자유로운 사람은 좀 더 완전히 기능하는 방향으로 움직인다는 것이다. 완전히 기능한다는 것은 자신의 잠재력을 인식하고 능력과 재질을 발휘하여 자신에 대한 완벽한 이해와 경험을 풍부히 하는 방향으로 이동해 나가는 것이다(Hjelle & Ziegler, 1994 : 468). 완전히 기능하는 사람은 공통적으로 다섯 가지의 중요한 성격 특성을 가지고 있다.

(1) 경험에 대한 개방성

완전히 기능하는 사람은 가치의 조건에 아무런 제재를 받지 않고 모든 감정과 태도를 자유로이 경험할 수 있으며, 위협을 받는 것이 전혀 없기 때문에 방어해야만 하는 것도 전혀 없다. 그러므로 경험에 대한 개방성은 방어성과는 반대개념이다. 내적·외적인 모든 감각과 느낌은 왜곡되거나 방해를 받지 않고 유기체의 신경계에 전달된다.

완전히 기능하는 사람은 자신의 본성에 대해 모든 것을 알고 있으며, 성격의 어떤 면도 차단하지 않는다. 그래서 성격은 생활이 주는 경험을 잘 받아들일 뿐만 아니라 지각과 표현의 새로운 길을 열기 위해 그 경험들을 활용하는 데에도 융통성이 있다. 그들은 긍정적·부정적 정서들을 더욱 폭넓게 받아들이며, 그들을 더욱 강렬하게 느낀다는 점에서 정서적이다(Schultz & Schultz, 1994 : 309).

(2) 실존적인 삶

완전히 기능하는 사람은 존재하는 어느 순간에서나 완전하게 충분한 삶을 영위하며, 모든 경험을 이전에는 결코 비슷한 방법으로 존재하지 않았던 것처럼 새롭고 신선하게 느낀다. 그들은 모든 경험을 기분 좋게 받아들이기 때문에 자아 또는 성격은 끊임없이 모든 경험에 의해 영향을 받거나 새롭게 된다.

완전히 기능하는 사람은 고정된 자아를 갖지 않으며, 경험을 다스리거나 조정할 필요도 없기 때문에 경험에 자유롭게 참여할 수 있다. 즉, 그들은 자아구조가 새로운 경험에 언제나 개방되어 있기 때문에 융통성이 있고, 성격에는 어떤 경직성이나 예언할 수 있는 능력도 없다. 그들은 순간에 일어나는 모든 것을 쉽게 받아들이며, 각각의 경험 속에서 다음에 올 경험을 받아들일 수 있도록 쉽게 변화할 수 있다(Schultz, 1990 : 70-71).

(3) 자신의 유기체에 대한 신뢰

완전히 기능하는 사람은 자신을 신뢰하기 때문에 자신이 옳다고 느끼는 대로 행동하며, 그것이 이성적이거나 지적인 요소들보다 더 믿을 만하다고 생각한다. 즉, 어떤 상황에 대한 유기체적 감각이 지성보다 더 믿을 만한 가치가 있는 것으로 본다. 그들은 순간적이고 직관적인 충동으로 행동할 수 있다. 그러나 그런 행동이 무례하거나 결과를 전혀 고려치 않은 것은 아니다.

완전히 기능하는 사람은 결정을 내려야 하는 상황에서 유용한 모든 정보에 접근할 수 있으며, 유기체 전체로 하여금 한 상황의 모든 측면을 고려할 수 있게 한다. 즉, 그들은 모든 관련된 요소들이 신중하게 고려되고 조화가 이루어져 그 상황의 모든 측면을 가장 잘 만족시키는 결정에 도달할 수 있다. 그들은 결정에 도달하는데 사용된 자료가 왜곡되지 않고 정확하므로 그들 스스로를 신뢰하듯 그들의 결정도 신뢰한다. 완전히 기능하는 사람은 경험을 결정을 내리는데 필요한 가장 중요한 정보의 출처로 간주한다(Hjelle & Ziegler, 1994 : 470).

(4) 선택과 행동에 대한 자유의식

완전히 기능하는 사람은 선택과 행동에 대한 자유의식을 가지고 있다. 즉, 그들은 사고와 행동의 대안들 중에서 금지나 제약이 없이 자유롭게 선택할 수 있다. 그들은 삶에 대한 개인적인 지배감을 즐기며, 미래는 일시적인 생각이나 환경 또는 과거의 사건들에 의해 결정되는 것이 아니라 자기 자신에게 달려 있다고 믿는다.

완전히 기능하는 사람은 이러한 자유감과 지배감 때문에 인생에서 매우 많은 선택을 하며, 그가 하고자 하는 것은 뭐든지 할 수 있다고 느낀다. 그러나 방어적인 사람은 삶에 대한 지배감을 갖지 못하고 무한한 가능성을 느끼지 못하며, 선택이 제한되어 있고, 미래에 대한 시야도 좁다. 완전히 기능하는 사람은 자기 자신이나 타인에 의해서 단지 한 방향으로 행동하도록 강요당하지 않으며, 자유롭고 다양하게 행동한다(Schultz & Schultz, 1994 : 310).

(5) 창조성

완전히 기능하는 사람은 모두가 상당히 창조적이다. 즉, 그들은 모든 영역에서 창의적인 소산과 창의적인 삶으로 스스로를 표현한다. 그들은 행동에 자발적이며, 그들 주변의 생활에서 풍부한 자극에 대응하여 변화하고 성공하며 발달한다.

창의적인 사람은 사회적·문화적인 제약에 순응하거나 수동적인 적응을 한다고 볼 수 없다. 그들은 방어성이 없기 때문에 그들이 하는 행동에 대하여 다른 사람들로부터 인정을 받는 일에 관심이 없다. 한편 완전히 기능하는 사람은 주변 환경의 급작스러운 변화에 보다 더 잘 적응하며, 살아남을 가능성이 더 많다고 믿는다. 그들은 전쟁이나 자연적인 재앙과 같은 충격적인 변화에까지도 대처할 수 있는 창의성과 자발성을 갖고 있다(Schultz, 1990 : 73-74).

6) 클라이언트중심치료

클라이언트중심치료(client-centered therapy)는 주의 깊은 경청과 비지시적 원조과정을 통해서 클라이언트의 자기가치감과 자기이해를 증진시켜 사회적 기능을 향상시키는 심리치료이다. 로저스는 심리치료가 잠재능력을 가지고 있는 개인 내에 이미 존재하는 능력을 방출하는 것이라고 주장하였다. 그는 클라이언트중심치료에서 효과적인 치료관계에 필수적인 치료자의 세 가지의 태도를 강조했다.

(1) 자기일치감

치료자는 클라이언트와의 관계에 있어서 자기일치감을 가져야 한다. 즉, 치료자는 방어적인 모습이 없이 진실해야 하며, 클라이언트와의 관계에서 통일되어 있어야 하고 통합되어야 한다. 그렇게 함으로써 치료자는 자신의 유기체적 경험의 기초 위에서 클라이언트와 만날 수 있으며, 클라이언트의 문제를 치료할 수 있게 된다. 치료자가 느끼는 것과 클라이언트가 말하는 것 사이에는 조화가 있어야 한다.

(2) 무조건적인 긍정적 관심

치료자는 클라이언트에게 무조건적인 긍정적 관심을 제공해야 한다. 인간 대 인간의 관계에 기초하여 클라이언트의 사회경제적 지위, 감정, 태도, 행동 등에 관계없이 클라이언트가 천부적 인권을 가지고 있는 소중한 존재이며, 가치를 지니고 있는 사람이라는 것을 느껴야 한다. 또한 치료자는 그러한 느낌을 클라이언트에게 전달할 수 있어야 하며, 클라이언트 자신이 어떠한 존재이고, 어떠한 존재로 될 수 있는가에 대해 존중해 주어야 한다.

(3) 공감적 이해

치료자는 클라이언트에 대한 공감적 이해가 있어야 한다. 치료자는 클라이언트의 경험과정에 민감하게 관련되어야 하며, 이 경험이 이해되었다는 것을 클라이언트에게 효과적으로 전달할 수 있어야 한다. 클라이언트의 경험에 정확한 의미를 부여하고 경험을 공유하는 것이 필수적이긴 하지만, 치료자는 분명하게 앞으로의 전망이 유지되도록 정서적인 영향으로부터 충분한 거리를 두어야 한다. 이렇게 함으로써 클라이언트는 보다 분명한 전망을 얻는데 도움을 받을 수 있다.

치료자는 클라이언트가 자기 자신을 표현하는데 나타나는 두려움을 잊어버리고, 자신의 유기체적 경험과 보다 밀접한 접촉을 많이 하도록 따뜻하고 수용적인 분위기를 만들려고 노력해야 한다. 온정과 수용은 그것이 있다고 말로만 클라이언트에게 전하는 것이 아니라 스스로 느낄 수 있게 해야 한다.

치료자는 실제 상황에 처해 일치감을 느껴야 하며, 자신의 클라이언트를 무조건 수용하고 존중한다는 것을 느껴야 하고, 공감한다는 것을 느껴야만 한다. 이러한 감정들은 치료자에 의해 정확하게 경험되어야만 한다. 만약 치료자가 무의식적으로 불안정감과 거부감을 가지게 되면 그것은 좋은 상황이 되지 못한다. 한편 치료적 관계에서 조건들을 인위적으로 조작하려는 시도는 클라이언트에게 변화를 가져오는데 성공적이지 못하며, 치료자는 진실해져야 한다(Nye, 1991 : 166-167).

7) 인카운터 그룹

인카운터 그룹(encounter group)은 친밀한 상호작용을 통해 각 사람으로 하여금 자기 자신과 타인과의 관계를 맺는 방법에 관해 더 많은 것을 발견하게끔 하는 소집단이다. 이것은 치료과정에서 사람들이 융통성, 자발성, 개방성 등을 개발하거나 회복하도록 하는 집단이다(Schultz & Schultz, 1994 : 310). 로저스는 개인을 보다 완전하게 기능하도록 도와주는 이러한 집단의 잠재력에 큰 흥미를 가졌다.

인카운터 그룹이 치료적 가치를 가진다고 하더라도 이것은 일반적인 집단치료와는 구분된다. 집단치료는 상당히 심각한 문제를 가지고 있거나, 즉각적인 도움을 필요로 하는 사람을 도와주기 위한 것이다. 그러나 인카운터 그룹은 이미 정상적으로 잘 기능하는 사람들의 능력을 증진시키기 위해서 계획된 것이다.

인카운터 그룹은 대개 적은 인원으로 구성되며, 한 번에 많은 시간 동안 만남을 유지하거나, 짧은 시간 동안 여러 번 만나기도 한다. 특별한 계획이 사전에 구성되지는 않으며, 환경을 비구조화시켜 구성원들이 집단과정이 진행됨에 따라 자신들의 감정과 타인과의 상호작용을 자유로이 탐색할 수 있게 한다. 집단경험 동안 적대적인 교류가 생기거나 상당 기간 동안 불편한 감정은 있을 수 있지만, 전반적으로 상호 수용과 지지의 분위기가 되도록 구성된다.

로저스는 인카운터 그룹이 내적 경험에 대한 자각을 증가시키며 보다 만족스러운 대인관계의 개선에 도움을 줄 수 있다고 믿었다. 그는 또한 인카운터 그룹이 정부, 회사, 학교, 교회, 가정 등과 같은 여러 다른 환경에서 개인들 간의 그리고 집단

간의 갈등을 줄이는 것과 같은 다양한 목적을 위해 사용될 수 있다고 보았다(Nye, 1991 : 173-174).

8) 로저스 이론의 평가

로저스의 이론은 심리치료와 상담영역에서 상당한 공헌을 하였다. 특히 클라이언트중심치료는 정서적 장애를 가진 사람들의 치료에 유용한 것으로 평가되어 그 동안 폭넓게 적용되어 왔다(Schultz & Schultz, 1994 : 319). 또한 그의 이론에서 인간본성의 긍정적인 측면과 자기개념의 중요성을 강조한 것은 많은 공감을 받고 있다. 이러한 학문적인 많은 업적에도 불구하고 로저스의 이론은 몇 가지 측면에서 비판을 받고 있다.

첫째, 로저스의 이론은 클라이언트의 말을 비판 없이 그대로 받아들이는 순진한 현상학을 취하고 있으며, 클라이언트에 관한 자료들의 신뢰도와 타당도가 의문시된다. 로저스가 클라이언트의 내면적인 경험을 이해하기 위해서 일정 기간 동안 그들의 말을 들었다고 할지라도 진정한 감정과 사고를 적절하게 이해하기가 어렵다는 것이다. 또한 클라이언트와 관련된 자료는 그들이 말하는 것을 긍정적 관심과 공감적 이해를 가지고 듣기를 시도하는 동안 이루어진 임상적 경험들이기 때문에 신뢰도와 타당도가 의문시되고 있다(Nye, 1991 : 219).

둘째, 로저스의 이론은 기본적인 인간 본성에 대한 선한 측면을 너무 강조하고 있으며, 인간의 악한 면과 부적응적인 인간에 대한 설명이 부족하다. 만일 인간이 본래부터 선하다면, 인간이 수많은 악한 일들을 행하지 않았을 것이다. 그러나 인간의 행동은 본성에 의해서만 좌우된다고 볼 수 없으며, 다양한 관련 요소들을 통해서 설명되어야 한다.

셋째, 로저스의 이론은 인간의 무의식적 과정에 별다른 관심을 보이지 않고 있다. 그는 무조건적인 긍정적 관심, 공감적 이해, 진실성이 존재한다면 개인도 상징화된 경험들을 인식하게 될 수 있다는 것이다. 그러나 인간의 무의식은 이러한 것으로는 인식할 수 없으며, 무의식을 파악하기 위해서는 정신분석학적 해석이 필요하다(Engler, 1991 : 364).

넷째, 인간은 생활에 있어서 적절한 발전을 지향하게 하는 확고한 기제가 있다고 하였지만 이러한 기제에 대한 명백한 증거가 없으며, 학습을 통한 인간행동의 발달을 무시하고 있다. 또한 로저스 이론의 개념들 중에서 유기체적 경험, 자기개념, 완전한 기능 등은 개념이 모호하고 너무 포괄적이어서 이해하는데 어려움이 있다 (Nye, 1991 : 222).

2 자아실현이론

자아실현이론(self-actualization theory)은 매슬로우(Abraham H. Maslow)가 체계화한 이론이다. 매슬로우는 인간이 근본적으로 선하며 존경받을 만하고 그들은 만약 환경조건이 적당하기만 하면 그들의 잠재능력을 실현해 나가려 한다고 보았다. 그는 인간행동의 연구에서 건전하고 창조적인 측면을 기초로 하였으며, 인간행동이 자신의 욕구를 추구하려는 동기에서 나타난다고 보았다. 자아실현이론은 인간이 자신의 잠재력을 최대한 발휘하여 성격의 성숙을 포함한 자신의 성장과 발전을 기하며, 자기가 원하는 사람이 되도록 하는 것과 관련된 성격이론이다.

1) 매슬로우의 생애

매슬로우는 1908년 미국 뉴욕의 브루클린(Brooklyn)에서 태어났다. 그는 러시아에서 이주한 가난한 유태인의 집안에서 태어났으며, 어린 시절과 청소년 초기를 매우 고독하게 보냈다. 그는 아버지의 권유로 뉴욕시립대학에 들어갔다가 코넬대학교로 전학하였으며, 1930년 위스콘신대학교에서 학사학위를 받았다. 위스콘신대학교 대학원에서 심리학을 전공하여 1931년 석사학위를 받았으며, 1934년 박사학위를 취득하였다.

매슬로우는 1937년 컬럼비아대학교의 카네기 특별회원이 되어 유명한 학습이론가인 손다이크(Thorndike) 밑에서 엄격한 실험훈련을 받았다. 1939년부터 1951년까지

브루클린대학에 교수로 재직하다가 1951년부터 1969년까지는 브랜디스대학교의 심리학과 교수로 있었다. 이 기간 중에 그는 미국 심리학계의 인본주의 운동의 가장 유명한 인물이 되었다. 매슬로우는 심리학을 처음 시작할 무렵에 행동주의에 깊이 빠졌었다고 술회하고 있으며, 그는 결코 행동주의를 배척했던 적이 없었다. 그러나 점차 행동주의의 지나친 일방성에 회의를 느꼈으며, 인간의 성장, 잠재적 창조성, 자유의식 등을 인식하고 인본주의 심리학자가 되었다. 그는 1970년 62세에 사망했다.

매슬로우의 유명한 저서로는 『동기와 성격』(1970)이 있으며, 이 책에서 그는 인간 욕구의 위계체계를 제안했다. 그의 대표적인 저서로는 『인간심리학을 향해서』(1962), 『종교, 가치관 및 절정경험』(1964), 『과학심리학 : 정찰대』(1956), 『인간본성의 깊은 이해』(1971) 등이 있다.

2) 인본주의이론의 기본 원칙

(1) 통합된 전체로서의 개인

인본주의이론의 가장 중요한 관점 중의 하나는 각 개인은 유일하면서도 통합된 전체로서 연구되어야 한다는 것이다. 그동안 성격이론이 인간의 전인성과 본성이라는 기본적인 측면을 무시하고 각각의 분리된 사건으로 보는 미세한 분석에 치우쳤다는 것이다.

인본주의 이론은 주로 통합된 전체로서의 인간을 무시하고, 행동의 나누어진 여러 부분들을 다루는 이론들에 대한 반발로 발전되었다. 즉, 훌륭한 이론은 입이나 생식의 욕구와 같은 것은 없으며, 단지 개인의 욕구가 있을 뿐이라는 것이다. 매슬로우는 성격의 주된 특질이 성격의 단일성과 전체성에 있다고 보았다(Hjelle & Ziegler, 1994 : 412-413).

(2) 동물연구의 부적절성

인간은 동물 이상의 특별한 존재이므로 인간의 행동과 동물의 행동 사이에는 근본적인 차이가 있다. 그러므로 동물연구를 바탕으로 이것을 인간에게 적용하는 것은 부적절하다. 매슬로우는 행동주의이론이 개인을 비인간화하고 있으며, 조건반응에 의해 좌우되는 기계 이상으로 보지 않는다고 믿고 있다. 동물연구는 인간만이 가지고 있는 특성인 가치관, 이상, 사고, 용기, 사랑, 창조성 등을 무시하기 때문에 그것만으로는 인간행동을 이해하는 데는 부적절하다. 인간행동에 관한 연구는 인간을 대상으로 하여 이론화해야 한다.

(3) 인간 본성의 선함

인본주의이론은 인간의 본성이 본질적으로 선하고 존경받을 만하다고 보며, 아무리 못할지라도 중간의 위치에 있다고 본다. 그러므로 사람이 악하고 파괴적이며 폭력적인 요소들을 갖게 된 것은 좋지 못한 환경의 영향에 의해 발생한 것으로 보고 있다. 프로이트의 이론은 인간의 일시적인 충동이 자기 자신은 물론 다른 사람의 안전을 해칠 수 있는 것으로 보았으며, 인간의 운명의 방향에 대해 비관적으로 보았다. 그러나 인본주의이론은 인간의 본성에 대해 인도주의적이며 낙관적인 태도를 보이고 있다(Schultz & Schultz, 1994 : 290).

(4) 인간의 잠재적 창조성

인간의 창조성은 인본주의이론의 가장 핵심적인 요소이다. 매슬로우에 의하면 창조성은 인간이 태어날 때부터 잠재적으로 가지게 되는 인간 본성의 공통적 특질이라는 것이다. 이러한 창조성은 문명화가 이루어지면서 대부분의 사람들로부터 사라지고 있지만, 사물을 새롭고 순수하게 직접적으로 보는 극소수의 사람들에 의해 나타난다. 창조성은 누구에게나 잠재해 있는 것이기 때문에, 이것을 갖기 위한 특별한 자질이나 능력이 요구되지 않는다. 창조성은 보편적인 인간의 기능이면서 여러 가지 형태의 자아표현을 초래한다(Hjelle & Ziegler, 1994 : 414).

(5) 심리학적 건강에 대한 강조

인본주의이론은 심리학적으로 건강한 사람을 주요한 연구대상으로 삼고 있다. 매슬로우는 신경증 환자를 대상으로 한 프로이트의 연구를 비롯한 인간행동에 대한 기존의 연구들이 인간을 이해하는데 있어서 편파적이고 이해력이 부족한 것으로 보았다. 심리학적으로 건강하지 못한 사람을 연구대상으로 할 경우에 이러한 연구는 인간 본성의 부정적인 면을 강조할 수 있다. 그러므로 인간행동을 이해하기 위해서는 심리학적으로 건강한 사람을 대상으로 인간의 강점, 장점, 잠재능력 등과 같은 긍정적이고 건설적인 측면이 연구되어야 한다.

3) 인간욕구의 단계

매슬로우는 인간행동을 일으키는데 직접적으로 영향을 미치는 다섯 가지 욕구의 위계체계(hierarchy of needs)를 제안했다. 인간행동은 개인의 삶을 가치 있게 만드는 개인적인 목표를 추구하려는 경향 속에서 설명할 수 있으며, 이러한 목표는 욕구의 위계체계 속에서 상위욕구를 추구하려는 경향으로 나타난다는 것이다.

인간의 욕구는 본능적이며, 그것은 강도, 유용성, 중요성 등의 우선순위에 따라 일종의 계층적인 단계로 배열되어 있고, 가장 기본적인 욕구부터 시작하여 그것이 만족되면 더 높은 단계의 욕구를 추구하고자 한다는 것이다. 인간의 욕구는 생리적 욕구, 안전의 욕구, 소속과 사랑의 욕구, 자존감의 욕구, 자아실현의 욕구의 순서로 나타난다. 일반적으로 위계서열이 낮은 욕구일수록 강도와 우선순위가 높으며, 단계별로 상위의 욕구가 차례로 나타나는 경향이 있지만 예외가 있을 수 있으며, 자아실현의 욕구는 성장욕구이고 나머지는 기본 욕구로 볼 수 있다.

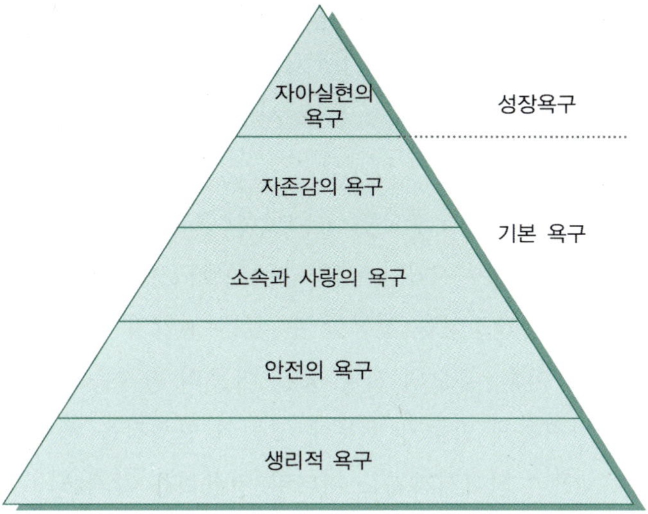

[그림 12-1] 매슬로우의 욕구의 위계체계

(1) 생리적 욕구

생리적 욕구(physiological needs)는 생물학적 유지와 직접적으로 관련되어 있는 것으로 인간의 욕구 중에서 가장 기본적이고 강하며 분명한 욕구이다. 여기에는 음식, 물, 산소, 수면, 은신처, 성, 휴식, 건강 등이 포함된다. 이러한 기본적인 욕구수준을 만족하지 못한 사람은 더 높은 단계의 욕구를 만족하려는 시도를 할 수 없다.

생리적 욕구는 인간행동을 이해하는데 매우 중요하다. 이것은 인간의 욕망을 지배하고 있으며, 만일 이것이 제대로 충족되지 못하면 사회의 가치나 도덕이 지켜지기 어려울 수 있다. 또한 인간이 생리적 욕구에 집착하게 되면 더 높은 수준의 목표를 추구하지 못하게 된다. 생리적 욕구는 기본적인 생존에 어려움이 있는 사람들에게는 가장 중요한 삶의 동기가 되지만, 대부분의 사람들의 생활에서는 최소한의 역할을 수행하고 있다(Schultz & Schultz, 1994 : 281).

(2) 안전의 욕구

안전의 욕구(safety needs)는 생리적 욕구가 만족된 이후에 개인이 새롭게 관심을 갖게 되는 욕구이다. 이것은 개인이 환경 내에서 확실성, 정돈, 질서, 예측성 등을 알

맞게 보장받기 위한 동기에서 나타난다. 안전의 욕구는 상대적 무력감과 어른에 대한 의존 때문에 유아와 아동들에게서 가장 많이 나타나는 보편적인 욕구이다. 또한 이것은 개인이 전쟁, 범죄, 홍수, 지진, 폭동, 사회해체 등과 같은 실제적 위기에 직면했을 때 나타난다.

안전의 욕구는 아동의 생활에 중요한 요소로서, 그들은 어느 정도 엄격한 가정에서 이러한 욕구를 만족시킬 수 있다. 그러나 아동이 가정환경 내에서 불안, 걱정, 불신 등을 느끼게 되면, 안정성을 제공할 수 있는 생활의 다른 영역을 찾게 된다. 또한 부부싸움, 별거, 이혼, 부모의 사망 등은 아동의 환경을 불안정하게 하고, 예측을 불허하며, 불완전하게 만들기 때문에 그들의 안정감을 해치게 된다.

안전의 욕구는 성인이 되어서까지도 커다란 영향력을 갖게 되며, 이것은 부분적으로 의식주를 해결할 수 있는 직업, 저축, 보험가입, 철학, 종교 등과 관련되어 있다. 특히 종교와 철학은 개인이 자신의 세계를 구축하는 것을 돕고 거기에 소속된 사람들 전체를 의미 있는 하나로 만들어 안전감을 느끼게 한다(Hjelle & Ziegler, 1994 : 418-419).

(3) 소속과 사랑의 욕구

소속과 사랑의 욕구(belonging and love needs)는 생리적 욕구와 안전의 욕구가 충족되었을 때 개인에게 나타나는 욕구이다. 이 단계에서는 남들과의 애정, 가족 내에서의 위치, 준거집단 등을 갈망하며, 집단의식이 개인의 주요한 목표가 된다. 소속에 대한 욕구는 산업화·도시화에 따른 사회적 이동성의 증가로 인하여 점점 충족되기 어렵다. 그러므로 소속의 욕구를 충족시키기 위해서는 개인이 조직, 단체, 집단 등에 가입하여 활동하는 것이 필요하다(Schultz & Schultz, 1994 : 282).

사랑에 대한 욕구는 사랑을 받는 것뿐만 아니라 주는 것을 포함한다. 여기에서 사랑이란 각각의 개인에 대한 깊은 이해와 수용을 바탕으로 상호 간의 건전한 신뢰관계와 존중을 포함하는 개념이다. 개인은 사랑을 받고 포용되는 것을 통하여 가치가 있다는 느낌을 갖게 되지만, 사랑을 받지 못하게 되면 공허감, 무가치감, 적대감 등을 갖게 되며 부적응, 신경증, 정신병 등의 원인이 되기도 한다.

(4) 자존감의 욕구

자존감의 욕구(self-esteem needs)는 소속과 사랑의 욕구가 충족된 이후에 개인에게 나타나는 욕구이다. 이것은 자신을 긍정적으로 평가하려는 데에서 생기며, 자기존중과 타인으로부터의 존경으로 분류된다. 자기존중은 능력, 신뢰감, 적합성, 성취, 독립, 자유 등을 포함하는 것으로 개인이 자신이 가치가 있다고 생각하는 것이다. 타인으로부터의 존경은 명성, 인식, 수용, 주목, 지위, 평판 등을 포함하는 것으로 자기의 능력이 다른 중요한 사람으로부터 인식되고 좋게 평가되는 것이다.

자존감의 욕구가 만족되면 자신감, 자기존중, 힘, 능력, 적절성, 세상에서 유용하고 필요하다는 느낌 등을 가져온다. 그러나 이러한 욕구가 만족되지 못하면 열등의식, 어리석음, 약함, 무력감, 좌절감, 무용지물이라는 느낌, 자기비하 등을 유발한다. 가장 건전한 자존심은 명성, 지위, 재산, 아첨 등과 같은 외부요소에 의존해서 얻어내는 것이 아니라, 개인의 능력과 끊임없는 노력을 통하여 다른 사람으로부터 얻어낸 존경에 근거한다(Hjelle & Ziegler, 1994 : 421-422).

(5) 자아실현의 욕구

자아실현의 욕구(self-actualization needs)는 생리적 욕구, 안전의 욕구, 소속과 사랑의 욕구 및 자존감의 욕구가 충족된 이후에 나타나는 욕구이며, 자기가 성취할 수 있는 모든 것을 성취하려는 욕구이다. 이 단계에 도달한 사람은 자기 자신의 능력, 재능, 잠재력을 충분히 발휘하기 위해서 노력한다. 여기에서 자아실현이란 자아의 완전한 발달을 의미하며, 자신의 잠재력을 최대한 발휘하여 자기가 원하는 사람이 되도록 하는 것이다.

자아실현은 다양한 형태로 나타날 수 있다. 이것은 누구든지 직업이나 관심 분야와는 관계없이 자신의 잠재력을 충분히 발휘하며 성격발달의 정점에 도달할 수 있는 가능성이 있기 때문이다. 즉, 자아실현은 예술가나 시인뿐만 아니라 운동선수, 교사, 노동자 등 각자가 맡은 바에 최선을 다함으로써 추구할 수 있다.

자아실현을 하기 위해서는 몇 가지 조건이 필요하다. 첫째로, 우리는 사회나 자기 자신에 의해서 부과된 강요로부터 자유로워야 한다. 둘째로, 생리적 욕구나 안전의 욕구와 같은 낮은 수준의 욕구에 의해서 정신적으로 혼란해져서는 안 된다. 셋째로, 자신의 이미지와 다른 사람들과의 관계에 대해 확신이 있어야 하며, 사랑을 주거나 받아야 한다. 넷째로, 자신의 강점과 약점, 미덕과 악덕 등에 관한 실제적인 지식을 소유해야 한다(Schultz & Schultz, 1994 : 284).

자아실현은 자신에게 충족감을 주기도 하지만, 책임감과 미지의 것에 대한 두려움도 일으키게 한다. 이것은 각자가 자신의 위치에서 최선을 다하는 것이기 때문에 형태와 정도에 개인차가 나타날 수 있다. 자아실현은 개인이 자기가 도달할 수 있는 바에 목표를 두고 목표와 정열을 가지고 살기 때문에 우리들에게 흥미로움과 신선함을 제공한다.

한편 자아실현은 많은 사람들이 달성하고자 하는 목표이지만, 이것은 극히 적은 사람들만이 달성할 수 있다는 것이다. 많은 사람들이 자아실현을 달성할 수 없는 이유로는 그들이 자신의 능력을 의심하고 두려워하여 자아실현을 할 수 있는 기회가 소멸되며, 사회적 환경이 자아실현을 할 수 없게 억누르기도 한다는 것이다. 또한 안전의 욕구가 가져다주는 강한 부정적인 영향에 의해서 자아실현을 하지 못하기도 한다. 즉, 인간발달의 과정에서는 위험을 무릅쓰고 실수도 하면서 자신의 잠재력을 최대한 발휘하겠다는 지속적인 의지가 요구되지만, 두려움이나 걱정 때문에 안전의 욕구로 되돌아가려는 경향을 띠게 된다는 것이다.

4) 인간동기의 종류

매슬로우는 인간이 균형을 회복하고 좌절을 극복하려는 것보다는 오히려 성장하려는데 더 관심을 가지고 있다고 보았다. 그는 인간이 무엇인가를 항상 원하는 존재이며, 성장 · 행복 · 만족 등을 향해 활동하려는 동기를 가지고 있다는 것이다. 매슬로우는 인간이 가지고 있는 이와 같은 동기를 결핍동기와 성장동기로 구분하였다.

(1) 결핍동기

결핍동기(deficiency motivation)는 인간이 생활하면서 필요하지만 갖추지 못한 어떤 결핍되어 있는 부분을 만회하려는 동기이다. 이것은 인간행동의 강력한 결정요소로서, 배고픔과 같은 생리적인 욕구의 결핍에서처럼 그것의 결핍으로 인해 나타나는 신체적·심리적 고통과 불안을 해소하려는 동기이다. 즉, 결핍동기의 목적은 배고픔, 추위, 불안, 공포, 소외, 무력감, 좌절감, 열등의식 등과 같은 결핍상태로부터 야기될 긴장을 미리 막는 것이다. 결핍동기는 생리적 욕구에만 그치지 않고 안전의 욕구를 포함하여 소속과 사랑의 욕구 및 자존감의 욕구 등과 같은 기본 욕구 모두와 관계되어 있다(Schultz, 1990 : 127).

(2) 성장동기

성장동기(metamotivation)는 인간의 잠재력을 실현하려는 선천적 충동과 연관된 성장경향에 대한 동기이다(Engler, 1991 : 372). 즉, 이것은 기본 욕구 이상의 높은 수준의 욕구인 성장욕구(metaneeds)를 충족하고자 하는 동기이다. 성장동기는 인간이 새로운 경험을 풍부하고 다양하게 하며, 살아 있다는 기쁨과 열정을 증진시키는데 그 목표를 두고 있다. 성장동기는 성격의 성숙을 포함한 자아실현의 추구를 의미한다. 여기에서 성장욕구로는 진·선·미, 통일성, 초월, 생동감, 고유성, 완벽성, 필요성, 완성, 정의, 질서, 단순성, 포괄성, 용이성, 명랑성, 자기충족, 의미감 등이 있다(Schultz & Schultz, 1994 : 287).

인간이 완전한 성장을 이루려면 성장욕구를 충족해야 하지만, 그렇지 못하면 완전한 인간성을 갖지 못하게 된다. 성장욕구의 좌절로 인해 초래되는 현상을 메타병리(metapathologies)라고 하며, 이것은 기본 욕구의 좌절로 인해 초래되는 현상만큼 분명하게 경험되는 것은 아니다. 메타병리는 불신, 무관심, 우울, 미완성, 절망, 냉소 등과 같은 심리적 상태로서, 이것은 직접적이고 즉각적으로 나타나지는 않으며, 이것의 원천이나 원인이 개인에게 명확히 나타나지도 않는다. 그러나 메타병리는 인간의 성장과 발달을 촉진시키거나 저해하는 요인이 되며, 개인의 잠재력을 충분히 발휘하지 못하게 한다.

5) 자아실현인의 특성

자아실현을 이룬 사람들은 자신의 잠재력을 성취하며, 자기의 주변 세계를 이해하는데 관심이 있고, 자신의 능력과 재능을 최대한 활용하는 사람이다. 그들은 인생의 경험을 풍부하고 다양하게 하며, 삶에 대한 기쁨과 열정을 가지고 있고, 새롭고 도전적인 일을 통해서 긴장을 증가시키는 데에 이상을 두고 있다.

자아실현을 이룬 사람들은 인간의 기본적인 욕구보다 더 높은 수준의 욕구를 추구하고자 노력하며, 신경증과 같은 병리적 현상이 없고, 연령적으로도 중년이나 그 이상인 경우가 많다. 많은 사람들이 자아실현을 하고자 노력하며 도달 가능성에 대해 낙관적이지만, 자아실현을 성취한 사람은 극히 소수에 불과하다. 매슬로우(1970)의 자아실현인의 특성을 정리하면 다음과 같다(Schultz, 1990 : 133-148).

(1) 효율적인 현실지각

자아실현인은 그들 주변에 있는 물체와 사람들을 객관적으로 지각하며, 세계를 단지 자기들이 원하거나 또는 필요한 방식으로 생각하지 않고 있는 그대로 본다. 그들은 타인에 대한 정확한 판단자이므로 속임수나 부정직을 간파할 수 있으며, 이러한 정확성은 예술, 정치, 과학 등과 같은 삶의 다른 측면들에까지 확대된다. 자아실현인은 삶의 여러 측면들을 유행에 따라, 훌륭한 사람들이 보는 방식에 따라, 또는 대부분의 사람들이 보는 방식에 따라 보지 않는다. 그들은 세계를 오로지 자기 자신의 판단과 지각에 의존하되 편견이나 선입관을 갖지 않는다.

(2) 본성, 타인 및 자기 자신에 대한 수용

자아실현인은 불평이나 걱정이 없이 자기의 약점과 장점을 받아들인다. 그들은 자신의 약점과 결함에 대해 부끄러워하거나 죄책감을 느끼지 않으며, 자기의 본성을 있는 그대로 받아들인다. 그들은 자기 자신을 왜곡시키거나 속이지 않으며, 자기 방어적이지 않고, 자기 자신에 대해 편안함을 느낀다. 자아실현인은 자신은 물론 그들이 알고 있는 사람들의 결점 및 모든 인류의 결점에 대해서도 관대하다. 그들은 자기 행동의 여러 측면에서 자기가 할 수 있거나 했어야 했던 자기와의 사이의 모순에 대하여 죄책감, 수치, 걱정 또는 후회를 느낀다.

(3) 솔직성, 자발성 및 자연스러움

자아실현인은 삶의 모든 측면에서 솔직하고 직접적인 방식으로 행동한다. 즉, 그들은 자기의 정서를 숨기지 않고 솔직하게 표현하며, 자연스럽게 자기 본성에 따라서 행동한다. 그들은 사람들에 대하여 신중하고 사려가 깊으며, 솔직한 감정표현이 다른 사람들의 감정을 상하게 하면 그 감정을 잠정적으로 억제한다. 자아실현인은 고의로 전통에 따르지 않거나 반항하지 않으며, 의도적으로 사회규칙이나 풍습을 업신여기지 않는다. 다만, 사회적 전통에 따르는 것이 그들이 중요하다고 생각되는 것에 방해가 될 때에는 그 규칙을 무시하는데 주저하지 않는다.

(4) 자기 자신 이외의 문제에 대한 몰두

자아실현인은 자기 자신 이외의 어떤 일에 대하여 책임감을 가지며, 한결같이 그러한 일에 열중한다. 그들은 자기의 모든 정열을 바칠 일에 대한 사명의식을 가지고 있다. 자아실현인은 일에 대한 열렬한 헌신을 통하여 성장욕구를 성취하거나 충족시킬 수 있다. 즉, 그들은 금전, 명예 또는 권력을 위하여 일을 하지 않고 성장욕구를 만족시키고, 자기의 능력에 도전할 뿐만 아니라 능력을 개발하며, 잠재력을 가장 높은 수준으로 성장할 수 있도록 하기 위해서 일을 한다.

(5) 분리감 및 사생활에 대한 욕구

자아실현인은 고립과 고독에 대한 강한 욕구를 가지고 있다. 그들은 다른 사람들을 필요로 하지는 않지만, 사람들과의 접촉을 피하지는 않다. 그들의 행동과 감정은 상당히 자기중심적이고 자기주도적이다. 그들은 스스로 결정할 수 있는 능력을 가지고 있어 스스로 결정을 내리며, 자신의 동기와 행동준칙을 실행한다. 자아실현인은 타인에게 의존하거나 매달리지 않으며, 개인적인 생활과 고독을 더 좋아하기 때문에 사회적으로 어려움을 겪는 경우도 있다.

(6) 자율적 기능

자아실현인은 사회적·물리적 환경에 자율적으로 기능하는 능력을 가지고 있다. 그들은 결핍동기가 아닌 성장동기에 의해서 동기가 유발되기 때문에 그들의 만족을 위해서 현실세계에 의존하지 않으며, 자신의 발전을 위해서 잠재력과 내적 자원을 활용한다. 자아실현인은 자제력을 가지고 있으며, 고도의 자율성으로 인하여 위기나 결핍에도 당황하지 않고 큰 재앙 속에서도 기본적인 침착성을 유지한다.

(7) 계속적인 감상의 신선함

자아실현인은 어떤 경험들을 반복적으로 감상할지라도 기쁨, 두려움, 놀라움 등과 같은 신선한 감각을 계속적으로 경험한다. 그들은 일몰, 교향악, 좋아하는 음식, 배우자의 웃음 등과 같은 경험들도 마치 새로운 것처럼 신선하게 감상하는 능력을 가지고 있다. 자아실현인은 삶의 경험들을 싫증내거나 지루해 하지 않으며, 그러한 일들을 당연한 것으로 여기지 않고 계속적으로 감사해 한다.

(8) 절정경험

자아실현인은 종교적 경험과 유사한 강렬하고 저항할 수 없는 황홀한 기쁨을 경험하는 경우가 있다. 그들은 이러한 절정경험을 하는 동안 자아는 초월하게 되고 자신감, 결정감, 지배감, 성취감 등과 같은 심오한 의식을 갖게 되며, 자신이 몰두하고 있는 활동에서 쾌감을 느낀다. 자아실현인은 보통사람보다 훨씬 더 자주 절정경험을 하게 되며, 이것을 최고의 심리적 건강상태라고 말할 수 있다. 그들은 보다 분명하게 성장동기화되고, 자기 자신과 자신의 세계에 대하여 밝은 통찰력을 제공해 주는 절정경험을 맛본다.

(9) 사회적 관심

자아실현인은 인류를 돕고자 하는 욕망은 물론 모든 인간에 대하여 강하고 열렬한 감정이입과 애정을 가지고 있다. 즉, 그들은 전 인류를 사랑하며, 모든 사람들에게 형제애를 느끼고 있다. 자아실현인은 여러 면에서 보통 사람들과 다르기 때문에 보다 높은 수준에서 기능하며, 보다 명확하게 사물을 보고 이해할 수 있다는 것을 알고 있다. 그들은 다른 사람들의 바보와 같은, 서투른 또는 잔인한 행동에 우울해지거나 화를 내는 경우도 있지만, 곧 이해하고 용서해 준다.

(10) 심오한 대인관계

자아실현인은 보통 사람들보다도 더 깊은 대인관계를 가질 수 있다. 그들은 다른 사람들과 열렬히 사랑하고, 보다 깊은 우정을 나누며, 보다 완전히 동일시할 수 있다. 그들은 가까이 지내는 사람의 범위는 좁지만 다른 사람들에게 친절하며, 특히 아동들에게 친절하고 인내심이 있다. 자아실현인이 다른 사람들에게 느끼는 사랑은 결핍사랑이 아닌 존재사랑이며, 그들은 사랑에 대해 두려워하거나 질투하지 않는다. 그들의 사랑은 자기의 성장에 관심을 갖는 만큼 다른 사람의 성장·발달에도 관심을 갖는 이타적인 사랑이다.

(11) 민주적인 성격구조

자아실현인은 사회계층, 교육 수준, 종교, 문화, 인종, 피부색, 정치이념 등과 관계없이 모든 사람을 관대하게 다루고 수용한다. 이러한 차이들은 그들에게 문제가 되지 않으며, 그들의 행동은 관용 이상으로 깊은 데가 있다. 자아실현인은 다른 사람을 대할 때 우월한 태도를 보이지 않으며, 자기에게 무엇인가 가르침을 줄 수 있는 사람들에게 귀를 기울이고 배울 준비가 잘 되어 있다.

(12) 수단과 목적 및 선과 악의 구별

자아실현인은 수단과 목적을 분명히 구별하며, 목적을 그것에 도달하기 위한 수단보다 훨씬 더 중요시한다. 그러나 그들은 수단인 어떤 경험과 활동을 목적으로 생각하는 경우도 있으며, 목적 달성에 못지않게 수단이 기쁨과 만족을 주기 때문에 그것을 즐긴다. 자아실현인은 선과 악 및 옳고 그름을 구분할 수 있으며, 어느 상황에서나 고수할 뚜렷한 윤리적·도덕적 기준을 가지고 있다.

(13) 철학적인 유머감각

자아실현인은 적의가 있는 유머, 우월적인 유머, 음탕한 유머, 권위에 반항적인 유머 등으로 다른 사람들을 웃게 하지 않으며, 철학적인 유머감각을 지니고 있다. 그들은 인류 전체를 놀림감으로 삼지 않으며, 무엇인가 강조하고자 하는 교훈이 담겨 있는 경우가 많고, 폭소를 자아내기보다는 이해의 미소와 생각이 깊은 종류의 유머이다. 이러한 유머들은 보통사람들이 이해하는 데에 어려움이 있다.

(14) 창조성

자아실현인은 창조성을 지니고 있다. 즉, 그들은 예술가나 과학자가 아니더라도 독창적이며 발명의 재능을 지니고 있고 현실적이다. 창조성은 심리적으로 매우 건강하다는 하나의 표현이며 태도이다. 창조성은 예술성이 있는 완성된 작품이라기보다는 세계를 지각하고 반응하는 방식에 보다 관심을 가지고 있는 것이며, 어떤 직업에 종사하는 사람이든 간에 모두가 창조성을 발휘할 수 있다.

(15) 문화의 내면화에 대한 저항

자아실현인은 자부심이 강하고 자율적이므로 어떤 방식에 따라 사고하거나 행동하라는 사회적 압력에 잘 저항할 수 있다. 그들은 그들의 문화로부터 이탈하여 내적인 초연함을 유지하며, 다른 사람들에 의해서라기보다는 그들 자신이 자기를 다스려 나간다. 그러나 그들이 공공연히 문화에 반항하는 것만은 아니며, 개인적인 도덕적·윤리적 문제에 대해서만 사회의 규칙과 규범에 도전한다.

이러한 자아실현인의 특성들은 성인(聖人)이 아닌 이상 완전히 지켜지기가 어렵다. 그러므로 자아실현인이 완전한 존재는 아니며, 완전에 가까운 사람들인 것이다. 그들도 다른 사람들에게서 볼 수 있는 어리석음, 무분별함, 허영심, 무례함 등을 드물게 발견할 수 있다. 또한 자아실현인이라고 해서 죄책감, 불안, 수치, 근심, 갈등 등으로부터 완전히 자유로운 것은 아니며, 다른 사람들보다 그러한 일들을 훨씬 적게 경험한다.

6) 매슬로우 이론의 평가

매슬로우의 이론은 인본주의이론의 기틀을 마련하는데 크게 공헌했다. 그는 정신역동이론이나 행동주의이론과는 달리 인간 본성에 대한 낙관적인 태도를 보였으며, 동물연구의 부적절성을 지적하였고, 인간의 전인성과 잠재적 창조성을 강조하여 인간행동 연구의 새로운 장을 형성하였다. 이러한 학문적인 공헌에도 불구하고 매슬로우의 이론은 몇 가지 측면에서 비판을 받고 있다.

첫째, 매슬로우의 이론은 연구방법에서 비판을 받고 있다. 자아실현에 관한 정보를 수집하는 방법에서 자료를 이끌어 내기 위한 표본이 모집단에 비해 너무 적기 때문에 일반화하기에 어려움이 있으며, 실험자료의 해석과 전기적 자료의 분석의 방법을 명시하지 않았다는 것이다. 또한 그의 이론은 관찰하거나 검증될 수 없는 부분이 많고, 과학적인 방법론이 취약하다는 것이다.

둘째, 매슬로우의 이론에서 사용되고 있는 성장욕구, 메타병리, 절정경험, 자아실현 등과 같은 개념들은 명료성이 부족하고 모호한 점이 많다는 것이다. 또한 자아실현의 욕구가 학습된 것이 아니라 선천적인 것으로 보기에는 어려움이 있다(Schultz & Schultz, 1994 : 296-297).

셋째, 매슬로우의 이론은 건전하고 창조적인 인간을 너무 강조한 나머지 인간행동에서 내적인 측면과 환경에 의한 영향을 무시하고 있다. 또한 인간욕구의 우선순위가 사람에 따라 다양성을 보일 수 있기 때문에 욕구의 단계가 순서적으로 일어난다고 볼 수는 없다.

CHAPTER

13 인지발달이론

1 인지발달이론

인지발달이론(cognitive development theory)은 피아제(Jean Piaget)에 의해 수립된 이론이다. 피아제는 아동들의 사고체계가 전적으로 어른들과 다르다는 사실을 확인하고 아동의 사고발달 과정에 이론의 초점을 두었다. 피아제는 인간의 두뇌가 그의 인지적 구조를 변화시킴으로써 환경에 적응해 나가는 능력이 있다는 것을 발견하였으며, 의사결정에서 의식적인 사고과정을 중요시하였다. 인지발달이론은 인간의 인지와 사고과정에 연구의 초점을 두고 인지적 구조가 형성되는 과정을 네 가지 단계로 구분하여 설명한 이론이다.

1) 피아제의 생애

피아제는 1896년 스위스의 뇌샤텔(Neuchatel)에서 태어났다. 그의 아버지는 주의 깊고 논리적인 역사학자였으며, 어머니는 감정적이며 정서적으로 불안정한 여성이었다. 피아제는 어릴 때부터 과학자로서의 소질을 보였으며, 10세 때 공원에서 본 백변종 참새에 관한 논문을 발표했다. 1918년 21세에 뇌샤텔(Neuchatel)대학에서 연체동물에 관한 논문으로 동물학 박사학위를 취득하였다. 피아제는 박사학위를 취득한 후 관심 분야를 생명체의 신체구조로부터 정신구조의 발생으로 옮겼다. 1920년 23세에 아동심리학 분야에서 처음으로 과학적 접근에 의해 '마음의 발달'을 연구하기 시작했다. 그는 파리의 비네(Binet)연구소에서 아동용 지능검사 제작에 관여하면서 아동들의 사고체계가 전적으로 어른들과 다르다는 사실을 확인하였으며, 이러한 발견이 그의 인지발달이론을 형성하는 계기가 되었다.

1925년 피아제는 첫 아이인 쟈클린(Jacqueline)이 출생하면서부터 아동의 인지발달에 관한 중요한 연구를 시작하였다. 1940년 초부터 그는 연구의 초점을 전환하여 수학적 · 과학적 개념에 대한 아동의 이해에 관한 연구를 시작하였다. 1950년대에 그는 인식론의 철학적 문제들로 관심을 전환하였지만, 아동의 인지발달에 관한 연구는 계속하였다. 피아제는 1980년 84세에 사망했다.

피아제의 대표적인 저서로는 『아동의 언어와 사고』(1923), 『아동의 판단과 추론』(1924), 『아동의 세상개념』(1926), 『아동의 물리적 인과성 개념』(1927), 『아동의 도덕판단』(1932), 『시간에 대한 아동의 이해』(1946), 『운동과 속도에 대한 아동의 이해』(1946), 『수에 대한 아동의 이해』(1952) 등이 있다.

2) 피아제 이론의 기본 개념

피아제는 연체동물에 관한 연구를 통하여 인간과의 유사점을 발견하게 되었다. 연체동물이 환경의 변화에 따라 유기체의 변화를 가져오듯이, 인간의 두뇌는 인지적 구조를 변화시킴으로써 환경에 적응해 가는 능력이 있다는 것을 발견하였다. 따라서 그는 인간과 환경과의 상호작용이 어떻게 발달해 나가는가를 연구하게 되었으며, 인간의 인지와 사고과정에 연구의 초점을 두었다.

피아제는 인지발달이 유전과 환경의 상호작용에 의한 적응과정이라고 하였다. 즉, 인간은 능동적인 생물학적 유기체로서 환경과 끊임없이 상호작용을 하며, 이러한 상호작용을 통해서 자기 자신, 외부세계 및 자기와 외부세계와의 관계에 관한 지식을 얻는다. 인간은 태어날 때부터 인간 특유의 능력을 갖고 태어나지만, 이 능력은 독립적으로 존재하는 것이 아니라 환경과 상호작용을 하면서 발달해 간다. 이러한 피아제의 인지발달을 이해하기 위해서는 도식, 적응, 평형 등과 같은 기본적 개념을 우선적으로 이해해야 한다.

(1) 도식

도식(scheme)은 인간이 인지발달 수준에 따라 자신의 경험적 활동에 의해서 조직화한 행동양식이다. 즉, 이것은 인간이 주변 세계를 이해하고 그것에 대해 생각하는 이해의 틀인 것이다. 기본적인 반사를 갖고 태어난 신생아는 반사행동의 반복을 통해 도식을 형성해 나간다. 예를 들면, 빨기 반사를 갖고 태어난 신생아는 젖을 빪으로써 빨기 도식을 지니게 되고, 이것이 계속 기억 속에 남아서 반복하게 된다. 이 과정을 통해서 도식이 분화되고 더 복잡한 도식으로 발전된다.

피아제는 아동의 두뇌가 생물학적으로 충분히 발달되지 않았고 경험의 폭이 좁으므로, 이들이 지니고 있는 도식은 질적으로 성인의 도식과는 다르다고 믿었다. 연령이 증가함에 따라, 그리고 많은 경험을 통해 인지구조가 발달하게 되는데 이것이 도식의 질적 변화를 의미한다(조복희 · 정옥분 · 유가효, 1997 : 58). 즉, 인간이 발달한다는 것은 자기 자신과 그 주위에 있는 환경 속에서 도식이 변화하는 것이다.

(2) 적응

적응(adaptation)은 유기체가 자신의 주위 환경조건을 조정하는 능력을 말한다. 즉, 이것은 유기체가 주위 환경과 조화를 이루면서 생존을 위해 변화하는 과정이다(Zastrow & Kirst-Ashman, 1997 : 113). 유기체의 환경에 대한 적응은 동화와 조절의 상호작용에 의해서 일어난다.

동화(assimilation)는 자신이 이미 가지고 있는 도식에 맞게 새로운 대상들을 받아들이는 인지과정이다. 즉, 이것은 외부환경을 기존의 구조에 맞게 변형시킴으로써 새로운 자극을 이해하는 것이다. 예를 들면, 아동이 다리가 네 개이고 뿔이 두 개인 짐승이 '소'라는 도식을 지니고 있다면, 그는 기존의 도식에 새로운 대상인 '염소'를 끌어들여 '소'라고 이해할 것이다. 그러나 아동은 이미 지니고 있는 도식과 새로운 대상 사이의 차이를 인식해 나가면서 기존의 도식을 변형해 나간다.

조절(accommodation)은 자신이 가지고 있는 기존의 도식이 새로운 대상을 동화하는데 적합하지 않을 때 새로운 대상에 맞게 이미 있는 도식을 바꾸어 가는 인지적 과정을 의미한다. 즉, 이것은 동화로서 외부환경에 적응하지 못할 때 자신의 도식을 변형시킴으로써 적응해 가는 과정이다. 예를 들면, 자신이 잡기에 너무 큰 물체가 주어져 잡을 수 없을 때 아동은 자신의 잡는 방식을 적절히 조절하여 그 물체를 잡을 수 있게 된다. 동화와 조절의 과정은 보다 새로운 도식을 생성함으로써 인지발달을 이루는 주요 기능이 된다(송명자, 1996 : 90). 이와 같이 인지발달은 동화와 조절의 과정을 거치면서 일어나기 때문에 인지발달 과정에서 두 가지 측면이 서로 분리될 수 없다.

(3) 평형

평형(equilibration)은 동화와 조절의 상호작용을 통한 조화를 통해서 유기체가 자신과 환경 간의 균형상태를 이루는 것을 의미한다. 이와 같이 평형은 사고의 균형을 의미하며, 유기체는 그의 환경과의 상호작용을 통해서 균형을 추구하면서 발전해 나간다. 여기에서 균형은 정지된 상태가 아니라 계속적으로 움직이는 동적인 상태이다.

피아제는 인간의 인지발달이 동화와 조절이라는 적응과정을 통하여 내면적인 평형이 이루어지면서 가능하다는 것이다. 이러한 평형은 새로운 사태에 접할 때 균형이 깨지게 되며, 따라서 평형상태를 다시 회복하기 위해 적응과정이 되풀이됨으로써 보다 높은 수준의 인지발달이 이루어지게 된다고 하였다. 한편 동화와 조절이 이루어지는 과정은 모든 연령과 인지발달 단계에서 동일하며, 평형은 모든 연령단계에서의 인지발달을 설명해 줄 수 있는 보편적인 원리가 된다.

3) 인지발달단계

피아제는 인지발달이 동화와 조절이라는 적응과정을 통해 심리구조의 재구성을 이룩함으로써 이루어진다고 하였다. 즉, 인지발달은 타고난 유전적 기질과 환경과의 상호작용의 결과이며, 여기에는 성숙, 물리적 경험, 상호작용의 세 가지의 요소가 필요하다. 피아제는 인지발달을 감각운동기, 전조작기, 구체적 조작기 및 형식적 조작기의 네 가지 단계로 구분하였으며, 각 단계의 순서는 바뀌거나 생략될 수 없이 일정하지만, 연령범위는 고정적이지 않다는 것이다.

(1) 감각운동기

감각운동기(sensory motor period)는 상징적 사고와 언어의 사용이 불가능하기 때문에 환경에 적응하기 위하여 신체적 감각 및 운동발달에 의지해야 하는 시기이다. 영아는 자기의 신체나 주위의 물체를 잘 알지 못하나 빨기반사, 파악반사 등을 통하여 환경에 적응하게 된다. 좀 더 성장한 영아는 자신과 물체를 알게 되고, 응시하고, 목표물을 향해 움직이고, 다른 사람의 행동을 모방하면서 적응한다(이옥형, 2002 : 61). 감각운동기는 출생 후부터 약 2세까지이며, 여섯 단계로 구성된다.

① 반사활동

출생 직후부터 약 1개월까지 영아는 환경에서 받는 자극에 적응할 수 있는 반응을 창출하는 도식을 형성한다. 영아는 입에 닿는 것은 무엇이든지 빨고, 손에 닿는 것은 잡으며, 소리가 나는 쪽으로 고개를 돌리는 등 일련의 반사활동을 반복적으로 한다. 즉, 환경 내의 여러 자극들을 도식을 통하여 동화시켜 나간다.

반복적인 동화과정에서 물체의 크기에 따라 입술모양을 조정하거나, 잡는 방식을 전환하는 등 초보적인 조절도 일어나게 된다. 반사활동단계에서 이루어지는 발달변화는 극히 적으며, 영아는 단순히 환경의 자극에 대한 반응으로서 사물을 보고, 잡고, 빠는 반사활동을 반복한다. 그러나 여러 감각활동들은 앞으로 영아가 자신의 세계에서 여러 대상을 이해하는 중요한 초석이 된다(송명자, 1996 : 95).

② 일차순환반응

출생 후 약 1~4개월까지 영아는 우연히 새로운 경험을 하게 되면서 흥미를 끄는 이러한 행동을 반복한다. 즉, 이 단계는 새로운 경험을 흥미 있게 받아들이고, 이것을 새로운 상황에서 반복하여 행동하는 능력을 나타내는 시기이다. 예를 들면, 영아는 우연히 어떤 물건이 입에 닿게 되어 빨게 되다가 입에서 떨어지면 다시 잡아서 빠는 행동을 반복하게 되며, 빨기와 잡기가 연합하게 된다. 일차순환반응이란 최초의 도식이 새로운 도식과 연합하여 우연히 일어났던 흥미로운 행동을 반복하는 것을 의미한다.

영아의 흥미를 끄는 행동은 영아의 신체를 중심으로 반복해서 나타나는 단순한 것들이다. 자신의 신체를 제외한 외부적인 사건들은 이때에 일어나지 않는다. 이 시기에서는 재미있는 일이 반복되어 새로운 상황에서도 행동하는 능력을 갖추게 된다는 점에서 중요하다. 즉, 일차순환반응은 환경이 주어지는 대로 학습하거나 획득하는 것이 아니라, 영아 스스로 발견한 자신의 신체에 대한 탐구과정이며 이해과정인 것이다(조복희 · 정옥분 · 유가효, 1997 : 58).

③ 이차순환반응

출생 후 약 4~8개월까지 영아는 최초로 자신의 환경 내에 있는 사물이나 상황에 관심을 가지고 이들을 탐색하는 행동을 보이게 된다. 이차순환반응이란 영아가 자신이 아닌 주위 환경에 대한 인식을 하게 되면서 우연히 했던 어떤 행위가 재미있었다면 똑같은 결과를 얻기 위해 행동을 반복하는 것이다. 예를 들면, 유모차에 누워 있는 영아가 눈 위에 있는 딸랑이를 손으로 건드려서 나는 소리를 듣고 흥미로우면 반복해서 손으로 건드리는 행동을 하게 된다.

영아의 반복적 행동은 자신의 행동을 통해 환경 내에서 어떤 결과를 얻게 될 수 있다고 인식한 다소 의도적이고 목적을 지닌 행위라 할 수 있다. 그러나 이러한 의도적인 행위는 우연한 것이며, 행동 이전에 목표를 갖고 계획되지는 못한다. 또한 이 시기에는 스스로 어떤 반응을 새롭게 만들어 내는 능력을 갖게 되며, 대상영속성의 개념이 서서히 나타나기 시작한다.

④ 이차도식의 협응

출생 후 약 8~12개월까지 영아는 특정한 목적을 달성하기 위해 이전에 획득한 여러 가지 도식을 새로운 상황에 사용하게 된다. 이차도식의 협응은 목적을 달성하기 위해 의도적으로 수단이 되는 기존의 다른 도식들을 협응시키는 것을 의미한다. 예를 들면, 영아가 장난감을 잡으려고 베개를 치우는 것은 목적을 달성하기 위한 수단의 사용이다.

영아는 이 시기에 특정한 목적을 계속적으로 지향하는 행동을 하게 되며, 사람과 사물을 구별하게 되고, 숨긴 물건을 기억했다가 다시 찾으려고 하는 대상영속성이 어느 정도 획득된다. 즉, 영아의 행동은 수단과 목적을 결합하는 최초의 의도적인 문제해결 행동이며, 실질적인 지적 행동이다. 또한 이 시기에는 영아의 모방능력이 급속하게 발달되어 신체적인 움직임뿐만 아니라 얼굴 표정도 모방할 수 있게 된다.

⑤ 삼차순환반응

출생 후 약 12~18개월까지 영아는 수단과 목적의 관계를 단순히 반복하는 것이 아니라 적극적인 탐색과 시행착오 과정을 통해 새로운 행동과 결과를 탐색하게 된다. 즉, 삼차순환반응은 단순한 목적을 지닌 반복이 아니라 새로운 행동이 어떤 결과를 가져올 것인가를 알아보기 위해 다양하게 반복적으로 실험해 보는 것이다. 예를 들면, 영아는 손바닥으로 탁자를 약하게도 두드려 보고 강하게도 두드려 보면서 그에 따라 소리가 다르게 나는 것을 즐거워하며 반복적으로 두드린다.

영아는 마치 되풀이해서 새로운 실험을 하듯이 사물을 탐색하고, 속성을 파악하여 새로운 도식들을 형성하게 된다. 즉, 영아는 여러 가지를 스스로 학습해 보면서 외부세계에 대한 호기심을 일으켜 여러 가지 도식을 발달시켜 나간다는 것이다. 그러나 일련의 행동들이 감각운동 차원에서 이루어지며, 사고로 내면화되지 못하는 점에서 이 단계의 인지발달에 한계가 있다(송명자, 1996 : 97).

⑥ 사고의 시작

출생 후 약 18~24개월까지 영아는 좀 더 내면적으로 사고한 후에 행동을 하게 된다. 영아는 문제를 해결하기 위해 실재의 물체뿐만 아니라 상징이나 이미지를 인지적으로 조합하고 조정하기도 한다. 즉, 상징을 통해 새로운 인지구조를 생각하기도 하며, 이러한 인지구조들을 결합시켜 새로운 수단을 알아내는 사고를 시작한다. 이 시기에는 시행착오 과정을 통해 다른 행동을 취하는 것이 아니라, 머릿속으로 생각을 한 후 행동한다(조복희 · 정옥분 · 유가효, 1997 : 65).

영아는 목격한 행동을 그 자리에서 모방하지 않고 시간이 지난 후에 사라진 모델의 행동을 재생할 수 있는 지연모방(deferred imitation)을 획득하게 된다. 지연모방이 가능하다는 것은 영아가 관찰한 상황을 표상의 형태로 저장하고 있음을 입증해 주는 예가 된다. 표상이 형성되면서 눈앞에 없는 대상에 대한 사고가 가능하게 되며, 전조작기 사고의 단계로 이행하게 된다.

(2) 전조작기

전조작기(preoperational period)는 2～7세경의 유아에게 해당되는 시기로서 감각운동적 인지구조에서 조작적 인지구조로 전환되는 과도기이다. 유아는 언어의 급격한 발달과 함께 사물이나 사건을 내재화할 수 있는 능력이 생기며, 보이지 않는 것을 기억하는 표상능력이 획득되고, 상징적으로 사고하는 능력이 발달한다. 그러나 이와 같은 사고능력의 발달에도 불구하고 유아는 자아중심성, 직관적 사고, 물활론, 상징적 기능, 타율적 도덕성, 꿈의 실재론 등을 지니고 있다.

① 자아중심성

자아중심성(egocentrism)은 유아가 자신의 관점과 상이한 다른 사람의 관점이 존재한다는 사실을 알지 못하기 때문에 모든 사람이 자신이 보는 것과 같이 세상을 보고 있다고 생각하는 것을 말한다. 즉, 유아가 타인의 생각, 감정, 지각, 관점 등이 자신과 동일하다고 생각하는 것이다. 이 시기에는 외부세계에 대해서 자신이 생각하는 것이 전부이고 유일하며 그것만이 가능한 것으로 생각하기 때문에 모든 사람들이 다 자신과 똑같은 방식으로 사물을 보고 있다고 생각한다는 것이다.

자아중심성은 시각조망(visual perspective)과 언어에서 가장 명료하게 찾아볼 수 있다. 유아는 사물을 볼 때 자신의 위치에서만 사물을 이해할 뿐 타인의 위치에서 보이는 사물의 모습을 추론하지 못하는 사고의 한계가 있다. 또한 유아는 듣는 사람이 자신이 하는 말을 이해할 수 있는가의 여부는 고려하지 않은 채 자신의 생각만을 전달하는 의사소통의 양상을 보인다(송명자, 1996 : 107-108).

② 직관적 사고

직관적 사고(intuitive thought)는 유아가 아직 사물이나 사건의 여러 측면에 주의를 기울일 줄 모르기 때문에 그 속에 내재된 규칙이나 조작을 이해하지 못하고 사물이나 사건이 갖는 단 한 가지의 가장 두드러진 지각적 속성만으로 그것들을 판단하는 것을 말한다. 직관적 사고는 전조작기의 중심적인 사고양상으로 보존개념, 분류화, 서열화 등에서 잘 나타난다. 전조작기에는 어떤 대상을 단 한 가지의 지각적 특성에 의해 판단하는 직관적 사고 때문에 보존개념이 획득되지 못한다. 또한 이 시기에는 직관적 사고 때문에 유목 간의 부분과 전체의 논리적 관계 및 상위유목과 하위유목 간의 위계관계를 이해하지 못하여 분류화와 서열화가 획득되지 못한다.

③ 물활론

물활론(animism)은 사물은 모두 살아 있고 각자의 의지에 따라 움직인다고 생각하는 것이다. 즉, 유아는 생명이 없는 대상에게 생명과 감정을 부여한다. 4~6세가 되면 유아는 활동하는 것은 모두 살아 있는 것으로 여긴다. 예를 들면, 유아는 태양은 빛을 발하기 때문에 살아 있으며, 산은 아무것도 하지 않으므로 죽어 있다고 본다. 6~8세가 되면 유아는 움직이는 것들에 한해 생명을 부여한다. 예를 들면, 탁자와 꽃은 움직이지 않으므로 죽은 것이고, 자전거와 구름은 때때로 움직이므로 살아 있는 것으로 생각한다. 8세경이 지나야 비로소 스스로 움직이는 것에 한해서 생명을 부여하며, 그 이후가 되어야 생명이 있는 것을 식물과 동물에 한정시킨다(Crain, 1993 : 149-150).

④ 상징적 기능

상징적 기능(symbolic function)은 유아가 눈에 보이지 않는 사물이나 행동을 표상하기 위해 상징을 사용하는 능력을 말한다. 상징적 기능은 상상놀이, 그림 및 언어를 통해서 가장 잘 표현하고 있다. 상상놀이란 가상적인 사물이나 상황을 실제 사물이나 상황으로 상징화하는 놀이이다. 예를 들면, 나무토막으로 총놀이를 하는 유아는 실제로 나무토막으로 놀이를 한다기보다는 자신의 머릿속에 있는 표상을 나무토막이라는 상징물을 통해 재현하고 있는 것이다. 상상놀이를 통해 아동은 어떤 대상, 사람 및 상황의 속성을 재현할 수 있다. 소꿉놀이, 기차놀이, 병원놀이 등은 상징놀이에 속한다(송명자, 1996 : 103).

그림은 유아의 내적 표상이 표출되는 중요한 상징적 수단이다. 예를 들면, 유아가 해를 그릴 때 눈, 코, 입을 그려 넣거나, 버스에 타고 있는 사람들의 다리까지 그려 넣은 것은 그들이 눈에 보이는 것을 그리는 것이 아니라 자신의 머릿속에 있는 심상을 그리고 있음을 보여주는 것이다. 또한 언어는 유아의 내적 표상을 표현하는 상징적 수단이다. 언어는 유아의 시야를 넓혀주며, 언어를 통해서 유아는 과거를 다시 체험할 수 있고, 미래를 예기할 수 있으며, 사건을 다른 사람에게 전달할 수 있다.

⑤ 타율적 도덕성

타율적 도덕성(heteronomous morality)은 유아가 성인들에 의해 부여된 규칙에 맹목적으로 복종하는 것을 뜻한다. 유아는 그들이 항상 따라야 하는 하나의 강력한 규칙이 있으며, 규칙은 고정되어 있어서 변화될 수 없다고 생각한다. 또한 그들은 규칙이란 지키지 않으면 벌을 받기 때문에 절대적으로 지켜야 한다는 것이다. 유아는 저지른 잘못이 크면 클수록 의도가 어떻든 간에 벌이 크고 더 나쁘다고 생각하여 의도보다 결과에 치중하는 것을 알 수 있다(유안진 · 김혜선, 1996 : 51). 이러한 타율적 도덕성은 10세경까지 지속되다가 그 이후에 규칙이 협동적인 상호작용을 위한 계약이라는 것을 배우게 되면서 자율적 도덕성이 나타난다.

⑥ 꿈의 실재론

꿈의 실재론(realism)은 유아가 자신이 꿈꾼 것이 실제라고 생각하는 것이다. 즉, 유아는 꿈이 현실로 존재한다는 것을 전적으로 믿고 있다는 것이다. 예를 들면, 4세의 여아에게 꿈에 나타난 거인이 실제로 있느냐고 물으면, 정말로 거기에 있었고 내가 깨었을 때 그만 사라져 버렸으며, 마루 위에서 발자국도 보았다고 말한다.

유아가 점차 성장하면서 꿈이 실제가 아니라는 것을 깨닫게 되지만, 성인들과는 다른 방식으로 꿈을 생각한다. 그들은 자신의 꿈이 타인에게도 보이며, 바깥으로부터 들어오는 것으로 생각하고, 꿈을 꾸는 동안 그들의 외부에 그대로 남아 있다고 생각한다. 유아는 점차적으로 꿈이 실재적인 것이 아닐 뿐만 아니라 그 내적 근원과 소재도 알 수 없다는 것을 알게 되며, 성인들이 가르쳐 주는 꿈의 다른 특성들도 알게 된다. 6~7세경이 되어서야 비로소 그들은 꿈의 성질을 완전히 이해하게 된다(Crain, 1993 : 151).

(3) 구체적 조작기

구체적 조작기(concrete operational period)는 7~12세경의 아동에게 해당되는 시기로서 사고가 안정되고 일관성이 있으며, 조작적이면서 논리적 추리력을 갖게 되는 단계이다. 이 시기는 논리적 사고가 현저하게 발달하는 시기이지만, 아동의 사고가 현실에 존재하며 관찰이 가능한 구체적 사건이나 사물에만 한정되어 있기 때문에 이 시기를 구체적 조작기라고 한다. 아동은 가상적인 상황을 만들어서 추론할 수 없기 때문에 추상적이고 복잡한 가설의 정신적 사고는 아직 가능하지 않다. 구체적 조작기에 아동은 인지능력이 발달하여 보존개념, 분류화, 서열화, 탈중심화, 자율적 도덕성 등을 갖게 된다.

① 보존개념

보존개념(conservation)은 어떤 대상의 외적 형태가 변화되어도 그 양적 속성이나 실체가 바뀌지 않는다는 사실을 이해하는 것을 의미한다. 구체적 조작기 동안 아동은 수・길이・면적과 양・무게・부피 등 여러 형태의 보존개념을 획득해 나간다. 이 시기에 아동은 아무것도 보태거나 빼지 않았을 때는 본래의 양이 동일하다는 동일성(identity) 및 어떤 변화상태란 그 변화과정을 역으로 거쳐 가면 본래의 상태로 되돌아 갈 수 있다는 가역성(reversibility)을 이해할 수 있다. 또한 아동은 어떤 차원에서의 변형에 의한 양의 손실은 다른 차원에서 얻어진다는 보상(compen- sation)을 이해할 수 있다. 이와 같이 아동이 동일성, 가역성 및 보상을 이해할 수 있기 때문에 보존개념의 획득이 가능하다.

② 분류화

분류화(classification)는 여러 사물과 현상들을 그 속성의 유사성에 따라 분류하여 이들의 공통적인 범주를 찾아내는 것을 말한다. 구체적 조작기에 아동은 사물의 분류에서 전체와 부분과의 관계를 이해할 수 있으며, 사물을 일정한 속성에 따라 분류할 수 있다. 분류화는 단순분류화, 중다분류화 및 유목포함으로 나누어진다. 단순분류화는 하나의 속성을 기준으로 분류하는 것이며, 중다분류화는 두 개 이상의 속성을 기준으로 분류하는 것이다. 유목포함(class inclusion)은 상위유목과 하위유목과의 관계를 이해하는 것이다.

③ 서열화

서열화(seriation)는 어떤 특정의 속성이나 특징을 기준으로 하여 서로 간의 양립이 불가능한 유목으로 나누면서 동시에 상호관계에 따라 사물을 잘 어울리게 배열하는 것이다. 즉, 이것은 여러 사물이나 현상들을 특정 속성에 따라 순서대로 배열하는 것을 말한다. 구체적 조작기에 아동은 사물 간의 관련성을 이해할 수 있기 때문에 한 대상이나 사물을 여러 대상이나 사물들과 비교할 수 있게 되어 차례대로 나열할 수 있다. 서열화는 단순서열화, 중다서열화 및 변환적 추론으로 나누어진다.

단순서열화는 한 가지 속성을 기준으로 두 대상씩을 비교하면서 순서대로 배열하는 것이며, 중다서열화는 두 가지 속성을 동시에 고려하면서 순서대로 배열하는 것이다. 변환적 추론은 두세 가지 사물 간의 관계성을 이해하고, 그것들의 관계를 기준으로 하여 순서를 배열하는 것이다. 여기에서 중다서열화와 변환적 추론의 개념은 9세 이후에야 획득된다는 것이다(유안진 · 김혜선, 1996 : 220).

④ 탈중심화

탈중심화(decenter)는 사물의 어떤 두드러진 특성이나 측면에만 얽매이지 않고 여러 가지 특성이나 측면을 고려하는 다면적 사고를 할 수 있는 것을 의미한다. 구체적 조작기에 아동은 자신의 관점과 다른 사람의 관점을 구별할 수 없는 자아중심성에서 벗어나 다른 사람의 관점과 사물의 다른 특성을 고려하게 된다.

⑤ 자율적 도덕성

자율적 도덕성(autonomous morality)은 규칙이 상호 합의에 의해서 제정되며, 서로가 동의하면 언제든지 자율적으로 변화될 수 있다는 것을 의미한다. 즉, 구체적 조작기에 아동은 사회적 규칙이 사람들의 동의에 의해 만들어진 것이며, 그들의 동의에 의해 변경될 수 있다고 생각한다. 또한 행위의 결과보다 행위자의 의도에 따라 옳고 그름에 대한 판단을 내리게 된다. 예를 들면, 아동이 어머니를 도와주기 위해 설거지를 하다가 유리컵을 깨뜨렸다면 고의로 그렇게 한 것이 아니기 때문에 잘못했다고 판단하지 않는다. 아동은 사회적 규칙을 어겼다고 해서 반드시 처벌을 받는 것은 아니며, 정상참작이 필요하다는 것을 인정한다(최윤미 외, 1998 : 306).

(4) 형식적 조작기

형식적 조작기(formal operational period)는 12세경부터 성인이 되기까지의 시기로서 가장 성숙된 인지적 조작을 할 수 있는 단계이다. 이 시기에는 구체적이고 현실적인 세계를 넘어서 추상적으로 사고를 할 수 있게 되며, 과학자와 유사한 가설 연역적 추리를 할 수 있다. 또한 조합적 사고가 가능해지고, 명제적 사고와 다차원적 사고도 할 수 있게 된다.

① 추상적 사고

추상적 사고(abstract thinking)는 실제적·구체적으로 경험할 수 없는 사물이나 사건을 머릿속으로 생각하는 것이다. 형식적 조작기에는 어떤 사물에 대해 다양한 요인을 함께 고려할 수 있을 뿐만 아니라 사물이 존재하는 방식과 기능하는 방식에 대해 창의적으로 사고할 수 있다. 또한 이 시기에는 자신의 미래에 대해서나 자신이 나아갈 사회에 대해서도 사고를 하게 되며, 현실과 다른 가상적 사회를 꿈꾸고 구상하기도 한다.

② 가설 연역적 추리

가설 연역적 추리(hypothetical-deductive reasoning)는 제시된 문제에 내포된 정보로부터 하나의 가설을 설정하여 일반적인 원리를 바탕으로 특수한 원리를 논리적으로 이끌어 내는 것을 말한다. 즉, 구체적 조작기에는 어떤 문제상황에 놓이게 되면 과거의 문제해결 경험을 바탕으로 문제를 해결하려고 하지만, 형식적 조작기에는 문제해결 방안과 관련된 가설을 설정하고 체계적인 검증을 통하여 하나의 문제해결의 원리를 표출해 낸다.

③ 조합적 사고

조합적 사고(combination thinking)는 하나의 문제를 해결하기 위해 여러 가지 가능한 해결책을 논리적으로 구성하여 문제해결에 이를 수 있는 사고이다. 구체적 조작기에는 문제해결을 위한 가능한 방법을 체계적으로 조합하여 생각하지 못하지만, 형식적 조작기에는 문제해결을 위해서 사전에 모든 가능한 방법을 생각하고 체계적으로 조합할 수 있는 능력을 갖게 된다.

④ 명제적 사고

명제적 사고(propositional thinking)는 경험적 현상에 대해 추리하는 것이 아니라 진술 간의 논리적 관계를 추리하는 것으로 논리적 판단을 언어나 기호로 표현할 수 있는 능력을 말한다. 형식적 조작기에는 현실세계의 상황을 고려하지 않고 명제의 논리적 진위만을 판단하며, 여러 명제 간의 논리적 추론을 이끌어 내는 명제적 사고를 할 수 있게 된다.

⑤ 다차원적 사고

다차원적 사고(multi-dimensional thinking)는 하나의 차원을 넘어 여러 차원을 동시에 바라볼 수 있는 것을 말한다. 즉, 이것은 인식의 범위가 하나의 상황을 단일 상황이 아닌 여러 가지 입체적·통합적 흐름 속에서 다면적으로 바라볼 수 있는 의식체계를 말한다. 청소년은 한 가지 측면의 사고에 국한되지 않고 다차원적인 사고능력이 발달함에 따라 다른 사람의 관점에서 사고할 수 있게 된다.

4) 피아제 이론의 평가

피아제의 이론은 아동은 어른이 가르치는 대로 배우는 것이 아니라 스스로의 방법으로 배우며, 아동의 사고방식이 어른과 다르다는 새로운 시각을 바탕으로 인지발달의 신기원을 이룩하였다. 그의 이론은 아동에 대한 훌륭한 관찰을 통하여 이루어졌으며, 인지발달에 대하여 포괄적으로 접근하였다. 이러한 학문적인 공헌에도 불구하고 피아제의 이론은 몇 가지 측면에서 비판을 받고 있다.

첫째, 피아제의 이론에서 인지과정은 자발적인 과정으로서, 아동은 성인의 직접적인 가르침이 없이도 그들 스스로 인지구조를 발달시킨다고 하였다. 그러나 많은 이론가들은 훈련이나 연습의 효과를 무시한 것에 대해 비판을 하고 있다(Crain, 1993 : 166).

둘째, 피아제의 이론에서 인지발달의 각 단계에 도달하는 연령은 고정적이지 않고 다소 유동적이라고 하였지만, 이것은 개인의 경험과 문화에 따라 매우 다를 수 있다는 것이다.

셋째, 피아제의 이론은 아동에 대한 직접적인 관찰을 통해 수집한 자료이므로 과학적인 방법으로 증명되기 어려우며, 도식 · 적응 · 평형 등과 같은 개념들은 그것의 발달과정을 증명하기 어렵다는 것이다(조복희 · 정옥분 · 유가효, 1997 : 73).

넷째, 피아제의 이론은 아동의 발달을 포괄적으로 이해하는데 부족하다는 것이다. 즉, 아동의 사고발달과 개념발달에 대해서는 잘 제시되어 있지만, 지적 발달, 정서발달, 사회성 발달 등에 대해서는 거의 다루지 않고 있다는 것이다.

2 도덕성발달이론

도덕성발달이론(moral development theory)은 콜버그(Lawrence Kohlberg)가 피아제의 이론을 보다 세분화하고 체계적으로 발전시킨 이론이다. 콜버그는 도덕적 딜레마 상황을 제시하고 연령별로 개인이 그러한 상황에 처했을 때 어떻게 행동할 것인가 그리고 왜 그러한 판단을 내리게 되었는가를 묻는 방법으로 연구하였다. 또한 그는 도덕성발달이 인지발달 수준에 따라 그 단계가 결정된다고 보았다. 콜버그는 도덕성발달이론에서 개인의 도덕적 판단능력에 따라 도덕성발달을 3수준 6단계로 구분하였다.

1) 콜버그의 생애

콜버그는 1927년 뉴욕주의 브롱스빌(Bronxville)에서 태어났다. 그는 미국의 명문 사립고등학교인 앤도버 아카데미(Andover Academy)를 졸업한 후 대학에 진학하는 대신에 이스라엘 건국운동을 도우러 갔다. 사회적 정의를 행동으로 실천한 이러한 경험은 나중에 그의 도덕성발달이론의 기초가 되었다. 1948년 시카고대학교에 입학하여 1년 만에 학부과정을 마치고 동 대학교 대학원 심리학과에 입학하여 박사학위를 받았다.

콜버그는 박사과정 중에 피아제의 이론에 영향을 받아 도덕성 발달에 관심을 갖게 되었다. 그는 도덕적 딜레마를 응답자에게 제시하고 그것에 대해 도덕적 추론을 하게 한 뒤 왜 그렇게 판단하였는가에 대한 이유를 기록하는 방법으로 도덕성을 연구하였다. 그는 자신의 박사학위논문 연구대상자를 20년 동안 추적하여 장기간에 걸친 도덕성 발달의 종단적 연구를 수행하였다.

콜버그는 시카고대학교에서 1962년부터 1968년까지 교수로 재직하였으며, 1968년 이후부터 하버드대학교 교수로 자리를 옮겨 학문적 연구와 후학 양성에 매진하였다. 그는 겸손하고 나서기를 좋아하지 않는 사람이었고, 도덕성을 중심으로 하여 철학과 심리학 분야의 여러 중요한 문제에 관해 깊이 사고하였다. 그의 대표적인 저서로는 『도덕성발달의 의미와 측정』(1979), 『도덕성발달의 철학』(1981) 등이 있으며, 1987년 60세에 사망했다.

2) 콜버그 이론의 특성

콜버그는 피아제의 도덕성발달이론을 보다 세분화하고 체계적으로 발전시켜 자신의 독자적인 이론을 구축하였다. 그는 아동의 도덕 판단이 일정한 단계를 거치면서 발달한다는 피아제의 주장에 동의하면서 각 단계를 세분화하였으며, 연구방법론의 문제점을 보완하였다. 그는 '하인즈(Heinz)의 이야기'와 같은 가상적인 도덕적 딜레마 상황을 제시하고 연령별로 개인이 그러한 상황에 처했을 때 어떻게 행동할 것인가 및 왜 그러한 판단을 내리게 되었는가를 묻는 방법으로 연구하였다.

콜버그는 문화나 사회마다 도덕적 신념이나 가치의 내용이 다양하기 때문에 도덕성의 내용보다는 도덕적 사고구조에 중점을 두었다. 그는 도덕적 딜레마를 해결함에 있어서 옳고 그른 내용보다는 도덕적 판단을 내리게 된 사고의 틀이나 그 추리양상에 따라 도덕성발달단계가 결정지어질 수 있다고 보았다. 그의 이론의 가장 큰 특징은 도덕성 발달은 인지발달 수준에 따라 그 단계가 결정된다는 것이다. 도덕성 발달도 인지발달처럼 낮은 수준의 발달이 이루어져야 순차적으로 다음 단계의 발달로 이어질 수 있다는 것이다(허혜경 · 김혜수, 2002 : 142-143). 또한 도덕성 발달에는 성별로 차이가 존재하며, 남성이 여성에 비하여 높은 수준의 도덕성발달단계에 이를 수 있다는 것이다.

3) 도덕성발달단계

콜버그는 가상적인 도덕적 딜레마 상황에서 각 연령층의 아동이 어떻게 판단하는가에 따라 도덕성 발달을 3수준 6단계로 구분하였다. 그는 도덕성 발달 수준을 전인습적 수준(4~10세), 인습적 수준(10~13세) 및 후인습적 수준(13세 이상)으로 나누고 각 수준마다 두 개의 단계를 설정하여 총 6단계를 거치면서 발달한다고 보았다.

(1) 전인습적 수준

전인습적 수준(preconventional level)에서는 규칙이 개인에게 내재화되어 있는 것이라기보다는 외부의 영향에 의해 이루지는 것으로 본다. 이 수준에서 아동은 행동의 결과가 가져다주는 보상이나 처벌에 의해 옳고 그름을 판단하거나, 규칙을 정하는 사람들의 물리적인 권위에 따라 도덕성을 고려하여 판단한다.

① 1단계 : 처벌과 복종지향

아동은 처벌을 피하기 위해 규칙과 권위에 복종하며, 선과 악을 판단하는데 있어서 어떤 행동의 내용보다는 결과에 의해 판단한다. 그들의 도덕관념은 극히 비합리적이며, 무조건적으로 외부의 권위에 순응하려고 한다. 그들은 규칙을 어긴 행위의 본질이 나쁘다기보다는 그러한 행동은 벌을 받기 때문에 나쁜 것으로 판단한다. 즉, 그들은 처벌을 피할 수 있거나 힘이 있는 사람에게 무조건 복종하는 것을 도덕적으로 가장 가치가 있는 것으로 본다.

② 2단계 : 상대적 쾌락주의

아동은 보상을 얻기 위해서 또는 개인적 목적을 위해서 규칙에 동조하며, 자신과 타인을 만족시키려는 도구로서 도덕적 행동을 정의한다. 즉, 그들은 규칙을 고정적이거나 절대적인 것으로 생각하지 않으며, 어떤 문제이든 한 가지 이상의 측면이 있음을 알게 된다. 모든 것이 자기가 어떻게 보느냐에 따라 상대적으로 달라질 수 있다고 보며, 자신의 욕구와 쾌락에 따라 도덕적 가치를 판단한다.

(2) 인습적 수준

인습적 수준(conventional level)에서는 자신이 속한 가족, 사회, 국가의 기대에 맞는 행동을 하고자 노력한다. 이 수준에서는 힘이 있거나 권위적인 타인의 칭찬을 획득하고 사회질서를 유지하기 위해서 사회적 규칙이나 기준에 따른다. 또한 타인의 관점을 인식하면서 이를 고려할 수 있으며, 집단이나 집단성원에 대해 동일시한다.

③ 3단계 : 착한 소년소녀지향

도덕이란 타인과 좋은 관계를 유지하는 것이라고 생각하며, 타인으로부터 칭찬을 받고 타인을 기쁘게 해주거나 타인에게 도움이 되는 행동을 도덕적이라고 여긴다. 이와 같이 타인의 반응이 도덕성 판단의 기준이 되지만, 물리적인 힘보다는 심리적인 인정 여부에 관심이 있으며, 착하게 됨으로써 타인의 인정을 받게 된다. 이때부터 사회적 규제를 수용하며, 의도에 의해 행위의 옳고 그름을 판단한다.

④ 4단계 : 법과 사회질서

사회질서에 대해 보다 광범위하게 사고하게 되며, 법과 사회질서를 준수하고 자신의 의무를 다하는 것을 옳은 행동으로 생각한다. 즉, 규칙은 사회적 질서 내에 고정된 것이며, 선한 행동이란 사회가 정한 규칙이나 역할을 그대로 따르는 것으로 본다. 이것은 도덕적 판단의 근거가 타인 중심에서 벗어나 사회규범으로 전환되고 있다는 것이며, 사회의 안전을 위한 법의 기능을 전체로서 개념화하고 있다는 것을 의미한다.

(3) 후인습적 수준

후인습적 수준(postconventional level)에서는 집단의 권위나 권리를 행사하는 사람들과는 무관하게 도덕적 가치와 원리를 규정하려는 노력을 보인다. 즉, 보편적으로 타당한 원리로서의 정의에 의해 옳고 그름을 판단하며, 도덕적으로 옳은 것과 적법한 것이 항상 일치하거나 같은 것이 아님을 깨닫게 된다.

⑤ 5단계 : 민주적 법률

사회의 계약이나 개인의 권리 및 민주적인 방식으로 수용된 법률에 따라 행동하는 것을 도덕적인 것으로 본다. 즉, 법이란 사람들이 화목하게 살아가기 위해 공동체가 동의한 장치라고 생각한다. 이러한 목적을 위해 만들어진 법이 잘 지켜져야 하는 사회적 계약이지만, 개인의 권리나 존엄성을 위협한다면 불공정한 것으로 간주되고 도전을 받아야 한다고 생각한다. 즉, 법은 사람들이 필요로 하는 바를 충족시키지 못하게 되면, 상호 동의와 민주적인 절차를 통해서 언제든지 변경시킬 수 있는 유동적인 것이라고 본다.

⑥ 6단계 : 보편적 원리

최고의 선은 자신이 선택한 보편적인 윤리적 원리를 따르는 것이라고 생각한다. 즉, 이 단계에서는 개인의 양심이나 자신이 선택한 윤리적 원칙에 따라 옳고 그름을 정의한다. 이러한 원칙들은 법, 사회적 가치 또는 사회적 계약을 초월하여 인간의 존엄성, 포괄성, 보편성, 공정성 등을 지니고 있다. 이 단계에서 도덕성 발달이 최고 수준에 이르게 되며, 보통사람들이 도달하기 어려운 단계로서 각 개인이 지향해야 할 하나의 목표단계라 할 수 있다.

4) 콜버그 이론의 평가

콜버그는 도덕적 사고에 대한 새롭고 보다 세분화된 단계를 제시했다. 그의 이론은 세계 여러 나라의 도덕교육의 방향과 내용을 설정하는 이론적 근거가 될 만큼 도덕발달 분야에서 절대적인 영향을 미치게 되었다. 이러한 학문적인 공헌에도 불구하고 콜버그의 이론은 몇 가지 측면에서 비판을 받고 있다.

첫째, 콜버그는 도덕성발달단계가 불변적인 순서로 전개된다고 보았으나, 어느 한 단계를 거치지 않거나 단계가 생략될 수 없는가와 관련된 문제가 제기되고 있다. 또한 그는 단계의 순서에서 퇴행이란 있을 수 없다고 하였으나, 일시적으로 퇴행을 보일 수 있다는 문제가 제기되고 있다(Crain, 1993 : 188).

둘째, 콜버그는 한 단계에서 다음 단계로 이행되는 것이 자발적 행동의 결과라고 하였으나, 도덕적 태도는 사회화의 산물이며 문화적 교육의 결과일 수 있다. 따라서 그의 이론은 도덕성 발달에서 교육과 사회화를 무시하고 있다는 비판을 받고 있다.

셋째, 콜버그는 서로 다른 다양한 문화권에서 성장한 사람을 대상으로 연구하였기 때문에 그의 이론이 모든 문화에 보편적으로 적용된다고 하였다. 그러나 인간은 환경의 산물이므로 그의 이론이 모든 문화권에 보편적으로 적용될 수 있는가 하는 의문이 제기된다.

넷째, 콜버그의 이론은 남성만을 대상으로 한 연구에서 도출되었기 때문에 여성의 특성을 전혀 고려하지 못하였다고 볼 수 있으며, 남성이 여성보다 높은 수준의 도덕성 발달을 보인다는 것에 대하여 비판을 받고 있다.

다섯째, 콜버그의 도덕성발달단계 중 후인습적 수준에서 마지막 6단계인 보편적 원리는 이론적 개념에 불과하며, 실제로는 거의 존재하지 않는 개념일 수 있다는 것이다.

CHAPTER

14 사회체계이론

1 생태학이론

생태학이론(ecological theory)은 브론펜브레너(Urie Bronfenbrenner)가 체계화한 이론이다. 브론펜브레너는 인간발달에서 '맥락 속의 발달' 또는 '발달의 생태학'을 연구해야 한다고 주장하였다. 그의 연구는 인간과 그들이 생활하는 환경적 상황과의 상호작용에 초점을 두었으며, 독창적인 이론화를 통하여 인간발달 연구의 방향을 근본적으로 변화시켰다. 생태학이론은 인간이 환경의 제 요소들과 끊임없이 상호교류를 하면서 적응하고 진화한다는 견해를 바탕으로 인간이 그들의 물리적 · 사회적 환경을 변화시키며, 환경과의 지속적인 상호적응 과정을 통하여 환경에 의해서 변화된다는 이론이다.

1) 브론펜브레너의 생애

브론펜브레너는 1917년 러시아의 모스크바에서 태어났다. 그는 6세에 미국으로 이주했으며, 1938년 코넬대학교에서 심리학과 음악학을 복수전공하여 학사학위를 받았다. 1942년 발달심리학으로 하버드대학교를 거쳐 미시간대학교에서 박사학위를 받았으며, 1948년부터 코넬대학교의 교수로 재직하였다.

브론펜브레너는 인간발달에서 생태학을 연구해야 한다고 주장하여 그의 이론을 생태학적 모델이라고 말하기도 한다. 생태학에서 환경은 개인에게 영향을 주며, 개인의 행동은 환경에 영향을 주는 환경과 개인 간의 상호작용 관계가 형성된다. 그는 물리적 환경 변화에 영향을 미치는 시간의 영향을 강조할 뿐만 아니라 사회적 환경 변화에 영향을 미치는 시간의 영향도 강조하였다. 그의 대표적인 저서로는 『인간발달의 생태학』(1979)이 있다.

2) 생태학이론의 특성

생태학이론은 성장하는 유기체와 항상 변화하는 사회적 · 물리적 환경과의 특정 시점에서의 상호작용을 규명하는 이론이다. 즉, 이것은 인간이 환경의 제 요소들과 끊임없이 상호교류를 하면서 적응하고 진화한다는 견해를 바탕으로 하고 있다. 따라서 인간과 환경은 분리될 수 없으며, 항상 동시에 고려해야 한다는 것이다. 이러한 생태학이론은 가족 · 집단 · 조직 · 지역사회 · 문화 등 인간이 몸담고 있는 환경을 보다 체계적으로 구조화하고 이들 환경체계와 개인 간의 관계를 이해하는 것을 인간발달의 주요 과제로 삼고 있다.

생태학이론은 행동주의 학습이론과 마찬가지로 인간발달에서 환경의 영향을 매우 중요시하였다. 그러나 행동주의 학습이론에서는 환경적 맥락이 모호한 반면에, 생태학이론에서는 환경을 체계적으로 구조화하였다(이옥형, 2002 : 76). 생태학이론은 인간발달이 결코 진공상태에서 일어나지 않고 언제나 특정한 환경 안에서 환경과의 상호작용을 통해 일어난다고 보았으며, 사회적 · 물리적 환경을 다양한 체계수준으로 구분하여 개인과의 상호작용을 분석하고 있다.

3) 생태학이론의 환경

생태학이론에서 환경은 체계나 조직들의 시간적 · 공간적 속성으로 구성된 것으로 사회적 환경과 물리적 환경으로 나누어 볼 수 있다. 이 두 환경은 서로 영향을 주고받는 통합적 체계로서 문화적 신념, 가치, 규범 등과 지속적으로 상호작용을 한다. 이러한 환경은 생활의 변천을 촉진시키거나 방해할 수 있다.

(1) 사회적 환경

사회적 환경에서 인간에게 많은 영향을 미치는 것은 관료조직과 사회적 관계망이다. 관료조직(bureaucratic organization)은 공식적인 조직으로서 사회적 · 경제적 · 정치적 · 교육적 · 문화적 서비스를 제공하는 조직이다. 이것은 적절한 노동문화, 정책과 절차, 권위와 의사결정 과정 등을 통하여 인간의 욕구를 효과적으로 충족시키기 위한 목적으로 설립된 것이다(권중돈 · 김동배, 2006 : 417).

사회적 관계망(social networks)은 비공식적인 조직으로서 공유하는 사회적 지위, 유사하거나 공유하는 기능, 지리적인 또는 문화적인 관련성 등과 같은 어떤 공통적인 유대에 의해서 연결된 개인이나 집단을 말한다. 사회적 관계망의 유형으로는 가족, 친척, 친구, 이웃, 직장동료, 종교단체, 자조집단 등이 있다(Moxley, 1989 : 44). 사회적 관계망은 개인에게 사회적 지지와 원조를 제공하며, 상호작용을 통하여 그와 관련된 많은 사람들의 사회적 행동에 영향을 미친다.

(2) 물리적 환경

물리적 환경은 자연적 환경과 인위적 환경으로 구성되어 있다. 자연적 환경에는 기후, 지리적 조건 등이 있으며, 인위적 환경에는 건물, 교통시설, 통신시설, 대중매체 등이 있다. 자연적 환경에서 온도, 습도, 바람, 기압, 강수량, 계절적 변화 등은 인간의 감정과 행동에 영향을 미치게 되며, 인위적 환경은 인간의 사회적 상호작용, 생활양식, 문화수준 등에 영향을 미친다.

(3) 시간과 공간

환경의 조직은 시간과 공간에 의해 구성된다. 환경에서 시간이란 상호작용의 지속기간, 주기성 및 속도에 대한 것이며, 이것들은 인간의 적응과 밀접한 관련성을 지니고 있다. 공간은 개인의 사회적 상호작용의 양과 거리를 의미한다. 인간은 누구나 다른 사람이 침범할 수 없는 공간적인 영역을 유지하고 있으며, 그 경계는 가시적이고 때로는 그 존재가 인식되지 못한다. 또한 인간은 생활의 편안함을 위해 상대방의 사생활을 침범하지 않고, 서로 개입하지 않으며, 바람직한 거리를 유지하기 위해서는 상호이해와 합의가 필요하다(장인협, 1997 : 278).

4) 생태학이론의 체계

브론펜브레너는 인간과 사회적·물리적 환경과의 상호작용을 바탕으로 상호 의존적이고 변화하는 구조를 네 개의 주요한 체계로 규정하였다. 즉, 그는 생태학이론의 체계 수준을 미시체계, 중간체계, 외부체계, 거시체계 및 시간체계로 구분하였다.

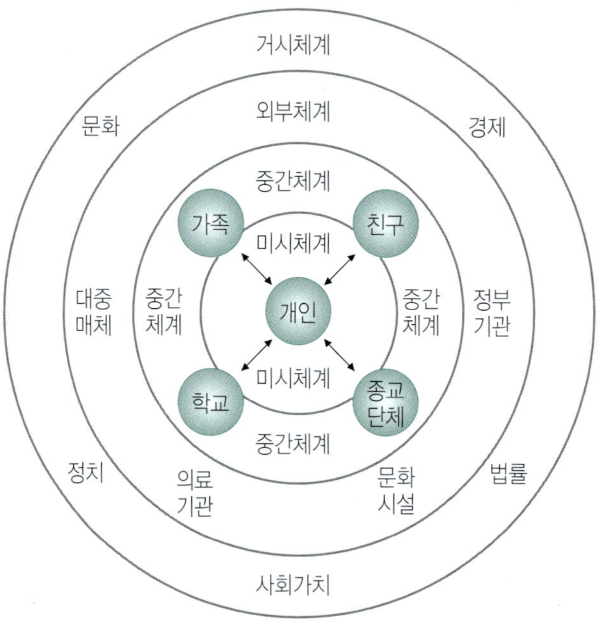

[그림 14-1] 생태학이론의 체계 수준

(1) 미시체계

미시체계(microsystem)는 인간이 가장 밀접하게 상호작용을 하는 사회적·물리적 환경을 말한다. 즉, 이것은 인간과 가장 인접한 수준의 환경으로서, 가족, 친구, 학교, 종교단체 등이 여기에 속한다. 또한 미시체계는 성장하는 개인이 친밀한 대면적인 환경 내에서 경험하는 활동, 역할, 대인관계의 유형을 포함한다(Bronfenbrenner, 1993 : 15).

미시체계는 직접적으로 대면적인 상호작용을 하는 익숙하고 친밀한 사회적 관계망으로 구성된다. 개인은 그의 삶에 영향력을 미치는 사람들과의 지속적인 상호작용을 통하여 영향을 받으며, 개인은 또한 그들에게 영향을 미치는 과정이 반복된다. 미시체계는 끊임없이 변화하며, 개인이 성장하면서 점점 상호작용이 약화된다.

(2) 중간체계

중간체계(mesosystem)는 특정한 시점에서 미시체계들 간의 상호작용을 의미한다. 즉, 이것은 개인이 하나의 미시체계에서 일어나는 일이 다른 미시체계와 상호 관련되어 있으며, 그들 간에 상호작용을 하는 것을 말한다. 예를 들면, 가정생활과 학교생활, 가정생활과 친구관계, 가정생활과 종교생활 등이 상호작용을 하는 것은 중간체계이다.

중간체계는 성장하는 개인을 포함한 둘 또는 그 이상의 미시체계 간의 연결점과 과정으로 구성된다. 이것은 각각의 미시체계에 존재하는 개인에게 적절한 환경적 관점 내에서 자신의 위치를 확보하도록 해준다. 개인이 다양한 미시체계에 참여할 때 서로 다른 역할을 수행하게 되며, 미시체계들 간의 상호작용의 질, 빈도, 영향력은 개인의 행동에 크게 영향을 미친다(정옥분 · 윤종희 · 도현심, 1999 : 459).

(3) 외부체계

외부체계(exosystem)는 지역사회 수준에서 기능하고 있는 주요한 기관들로서 대중매체, 정부기관, 교통시설, 통신시설, 의료기관, 문화시설 등을 말한다. 외부체계는 개인과 밀접하게 상호작용을 하는 것은 아니지만 점차 성장하면서 생활의 주요한 요소가 되며, 개인의 행동발달에 영향을 미친다.

외부체계는 개인, 미시체계 및 중간체계에 영향력을 미칠 수 있다. 즉, 외부체계는 개인의 생활에서 중요한 부분을 차지하면서 개인의 행동에 크게 영향력을 발휘하며, 미시체계의 상호작용의 빈도와 질에 영향력을 미칠 수 있다. 또한 외부체계는 중간체계에서 미시체계들 간의 상호작용의 질에도 영향을 미친다.

(4) 거시체계

거시체계(macrosystem)는 개인이 속한 사회의 이념이나 제도의 일반적인 형태로서, 정치, 경제, 사회, 법, 문화, 관습, 가치관 등을 말한다. 거시체계는 법과 같이 명백한 형태를 가진 것도 있지만, 문화와 가치관과 같이 일정한 형태가 없는 것도 있으며, 이것은 인간의 행동발달에 지속적인 영향을 미친다.

거시체계는 개인의 생활에 직접적으로 개입하지는 않지만, 간접적이면서도 전체적으로 강력한 영향력을 발휘한다. 또한 거시체계의 변화는 개인, 미시체계, 중간체계 및 외부체계에 영향을 미친다. 예를 들면, 경제적 위기는 개인생활, 가족생활과 학교생활의 관계, 직업세계 등에 크게 영향력을 미친다.

(5) 시간체계

시간체계(chronosystem)는 개인을 둘러싼 생태학적 환경이 정지해 있지 않고 시간에 따라 변화한다는 점을 강조하기 위해 추가한 체계이다. 이것은 개인의 전 생애에 걸쳐 일어나는 변화와 사회적 · 역사적 환경 등을 포함하는 개인의 환경에서 발생하는 다양한 사건들로 이루어지는 환경적 조건을 의미한다.

시간체계는 개인이 어느 시대에 출생하여 성장했는가에 따라 개인의 생활과 행동발달에 이러한 조건이 상당한 영향을 미치는 것을 의미한다. 이것은 개인이 익숙하고 친밀한 사회적 관계를 맺고 있는 미시체계로부터 중간체계, 외부체계 및 거시체계에 이르기까지 모든 체계가 시간의 흐름에 따라 변화하는 것과 관련되어 있다.

5) 브론펜브레너 이론의 평가

브론펜브레너의 이론은 인간이 어떻게 환경에 영향을 주고 환경에 의해 영향을 받는가를 폭넓게 이해할 수 있으며, 인간발달에 영향을 미치는 환경을 체계적으로 구조화한 창의적인 이론이다. 이것은 행동주의 학습이론에서 제공하는 인위적인 조작을 통한 환경적 영향이 아닌 자연적인 환경의 영향을 포함한 포괄적인 환경을 다루고 있다. 이러한 학문적인 공헌에도 불구하고 브론펜브레너의 이론은 몇 가지 측면에서 비판을 받고 있다

첫째, 브론펜브레너의 이론은 인간행동의 발달에 대한 인간의 내적 요소에 관해서 거의 논의하지 않고 있다. 즉, 인간행동의 발달은 환경에 크게 영향을 받기도 하지만, 인간의 내적인 요소인 무의식, 사고 등에 의해서 많은 영향을 받기도 한다.

둘째, 브론펜브레너의 이론은 인간과 관련된 복잡한 환경체계를 체계적으로 분석하였으나, 환경이 인간에게 어떻게 영향을 주고 또한 어떻게 영향을 받는가에 관한 구체적이고 세부적인 방법에 관한 언급이 부족하다. 즉, 인간이 환경과의 상호작용에서 관찰이나 조건자극을 통해 행동을 학습하는가, 또는 경험을 통해 학습하는가에 관한 보다 세부적인 방법론에 관한 논의가 부족하다.

2 일반체계이론

일반체계이론(general system theory)은 버탈란피(Ludwing von Bertalanffy)가 제시한 이론이다. 버탈란피는 체계를 구성하는 요소들의 속성과 요소들 간의 상호작용의 속성을 이해하기 위해서 일반체계이론을 개발하였다. 일반체계이론은 체계란 부분들 간의 관계를 맺고 있는 일련의 단위들로서, 전체는 부분들의 집합 이상으로 부분들 간의 상호작용과 상호의존적 관계를 통해서 체계의 한 부분의 변화는 전체로서의 체계와 체계 내의 모든 부분에 일반적으로 영향을 미친다는 이론이다.

1) 버탈란피의 생애

버탈란피는 일반체계이론의 창시자이며 생물학자로서 1901년 오스트리아 비엔나 근처의 아츠거스도르프(Atzgersdorf)에서 태어났다. 그는 부모가 이혼하던 10세까지 개인 가정교사를 통해 교육을 받았으며, 초등학교 시절에 이미 스스로 공부할 수 있도록 훈련되어 있었다. 그 이후 저명한 생물학자인 캐머러(Paul Kammerer)가 그의 장래 모델이 되었으며, 캐머러로부터 큰 영향을 받게 되었다.

버탈란피는 1918년부터 인스부르크(Innsbruk)대학교와 비엔나대학교에서 철학과 예술사를 공부하기 시작하였으며, 점차 생물학과 체계이론에 관심을 갖고 연구하게 되었다. 그는 1926년 심리학자이면서 철학자인 페히너(Gustav Theodor Fechner)에 관한 연구로 박사학위를 받았다. 버탈란피는 혼인한 이후 아내로부터 연구에 많은 도움을 받게 되었으며, 그의 아내는 버탈란피의 사망 이후 그의 업적 2편을 편집하였다.

버탈란피는 비엔나대학교, 런던대학교, 몬트리올대학교, 오타와대학교, 남가주대학교, 앨버타대학교, 뉴욕주립대학교 등에서 교수로 재직하였으며, 1972년 71세에 심장마비로 사망했다. 그는 고전열역학의 법칙이 폐쇄체계에는 적용되지만, 생명체와 같은 개방체계에는 불필요하다는 것을 제안하였으며, 일반체계이론이 생물학적 체계를 포함한 다양한 체계에 나타나는 복잡한 상호작용을 설명하는데 적절하다고 주장하였다. 버탈란피의 대표적인 저서로는 『현대발달이론』(1962), 『전체론적 심리학과 체계이론』(1968), 『일반체계이론 : 기반, 발달, 적용』(1968) 등이 있다.

2) 일반체계이론의 특성

일반체계이론은 전체성의 과학으로 비유되는 질서이론이다. 여기에서 체계는 상호의존적이며 상호작용을 하는 부분들로 구성된 전체 또는 부분들 간에 관계를 맺고 있는 일련의 단위들이다. 체계의 구성요소들의 상호작용은 구성요소들과 다르거나 발견되지 않는 총체적인 특성을 포함하고 있다. 그러므로 구성요소들 간의 상호관계는 부분들의 집합 이상의 하나의 전체를 창조한다. 이와 관련된 개념이 홀론이며, 홀론(holon)이란 각각의 체계가 다른 체계의 한 부분이면서 동시에 하나의 전체 체계라는 것이다(Compton & Galaway, 1984 : 112-113).

일반체계이론은 이러한 체계의 특성을 바탕으로 체계의 부분들 간의 상호작용을 통해서 체계의 한 부분의 변화는 전체로서의 체계에 영향을 미칠 뿐만 아니라 체계 내의 모든 다른 부분에도 영향을 미친다는 것에 근거하고 있다. 이러한 이론은 인간이 관계를 맺고 있는 체계들과 관련된 자료를 검토하고 분석하여 조직하는데 유용한 방법으로 활용할 수 있다.

일반체계이론은 인간을 통합된 하나의 체계로 간주하는 이론이다. 즉, 이것은 인간을 신체적 · 심리적 · 사회적인 측면에서 각각 분리된 존재로 보지 않고 통합된 전체로 기능하는 것으로 보는 것이다. 일반체계이론은 인간을 외부세계와 끊임없이 상호작용을 하며 상호 의존하는 존재로 보는 환경 속의 인간에 초점을 두고 있다.

3) 일반체계이론의 주요 개념

일반체계이론에서 체계는 상호작용을 하는 여러 부분들로 구성되어 있으며, 부분들 간에 상호교류를 하고 정보와 에너지를 교환한다. 체계는 부분들의 총합으로서 지속성과 경계를 지닌 전체이며, 긴장을 가져오기도 하지만 변화와 안정상태를 유지한다.

(1) 경계

경계(boundary)란 체계의 내부와 외부를 구분하는 폐쇄된 테두리로서, 체계 내부로의 에너지의 흐름과 외부로의 에너지의 유출을 규제한다. 경계의 기능은 그것의 환경으로부터 체계를 구분하는 것이며, 기능수행을 방해할 환경의 영향력으로부터 체계의 부분들을 보호하는 것이다(Norlin & Chess, 1997 : 32-33).

경계는 체계의 부분들과 환경 사이의 상호작용을 관찰함으로써 규명될 수 있다. 그러므로 사회체계에서 경계의 위치와 성질을 구별하는 것이 중요하다. 어떤 경계는 그것들의 투과성 때문에 가시적이지만, 다른 경계들은 경계를 건너는 에너지의 교환이 빈번하고 강렬하기 때문에 찾아내기가 힘들다. 경계가 반드시 장벽을 의미하는 것만은 아니며, 일정한 경계를 가지면서도 경계를 건너는 에너지의 이전에 아주 개방적일 수 있다. 두 개의 체계가 그들의 경계를 넘어 에너지를 교환할 때 그들은 연결되어 있거나 서로 연결을 가질 수 있게 된다.

(2) 개방체계와 폐쇄체계

개방체계(open system)는 일반체계이론에서의 주요한 개념으로서, 체계가 환경과 역동적으로 연결되어 있는 것을 말한다. 즉, 이것은 체계가 체계 내에서나 다른 체계들과 빈번하게 상호작용을 하는 것을 말한다. 개방체계는 환경으로부터 투입(input)을 받아들이며, 환경에서 산출(output)을 생산한다. 체계의 계속성과 변화는 환경 내에서 부분들 간의 상호교환에 의해 이루어진다. 이러한 환경과의 상호교류 및 환경 내에서의 상호교류가 체계의 생존에 기초가 된다. 인간체계가 성장하고 발전하는 것은 다양한 질서와 복잡성을 극복할 수 있는 개방성을 갖고 있기 때문이다.

폐쇄체계(closed system)는 체계들이 다른 체계들과 상호작용을 하지 않는 것을 말한다. 즉, 체계들이 다른 체계들로부터 투입을 받아들이지 않을 뿐만 아니라 다른 체계에 산출을 생산하지도 않는다. 이러한 체계들은 엔트로피(entropy)라고 불리는 특성을 가지고 있다. 이것은 체계의 요소들의 분화가 적어지고 조직과 기능이 상실되는 경향을 의미한다(Compton & Galaway, 1984 : 119-120).

(3) 엔트로피와 시너지

엔트로피는 체계의 부분들 간의 상호작용이 결여되어 체계를 유지하고 발전시키기 위한 유용한 에너지가 감소하는 것을 말한다. 이것은 폐쇄체계에서 주로 나타나는 것으로, 체계의 무질서의 척도라 할 수 있다. 엔트로피는 본래 열역학 제2의 법칙에서 유래한 것이며, 자연에서 사건의 일반적인 경향이 극도의 무질서의 상태로 향하는 것을 말한다. 즉, 엔트로피는 질서가 상실되는 과정이며, 체계가 붕괴하는 과정이다.

부적 엔트로피(negative entropy)는 체계 내에서 무질서가 질서로 전환되는 과정 또는 체계의 질서가 증가하는 것을 말한다. 사회체계는 성장과 발달의 잠재력을 가지고 있으므로 외부의 에너지를 받아들임으로써 체계 내의 유용하지 않은 에너지를 감소시키고 체계의 발전을 도모할 수 있다(Norlin & Chess, 1997 : 33).

시너지(synergy)는 체계의 부분들 간의 상호작용이 촉진되어 체계를 유지하고 발전시킬 수 있는 유용한 에너지가 증가하는 것을 말한다. 이것은 개방체계에서 주로 나타나는 것으로, 체계가 환경에 개방적이고 체계의 부분들 간의 증가하는 상호작용에 의해서 나오게 된다. 엔트로피, 부적 엔트로피 및 시너지는 사회체계의 특성을 설명하는데 유용한 개념이 될 수 있다.

(4) 호혜성

호혜성(reciprocity)은 한 체계 내에서 어느 한 부분이 변화하면, 그 변화가 다른 부분들과 상호작용하여 나머지 부분들도 변화하게 된다는 것이다. 호혜성의 원리에 따라 체계 내의 부분들은 시간이 흐르면서 여러 가지 방식으로 상호작용을 하게 되며, 각 부분들은 서로 다른 결과를 가져올 수 있게 된다. 이와 관련된 개념이 다중종결성(multifinality)과 동등종결성(equifinality)이다.

다중종결성은 체계를 구성하는 요소들 간의 상호작용의 성격에 따라 유사한 조건이라도 각기 다른 결과를 초래하는 것을 말한다. 동등종결성은 체계의 구성요소들 간의 상호작용에 따라 서로 다른 조건으로 출발하였지만 유사한 결과를 초래하는 경우를 말한다(최옥채 외, 2010 : 165). 즉, 초기조건이 유사했지만 결과가 매우 상이한 것이 다중종결성이며, 초래된 결과는 유사하지만 그 시작조건이나 원인이 각기 상이한 것은 동등종결성이다.

(5) 안정상태

안정상태(steady state)는 체계의 내부 또는 외부로부터 정보와 자원의 흐름으로 인하여 체계가 제대로 기능할 수 있는 상태를 말한다. 즉, 이것은 체계가 부분들 간의 관계를 유지하고 에너지가 계속적으로 체계를 위해 활용되고 있는 상태를 의미한다. 안정상태는 전체 체계가 평형상태를 유지하는 것이며, 체계가 환경과 성숙한 관계를 유지하고, 체계의 기능들이 체계의 유지를 위해서 역동적으로 수행되고 있는 것을 말한다. 안정상태는 고도의 조직성, 복잡성 및 환경에 대한 개방성의 특성을 지니고 있다.

안정상태와 유사한 개념으로 균형과 항상성이 있다. 그러나 이러한 개념들은 안정상태와 중요한 차이가 있다. 균형(equilibrium)은 체계가 고정된 구조를 가지고 부분들 간의 수평적인 상호작용을 하면서 환경으로부터 투입이 없이도 체계를 유지할 수 있는 능력을 말한다. 항상성(homeostasis)은 체계가 균형을 유지하고 있으며, 균형이 위협을 받을 때 회복하고자 하는 역동성을 지닌 경향을 말한다. 균형과 항상성은 고정된 평형을 유지하며 체계의 구조에 큰 변화가 없는 것이지만 안정상태는 고정된 평형이 아닌 새로운 평형과 종전의 구조와 다른 새로운 구조를 포함한다(Anderson & Carter, 1986 : 44-45).

4) 일반체계이론의 영향

일반체계이론은 인간행동을 이해하는데 있어서 다양한 변인들 간의 상호작용을 이해할 수 있는 개념적 준거틀을 제시하고 있다. 즉, 이것은 개인과 사회환경이 상호작용을 하는 총체로서 간주되는 복합적인 조직의 문제를 전체적인 시각에서 볼 수 있으며, 그러한 상호작용에 관한 자료를 분석할 수 있는 기반을 마련하였다.

일반체계이론은 인간행동을 이해하는데 있어서 개인의 행동에 대한 초점에서 벗어나 개인이 관계하는 체계의 성원들 간의 역동적 상호작용에 초점을 두어 인간을 보다 폭넓은 입장에서 이해하는데 기여하였다. 특히 이것은 체계의 구성요소들 간의 상호의존성과 상호작용 및 사회체계의 적응 또는 부적응에 강조점을 두고 있기 때문에 인간행동의 이해에 매우 유용하게 활용될 수 있다(권중돈 · 김동배, 2006 : 400).

5) 버탈란피 이론의 평가

버탈란피의 이론은 인간행동을 이해하는 초점을 개인의 행동에서 벗어나 개인과 사회환경과의 상호작용으로 전환시켰으며, 많은 과학으로부터의 지식을 인간행동을 이해하는데 활용할 수 있는 분석도구로 전환할 수 있다는 유용성을 제시해 주고 있다. 이러한 학문적인 공헌에도 불구하고 버탈란피의 이론은 몇 가지 측면에서 비판을 받고 있다.

첫째, 버탈란피는 인간행동을 이해하는 개념적 준거틀에서 개인과 관계를 맺고 있는 직접적인 좁은 환경에만 초점을 두고 있으며, 더 큰 사회의 거시적 측면의 영향을 간과하고 있다는 것이다.

둘째, 버탈란피는 일반체계이론이 모든 형태의 체계에서 나타나는 복잡한 상호작용을 파악하는데 아주 적절한 모델이라고 주장하지만, 개인과 주변 환경과의 보다 심층적인 상호작용과 영향력을 이해하는데 부족한 측면이 있다.

셋째, 인간의 행동을 개인과 그가 관계하는 체계의 성원들 간의 상호작용을 파악하는 것만으로 이해하기가 어려우며, 이를 위해서는 인간의 행동에 크게 영향을 미치는 내적·정신적 특성도 고려해야 한다는 것이다.

Human Behavior and social Enviroment

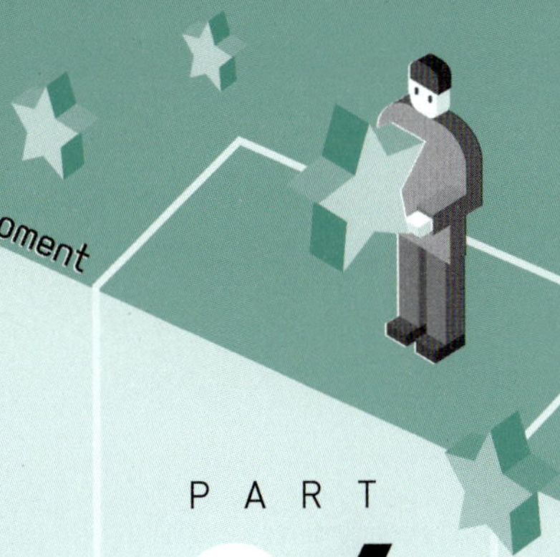

PART 04

사회체계의 이해

CHAPTER

15 가 족

가족은 사회의 가장 기본적인 단위로서 인간의 생리적·정서적 욕구를 충족시켜 주는 안식처이다. 가족은 보호와 애정, 경제적 부양, 자녀의 양육과 사회화, 종족보존, 교육 등 다양한 기능을 수행한다. 최근 가족이 핵가족화되고 있으며, 한부모가족, 노인가족, 소년소녀가족, 독신가족, 조손가족, 다문화가족 등 다양한 형태로 나타나고 있다. 가족 내에서 부모의 행동과 태도는 자녀의 행동에 결정적인 영향을 미치게 된다. 가족은 구성원들 간의 상호작용을 통해서 서로에게 영향을 주고받는 하나의 사회체계인 것이다.

1 가족의 특성

가족은 인간이 최초로 접하는 사회로서 인간의 성장과 발달에 매우 중요한 역할을 수행한다. 인간은 가족과의 관계에서 성격형성의 기초를 이루게 되며, 가족구성원과의 접촉에서 최초의 사회화가 이루어진다. 가족은 인간에게 최초로 문화를 전달하는 매개체이며, 인간에게 가장 큰 영향을 미치는 기본적인 사회제도이다.

1) 가족의 개념

가족은 사회의 가장 기본적인 단위로서 인간의 생리적·정서적 욕구를 충족시켜 주는 안식처이다. 인간은 누구나 가족의 사랑과 보호를 받으면서 성장하고, 가족을 통하여 사회생활에 적응할 수 있는 능력을 배양한다. 또한 가족은 인간이 최초로 경험하는 사회로서 생활규범을 배우고 문화를 익히는 사회제도이다.

가족은 성, 혈연 및 애정에 의해 이루어진 결합체로서, 혼인관계를 통해 남녀가 결합하여 가족을 구성하고, 자녀를 출산하여 자녀와 혈연관계를 이루며, 출생한 자녀를 애정을 바탕으로 양육한다. 또한 가족은 가족구성원들의 생활의 공동체로서 구성원들의 협력과 친밀한 관계를 통해서 유지한다. 가족은 이익관계를 초월하여 구성원들에게 다양한 서비스를 제공하며, 같은 장소에 거주하고 공동으로 생활하는 운명공동체이기도 하다(정옥분, 2000 : 198).

따라서 가족이란 인간이 최초로 접하게 되는 사회의 가장 기본적인 단위로서, 혼인관계를 통해서 형성되는 혈연관계 및 생활공동체이며, 인간의 생리적·정서적 욕구를 충족시켜 주는 안식처인 동시에 애정적인 인간관계의 장인 것이다.

2) 가족의 기능

가족은 구성원들을 위해서나 더 큰 사회를 위해서 다양한 기능을 수행한다. 가족은 구성원들을 보호하고 그들 상호 간에 친밀한 관계를 유지하며, 구성원들을 경제적으로 부양한다. 가족은 자녀를 양육하고 사회화시키며, 성행위를 대외적으로 통제하고 종족을 보존한다. 또한 가족은 새로운 사회적 역할을 부여하며, 자녀를 교육시키고 종교적 활동을 수행하기도 한다.

(1) 보호와 애정의 기능

가족은 구성원의 생명이나 재산을 보호하는 기능을 수행한다. 가족은 아동, 노인, 장애인, 환자 등과 같이 특별한 보호가 필요한 사람들은 물론 가족구성원 모두의 안전과 복지를 제공하는 기능을 수행한다. 최근 이러한 기능이 국가기관을 비롯한 다양한 기관에서 분담하여 수행하고 있지만, 가족의 보호는 무엇보다도 중요하다(최경석 외, 2001 : 22).

가족은 구성원들 간에 친밀한 관계를 유지하고 사랑과 애정을 공유해야 하는 집단이다. 즉, 가족은 부부간의 친밀한 관계를 바탕으로 자녀들을 사랑으로 양육하고, 부모를 부양하는 기능을 수행한다. 최근 가족의 애정적 기능이 약화되어 이혼, 별거, 가출, 학대 등과 같은 다양한 문제들이 발생하므로, 가족의 애정적 기능이 강화될 필요가 있다.

(2) 경제적 기능

가족은 경제의 기본 단위로서 생산활동과 소비활동을 동시에 수행하고 있으며, 경제활동을 통해서 구성원의 생계를 유지하고 재산을 소유한다. 현대사회에서는 농업이나 가사를 제외하고는 대부분의 생산활동이 가족 이외의 직장에서 이루어지고 있기 때문에 가족은 전형적인 소비기능을 수행하는 단위가 되었다. 가족은 소비기능을 통하여 구성원의 다양한 욕구를 충족시키고 있다. 한편 전통적인 사회에서는 경제적 부양이 대부분 남성의 역할이었으나, 현대사회에서는 남녀 간의 공동의 역할로 변화되고 있다.

(3) 자녀의 양육과 사회화

가족은 자녀가 독립적이고 책임감 있는 성인으로 성장할 수 있도록 양육한다. 즉, 가족은 자녀의 신체적·인지적·사회적 발달을 촉진하고 훌륭한 사회인으로 성장할 수 있도록 지도하고 원조한다. 또한 가족은 자녀가 사회에 잘 적응하면서 인간답게 살아갈 수 있도록 하는데 기여하는 각종 기술을 습득할 수 있게 한다. 즉, 가족은 사회생활에 필요한 기술을 익히는 일차집단이며, 인간의 성격형성에 가장 중요한 구실을 하며, 문화를 학습시키는 사회화의 장인 것이다.

(4) 종족보존과 성행위의 규제

가족은 자녀를 출산하여 종족을 보존하는 기능을 수행한다. 이것은 가족이 갖고 있는 고유하고도 가장 중요한 기능으로서, 자녀의 출산을 통하여 노인세대의 사망 이후에 사회가 계속적으로 유지될 수 있도록 한다. 최근 자신의 후손에 대한 관념이 점점 약화되어 자녀의 출산율이 계속적으로 낮아지고 있다. 또한 가족은 성적 욕구를 충족시키는 역할을 수행하면서 가족 외부에서의 성행위를 규제하여 정상적인 가족관계를 유지하도록 하는 역할을 수행한다.

(5) 교육적 · 종교적 기능

가족은 자녀에게 도덕교육을 비롯한 다양한 교육을 실시하는 기능을 수행한다. 자녀에 대한 교육은 전통적 사회에서는 가정에서 주로 담당하였으나, 현대사회에서는 대부분 전문적인 교육기관에서 담당하고 있다. 앞으로 점점 약화되고 있는 가정에서의 자녀교육을 더욱 강화할 필요가 있다. 또한 가족은 제사나 기도 등을 통하여 종교적 기능을 수행하고 있다. 종교적 기능은 현대사회에서는 주로 교회, 성당, 사찰 등의 종교단체에서 이루어지는 경우가 많다.

2 가족의 형태

전통적인 사회에서는 가족의 유형이 대부분 확대가족이었으나, 현대사회에서는 핵가족으로 변화되고 있다. 최근 가족의 형태가 상당히 다양화되어 한부모가족, 노인가족, 소년소녀가족, 독신가족, 조손가족, 다문화가족 등이 나타나고 있다. 이러한 가족들은 구성원에게 각기 다른 영향을 미치고 있으며, 여러 가지 문제점을 지니고 있다.

1) 가족의 유형

(1) 핵가족

핵가족(nuclear family)은 부부중심의 가족체계로서 부부와 미혼자녀로 구성된 가족이다. 핵가족은 전통적인 농경사회에서 산업사회로 전환되면서 가족구성원이 이동하거나 주거를 결정하는데 편리함을 제공하게 되어 지배적인 가족유형이 되었다. 핵가족은 가족구성원들 간에 친밀감을 증대시킬 수 있으며, 구성원들이 독립성을 가지고 생활할 수 있고, 그들의 생활수준을 향상시킬 수 있다. 또한 핵가족은 구성원들의 상호작용을 촉진할 수 있으며, 구성원들 간에 민주적인 관계가 수립될 수 있게 한다.

그러나 핵가족은 가족의 보호기능을 약화시키고 구성원들의 갈등을 초래하여 이혼, 별거, 가출, 학대 등의 문제를 발생시킬 수 있게 한다. 핵가족은 또한 인간소외, 부양의식의 약화, 자녀에 대한 교육기능의 약화, 인간경시풍조 등을 갖게 하여 노인문제가 나타날 수 있게 하며, 자녀의 정서적 불안과 사회부적응을 일으키게 하여 각종 사회문제가 발생할 수 있게 한다.

(2) 확대가족

확대가족(extended family)은 가계중심의 가족체계로서 3세대 이상이 함께 거주하는 가족이다. 즉, 확대가족은 자녀가 혼인한 이후에도 부모와 같이 동거하는 가족으로서, 전통적인 사회에서 이상적인 가족유형이었다. 경제적으로 자급자족하기가 어렵고 다른 사람들로부터 가족을 보호해야 하는 과거에는 가족구성원이 많을수록 유리했기 때문에 확대가족이 지배적이었다.

확대가족은 부자간의 권위적 주종관계가 형성되어 있기 때문에 자녀에 대한 교육기능이 강화되어 자녀가 정서적으로 안정되고 사회에 잘 적응할 수 있으며, 노인부양을 하나의 의무로 생각하여 노인문제가 발생할 가능성이 적을 수 있다. 또한 확대가족은 인간을 존중하는 경향을 갖게 하여 부부 및 부모−자녀 사이의 여러 가지 문제를 감소시킬 수 있게 한다. 그러나 확대가족은 산업사회에서 가족구성원의 이동과 주거문제의 해결을 어렵게 하며, 고부간의 갈등을 초래할 수 있고 가부장적 사고로 인하여 민주적인 가족관계가 성립되기 어렵게 한다.

2) 가족형태의 다양성

(1) 한부모가족

한부모가족(one-parents family)은 이혼, 별거, 사망, 유기, 가출 등으로 인하여 부모 중 한 사람과 자녀로 이루어진 가족을 말한다. 즉, 이것은 부나 모 중에서 한 사람이 단독으로 부모의 역할을 수행하는 가족인 것이다(조흥식 외, 2002 : 212). 한부모가족은 최근 이혼의 증가로 인하여 관심이 더욱 높아지고 있으며, 계속적으로 늘어하는 추세를 보이고 있다.

한부모가족은 배우자의 사별로 인한 경우가 가장 많으며, 이혼, 별거, 유기, 가출, 장기복역, 미혼모 등으로 인하여 나타나고 있다. 한부모가족 중에서 모자가족은 가족 내에서 경제적·정서적 안정에 기여했던 부의 부재로 인하여 많은 문제가 일어난다. 특히 소득의 감소로 인하여 생활수준이 급격히 낮아지며, 자녀의 교육에 어려움이 있고, 모가 취업을 해야 하는 문제가 발생한다. 또한 부의 역할의 부재로 인하여 자녀의 정서적 불안정을 초래할 수 있으며, 모의 역할과중으로 가족 내의 긴장과 갈등이 초래될 수 있다. 부자가족은 가사와 자녀양육에 기여했던 모의 부재로 인하여 많은 문제가 일어난다. 그동안 모가 관리해 왔던 가사를 부가 대신한다는 것이 상당히 어려우며, 자녀를 제대로 양육할 수 없게 된다. 또한 모의 부재로 자녀들이 정서적인 안정을 갖지 못하고 방황할 수 있으며, 부가 가사와 직업생활을 병행하기가 어렵게 된다.

(2) 노인가족

노인가족은 65세 이상 노인이 자녀나 친척과 동거하지 않고 독신 또는 부부가 함께 독립적인 가구형태를 이루어 생활하고 있는 가족을 말한다(최경석 외, 2001 : 426).

즉, 이것은 노인으로만 이루어진 가족형태인 것이다. 노인가족은 최근 핵가족화로 인하여 노인부양의식이 약화됨은 물론 노인의 독립적인 생활의 욕구로 인하여 점점 증가하는 추세를 보이고 있다.

노인가족은 노년기의 신체적 · 경제적 · 정서적 · 사회적 문제를 대부분 노인 스스로 해결해야 하는 어려움 때문에 다양한 문제가 발생한다. 노인은 대부분 신체적 노화로 인하여 만성질환을 가지고 있음에도 불구하고 노인들만이 거주하게 되면 신체적 수발과 간병, 간호와 진료, 응급의료 등을 받기가 어렵다. 또한 노인가족은 소득이 적기 때문에 경제적으로 빈곤할 수 있으며, 정서적으로 외로움을 느끼게 되고, 사회적으로 고립되는 어려움을 경험할 수 있다.

(3) 소년소녀가족

소년소녀가족은 부모의 사망, 이혼, 가출, 질병, 심신장애 등으로 인하여 18세 미만의 아동이 가정생활을 이끌어 가야 하는 가족을 말한다. 즉, 이것은 부모 모두가 사망하거나, 부모의 이혼 · 가출 · 행방불명 · 장기복역 등으로 아동이 부모와 같이 살지 못하거나, 부모의 폐질 · 심신장애 등으로 부모가 부양능력을 상실하였을 경우에 아동이 가장의 역할을 수행하는 가족형태인 것이다.

소년소녀가족은 부모의 역할을 담당할 가족이 없기 때문에 신체적 · 정서적 · 교육적 · 경제적 · 사회적 문제가 발생할 수 있다. 소년소녀가족은 부모가 없기 때문에 수입이 부족하고 생활이 안정되지 못하여 신체적으로 정상적인 성장과 발달을 기하기 어려우며, 정서적으로 불안정할 수 있고, 정상적인 학교생활을 하지 못할 수 있다. 또한 그들은 경제적으로 자활할 수 있는 기반과 능력이 부족하기 때문에 빈곤에서 벗어나기 어려우며, 사회적으로 고립될 수 있다.

(4) 독신가족

독신가족은 성인이 된 남녀가 혼인을 하지 않고 혼자서 사는 가족을 말한다. 즉, 이것은 성인남녀가 혼인을 하지 않거나 노인이 되기 이전에 이혼이나 사별한 이후에 재혼을 하지 않고 혼자서 사는 가족형태이다. 과거에는 성인남녀가 독신가족을 이루어 사는 것이 사회적으로 바람직하지 못한 것으로 간주되었으나, 최근에는 독립적으로 생활하는 것을 어느 정도 수용하고 있는 추세이다.

독신가족은 개인주의적 사고, 경제적 지위의 상승, 혼인과 가족에 대한 가치관의 변화, 이혼의 증가, 교육기간의 연장, 자아실현의 경향 등으로 인하여 점차 증가할 가능성이 커지고 있다. 특히 혼인을 필수조건으로 생각하기보다는 선택조건으로 생각하는 사람들이 증가하며, 가족에 대한 전통적 가치가 약화됨은 물론 이혼이 점점 증가하고 있기 때문에 독신가족의 비율이 늘어날 것으로 보인다.

(5) 조손가족

조손가족은 가족해체의 급증으로 파생되는 새로운 가족의 형태로서 아동이 부모의 사망 등과 같은 부득이한 사정으로 부모로부터 직접 양육을 받지 못하고 조부모와 함께 살면서 양육을 받고 있는 가족을 말한다. 이것은 조부모와 손자녀로 구성된 가족을 의미하며, 급격한 사회변동으로 가족의 불안정이 증폭되면서 부모의 사망, 질병, 실직, 사고, 별거, 이혼, 수감, 파산 등의 요인에 의해 점차 증가하고 있다(박옥임 외, 2008 : 201).

조손가족은 조부모의 건강악화와 고령으로 인한 경제활동의 어려움 등으로 대개 저소득층을 형성하고 있으며, 손자녀를 일시적이라기보다는 장기적으로 돌보고 있다. 조부모는 대부분 학력이 낮고 일정한 직업이 없으며, 손자녀는 가족생활의 적응력이 낮고 사회적 · 심리적 불안정성이 높은 편이다. 조손가족의 문제점으로는 경제적 문제, 조부모의 건강문제 · 양육의 부담감 · 고독감과 외로움 · 사회적 고립, 손자녀의 정서적 불안정 · 사회부적응 · 교육의 불평등 · 행동상의 문제 등이 나타날 수 있다.

(6) 다문화가족

다문화가족은 한 가족 내에 다양한 문화가 공존하고 있는 가족을 의미한다. 즉, 이것은 우리나라와 다른 문화권을 가진 구성원으로 이루어진 가족을 말한다. 다문화가족은 우리나라의 경제적 위상이 높아지면서 유입되기 시작한 외국인 노동자가 증가하고 있으며, 한국남성과 외국인여성의 국제적 혼인에 따른 이주여성이 점차 늘어나고 있고, 북한이탈주민이 지속적으로 증가하면서 새로운 가족의 형태로 부각되고 있다(한국여성복지연구회 편, 2008 : 319-320).

다문화가족의 문제점으로는 결혼이주여성 가족의 경우 의사소통의 장애, 부부갈등과 가정폭력, 자녀양육의 어려움, 사회제도 이해의 부족, 문화적 이질감, 빈곤문제, 사회참여 기회의 부족, 사회복지서비스 접근의 어려움, 멸시와 소외감, 이혼문제 등이 있다. 외국인노동자 가족의 경우에는 저임금 · 열악한 작업환경 · 임금체불 등의 열악한 근무조건, 인종차별 · 멸시 · 편견 등의 인권침해 상황, 자녀양육의 어려움, 의료서비스의 부족, 의사소통의 장애 등이 있다. 북한이탈주민 가족의 경우에는 실직 · 빈곤 · 직장적응의 어려움 등의 경제적 부적응, 부부갈등 · 부모－자녀갈등 · 가정폭력 등의 가정문제, 사회적응의 어려움, 자녀의 학교생활 부적응 등이 있다.

3 가족의 역동성

1) 가족 내의 부모역할유형

가족 내에서 자녀에 대한 부모의 행동과 태도는 얼마나 애정적이거나 적대적인가 또는 얼마나 자율적이거나 통제적인가에 따라 몇 가지의 역할유형으로 나눌 수 있다. 맥코비와 마틴(Maccoby & Martin, 1983)은 부모의 역할유형을 권위적 부모, 독재적 부모, 허용적 부모 및 방임적 부모의 네 가지로 구분하였다.

(1) 권위적 부모

권위적 부모(authoritative parents)는 자녀에게 애정적이고 수용적이면서 자녀의 행동을 통제한다. 그들은 자녀의 욕구와 소망을 인정하며, 자녀중심적이고 개방적이며, 자녀가 자율적으로 행동하도록 격려한다. 그들은 성숙한 행동에 대한 확고한 표준을 설정하고 그것을 지킬 것을 요구하면서도 의사결정이나 지시에 대한 이유를 설명하고 자녀의 견해에 귀를 기울인다. 권위적 부모를 가진 자녀들은 일반적으로 독립적이고 사회적 관계가 원만하며, 자기통제적이면서 높은 자존심을 지니고 있다.

(2) 독재적 부모

독재적 부모(authoritarian parents)는 자녀에게 온정적이지 못하고 적대적이면서 자녀의 행동을 엄격하게 통제한다. 그들은 자녀에 대한 애정이 부족하고 강압적이며, 자녀를 통제하기 위해 신체적 처벌을 가한다. 그들은 자신들의 결정이나 규칙에 자녀가 따르지 않는 것을 도전으로 받아들이고 억압하며, 이러한 경우에 성숙한 행동에 대한 부모의 요구와 자녀의 욕구 사이에 조화를 이루지 못하게 된다. 독재적 부모를 가진 자녀는 자발성이 부족하고 수동적이며, 냉담하고 낮은 자존심을 지니고 있다.

(3) 허용적 부모

허용적 부모(permissive parents)는 자녀에 대해 수용적이고 상당히 애정적이지만 자녀의 행동을 전혀 통제하지 않는다. 그들은 자녀의 행동과 생각에 거의 제한을 가하지 않으며, 성숙한 행동의 표준도 없을 뿐만 아니라 자녀가 스스로 자신의 행동을 결정하기를 원한다. 허용적 부모를 가진 자녀는 대단히 미성숙하기 때문에 충동적이고 공격적이며 책임감이 부족하다. 또한 이러한 자녀는 부모에게 많은 것을 요구하며, 대인관계에서 독단적인 경향이 있고, 인내심이 부족하며 자기통제능력이 결여되어 있다(장휘숙, 2002 : 414).

(4) 방임적 부모

방임적 부모(indifferent parents)는 자녀에게 무관심하고 부모의 역할을 전혀 수행하지 않는다. 그들은 자녀와의 접촉을 회피하며 자녀의 욕구에 대해 거의 반응을 보이지 않으면서 거부적이다. 자녀와의 상호작용은 단지 부모 자신의 즉흥적 위안을 얻기 위해서이며, 일관성 있는 훈육을 실시하지 않는다. 이러한 역할유형은 부부간의 갈등, 사회적 자원의 부족 등에 의해서 나타날 수 있으며, 자녀로 하여금 인지적·정서적·사회적 발달을 기할 수 없게 한다. 방임적 부모를 가진 자녀는 적대적·공격적이고, 대인관계가 원만하지 못하며, 낮은 자존심을 가지고 있다(Santrock, 1997 : 247-248).

2) 가족구조와 상호작용

가족구성원들 사이의 상호작용에는 일정한 경계선이 존재한다. 가족구성원들 간에 경계선이 개방적이면 구성원들 사이에 경계가 유연하고 상호작용이 빈번하며, 서로가 거리감이 없고 강한 소속감을 지니게 된다. 이러한 경우에 한 구성원의 변화는 즉각적으로 다른 구성원에게 영향을 미치게 된다.

가족구성원들 사이에 경계선이 폐쇄적이면 경계가 분명하고 경직되어 있으며, 구성들 간에 상호작용이 거의 없게 된다. 이러한 경우에 구성원들이 독립적이고 자율적으로 기능하게 되지만, 가족 내의 의사소통에 어려움이 있으며, 가족이 구성원들에 대한 보호기능을 제대로 수행할 수 없게 된다.

4 사회체계로서의 가족

가족은 사회를 형성하는 구성요소로서 가족구성원들에게 정서적 안정과 지원을 제공하며, 구성원들 간의 상호작용을 통해서 서로에게 영향을 미치는 하나의 사회체계이다. 즉, 가족은 부부관계, 부모－자녀 관계, 형제자매관계를 통해서 서로에게 영향을 주고 영향을 받기도하면서 가족 전체의 기능에 기여하는 상호 연결된 체계인 것이다.

가족은 부부체계, 부모－자녀체계 및 형제체계와 같은 하위체계로 이루어져 있다. 부부체계는 상호보완과 적응을 통해서 관계를 형성하며, 부부간의 관계가 경직되면 스트레스를 받게 되고, 이완되면 가족 내의 질서가 손상될 수 있다. 부모－자녀체계는 부모의 자녀에 대한 양육, 지도, 통제 등을 통하여 사회화의 역할을 수행하며, 부모 중 한 사람과 한 자녀와의 밀착된 관계는 가족체계가 역기능적인 양태로 나타날 수 있다. 형제체계는 형제들 간의 상호관계를 통해서 많은 것을 배우게 되며, 특히 경쟁, 질투, 싸움 등을 통해서 자율성, 협동, 양보 등을 배운다.

한편 가족은 집단, 조직, 지역사회, 국가 등과 같은 상위체계와의 상호작용을 통해서 영향을 받으면서 유지하고 발전한다. 가족체계가 상위체계와의 관계에서 개방적일수록 다른 사회체계의 변화에 쉽게 적응할 수 있으며, 자원을 효율적으로 활용할 수 있다.

CHAPTER

16 집 단

집단이란 공통의 목적이나 관심사를 가지고 있는 두 명 이상의 사람들이 모인 집합체로서, 집단구성원들의 정체성과 다른 집단에 대한 배타성을 가지고 있으면서 개인의 행동발달에 주요한 영향을 미친다. 집단은 일차집단과 이차집단, 성장집단과 치료집단 등 다양한 형태를 가지고 있으며, 의사소통, 목적, 규범, 역할, 정서적 유대 등에 의해 많은 영향을 받는다. 집단은 구성원들의 상호작용을 바탕으로 한 사회체계로서 개인의 다양한 욕구를 충족시키고 문제를 해결하며, 구성원 각자와 사회에 유익하기도 하지만, 부정적인 영향력을 미치기도 한다.

1 집단의 특성

1) 집단의 개념

집단은 공통적인 목적이나 관심사를 가진 두 명 이상의 사람들이 모인 집합체이다. 이것은 일정한 목적을 달성하기 위해 구성원들 간에 상호작용을 하면서 일관된 행동을 하는 총체로서, 소속감과 규범을 통해서 결속력을 가지고 활동하며, 구성원들 상호 간에 영향을 미치는 집합체인 것이다.

집단은 두 명 이상의 사람들이 모인 단순한 모임이 아니라, 개인에게 바람직한 행동을 학습하도록 하거나, 만족스러운 사회적 관계를 유지할 수 있게 하는 매개체이다. 또한 이것은 개인의 욕구를 충족하고 문제를 해결할 수 있게 하거나, 또는 개인의 성장과 발달을 도모할 수 있게 하는 목적을 가진 것이다.

따라서 집단이란 공통의 목적이나 관심사를 가지고 있는 두 명 이상의 사람들이 모인 집합체로서, 구성원들이 소속감과 규범을 가지고 상호작용을 하면서 일정한 목적을 달성하기 위해 일관되게 행동하는 사회체계이다.

2) 집단의 특성

집단은 두 명 이상이 모인 집합체로서 공통의 목적을 가지고 있다. 또한 집단은 전체로서의 집단을 인식하며, 다른 집단과 구분되는 특징을 지니고 구성원들이 상호작용을 하면서 각자의 행동에 영향을 미친다는 특성을 가지고 있다. 이러한 집단의 특성은 다음과 같이 여섯 가지로 나타낼 수 있다(Norlin & Chess, 1997 : 153).

(1) 일정규모

집단의 크기가 최대한 어느 정도인가에 대해서는 한정되어 있지 않지만, 최소한 두 명 이상의 구성원으로 이루어진다. 집단은 구성원들 간의 상호작용에 의해 제한을 받으며, 대부분 규모가 작은 편이다. 집단이 구성원들 간에 직접적인 상호작용을 하지 않을 경우에는 더 이상 집단이라 할 수 없다.

(2) 공통목표

집단은 구성원들 간의 역할 차이가 최소화되어 있으며, 직접적인 상호작용을 통해서 전체적인 성격에 따라 움직인다. 집단은 공통적인 목표를 가지고 있으며, 목표는 명백하기보다는 오히려 암시적이다. 집단의 목표는 집단구성원들의 소속감이나 사랑과 같은 욕구로부터 나타나며, 비공식적이고 개인적인 관계의 본질에서 유래한다.

(3) 정체성

집단의 구성원들은 공통의 집단 정체성을 공유하며, 전체적으로 집단을 인식한다. 집단에 대한 정체성은 집단활동을 통해서 우리 의식이 나타날 때 더욱 명백해진다. 집단은 구성원으로서 소유하는 자기 본위에 주요한 영향을 미친다. 집단의 구성원들이 상대적으로 구별되지 않으며 서로 인간적인 측면에 의해 관련되어 있기 때문에, 집단이 유지되고 발달하며 자기 본위 의식의 증진에 기여한다.

(4) 배타성

집단은 모든 사회체계 중에서 가장 배타적이다. 배타성의 관념은 집단구성원들의 자기 본위 의식에 의해 나타난다. 집단구성원들의 관계가 개인적인 차원에서 이루어지며, 개인의 내부에서 우러나오는 감정에 의해 이루어지기 때문에, 다른 체계에 대해 배타적이다. 배타성은 집단의 잠재적인 안정성과 구성원들의 사회화에 기여한다.

(5) 자기조직화

집단구성원들 사이의 관계와 효과적인 상호작용은 구성원들의 내적이고 자연스러운 상황에 기인한다. 이러한 관점에서 집단은 스스로 조직된 것이며, 집단과 관련된 행동은 이성적인 요소보다는 정서적인 측면에 의해 나타난다. 집단의 관계는 어떤 다른 목적 달성을 위한 도구나 수단이기보다는 그들 스스로의 목적 달성을 위해 이루어진다.

(6) 개인행동에 대한 영향

집단은 구성원들에게 사회화와 사회통제의 기능을 수행한다. 모든 집단은 독특한 하위문화를 소유하며, 이것은 집단과 관련된 구성원들의 행동에 영향을 미치는 규범을 포함하고 있다. 이러한 집단규범은 부분적으로 구성원들에 의해 내면화의 형태로 채택되며, 개인의 가치체계의 일부분이 된다.

2 집단의 유형

집단은 구성원들 사이의 상호작용의 형태, 집단구성의 방법, 집단의 배타성의 정도, 집단의 목적 등에 따라 다양한 유형으로 구분할 수 있다. 집단의 유형은 대개 일차집단과 이차집단, 자연집단과 형성집단, 개방집단과 폐쇄집단, 성장집단과 치료집단 등과 같이 다양하게 분류할 수 있다.

1) 일차집단과 이차집단

일차집단(primary group)은 어떤 특정한 목적이 없으면서 혈연과 지연을 바탕으로 자연발생적으로 이루어진 집단을 말한다. 일차집단으로는 가족, 친구, 친척, 이웃, 동료, 또래집단 등이 있다. 이것은 구성원들에게 친근감과 소속감을 갖게 하며, 대면적인 상호작용이 빈번하게 나타나고, 구성원들 간에 우리감정(we-feeling)을 느끼게 한다. 일차집단은 구성원들의 사회화, 도덕규범의 발달, 행동의 형성과 변화 등에 영향을 미친다(김종옥 · 권중돈 편저, 1993 : 21).

이차집단(secondary group)은 어떤 특정한 목적을 달성하기 위해 인위적으로 구성된 집단이다. 이차집단은 구성원들 간에 친근감, 애정, 배려 등과 같은 정서적인 측면이 부족하며, 의사소통이 빈번하지 못하다. 이차집단은 특정한 목적 달성을 위해 구성원들 간에 상호작용을 하며, 구성원들 각자의 역할을 중요시하고, 구성원들의 능률이나 효율성을 강조한다.

2) 성장집단과 치료집단

성장집단(growth group)은 집단활동을 통해서 개인의 잠재력을 개발하여 사회적 기능을 향상시키기 위해서 구성된 집단이다. 성장집단에서는 집단을 개인이 성장할 수 있는 기회로 활용하며, 자신의 발전을 위해 집단활동을 통해서 사고와 행동을 변화시킨다. 성장집단으로는 인카운터 그룹(encounter group), 퇴직준비집단 등이 있으며, 이러한 집단은 잠재되어 있는 구성원들의 심리적 · 사회적 · 정서적 기능의 향상에 초점을 둔다.

치료집단(therapy group)은 집단활동을 통해서 개인의 행동을 수정하거나 심리적 · 사회적 문제를 해결하기 위해 구성된 집단이다. 치료집단에서는 집단을 개인의 문제해결을 위한 도구로 활용하며, 구성원들은 자신의 문제를 해결하기 위해 집단에 깊숙이 관여한다. 치료집단으로는 발달장애아동집단, 비행청소년집단, 정신장애인집단, 성학대피해자집단 등이 있으며, 이러한 집단은 집단활동을 시작하기 전에 구성원들에 대한 치료 계획을 세우고, 전문가에 의해 계획적으로 이루어진다는 특성을 지니고 있다.

3) 자조집단과 형성집단

자조집단(self-help group)은 공통적인 욕구나 문제를 공유하는 사람들끼리 결성하는 자발적인 집단이다. 즉, 이것은 공통적인 조건, 경험 또는 욕구와 문제를 공유하는 사람들로 구성되며, 공통적인 요소들에 관한 대처능력을 향상시키기 위해서 상호 간에 필요한 활동과 자원에 대한 정보를 교환하며 원조한다(Barker, 1995 : 340).

자조집단은 전문적인 지식과 기술을 바탕으로 구성원들에게 원조를 제공하기보다는 오히려 구성원들의 경험에 기초한 것들을 바탕으로 상호 간에 원조를 제공한다. 이러한 원조는 훌륭한 지지의 원천이 되며, 특히 그 집단이 구성되는 초기에 이루어지는 구성원들 상호 간의 관여는 더욱 효과적인 지지의 원천이 된다(Hepworth & Larsen, 1993 : 482). 자조집단으로는 결혼이주여성모임, 자폐아동부모모임, 다운증후군아동부모모임, 이혼자모임, 치매노인가족모임 등이 있다.

형성집단(formed group)은 어떤 외부적인 영향력이나 개입을 통해서 구성된 집단이다. 이것은 외부의 지원과 협력을 받지 않고는 존재하기 어려우며, 특수한 목적을 달성하기 위해서 소집된다. 형성집단은 집단의 지속기간이 비교적 짧고 구성원들의 역할이 단순하며, 구성원들 간의 대면적인 상호작용이 적다. 형성집단으로는 과업집단, 치료집단, 위원회 등이 있다(Norlin & Chess, 1997 : 161).

3 집단의 역동성

집단은 구성원들의 상호작용을 통해서 구성원 각자에게는 물론 집단 전체에 영향을 미치게 되며, 이러한 상호작용에 의해 집단변화에 미치는 힘을 집단의 역동성이라 한다. 집단의 역동성은 구성원들의 의사소통, 집단의 목적과 규범, 구성원의 역할과 정서적 유대 등 다양한 요소들에 의해서 영향을 받으며, 이러한 요소들을 적절히 활용하게 되면 집단의 발전은 물론 구성원들에게 긍정적 결과를 가져올 수 있다.

1) 의사소통

집단 내에서 구성원들 간의 의사소통은 그들의 정보, 감정, 태도 등을 다른 구성원에게 전달하는 것으로, 집단활동에서 가장 중요한 요소이다. 의사소통은 언어를 통해서 분명하게 전달되는 언어적 의사소통과 몸짓, 표정 등에 의해서 전달되는 비언어적 의사소통이 있으며, 공식적 또는 비공식적으로 이루어진다.

집단구성원들은 의사소통을 통해서 상호 간에 영향을 주고받으며, 의사소통의 정도는 집단참여, 생산성, 만족감, 목적 달성 등에 영향을 미치게 된다. 또한 의사소통은 집단구성원의 유대를 강화시키거나 약화시킬 수 있으며 집단의 발전에 영향을 미치므로, 구성원들 간에 효과적으로 의사소통을 할 수 있게 해야 한다(이영분, 1996 : 272).

2) 목 적

모든 집단은 목적을 가지고 있으며, 목적은 집단의 활동, 의사소통의 양상, 구성원의 태도 등에 영향을 미친다. 집단의 목적은 구성원들이 갖고 있는 필요성과 욕구가 사회적 상호작용을 통해서 발전된 것이며, 정적이라기보다는 동적이다. 집단구성원은 각자가 목적을 가지고 있으며, 이것은 알려질 수도 있고 그렇지 않을 수도 있으며, 의식적일 수도 있고 무의식적일 수도 있다.

집단구성원 각자의 목적이 집단의 목적과 일치될 때도 있지만, 일치하지 않아 갈등관계에 놓일 때도 있다. 따라서 집단구성원 각자의 목적을 분석하여 개인의 목적과 집단의 일반적인 목적의 일치성, 집단목적의 구속력, 목적 달성에 따른 갈등 등을 파악할 필요가 있다. 집단의 효율성과 구성원의 만족도는 구성원 각자의 개인적 목적이 집단의 목적에 의해서 발전된다고 느끼거나, 두 가지의 목적이 조화를 이룰 때 높아진다는 것이다(남세진, 1990 : 49-50).

3) 규 범

규범은 집단구성원들이 지켜야 할 규칙이나 기준을 말한다. 이것은 집단 속에서 허용되는 행동상의 법규를 규정하고 있으며, 집단의 주요한 통제수단이 된다. 규범은 집단구성원들의 상호작용 과정을 통해서 형성되며, 구성원 전체에게 동일한 구속력을 가지게 되고, 공식적일 수 있으며 비공식적일 수도 있다.

규범은 집단구성원의 행동을 규제하기 때문에 규범의 발달과 수용은 집단의 생존에 영향을 미치며, 구성원들을 집단에 순응하도록 압력을 가한다. 집단이 규범을 적용하는 절차와 형식에 너무 치우치게 되면 중요한 문제를 해결하는 일에 소홀할 수 있으며, 구성원들에게 갈등을 불러일으킬 수 있다. 이와 같이 규범의 성격, 시행방식, 구성원과 집단에 대한 영향 등은 집단발달에 중요한 결정요인이 된다.

4) 지위와 역할

지위란 집단 내에서 구성원 각자가 차지하고 있는 위치를 말한다. 이것은 집단 내에서의 평가과정을 통해서 개인에게 부여되며, 고정적이지 않고 유동적이다. 지위는 집단구성원 각자의 전문적 지식, 집단에 대한 책임, 개인적 매력 등에 따라 달라지며, 구성원들의 행동, 책임, 통제 등에 영향을 미친다.

역할은 집단 내에서 개인의 위치에 맞는 행동유형을 말한다. 이것은 집단 내에서 개인의 행동을 이해하고 예측할 수 있게 하며, 기대된 역할, 지각된 역할 및 실행된 역할로 구분할 수 있다. 기대된 역할은 집단 내에서 일정한 위치를 차지하고 있는 사람으로서 기대에 부응하는 행동이며, 지각된 역할은 지위를 차지하고 있는 사람이 그가 반드시 해야 한다고 믿는 행동이며, 실행된 역할은 지위를 차지하고 있는 사람이 실제로 수행한 역할을 말한다. 집단에서 구성원 각자가 자신의 역할을 잘 수행할 수 있도록 하기 위해서는 각자의 역할에 대해 토의하며, 현재의 역할에 따르는 책임과 권리를 명료화하고, 구성원의 역할을 적절하게 변화시켜야 한다.

5) 정서적 유대

집단구성원들이 서로에게 매력이나 반감을 갖게 되므로, 그들의 정서적 유대에 대해 관심을 가져야 한다. 집단 내에서의 의사소통을 통해서 정보와 의견이 전달되기도 하지만, 긍정적·부정적 감정이 교환되기도 한다. 집단 내에서 매력과 같은 긍정적인 정서적 유대는 구성원들 간의 상호작용을 증진시키지만, 반감과 같은 부정적인 유대는 구성원들 간의 결속과 상호작용을 감소시킨다.

정서적 유대는 집단성원들에게 소속감을 갖게 한다. 정서적 유대가 높은 집단은 갈등과 긴장을 잘 극복하며, 구성원의 욕구를 충족시킬 수 있고, 집단의 목적을 효과적으로 실현시킬 수 있다. 그러나 정서적 유대는 집단 전체에 동일하게 작용하는 것은 아니며, 구성원들은 긍정적 또는 부정적인 유대를 갖기도 하며, 이러한 과정에서 집단 내에 하위집단이 생성된다(이영분, 1996 : 277).

6) 하위집단

집단구성원들이 서로 간에 공통점을 발견하게 되면 다양한 하위집단이 형성되기 시작한다. 하위집단은 집단의 규모가 커지게 되면 모든 집단에서 나타나며, 유사성, 공통의 속성, 공통의 관심사, 상호 간의 매력, 포함의 욕구 등에 의해서 형성된다. 하위집단은 소수의 구성원으로 이루어지며, 그들 간에 정서적 유대와 조화가 나타난다. 하위집단은 전체집단에 참여하는데 있어서 보람을 느끼게 하며, 집단의 응집력을 향상시킨다. 이와 같이 하위집단은 집단의 발전에 기여하기도 하지만, 집단의 응집력을 약화시키는 경우도 있다. 하위집단의 존재는 자연스러운 결과이기 때문에 이를 받아들여야 하며, 하위집단이 전체집단에 유리하게 작용할 수 있도록 원조해야 한다.

7) 응집력

응집력은 집단구성원이 집단에 대해 긍정적인 사고를 갖으며 구성원들끼리 상호간에 매력을 느끼는 힘을 말한다. 집단응집력은 집단의 목적 달성에 중요한 요소이며, 응집력이 강할 때 구성원은 집단의 구조와 규범을 받아들인다. 이것은 구성원들이 집단에 대해 긍정적인 면을 부정적인 면보다 더 많이 가지고 있을 때 생긴다.

집단응집력은 구성원의 특성, 집단의 활동내용, 집단의 목적, 집단의 크기, 집단의 분위기, 집단참여의 필요성 등과 같은 다양한 요소들에 의해 결정되는 복합적인 현상이다. 이것은 집단활동에 광범위하게 영향을 미치며, 집단을 유지하는 결정적인 영향요소가 된다. 집단응집력을 높이기 위해서는 구성원들의 상호작용, 집단의 생산성, 만족도 등을 향상시키는 것이 필요하다(남세진, 1990 : 69). 그 밖에도 집단의 역동성에 영향을 미치는 요소들로는 집단의 크기, 분위기, 참여도, 지도력, 갈등, 구성원의 역할, 동질성과 이질성 등이 있다.

4 사회체계로서의 집단

집단은 상호작용을 하는 구성원들로 이루어져 있으며, 구성원들 간의 상호작용은 개별 구성원뿐만 아니라 집단 전체에도 영향을 미친다. 즉, 집단구성원은 집단활동을 통해서 자신에 대해서 이해하며, 자신의 성장과 발전을 도모한다. 집단구성원 각자는 다른 구성원들로부터 영향을 받게 되며, 자신의 행동을 통해서 다른 구성원에게 영향을 미친다. 또한 전체로서의 집단은 성원들 각자의 활동에 의해서 변화된다.

집단은 하나의 사회체계로서 구성원들의 상호작용을 바탕으로 개인의 사회적 관계를 증진시키며, 다양한 욕구를 충족시키고 문제를 해결한다. 집단은 구성원들의 활동에 따라 구성원 각자와 사회에 유익하기도 하지만, 부정적인 영향력을 미치기도 한다. 한편 집단은 다른 집단에 의해 영향을 받으며, 지역사회나 국가의 기대, 가치관, 문화 등에 의해 영향을 받는다.

CHAPTER

17 조 직

조직이란 일정한 구조를 가지고 특정한 목적을 달성하기 위해서 의도적으로 설립한 사회체계인 것이다. 이것은 업무분담 및 권력과 통제가 필요하며, 적절한 지도력과 책임성이 부여되어 있어야 한다. 조직은 구성원의 활동을 통해서 목적을 달성하며, 구성원 각자의 행동에 영향을 미친다. 또한 조직구성원들은 조직을 통해서 자신의 욕구를 충족시키며, 다른 구성원의 조직행동에 영향을 미친다.

1 조직의 특성

1) 조직의 개념

조직은 특정한 목적을 달성하기 위해서 의도적으로 설립한 사회체계로서, 일정한 크기와 구조를 가지고 구성원들이 업무에 의해서 상호 관련되어 있는 사회적 단위이다. 또한 조직은 계획적인 활동을 통해서 일정한 활동영역을 가지고 있는 관리구조인 것이다.

조직과 유사한 개념으로는 집단, 기관, 체계 등이 있으나, 조직의 개념과는 다소 차이가 있다. 집단은 공통적인 목적을 가진 사람들이 모여 상호작용을 하는 집합체이며, 기관은 공공의 이익을 위해 설립된 공식적인 조직을 말한다. 체계는 상호의존적인 관계를 가지고 있는 구성요소들로 이루어진 집합체인 것이다.

조직은 일정한 형태를 가지고 있으며, 구성원들의 분업적인 업무를 통해서 특정한 목적을 수행한다. 이러한 조직은 개인적인 노력으로 해결할 수 없는 기능수행이나 문제해결을 할 수 있도록 사람들을 결합시킨 사회체계이다(Norlin & Chess, 1997 : 263).

따라서 조직이란 일정한 크기와 형태를 가지고 있으며 구성원들이 업무를 통해서 상호 관련되어 있는 사회적 단위로서, 계획적인 활동을 통해서 특정한 목적을 달성하기 위해 의도적으로 설립한 사회체계인 것이다.

2) 조직의 특성

조직은 일정한 형태를 가지고 있으면서 특정한 목적을 달성하기 위해 설립된 집합체이다. 이러한 조직은 체계적인 업무수행을 위해 일정한 구조를 가지고 있으며, 구성원들이 통제와 지도력을 바탕으로 분업을 통해서 각자의 책임을 수행한다.

(1) 특정 목적

조직은 구성원들 간에 명시적으로나 묵시적으로 합의된 공통의 목적을 달성하고자 노력하며, 이러한 목적은 조직이 실현하고자 하는 하나의 바람직한 상태인 것이다. 특히 조직은 특정한 목적을 명확하게 정해야 구체적인 활동에 대한 계획을 세울 수 있으며, 조직을 편성하거나 관리할 수 있게 된다. 조직에서 목표가 명확할수록 구성원들이 조직을 위해 행동할 수 있다(조석준, 1999 : 55).

(2) 분화

분화(differentiation)는 조직이 특정한 기능을 효율적으로 수행할 수 있도록 영역별로 나눈 형태를 말한다. 조직은 구성원들이 특정한 목적을 달성하기 위해서 노력하고 협동하는 체계이다. 조직이 목적을 달성하기 위해서는 구성원 간의 업무가 적절하게 분배되어 있어야 하며, 합리적인 조정이 있어야 한다. 조직은 구성원들에게 업무를 수행할 수 있는 권한이 적절히 위임되었을 때 그들에게 안정감과 만족감을 갖게 할 수 있다.

(3) 권력과 통제

권력은 힘을 사회적 상황에 도입시키는 능력으로서 조직의 질서를 유지하는데 필요하다. 즉, 권력이 없으면 조직이 있을 수 없으며, 질서도 있을 수 없다는 것이다. 조직이 다른 사회체계들과 다른 특성 중의 하나는 권력을 명시한다는 것이다. 즉, 조직은 권력을 가시적으로 나타내고 제도화시킨다. 조직을 성공적으로 이끌기 위해서는 구성원들에 대한 통제가 유지되어야 한다. 조직은 다른 사회체계들보다 통제가 더욱 필요하며, 이것은 계획적이고 신중하게 이루어져야 한다. 통제에는 신체적 통제, 물질적 통제 및 상징적 통제가 있으며, 이러한 것들은 조직환경에 적절하게 활용되어야 한다(Anderson & Carter, 1986 : 148-149).

(4) 지도력

지도력(leadership)은 조직의 목적을 달성하기 위해서 구성원들을 조정하여 활동하게 하는 기술이나 영향력을 말한다. 즉, 이것은 조직의 목표를 달성하고 수단을 효과적으로 활용하기 위해서 사용되는 권력과 통제를 포함하는 개념으로, 조직의 목적을 달성하기 위해서 구성원들의 활동에 영향을 미치는 과정인 것이다. 지도력은 조직의 목적 달성과 구성원들의 역할행동에 크게 변화를 가져올 수 있으므로, 조직환경에 적절한 지도력을 발휘할 필요가 있다.

(5) 구조

조직은 특정한 목적을 달성하기 위해서 체계적인 구조를 가지고 있다. 조직이 업무를 기획하고 수행하며 통제하기 위해서는 일정한 구조가 있어야 한다. 구조는 조직을 체계적으로 운영할 수 있도록 하는 기반이며, 구성원들에게 전문적으로 업무를 분화하고 조직의 질서를 유지하기 위해서 필요하다. 특히 조직이 전문적인 업무를 수행할 경우에는 일정한 구조가 있어야 한다.

(6) 책임성

조직은 목적을 달성하기 위해서 구성원들에게 일정한 업무를 부여하며, 담당하는 업무에 대해서 책임을 지도록 한다. 조직은 구성원들이 인간관계에 의해서보다는 오히려 업무관계를 통해서 책임성을 바탕으로 상호작용을 하는 곳이다. 책임성은 구성원들에게 그들이 조직을 위해서 무엇을 해야 하는가를 인식하도록 하며, 조직의 발전에 기여할 수 있는 기초가 된다.

2 조직의 유형

1) 사회적 기능에 따른 유형

파슨스(Parsons, 1960)는 조직이 사회적 필요성을 충족시키기 위해서 어떠한 기능을 수행하느냐에 따라 경제조직, 정치조직, 통제조직 및 사회조직으로 구분될 수 있다고 하였다. 경제조직은 생산활동을 하는 산업체를 말하며, 정치조직은 정당, 국회, 행정기관 등을 뜻한다. 통제조직은 안정을 유지하고 일탈을 막는 사법기관, 경찰, 군대, 정신병원 등을 말하며, 사회조직은 종교단체, 교육기관 등을 가리킨다. 한편 여기에서 말하는 사회적 필요성이란 환경의 문제를 해결하는 활동과 같은 적응, 사회적 목표 달성, 사회적 통합 및 사회의 문화형태를 전승하는 것과 같은 형태유지를 말한다.

2) 통제형식에 따른 유형

에치오니(Etzioni, 1961)는 조직을 상위자가 어떤 방법으로 하위자를 통제하며, 하위자는 그 통제에 대해 어떤 태도를 보이는가에 따라 분류하였다. 그는 조직의 통제형식에는 강압적 통제, 보수적 통제 및 규범적 통제의 세 가지가 있다고 보고, 조직을 강제적 조직, 공리적 조직 및 규범적 조직으로 분류하였다(유종해, 1995 : 19-20).

(1) 강제적 조직

강제적 조직(coercive organization)은 조직구성원들의 의사와 관계없이 조직의 목적을 달성하기 위해 강제적으로 통제하는 조직이다. 대부분의 조직구성원들은 높은 소외감을 느끼게 되며, 행동에 제약을 받는다. 강제적 조직에는 교도소, 군대 등이 있으며, 통제방법으로 물리적 힘을 사용하기도 한다.

(2) 공리적 조직

공리적 조직(utilitarian organization)은 조직구성원들이 실리적인 목적을 위해서 소속되게 하며, 보수를 주된 통제의 수단으로 활용한다. 대부분의 조직구성원들은 자신의 이익을 위해서 조직에 가입하기 때문에 타산적인 성향을 지니고 있다. 공리적 조직에는 회사, 경제단체 등이 있으며, 가입과 탈퇴가 비교적 자유롭다.

(3) 규범적 조직

규범적 조직(normative organization)은 조직구성원들이 자발적인 의지에 의해 소속되며, 규범을 주된 통제의 수단으로 활용한다. 대부분의 조직구성원들은 조직에 대해 높은 귀속감을 가지고 있으며, 구성원들이 가입과 탈퇴를 자유롭게 할 수 있다. 규범적 조직으로는 종교단체, 정당, 자원봉사단체 등이 있다.

3 조직의 역동성

1) 관료제

관료제(bureaucracy)는 현대의 대규모 조직에서 공통적으로 볼 수 있는 현상으로서, 계층적인 형태를 띠면서 합리적인 지배가 제도화되어 있는 대규모 조직을 말한다. 관료제는 고도의 과업전문화에 상응하는 분업화, 직책의 계층화, 작업결과의 균일성과 관련된 과업수행규칙, 직책수행의 비인격성(impersonality), 경력제도, 효율성, 업무의 서면화, 전문화 등의 특성을 지니고 있다.

관료제는 기능적인 측면에서 보면 합리적인 면을 강조하고 있지만, 병리적인 면도 동시에 지니고 있다. 관료제에서는 형식주의, 무사주의, 비밀주의, 비능률, 사적 인간관계의 감소, 창의성의 감소 등의 역기능적 현상들이 나타난다. 한편 관료제에서는 개인의 목적보다 조직의 목적을 더 중요시하며, 기본적인 헌신을 요구한다. 그러므로 관료제는 개인의 자율성, 주체성, 장점 등을 제대로 발휘하지 못하게 할 수 있으며, 긴장을 경험하게 할 수 있다.

2) Z이론

Z이론은 오치(Ouchi, 1981)가 일본의 기업이 미국의 기업보다 생산성이 월등히 높다는 것을 전제로 하여 미국에서 일본식 경영을 하는 것을 가리킨 말이다. Z이론은 집단적 가치와 전체에 대한 관심, 장기적인 평가와 승진, 순환보직, 종신고용, 상관에게 결재하는 품의 등과 같은 특성을 지니고 있다.

관료제가 지나치게 획일적이고 인간관계가 적은 반면에, Z이론은 경영자와 근로자 간에 신뢰에 바탕을 두고 인간관계에 대한 민감성과 친근감을 강조하고 있다. 즉, Z이론은 근로자들이 평생고용에 대한 회사 측의 공약으로 신뢰감과 강한 의무감을 갖고 일에 최선을 다하며, 작업환경을 집단화하고 근로자 간의 상호작용을 장려하여 소외감을 감소시킨다는 것이다(Ouchi, 1981 : 34).

Z이론은 경영가족주의를 바탕으로 하여 조직구성원들 사이에 협력이 잘되고, 조직에 대한 강한 충성심을 유발할 수 있으며, 노사협력을 바탕으로 생산성을 향상시킬 수 있다. 그러나 이것은 조직구성원의 자율성이 결여되고, 책임소재가 불분명하며, 승진의 기회가 적고, 낭비적인 요소가 많을 수 있다(조석준, 1999 : 104).

3) 소 진

소진(burnout)은 해소되지 않은 일의 긴장으로 인해서 조직구성원들에게 나타나는 쇠약한 심리상태를 말한다. 이것은 에너지의 축적이 고갈된 상태, 병에 대한 저항력의 저하, 불만과 비관의 증대, 결근과 일에 대한 비능률의 증가 등을 초래한다(Veninga & Spradley, 1981 : 6-7). 소진은 특수한 형태의 조직에서의 소외로서, 개인적으로 심각하고 위험한 상태이다. 소진을 감소시키기 위해서는 업무공간의 개별화, 근무시간의 융통성, 의사결정 과정의 참여 등을 통하여 조직을 인간화시키려는 노력이 필요하다(Anderson & Carter, 1986 : 161).

4 사회체계로서의 조직

조직은 개인들로 구성된 하나의 사회체계이다. 조직구성원인 개인은 조직과의 상호작용을 통해서 다른 구성원뿐만 아니라 전체 조직에 영향을 미치며, 조직은 또한 구성원 각자의 행동에 영향을 미친다. 즉, 개인은 조직을 통해서 자신의 욕구를 충족시키고 다른 구성원의 조직행동에 영향을 미치며, 조직은 개인을 활용하여 목적을 달성한다.

조직은 사회환경과 상호작용을 하면서 생존해 나간다. 즉, 조직은 끊임없이 환경변화를 선택적으로 흡수하면서 환경에 적응하며, 사회환경은 조직 내의 개인이나 집단의 행동에 직접적 또는 간접적으로 영향을 미친다. 이와 같이 조직과 사회는 상호의존적이며, 조직은 사회를 떠나서 존립할 수 없고, 사회는 조직의 업적을 통해서 변화된다.

조직과 사회는 투입과 산출을 통해서 상호 교환관계를 유지하고 있다. 사회는 조직이 필요로 하는 투입을 제공해 주며, 조직은 특정한 목적의 달성을 통해서 사회에 산출을 공급한다. 즉, 조직은 사회로부터 구성원, 금전, 물자 등을 공급받아 유지하고 발전하며, 산출물을 생산하여 사회에 공급한다.

조직은 구성원들 간의 상호작용을 통해서 조직분위기가 나타나며, 조직분위기는 조직구성원의 사기와 조직의 성과에도 많은 영향을 준다. 또한 조직은 경제적 기능, 사회변화기능, 적응기능 등을 수행하여 사회에 유익하기도 하지만, 개인에게 소외감, 좌절감, 부적응 등의 역기능을 제공하기도 한다.

CHAPTER

18 지역사회

지역사회란 지리적 조건에 의해 형성된 공동체로서, 물리적 공간, 정치 · 경제활동, 지역공동의식, 문화 등을 공유하면서 살아가는 장소이다. 지역사회는 유대관계의 형태, 크기, 기능 등에 따라 다양하게 구분할 수 있으며, 생산 · 분배 · 소비, 사회화, 사회통제, 사회참여 및 상호원조의 기능을 수행한다. 지역사회는 가족, 집단 및 조직과 같은 하위체계와 사회나 문화와 같은 상위체계의 사이에서 중간적인 역할을 하는 사회체계이다. 이것은 주민들의 공통적인 욕구충족과 문제해결에 기여하며, 주민들에게 문화를 전달한다. 지역사회는 사회의 중요한 부분이며 그 자체가 하나의 사회로서, 가족, 집단 및 조직의 행동에 영향을 미치고 그들에게서 영향을 받으며 변화하고 발전한다.

1 지역사회의 특성

1) 지역사회의 개념

지역사회는 지리적 조건에 의해 형성된 지역공동체라고 할 수 있다. 지역사회는 제한되고 인접된 지역 내에서 함께 거주하는 주민들로 성립된 인구의 집합체이며, 공동의 생활양식과 문화를 공유하고 통일된 지역사회 의식을 가지며, 주민들끼리 상호 간에 협동하면서 생활하는 공동사회인 것이다.

지역사회는 공통적인 물리적 공간을 점유하고 있는 것뿐만 아니라 공통적인 욕구를 가지고 있는 주민들로 구성된 인간집단으로서, 주민의 욕구를 충족시키기 위해서 조직된 사회조직이기도 하다. 이와 같이 지역사회란 지리적 영역과 공동생활 요인을 동시에 가지고 있는 인간집단이라고 볼 수 있다(김영모 편, 2001 : 8).

따라서 지역사회란 지리적 조건에 의해 형성된 지역공동체로서, 일정한 지리적 영역을 공유하고 있는 사람들이 사회적 상호작용을 하면서 사회조직을 이루며, 문화를 공유하면서 지역공동 의식을 가지고 생활하는 공동체라 할 수 있다.

2) 지역사회의 특성

지역사회의 특성은 개념을 바탕으로 다음과 같이 여섯 가지로 구분할 수 있다(Norlin & Chess, 1997 : 348). 첫째, 지역사회는 물리적 또는 지리적 장소에 의해 제한된 사회체계의 형태이다. 둘째, 지역사회는 공동의 장소에 거주하거나 그곳에서 동일시된 사람과 그들의 사회조직에 초점을 둔다. 셋째, 지역사회는 그곳에 거주하는 사람들의 삶의 질의 향상을 최고의 목적으로 한다. 넷째, 지역사회는 그곳에 거주하는 개인에게 서비스를 제공하는 집단이나 조직으로 구성되어 있다. 다섯째, 지역사회는 주민의 공통적인 욕구와 문제 및 성장과 발달의 기회와 연결된 상호의존적인 사회체계이다. 여섯째, 지역사회는 전체 사회의 하위체계로서 개인이 사회와 관계를 맺고 사회가 개인과 연관된 중요한 중간체계이다.

한편 지역사회의 특성은 크게 지리적 · 경제적 · 심리적 · 문화적인 특성으로도 구분할 수 있다(정지웅 외, 2000 : 17). 첫째, 지역사회는 지역을 바탕으로 성립된 사회집단으로서 일정한 물리적 공간 위에 자리를 잡고 있는 공동체이다. 즉, 지역사회는 지리적으로 일정한 장소에 위치해 있으며, 주민들끼리 공동으로 생활하는 공간을 가지고 그곳에서 사회적 상호작용을 하면서 다양한 활동을 전개하는 곳이다.

둘째, 지역사회는 경제적으로 협력하며 생활하는 공간이다. 즉, 지역사회는 주민들이 사용할 물품을 생산하고 판매하며 구입하면서 자급할 수 있는 곳이다. 지역사회 내에서 주민들은 자신의 욕구를 충족시킬 수 있는 물품을 획득하고 활용하며 살아간다.

셋째, 지역사회는 사회적으로 공동의식을 가지고 있는 사람들로 구성되어 있다. 지역사회는 주민들 간에 일체감, 공통적인 관심, 공통적인 가치와 태도 등을 가지고 있는 사회집단이며, 주민들이 서로 상호 관련되어 있다는 의식을 가지고 자신들이 살고 있는 공간과 사람들을 위해서 공동으로 노력하는 곳이다.

넷째, 지역사회는 전통, 언어, 생활습관 등과 같은 문화를 공유하고 있다. 즉, 지역사회는 주민들끼리 공유하는 공동생활양식을 가지고 있으며, 일상생활 현장에서 그들이 오락, 사교, 여가활동, 예술활동 등을 같이 즐기고 있다. 지역사회의 문화는 주민들이 효과적이고 보람 있는 공동생활을 영위하기 위해서 필요한 요소이면서 공동생활을 통해 얻어진 결과이기도 하다.

2 지역사회의 유형

지역사회는 관점에 따라 다양하게 분류할 수 있다. 퇴니스(Tönnies)는 지역사회를 지역주민의 유대관계의 형태에 따라 공동사회와 이익사회로 구분하였으며, 로스(Ross, 1967)는 지역사회를 지리적 지역사회와 기능적 지역사회로 구분하였다. 또한 지역사회는 크기와 기능에 따라 농촌사회와 도시사회로 구분할 수 있다.

1) 공동사회와 이익사회

공동사회(gemeinschaft)는 지역주민들이 서로 친밀하고 사적인 유대관계를 맺고 있는 곳이다. 주민들은 공통적인 가치와 신념, 상호의존, 존경 및 지위의 위계의식을 가지고 있다. 주민들 간의 관계는 법규나 계약에 의해서 이루어지는 것이 아니라 문화적 전통과 사회적 역할기대에 기초를 두고 있다(Anderson & Carter, 1986 : 102).

이익사회(gesellschaft)는 지역주민들이 공식적이고 전문적인 유대관계를 맺고 있는 곳이다. 즉, 주민들은 직업이나 조직과 같은 지역사회의 제도 내에서 공식적으로 구조화된 관계를 통해 관련을 맺고 있다. 이익사회는 자연적으로 이루어진 것이 아니라 인위적으로 이루어지며, 주민들 간의 인간관계는 계약에 기초하고 있다.

2) 지리적 지역사회와 기능적 지역사회

지리적 지역사회는 주민들이 일정한 지리적 영역 내에서 살고 있는 공간을 말한다. 이것은 주민들의 공통적인 거주지역과 그 주변에 그들이 소유하고 있는 재산으로 이루어진다. 지리적 지역사회에는 부락, 근린지역, 읍・면・동, 시・군・구 등이 있으며, 최근에는 지역사회의 범위가 점차 확대되고 있다.

기능적 지역사회는 동일한 관심을 가진 주민들로 구성된 공동체를 말한다. 즉, 이것은 거주지역과는 관계없이 공동의 목표를 위해 결합된 공간을 의미한다. 기능적 지역사회는 주민들 간의 합의, 일체감, 공동생활양식, 가치 및 공동노력이 강조되며, 정당, 종교단체, 전문적 단체 등이 여기에 속한다(최순남, 2002 : 507).

3) 농촌사회와 도시사회

지역사회는 인구수, 산업구조 등에 따라 농촌과 도시로 구분할 수 있다. 그러나 지역사회의 성장과정에서 농촌이 도시로 변화되고 있으며, 도시와 농촌을 통합하는 경향이 있기 때문에 농촌과 도시를 구분하기가 어려워지고 있다. 또한 교통과 통신의 발달로 농촌과 도시 간에 교류가 빈번하며 기능상으로 구분하기가 어렵다.

농촌사회는 인구가 적고 공간이 넓으며, 지역주민들 간에 긴밀한 인간관계를 맺고 있다. 농촌사회는 외부와의 교류와 사회적 이동이 적어 언어, 신념, 가치관, 행동양식 등이 동질적이며, 지역주민들 간에 결속력이 강하고 협력적이다. 또한 농촌사회는 전통이 계승되고 권위에 대한 예의와 행동규범이 발달하여 스스로 사회통제기능을 가지고 있다. 그러나 산업화로 인해서 농업인구가 점점 줄어 농촌 공동화 현상이 일어나고 있으며, 공동체적 사회에서 볼 수 있는 특성들이 사라지고 있다. 즉, 농촌사회의 특성이 공동적・협동적・이타적・동질적인 것에서 개인적・경쟁적・타산적・이질적인 것으로 변화되고 있다.

도시사회는 인구밀도가 높고 복잡하며, 지역주민들 간에 사회적 상호작용이 적은 공간이다. 도시사회는 개인생활에 있어서 이동이 많고, 대인관계가 주로 이해관계를 통해서 이루어지며, 개인들 간의 접촉과 관계가 일시적이고 부분적이다. 그 반면에 도시사회는 풍요롭고 생활이 편리하며, 개인의 익명성이 보장되고, 교육시설, 의료시설, 문화시설, 교통시설, 사회복지시설 등이 농촌사회보다 더 잘 갖추어져 있다. 그러나 최근 도시의 인구가 급격히 증가하여 도시사회에는 인간소외, 빈곤문제, 교통문제, 범죄문제, 주택문제, 환경문제 등 다양한 사회문제들이 증가하고 있다.

3 지역사회의 기능

지역사회에 대해서 워렌(Warren, 1978)은 지역성과 관련된 중요한 사회적 기능을 수행하는 사회적 단위들과 체계들의 결합이라고 하면서, 지역사회가 생산·분배·소비, 사회화, 사회통제, 사회참여 및 상호원조의 기능을 수행한다고 하였다. 이러한 기능은 지리적으로 동일한 사회적 단위들과 사회체계에 의해서 수행되며, 상호의존적으로 이루어진다는 것이다(Norlin & Chess, 1997 : 375-376).

1) 생산·분배·소비

생산·분배·소비는 지역주민들이 일상생활에 필요한 재화와 서비스를 생산하고 분배하며 소비하는 과정과 관련된 기능이다. 이것은 지역주민들이 필요로 하는 재화와 서비스를 만들어 내고, 주민들에게 적절히 나누어 주며, 주민들이 욕구충족을 위해서 재화와 서비스를 활용하는 과정이다. 이러한 기능은 지역사회의 산업체를 비롯하여 다른 다양한 전문기관을 통해서 이루어진다.

2) 사회화

사회화(socialization)는 지역사회에 거주하는 개인이나 가족에게 사회의 가치, 지식, 기술, 바람직한 행동 등을 전달하는 기능이다. 즉, 이것은 지역주민들에게 사회에 잘 적응할 수 있도록 지역사회의 문화와 가치를 내면화시키는 과정이다. 이러한 기능은 태어나면서부터 일생 동안 지속되며, 지역사회의 다양한 생활양식을 습득하게 하여 사회의 구성원으로 적절히 생활할 수 있게 한다.

3) 사회통제

사회통제(social control)는 지역사회가 주민들에게 사회규범에 순응하도록 행동을 규제하는 기능이다. 즉, 이것은 사회화 기능의 한 측면으로서 지역사회의 가치와 규범적 행동기대에 최소한 순응하도록 하는 것이다. 사회통제는 다양한 사회적 단위들에 의해서 공식적·비공식적으로 수행된다. 공식적으로는 사회통제가 경찰이나 법원과 같은 지역사회의 사법기관에 의해 수행되며, 비공식적으로는 가족, 종교단체 등이 사회통제기능을 수행한다.

4) 사회참여

사회참여(social participation)는 지역사회가 사회적 목적을 성취하기 위해서 또는 주민들의 개인적인 발전을 위해서 그들에게 제반활동에 참여할 수 있도록 기회를 제공하는 기능이다. 인간은 본질적으로 사회적이기 때문에 사회참여의 기회를 계속적으로 요구하며, 사회참여는 개인의 성장과 발전에 기여한다. 사회참여는 가족생활이나 종교생활뿐만 아니라 다른 다양한 지역사회의 단위들인 시민단체, 전문단체, 문화단체, 여가활동단체 등에 참여하는 것을 말한다.

5) 상호원조

상호원조(mutual support)는 지역주민들이 자신들의 욕구를 스스로 충족할 수 없는 경우에 지역사회의 공식·비공식 지원체계로부터 필요한 서비스를 제공받는 기능이다. 공식지원체계로는 지역사회의 병원, 보건소, 사회복지기관과 시설, 공식협의체, 사회단체, 복지기업, 회원조직 등이 있다. 비공식지원체계로는 가족, 친척, 친구, 이웃, 동료, 종교단체, 자조집단, 자원봉사자 등이 있다.

4 사회체계로서의 지역사회

지역사회는 가족, 집단 및 조직과 같은 하위체계와 사회나 문화와 같은 상위체계의 사이에서 중간적인 역할을 하는 중요한 사회체계이다. 지역사회는 주민들의 공통적인 욕구를 충족시키고 문제를 해결하며, 그들을 사회화시키고, 그들에게 문화를 전달한다. 또한 지역주민 각자는 지역사회와의 상호작용을 통해서 지역사회의 발전에 기여하며 지역사회로부터 영향을 받는다.

지역사회는 인간이 그곳을 떠나서는 살 수 없는 반드시 필요한 지리적 공간이며, 인간의 행동에 큰 영향을 미치는 사회적 단위이다. 특히 지역사회는 종교단체, 학교, 대중매체 등을 통해서 개인의 행동에 중대한 영향력을 미치며, 산업체, 행정기관, 사법기관 등 다양한 지역사회 기관들의 활동을 통해서 지역사회의 발전에 기여하고 사회통제의 기능을 수행한다. 지역사회는 사회의 중요한 부분이며, 그 자체가 하나의 사회이다. 지역사회는 그곳에 위치한 가족, 집단 및 조직의 행동에 영향을 미치며, 그들에게서 영향을 받으며 변화된다. 지역사회는 거의 모든 학문 분야와 전문 분야에서 주요한 관심사가 되고 있다.

CHAPTER

19 문화

문화란 인간의 생활양식으로서 사회구성원들에게 내면화되어 인간행동에 영향을 미친다. 이것은 공유성, 학습성, 누적성, 전체성, 가변성 등의 특성을 지니고 있으며, 은둔문화, 하위문화, 주변문화 등 다양한 형태로 존재한다. 문화는 개인의 사회화, 욕구충족, 사회통제, 사회존속의 기능을 수행하며, 전체 사회 속에 존재하는 개인, 집단, 조직 및 지역사회에 영향을 미치는 거시체계로서, 세대 간에 전승되면서 사회의 모든 성원들에게 영향을 미친다.

1 문화의 특성

1) 문화의 개념

문화는 사람들이 어떻게 생활하느냐와 관련된 생활방식이며, 이것은 의식주를 포함하여 사회생활, 경제생활, 종교생활 등을 어떤 방식으로 해나가느냐 하는 것과 관련된 생활의 모습이기도 하다. 테일러(Tylor)에 의하면 문화는 지식, 신앙, 예술, 도덕, 법률, 관습 및 사회성원으로서 인간에 의해 획득된 다른 모든 능력이나 습성들을 포함하는 복합총체라는 것이다. 이와 같이 문화는 인간이 소유한 능력의 소산으로서 생활하는 관습의 전체이기도 하다(이광규, 1994 : 35).

문화는 특정한 인간집단이나 지역에서 특징적으로 나타나는 생활양식으로서, 선천적으로 가지고 태어나는 것이라기보다는 후천적으로 특정한 사회에서 성장하는 과정 속에서 익히는 것이다. 이것은 인간의 생존을 위한 필수적인 요소이면서 거의 무의식적으로 인간의 행동과 사고에 영향을 미친다(한상복 · 이문웅 · 김광억, 1997 : 64). 또한 문화는 어떤 사회의 전체 생활양식으로서, 특정한 민족이나 사회가 오랫동안 수많은 시행착오를 거듭하면서 이룩한 역사적 산물로서의 생활의 지혜라는 것이다(이광규, 1994 : 36).

따라서 문화란 인간의 생활양식으로 특정한 민족이나 사회가 지속적으로 간직해 온 다양한 분야의 생활의 모습이며 인간의 생존에 필수적인 요소로서, 사회구성원들에게 내면화되어 인간행동에 영향을 미치는 사회체계라고 할 수 있다.

2) 문화의 특성

문화는 일반적으로 사회구성원들 간에 공유되며, 생득적이라기보다는 인간이 사회 속에서 성장하면서 학습을 통해 습득되며, 한 세대에서 다음 세대로 전승되어 누적적으로 나타난다. 문화는 모든 영역에 걸쳐 전체적으로 영향을 미치며, 정체적인 것이 아니라 계속적으로 변화되고 있다(한상복 · 이문웅 · 김광억, 1997 : 69-76).

(1) 공유성

문화란 한 사회의 구성원들 개개인의 독특한 취향이나 버릇이 아니라 다른 사회의 구성원들과 구별되는 어떤 공통적인 경향인 것이다. 인간행동의 많은 부분은 그가 소속해 있는 집단의 행동양식을 따르는 것이며, 이러한 행동양식은 집단구성원들끼리 서로가 공유하고 있다. 문화의 이러한 속성은 집단의 구성원들에게 사회생활을 원활하게 할 수 있는 공동의 광장을 만들어 주며, 언어와 같이 공유하는 문화를 통하여 상대방의 행동과 기대를 예측할 수 있게 함으로써 사회생활을 가능하게 한다.

(2) 학습성

문화는 사회생활을 통해 성장하면서 학습된 것이다. 즉, 인간은 특정 문화를 갖고 태어나는 것이 아니라 성장과정에서 학습을 통해 문화를 습득한다. 인간이 공유하고 있다고 해서 모두 문화가 아니며, 어떤 것이 문화적인 것으로 간주되기 위해서는 지속적으로 학습된 것이어야 한다. 우리가 사용하는 언어를 보더라도 태어나면서부터 알 수 있는 것이 아니라 후천적으로 배워서 익힌 것이다. 이와 같이 문화는 생득적인 것이 아니라 비유전적 수단에 의해서 습득된 결과이다.

(3) 누적성

문화는 상징적인 수단인 언어를 통해서 세대 간에 전승되며, 축적되어 나간다. 즉, 이것은 한 세대에 이루어진 것이 다음 세대로 전해져 내려가고, 시간이 지남에 따라 각 세대에서 이루어진 것들이 추가되면서 계속적으로 쌓여간다. 문화는 주로 언어를 통해서 한 세대에서 다음 세대로 전해져 내려왔으며, 특히 문자를 통해서 문서의 형식으로 저장되며 계속적으로 축적되었다.

(4) 전체성

문화란 사회집단이 가지고 있는 지식, 신앙, 예술, 도덕, 법률 등과 같은 수많은 부분들이 각기 독립적으로 존재하는 것이 아니라 상호 긴밀한 관계를 유지하면서 하나의 전체를 이룬 통합체이다. 문화는 하나의 영역이 고립된 현상을 보이지 않고 거의 모든 영역에 부수적인 영향을 미치고 있다. 즉, 한 사회의 문화를 구성하고 있는 부분들은 상호 밀접한 관련을 맺고 있어서 한 영역에서의 변화는 그 영역은 물론 다른 영역들에 변화를 초래한다.

(5) 가변성

문화는 시간적인 차원에서 볼 때 정체되어 있지 않고 항상 변하고 있다. 즉, 이것은 계속적으로 누적되는 성격을 가지고 있지만, 장기간에 걸쳐 항상 똑같은 형태를 지니고 있지 않고 점진적으로 변화되어 간다. 사람들은 일상생활 과정에서 그들이 직면하고 있는 문제들을 새로운 방법으로 해결하려고 하며, 이러한 과정에서 새로운 방법이 효과적이면 다른 사람들에게 학습되고 점차로 전체 사회로 확산되어 문화의 한 부분이 된다. 문화의 한 부분의 변화는 다른 부분으로 연쇄적인 변화를 일으켜 전체로서의 문화변동이 일어나게 되며, 문화는 계속적으로 변화하는 과정 속에서도 그 속에 소속된 사람들의 사회적 안정과 균형상태의 유지에 기여한다. 한편 둘 이상의 서로 다른 문화가 직접적으로 접촉하여 그 한쪽 또는 양쪽이 원래의 문화형태에 변화를 일으키기도 하는데 이것을 문화변용(acculturation)이라 한다.

2 문화의 형태

1) 은둔문화

은둔문화(covert culture)는 외부에서 손쉽게 파악할 수 없는 감추어진 문화를 말한다. 즉, 이것은 인간의 행동이나 사물을 통해서 나타나지 않는 것으로 문화의 내부나 하부에 존재하는 가치관, 내세관 등을 말한다. 은둔문화는 내재된 문화(implicit culture)라고도 하며, 나타내 보이지 않지만 인간의 행동과 사고에 크게 영향을 미친다. 이것은 외적으로 나타난 문화와 서로 관련되어 기능하고 있으며, 전체 문화의 일부분을 차지하고 있다(이광규, 1994 : 42).

2) 하위문화

하위문화(subculture)는 전체 문화의 일부분을 이루는 문화를 말한다. 즉, 이것은 한 사회집단 내에서 다른 것과 구분될 수 있도록 다르게 나타나는 생활양식을 말한다. 하위문화는 한 사회집단의 각 부분에서 특징적으로 나타나는 행위양식이나 사고방식을 포함한 생활양식의 차이를 나타내며, 그러한 차이를 통해서 사회의 각 부분에 대한 이해를 촉진하고 변화에 적절히 대처할 수 있게 한다. 예를 들면, 빈민지역에서 나타나는 특유의 생활양식인 빈곤문화(poverty culture)는 빈민들의 하위문화이다(한상복 · 이문웅 · 김광억, 1997 : 79).

3) 절반문화

절반문화(half culture)는 어느 한 문화가 완전한 의미의 독자적인 형태를 이루지 못하고 다른 문화에 의존한 것을 말한다. 즉, 이것은 한 민족이나 지역의 문화가 다른 문화나 지역의 문화에 의존하여 살아가는 것을 말한다. 예를 들면, 어느 한 민족이 독자적인 생활양식을 갖고 있으나, 자신들의 문화만을 가지고는 계속적으로 살아갈 수 없기 때문에 어느 경우에 있어서는 다른 민족의 문화에 의존해야만 존재할 수 있는 것을 말한다.

4) 민속문화

민속문화(folk culture)는 어느 한 민족에서 오랫동안 일반 대중들에게 전승되어 온 전통적인 문화를 말한다. 즉, 이것은 전승된 신앙, 풍습, 의례 등의 형태로 서민생활에 남아 있는 문화이다. 민속문화는 도시문화에 대비하여 농촌문화와 비슷한 의미로 쓰이기도 하며, 변화에 따른 적응이 늦으며, 친족 중심적이면서 인간관계가 지적 · 정적인 측면 등을 모두 포함하는 전인적인 형태를 띤다(이광규, 1994 : 44). 또한 민속문화는 성스럽고 종교적인 색채가 강하며, 자연과 관련되어 있는 경우가 많고, 고립적이며 관습화된 생활양식을 가지고 있다.

5) 주변문화

주변문화(marginal culture)는 문화의 중심으로부터 멀리 떨어져 문화영역의 경계선 지역에 위치하여 문화특질을 적게 지니고 있는 것을 말한다(한상복 · 이문웅 · 김광억, 1997 : 49). 즉, 이것은 문화특질이 집중되어 있는 문화중심에서 원거리에 있기 때문에 다른 곳에 비하여 문화특질이 적게 나타나는 것을 말한다. 주변문화는 문화중심에서 멀리 떨어져 있으면서 다른 문화의 특질도 가질 수 있어 문화가 혼합되는 형태를 보이기도 한다.

3 문화의 기능

개인은 사회에서 문화를 습득하면서 성장하고 발전한다. 문화는 개인의 사회적응에 기여할 뿐만 아니라 생리적·심리적 욕구를 충족시켜 준다. 또한 문화는 개인의 행동을 규제하고 사회악을 제거시키며, 사회를 유지시키고 존속시킨다(이광규, 1994 : 38-40).

1) 사회화

문화는 개인이 사회에서 어떻게 행동하고 어떻게 말하며 어떻게 세상을 인식할 것인가를 가르쳐 주는 지침이 된다. 따라서 개인은 문화가 만들어 낸 산물로서, 사회에서 문화를 습득하면서 성장하며, 문화를 변동시키고 문화를 이끌어 나간다. 문화는 개인의 성격을 형성하고 변화시키며, 개인에게 다양한 생활양식을 내면화시켜 개인이 사회에 적응하며 살아갈 수 있게 한다.

2) 욕구충족

문화는 개인의 생리적 욕구와 심리적 욕구를 충족시켜 준다. 즉, 문화는 다양한 생활양식을 통해서 의식주와 같은 개인의 기본적인 욕구를 충족시켜 주며, 개인이 다양한 문화와 접하면서 사회적으로 안정감을 가지고 살아갈 수 있게 한다. 예를 들면, 문화는 혼인제도를 통하여 개인의 성적 욕구를 충족시켜 주며, 사회의 혼란을 방지하고 개인의 심리적 안정과 사회질서를 유지하게 한다.

3) 사회통제

문화는 개인의 행동에 대한 규제와 사회악의 제거를 통해서 사회통제의 기능을 수행한다. 즉, 문화는 개인의 행동양식을 규정하기 때문에 개인들이 대인관계와 사회생활에서 자기의 행동이 상대방에게 어떤 영향을 주고 상대방이 어떤 반응을 보일 것인가를 알고 적절히 행동할 수 있게 한다. 또한 문화는 도덕, 관습, 신앙 등을 통해서 사회에서 필연적으로 발생하는 사회의 안정과 질서에 악영향을 미치는 문제들을 제거하거나 조절하는 기능을 수행한다.

4) 사회존속

문화는 사회를 유지시키고 존속시키는데 필수 불가결한 요소이다. 즉, 문화가 없이는 사회가 존재할 수 없으며, 사회가 없이는 문화도 존재할 수 없다. 사회가 계속해서 존재하는 것은 사회가 문화의 학습과 전승을 통해서 새로운 구성원들에게 필요한 생활양식을 전해주기 때문이다. 문화는 사회의 다양한 분야에 대한 영향을 통하여 사회의 존재를 유지시키며, 사회의 존속을 위해 기여한다.

4 사회체계로서의 문화

문화는 사회의 생활방식으로서 인간의 행동에 영향을 미치는 상위체계이다. 인간은 특정한 사회 속에서 태어나 그 사회가 가지고 있는 문화를 배우면서 사회의 구성원으로 사회화되며, 사회의 문화에 영향을 미친다. 즉, 인간은 독특하게 문화를 지니고 있는 사회적 존재로서 문화에 적응하면서 살아가며, 문화를 변화시킨다.

문화는 전체 사회 속에 존재하는 개인, 집단, 조직 및 지역사회에 영향을 미치는 거시체계로서, 세대 간에 전승되면서 직접적 · 간접적으로 사회의 모든 성원들에게 영향을 미친다. 한편 문화는 가장 작고 기본적인 요소인 문화특질(cultural trait)로 나누어지며, 특질들이 모여 복합적인 형태인 문화복합(cultural complex)을 이루고, 다양한 하위문화들이 모여 전체 문화를 구성하고 있다. 하위문화는 한 사회 속에서 공존하며, 특별한 생활양식, 가치체계, 행동양식 등을 발전시키고 사회의 문화적 내용을 이루어 다양한 집단에 영향을 미친다. 이와 같이 문화는 사회의 가치, 규범, 신념체계 등이 사회구성원들에게 내면화되어 그들의 행동에 중대한 영향을 미친다.

Human Behavior and social Enviroment

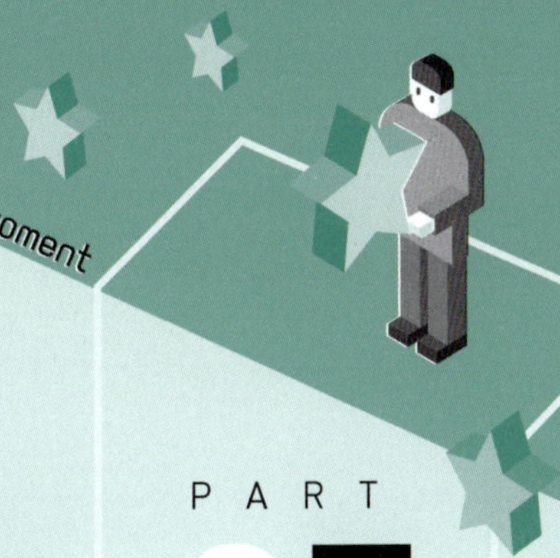

PART

05

인간행동의 이해와 사회복지실천

CHAPTER

20 인간행동의 이해와 사회복지실천

인간행동에 대한 이해는 사회복지실천에서 중요한 위치를 차지하고 있다. 이것은 사회복지실천의 대상인 클라이언트의 상황을 이해하고 직접적으로 그들의 욕구와 문제를 해결하는데 도움이 된다. 인간행동의 이해는 사회복지실천 과정에서 사회복지사가 알아야 하는 클라이언트에 관한 모든 사항을 사정할 수 있게 하며, 인간의 행동발달 및 사회체계와 관련된 다양한 사회복지실천의 관점을 제공하고 있다.

1 인간행동발달과 사회복지실천

인간행동의 발달은 전 생애 동안 신체적 · 인지적 · 심리적 · 사회적인 측면에서 연속적으로 이루어지고 있다. 이러한 발달은 개인차, 순서 등과 같은 보편적인 원리에 의해서 이루어지며, 연령별로 각 단계에 특정한 발달과업을 성취하도록 되어 있다. 인간행동발달에 대한 이해는 인간의 행동변화를 통해서 그들의 욕구와 문제를 해결하고 사회적 기능을 향상시킬 수 있도록 하는 사회복지실천에 중요한 요소가 된다.

전 생애를 통한 인간행동의 발달은 각 연령계층별로 그에 필요한 발달과업을 제시해 주며, 사회복지사가 모든 연령계층의 클라이언트를 이해하고 그들과 함께 일할 수 있는 기반을 조성해 준다. 이것은 클라이언트의 행동에 영향을 미치는 생물학적 · 심리적 · 사회적 영향을 이해하고, 그들의 발달과업의 수행에 필요한 서비스를 제공받아 성장과 발전을 촉진할 수 있게 한다.

인간행동의 발달과 더불어 각 연령계층의 발달단계별로 문제가 되는 발달장애는 사회복지실천의 관심영역이 된다. 이러한 발달장애 중에서도 태아기의 유전적 결함, 영아기의 지적장애와 자폐성장애, 아동기의 행동장애와 아동학대, 청소년기의 청소년비행과 자살, 장년기와 중년기의 이혼과 실업, 그리고 노년기의 노인학대와 자살 등은 사회복지실천에서 주요하게 다루는 문제들이다. 이와 같이 인간행동의 발달은 사회복지실천에 중요한 과제를 부여하며, 모든 연령층의 욕구와 문제에 대해서 정확하게 사정하고 대처할 수 있도록 하는데 기여한다.

2 인간행동발달이론과 사회복지실천

1) 정신역동이론

정신역동이론은 행동을 유발하는 역동적·구조적·생득적인 내적 요인의 이해를 통해서 인간행동을 파악하는 이론이다. 여기에는 프로이트(Freud)의 정신분석이론, 에릭슨(Erikson)의 심리사회이론, 융(Jung)의 분석심리이론, 아들러(Adler)의 개인심리이론 등이 있다.

정신분석이론은 인간의 정신세계 중에서 무의식에 초점을 두어 무의식적인 성적·공격적 충동에 의해 발생하는 갈등을 파악하고 분석한 이론이다. 이것은 사회복지실천에서 클라이언트의 행동을 이해하는데 있어서 초기 아동기의 부모와의 경험의 중요성을 강조하고 있으며, 클라이언트가 가지고 있는 내면적인 문제를 정확히 사정할 수 있는 기틀을 마련하고 있다. 또한 정신분석이론은 자아의 방어기제를 통해 클라이언트의 행동을 이해하는데 유용하게 활용되고 있다.

심리사회이론은 자아의 발달과 기능에 큰 관심을 갖고 인간행동의 발달에서 사회적·문화적 요인을 중요시하면서 점성원칙에 의해 지배되는 인간의 전 생애를 통한 발달변화를 강조한 이론이다. 이것은 사회복지실천에서 전 생애를 통한 인간행동의 발달에 관심을 갖게 하였으며, 인간행동의 발달에서 클라이언트에게 영향을 미치는 중요한 타자들(significant others)의 역할에 대해 주목하도록 하였다. 특히 심리사회이론은 청소년기의 자아정체감 확립의 중요성을 강조하여 청소년과 함께 일하는 사회복지사에게 정체감 확립에 기여할 수 있는 주변 상황을 조성하도록 하고 있다.

분석심리이론은 무의식의 본질에 주된 관심을 두면서 성격기능의 다양한 체계를 포괄하는 이론이다. 이것은 사회복지실천에서 클라이언트로 하여금 자신의 무의식에 대한 관심을 통해서 성격의 안정과 발전을 기할 수 있게 하며, 반대의 성에 대해 이해와 화합을 촉진하여 가족관계의 원활함을 기할 수 있게 한다. 특히 분석심리학이론은 인간의 성격발달에서 중년기의 중요성을 강조하고 있어서 사회복지사에게 중년기의 위기와 문제에 대해서도 관심을 갖게 한다.

개인심리이론은 인간이 통합적인 존재로서 열등감을 극복하고 우월성을 추구하면서 개인적으로 삶의 방식을 선택할 수 있다고 보는 이론이다. 이것은 사회복지실천에서 클라이언트가 낙관적인 태도를 가지고 자신의 삶을 지각하고 스스로 자신의 발전을 위해 노력할 수 있게 한다. 특히 개인심리이론은 자신의 열등한 측면을 인식하고 그것을 극복하기 위한 노력을 삶의 원동력으로 인식하게 하며, 자녀에 대한 부모의 역할을 보다 충실하게 하는데 기여할 수 있다.

2) 행동주의이론

행동주의이론은 인간의 행동이 환경에 의해서 좌우된다고 보고, 조작적 조건형성이나 관찰학습을 통해서 인간행동이 습득될 수 있다는데 초점을 둔 이론이다. 스키너(Skinner)의 조작적 조건형성이론과 반두라(Bandura)의 사회학습이론이 여기에 속한다.

행동주의이론은 사회복지실천에서 상당히 유용하게 활용되고 있다. 조작적 조건형성이론의 원리를 활용하여 행동의 변화를 추구하는 기술인 행동수정은 아동복지, 장애인복지, 정신보건사회복지 등 다양한 분야에서 활용되고 있다. 행동수정은 관찰이 가능한 클라이언트의 문제행동을 대상으로 정적 강화, 부적 강화, 소거, 변별, 적응, 충만, 체계적 둔감화, 토큰경제 등 다양한 기법을 활용하여 문제행동을 수정한다.

사회학습이론은 사회적 상황 속에서의 행동의 학습에 관심을 갖고 있으며, 인간행동의 습득에서 관찰학습의 중요성을 크게 강조한 이론이다. 이것은 사회복지실천에서 클라이언트가 접하는 환경의 중요성을 인식하게 하여 환경의 변화를 통해서 그들의 문제를 해결할 수 있게 한다. 즉, 사회학습이론은 클라이언트가 문제행동과 접할 수 있는 기회를 차단하고 바람직한 행동과 접할 수 있는 기회를 증진시켜 그들의 문제를 해결하는데 기여할 수 있게 한다.

3) 인본주의이론

인본주의이론은 인간이 건전하고 자발적이며, 자신의 행동에 대해 책임을 지고, 합리적이고 건설적인 방향으로 나가는 미래지향적 존재라고 보는 이론이다. 여기에는 로저스(Rogers)의 현상학이론과 매슬로우(Maslow)의 자아실현이론이 있다.

현상학이론은 인간마다 현실을 달리 지각하고 개인의 주관적인 경험이 행동을 지배한다고 보며, 자기 자신에 대한 개인적인 견해를 강조한 이론이다. 이러한 인간에 대한 관점은 사회복지실천에서 클라이언트가 자신의 문제를 인식하고 스스로 해결해 나가도록 하는데 유용하게 활용될 수 있다. 즉, 클라이언트중심치료를 통하여 공감적 이해와 수용을 바탕으로 클라이언트의 자기가치감과 자기이해를 증진시켜 사회적 기능을 향상시킴으로써 클라이언트의 문제를 해결할 수 있게 한다.

자아실현이론은 인간이 자신의 잠재력을 최대한 발휘할 수 있는 환경이 조성되면 성격의 성숙을 포함한 자신의 성장과 발전을 기할 수 있는 존재이며, 인간행동이 자신의 욕구를 추구하려는 동기에서 나타난다고 보는 이론이다. 이러한 관점은 사회복지실천에서 클라이언트의 욕구와 문제를 해결하는데 기여할 수 있다. 즉, 사회복지사가 클라이언트에게 자신의 잠재력을 최대한 발휘할 수 있는 환경을 조성해 주어 자신의 사회적 기능을 향상시킬 수 있게 하며, 성장동기를 유발시켜 그들의 욕구와 문제를 스스로 해결할 수 있게 하는데 기여할 수 있다.

4) 인지발달이론

인지발달이론은 인간이 환경과의 적응을 통해서 자발적으로 인지구조를 발달시켜 합리적인 사고를 갖게 된다고 보는 이론이다. 피아제(Piaget)의 인지발달이론과 콜버그(Kohlberg)의 도덕성발달이론 등이 여기에 속한다.

인지발달이론은 아동의 사고발달에 초점을 둔 이론으로서 인간의 인지와 사고과정에 초점을 두고 있지만, 사회복지실천에서도 활용할 수 있는 이론이다. 이것은 사회복지실천에서 아동과 함께 일하는 사회복지사에게 유용한 이론으로서, 아동을 이해하고 그들에게 인지발달을 촉진할 수 있는 환경을 조성해 주는 지침이 될 수 있다.

도덕성발달이론은 인간의 도덕성 발달이 인지발달 수준에 따라 단계별로 이루어진다고 보는 견해이다. 이것은 아동과 청소년의 도덕교육의 방향과 내용을 설정하는데 크게 기여하고 있다. 한편 인지발달이론은 인간으로 하여금 인지발달을 통하여 다양한 문제를 해결할 수 있는 능력을 갖추게 한다. 이것은 의사결정에서 의식적인 사고과정을 중요시하기 때문에, 사회복지실천에서 클라이언트가 환경에 대해 이해하고 합리적인 사고과정을 통해서 자신의 문제를 스스로 해결할 수 있는 기반을 조성하는데 기여할 수 있다.

5) 사회체계이론

사회체계이론은 인간이 상호작용을 하며 상호의존적인 관계를 맺고 있는 구조를 설명한 이론으로서, 인간이 체계에 의해 영향을 받으며 체계를 변화시킨다고 보는 견해이다. 여기에는 브론펜브레너(Bronfenbrenner)의 생태학이론과 버탈란피(Bertalanffy)의 일반체계이론이 있다.

사회체계이론은 사회복지실천의 초점을 개인의 행동에서 벗어나 사회환경으로 전환시킴으로써 인간을 보다 폭넓은 입장에서 이해하는데 기여하였다.

생태학이론은 인간이 환경의 제 요소들과 끊임없이 상호교류를 하면서 그들의 물리적·사회적 환경을 변화시키며, 환경과의 지속적인 상호적응 과정을 통하여 환경에 의해서 변화된다는 것이다. 이것은 사회복지실천에서 클라이언트와 사회환경과의 상호교류를 통하여 그들의 성장과 발전을 촉진하고, 그들의 생활상의 욕구와 문제를 해결해 나가는 것과 깊은 관련성을 가지고 있다. 즉, 생태학이론은 사회복지실천에서 클라이언트의 다양하고 복합적인 욕구와 문제를 해결하기 위하여 사회자원을 동원하여 활용할 수 있게 한다.

일반체계이론은 체계가 여러 부분으로 이루어져 있으며, 부분들 간의 상호작용과 상호의존적 관계를 통해서 체계의 한 부분의 변화는 전체로서의 체계와 체계 내의 모든 부분에 일반적으로 영향을 미친다는 것이다. 이것은 사회복지실천에서 클라이언트와 상호작용을 하는 체계의 다양성을 강조하므로 통합적 관점에서 그들을 볼 수 있게 하였다.

일반체계이론은 클라이언트의 행동이 한 가지에 의해 일어나는 것이 아니라 여러 가지 원인에 의해 일어난다는 폭넓은 시각을 제공하였다. 이것은 사회복지실천에서 클라이언트의 문제해결을 위해 함께 일하는 사람들을 사회복지실천의 네 가지 기본 체계인 변화매개체계, 클라이언트체계, 표적체계 및 행동체계로 분류하여 다양한 부류의 사람들 및 여러 가지 지역사회 자원들과 함께 일하는 기틀을 마련해 주고 있다.

3 사회체계와 사회복지실천

1) 가 족

가족은 사회의 가장 기본적인 단위로서 인간의 생리적·정서적 욕구를 신속하고 융통성 있게 충족시켜 주는 사회체계이다. 사회복지실천에서 가족은 클라이언트의 욕구를 충족시키고 문제를 해결하는 중요한 원천이 된다. 가족에 대한 이해를 통해서 사회복지사는 한부모가족, 노인가족, 소년소녀가족, 독신가족, 조손가족, 다문화가족 등과 같은 다양한 형태의 가족들과 함께 일할 수 있으며, 그들의 문제에 접근할 수 있다.

가족체계의 구조와 기능에 대한 이해는 클라이언트의 문제를 한 개인의 문제로 한정하지 않고 가족관계 속에서 가족 전체의 문제로 보고 접근하는 가족치료를 활용할 수 있게 한다. 가족 내에서 부모의 역할유형은 자녀의 행동에 결정적인 영향을 미치게 되므로, 이를 바탕으로 아동이나 청소년과 함께 일하는 사회복지사가 부모의 역할변화를 통해서 그들의 행동변화를 가져올 수 있게 하는데 기여할 수 있다.

2) 집 단

집단은 공통의 목적이나 관심사를 가진 사람들이 모인 집합체이다. 이것은 집단 구성원들의 상호작용을 바탕으로 개인의 다양한 욕구를 충족시키고 문제를 해결한다. 집단에 대한 이해는 사회복지실천에서 사회복지사가 성장집단, 치료집단, 자조집단 등 다양한 집단들과 함께 일할 수 있는 기반을 제공한다.

치료집단은 집단활동을 통해서 개인의 행동을 수정하거나 심리적·사회적 문제를 해결하기 위해 구성된 것이다. 사회복지실천에서 사회복지사는 비행청소년집단, 정신장애인집단 등과 같은 치료집단을 구성하여 의도적인 집단경험을 통해서 그들의 문제를 해결할 수 있다. 또한 사회복지사는 공통적인 욕구와 문제를 지니고 있는 지역사회 내의 클라이언트들이 상호 지지와 원조를 행할 수 있도록 결혼이주여성모임, 자폐아동부모모임, 이혼자모임, 치매노인가족모임 등과 같은 자조집단을 결성하게 할 수 있다.

3) 조 직

조직은 특정한 목적을 달성하기 위해서 의도적으로 설립한 사회체계이다. 이것은 조직구성원의 활동을 통해서 목적을 달성하며, 구성원 각자의 행동에 영향을 미친다. 조직에 대한 이해는 사회복지기관이나 시설에서 클라이언트를 위해 일하는 사회복지사가 이러한 조직의 목적을 달성할 수 있도록 행동할 수 있게 하며, 조직 내의 동료들과의 관계를 원활히 하는데 기여한다.

사회복지실천에서 사회복지사는 클라이언트의 욕구충족과 문제해결을 위해서 서비스를 제공하는 다양한 조직들과 관계를 갖는다. 사회복지사는 사회단체, 종교단체, 사회복지재단, 복지기업 등과 같은 조직들과 함께 일하며, 자원봉사단체를 결성할 수 있게 하여 클라이언트의 욕구와 문제를 해결하는데 활용한다.

4) 지역사회

지역사회는 지리적 조건에 의해 형성된 지역공동체이다. 이것은 지역주민의 공통적인 욕구충족과 문제해결에 기여하며, 주민들에게 문화를 전달한다. 사회복지실천에서 지역사회는 클라이언트의 다양한 욕구를 충족시킬 수 있는 사회자원의 원천이 된다. 즉, 지역사회의 자원을 개발하고 동원하여 지역사회에 거주하는 클라이언트에게 제공함으로써 그들의 욕구를 충족시킬 수 있다.

지역사회에 대한 이해는 사회복지실천을 활성화시키는데 중요한 요소가 된다. 이것은 클라이언트의 욕구와 문제를 해결할 수 있도록 지역사회의 병원, 보건소, 사회복지기관과 시설, 공식협의체 등과 같은 공식 지원체계 및 가족, 친척, 친구, 이웃, 종교단체, 자조집단, 자원봉사자 등과 같은 비공식 지원체계를 활용할 수 있게 한다.

5) 문 화

문화는 인간의 생활양식으로 세대 간에 전승되면서 사회구성원들에게 내면화되어 인간행동에 영향을 미치는 사회체계이다. 문화에 대한 이해는 사회복지실천에서 다양한 종교, 문화, 인종, 민족 등의 배경을 가진 클라이언트와 일하는 사회복지사에게 그들에 대한 이해를 촉진할 수 있다. 또한 이것은 클라이언트의 행동을 예측하여 대처할 수 있게 하며, 그들에게 적절한 서비스를 제공할 수 있도록 한다.

문화는 사회복지실천의 관점 중에서 민족학 관점에서 일할 수 있는 기반이 된다. 민족학 관점은 클라이언트들이 여러 민족 집단으로 구성되어 있을 때, 그들의 다양한 인종적 · 문화적 · 종교적 배경에 세심한 관심을 갖고 개별화하여 그들의 특정한 상황과 문제를 이해하고 수용하며 그들의 욕구와 문제를 해결하는 방법이다. 이와 같이 문화는 사회복지실천에서 다양한 문화적 배경을 가진 사람들과 함께 일하는데 유용하게 활용된다.

참고문헌

강상경(2011). 인간행동과 사회환경. 경기 : 나남.
곽형식 외(2000). 인간행동과 사회환경. 서울 : 형설출판사.
권중돈(2014). 인간행동과 사회환경. 서울 : 학지사.
권중돈 · 김동배(2006). 인간행동과 사회행동. 서울 : 학지사.
김경희(2001). 발달심리학. 경기 : 학문사.
김미숙 외(2002). 가족의 사회학적 이해. 서울 : 학지사.
김영모 편(2001). 지역사회복지론. 경기 : 고헌출판부.
김영화 · 이진숙 · 이옥희(2002). 성인지적 가족복지론. 경기 : 양서원.
김익균(2003). 가족복지론. 경기 : 교문사.
김인철(1998). 지역사회와 인간생활. 서울 : 서울대학교출판부.
김정후 · 한만주(1998). 노인인력 활용정책과 프로그램. 서울 : 집문당.
김제한(2001). 발달심리학. 경기 : 양서원.
김종옥 · 권승돈 편저(1993). 집단사회사업방법론. 서울 : 홍익재.
김태련 · 장휘숙(1996). 발달심리학. 서울 : 박영사.
남세진(1990). 집단지도방법론. 서울 : 서울대학교출판부.
노길명 외(1999). 문화이류학의 이해. 서울 : 일신사.
민문홍 외(1996). 한국인의 일상문화. 서울 : 도서출판 한울.
박병석(1986). 인간행동과 사회환경. 서울 : 홍익재.
박아청(1993). 성격심리학. 경기 : 교육과학사.
박옥임 외(2008). 가족복지론. 경기 : 청목출판사.
박차상 외(2002). 한국노인복지론. 서울 : 학지사.
변용찬(1997). 치매관리 Mapping 개발 연구. 서울 : 한국보건사회연구원.
서병숙(1993). 혼인과 가정. 경기 : 교문사.
서봉연 · 이순형(2001). 발달심리학 -아동발달-. 서울 : 중앙적성출판사.
설영환 역(1992). 아들러 심리학 해설. 서울 : 선영사.
송명자(1996). 발달심리학. 서울 : 학지사.
송 복(1991). 조직과 권력. 경기 : 나남출판.
여성가족부(2022). 2021 청소년백서.
원석조(2001). 사회문제론. 경기 : 양서원.
유안진 · 김혜선(1996). 인간발달. 서울 : 한국방송대학교출판부.
유영주 외(1996). 가족관계학. 경기 : 교문사.

유종해(1995). 현대조직관리. 서울 : 박영사.

윤 진(1994). 성인 · 노인심리학. 서울 : 중앙적성출판사.

이가옥 외(1994). 노인생활실태 분석 및 정책과제. 한국보건사회연구원.

이가옥 편(1999). 노인복지의 현황과 과제. 경기 : 나남출판.

이광규(1994). 문화인류학. 서울 : 일조각.

이광준(1998). 카운슬링과 심리치료. 경기 : 학문사.

이근홍(1992). "개인의 적응과 대처 및 방어기제에 관한 연구". 사회복지연구 창간호. 협성대학교 사회복지연구소.

______(1999). "노인의 경로당 이용만족도와 운영 개선방안". 노인복지연구 제5호. 한국노인복지학회.

______(2017). 케어매니지먼트. 경기 : 공동체.

이동원 외(2001). 변화하는 사회 다양한 가족. 경기 : 양서원.

이상로 · 이관용(1992). 성격의 이론. 서울 : 중앙적성출판사.

이소희 외(1998). 현대가족복지론. 경기 : 양서원.

이수도(2000). 조직행동론. 서울 : 형설출판사.

이영분(1996). "집단과정". 이화여자대학교 사회사업학과 편. 집단사회사업실천방법론. 서울 : 도서출판 동인.

이영숙 · 박경란 · 전규연(1999). 가족문제론. 서울 : 학지사.

이영철(2003). 지역사회복지실천론. 경기 : 양서원.

이옥형(2002). 아동 · 청년발달. 서울 : 집문당.

이인정 · 최해경(2001). 인간행동과 사회환경. 경기 : 나남출판.

임규혁 · 이차숙(1994). 발달심리학. 서울 : 집문당.

장인협(1997). 사회사업실천방법론(하). 서울 : 서울대학교출판부.

전병재(1993). 사회심리학. 경기 : 경문사.

정경섭(1992). 조직행동론. 경기 : 법문사.

정경희 외(1998). 노인복지의 현황과 정책과제. 한국보건사회연구원.

정경희(2001). 장기요양보호대상 노인의 수발실태 및 복지욕구. 한국보건사회연구원.

정옥분(2000). 성인발달의 이해 -성인 · 노인심리학-. 서울 : 학지사.

정원식 외(1999). 카운슬링의 원리. 경기 : 교육과학사.

정지웅 외(2000). 지역사회학. 서울 : 서울대학교출판부.

조대봉(1992). 인간행동의 이해와 자아실현. 서울 : 문음사.

조명희 외(2000). "치매노인 부양가족의 부양부담과 개선방안". 노인복지연구 제9호. 한국노인복지학회.

조복희 · 정옥분 · 유가효(1997). 인간발달. 경기 : 교문사.

조석준(1999). 조직학개론. 서울 : 박영사.

조정문 · 장상희(2002). 가족사회학. 경기 : 아카넷.

조흥식 외(2000). 여성복지학. 서울 : 학지사.

조홍식 외(2002). 가족복지학. 서울 : 학지사.
주수길 · 김지연(2003). 아동복지강론. 경기 : 양서원.
질병관리본부 · 대한소아과학회(2017). 2017 소아청소년 성장도표.
최경석 외(2001). 한국 가족복지의 이해. 서울 : 인간과 복지.
최경숙(2001). 발달심리학 -아동 · 청소년기-. 경기 : 교문사.
최선화 외(1999). 사회문제와 사회복지. 경기 : 양서원.
최성재 · 장인협(2002). 노인복지학. 서울 : 서울대학교출판부.
최순남(2002). 인간행동과 사회환경. 경기 : 법문사.
최옥채 외(2010). 인간행동과 사회환경. 경기 : 양서원.
최윤미 외(1998). 현대청년심리학. 경기 : 학문사.
최일섭 · 류진석(1997). 지역사회복지론. 서울 : 서울대학교출판부.
통계청(2021). 2020년 사망원인통계.
표갑수(2000). 아동청소년복지론. 경기 : 나남출판.
한국노인복지학회 편(2006). 노인복지학 사전. 경기 : 학현사.
한국여성복지연구회 편(2008). 가족복지론. 경기 : 청목출판사.
한국청소년학회 편(1999). 청소년학총론. 경기 : 양서원.
한규석(1995). 사회심리학의 이해. 서울 : 학지사.
한상복 · 이문웅 · 김광억(1997). 문화인류학개론. 서울 : 서울대학교출판부.
한상철 · 조아미 · 박성희(2001). 청소년심리학. 경기 : 양서원.
허혜경 · 김혜수(2002). 청년발달심리학. 서울 : 학지사.
현외성 외(1998). 한국노인복지학강론. 경기 : 유풍출판사.
황응연 · 이기돈(1992). 발달심리학. 경기 : 배영사.

Anderson, R. E., & Carter, I.(1984). *Human Behavior in the Social Environment : A Social Systems Approach*(3rd ed.). New York : Aldine de Gruyter. 장인협 외 역(1986). 인간행동과 사회환경 – 사회체계접근법을 중심으로 –. 서울 : 집문당.
Baltes, P. B., & Brim, O. G.(Eds.)(1980). *Life-Span Development and Behavior*. New York : Academic Press.
Bandura, A.(1982). "Self-Efficacy Mechanism in Human Agency". *American Psychologist*, 37.
Barker, R. L.(1995). *The Social Work Dictionary*(3rd ed.). Washington, DC : NASW Press.
Botwinick, J.(1984). *Aging and Behavior*(3rd ed.). New York : Springer.
Breger, L.(1974). *From Instinct to Identity : The Development of Personality*. Englewood Cliffs, NJ : Prentice-Hall, Inc. 홍강의 · 이영식 역(1998). 인간발달의 통합적 이해. 서울 : 이화여자대학교출판부.
Bronfenbrener, U.(1979). *The Ecology of Human Development*. Cambridge, MA : Harvard University Press.
______________(1993). "The Ecology of Cognitive Development : Research Models and Fugitive Findings". in Wozinak, R. H., & Fischer, K.(Eds.). *Scientific Environments*. Hillsdale, NJ : Erlbaum.

Bronstein, P., & Cowan, C. P.(Eds.)(1988). *Fatherhood Today : Men's Changing Role in the Family*. New York : Wiley.

Brubaker, T. H.(Eds.)(1993). *Family Relationship : Current and Future Directions*. Newbury Park, CA : Sage.

Burger, J. M.(1986). *Personality : Theory and Research*. Belmont, CA : Wadsworth Publishing Company.

Case, R.(1985). *Intellectual Development : Birth to Adulthood*. Orlando, FL : Academic Press.

Cavanaugh, J. C.(1997). *Adult Development and Aging*(3rd ed.). Pacific Grove, CA : Brooks/Cole Publishing Company. 김수정 외 역(2001). 성인발달과 노화. 서울 : 시그마프레스.

Colby, A., & Damon, W.(1992). *Some do Care : Contemporary Lives of Moral Commitment*. New York : Free Press.

Compton, B. R., & Galaway, B.(1984). *Social Work Processes*(3rd ed.). Homewood, IL : The Dorsey Press.

Craig, G. J.(1999). *Human Development*(8th ed.). Englewood Cliffs, NJ : Prentice-Hall.

Crain, W. C.(1980). *Theories of Development*. Englewood Cliffs, NJ : Prentice-Hall, Inc. 서봉연 역(1993). 발달의 이론. 서울 : 중앙적성출판사.

Duvall, E. M.(1977). *Marriage & Development*. New York : J. B. Lippincott Co.

Eisenberg, N.(1992). *The Caring Child*. Cambridge, MA : Harvard University Press.

Engler, B.(1991). *Personality Theories*(3rd ed.). Boston : Houghton Miffilin Company.

Erikson, E. H.(1963). *Childhood and Society*(2nd ed.). New York : W. W. Norton & Company Inc.

____________(1968). *Identity : Youth and Crisis*. New York : W. W. Norton & Company Inc.

____________(1975). *Life History and the Historical Moment*. New York : W. W. Norton & Company Inc.

____________(1982). *The Life Cycle Completed*. New York : W. W. Norton & Company Inc.

Etzioni, A.(1961). *Comparative Analysis of Complex Organization*. Glencoe, Ill : The Free Press.

_________(1964). *Modern Organization*. Englewood Cliffs, NJ : Prentice-Hall, Inc.

Field, T. M., & Huston, A.(Eds.)(1982). *Review of Human Development*. New York : Wiley.

Gardner, H.(1983). *Frames of Mind : The Theory of Multiple Intelligences*. New York : Basic Books.

Ginsburg, H., & Opper, S.(1979). *Piaget's Theory of Intellectual Development*. Englewood Cliffs, NJ : Prentice-Hall.

Grossman, H. J.(Ed.)(1983). *Classification in Mental Retardation*. Washington, DC : American Association on Mental Deficiency.

Hall, C. S.(1954). *A Primer of Freudian Psychology*. New York : World. 거암편집실 역(1990). 프로이트 심리학 입문. 서울 : 도서출판 거암.

Hepworth, D. H., & Larsen, J. A.(1993). *Direct Social Work Practice : Theory and Skills*(4th ed.). Pacific Grove, CA : Brooks/ Cole Publishing Company.

Hjelle, L. A., & Ziegler, D. J.(1981). *Personality Theories : Basic Assumption, Research and Application*(2nd ed.). New York : McGraw-Hill Book Co. 이훈구 역(1994). 성격심리학. 경기 : 법문사.

Hunter, S., & Sundel, M.(Eds.)(1989). *Midlife Myths*. Newbury Park, CA : Sage.

Jones, C. L., Tepperman, L., & Wilson, S. J.(1995). *The Future of the Family*. Englewood Cliffs, NJ : Prentice-Hall.

Jung, C. G.(1961). *Memories, Dreams, Reflections*. New York : Vintage Books.

Kahn, S.(1991). *Organizing : A Guide for Grassroots Leaders*. Washington, DC : NASW Press. 이문국 · 이인재(2002). 지역복지실천전략. 경기 : 나눔의집.

Kail, R. V., & Cavanaugh, J. C.(1996). *Human Development*. Pacific Grove, CA : Brooks/ Cole Publishing Company.

Kohlberg, L.(1976). "Moral Stages and Moralization : The Cognitive Devlopment Approach". in Likona, T.(Ed.). *Moral Development and Behavior : Theory, Research and Social Issues*. New York : Holt, Rinehart & Winstion.

Kohlberg, L.(1981). *The Philosophy of Moral Development*. San Francisco : Harper & Row.

Kottak, C. P.(1994). *Cultural Anthropology*. New York : McGraw-Hill.

Kraan, R. J., et al.(1991). *Care for the Elderly : Significant Innovations in the three European Countries*. Campus Verlag : Westview Press.

Kroger, J.(Ed.)(1993). *Discussions on Ego Identity*. Hillsdale, NJ : Erlbaum.

Kübler-Ross, E.(1969). *Death : The Final Stage of Growth*. Englewood Cliffs, NJ : Prentice-Hall.

Laosa, L., & Sigel, I.(Eds.)(1982). *The Family as a Learning Environment*. New York : Plenum.

Lefrancois, G. R.(1996). *The Lifespan*(5th ed.). Belmont, CA : Wadsworth.

Lundin, R. W.(1989). *Alfred Adler's Basic Concepts and Implication*. Muncie, IN : Accelerated Development Inc., 노안영 외 역(2001). 애들러 상담이론 -기본 개념 및 시사점-. 서울 : 학지사.

Maccoby, E. E.(1980). *Social Development*. New York : Harcourt Brace Jovanovich.

Maccoby, E. E., & Martin, J. A.(1983). Socialization in the Context of the Family : Parent-Child Interaction, in Mussen, P. H.(Ed.). *Handbook of Child Psychology*(4th ed.). Vol. 4. New York : Wiley.

Maddox, G. L.(Ed.)(1987). *The Encyclopedia of Aging*. New York : Springer.

Marcia, J. E.(1980). "Identity in Adolescence". in Adelson J.(Ed.). *Handbook of Adolescent Psychology*. New York : Wiley.

Maslow, A. H.(1970). *Motivation and Personality*(2nd ed.). New York : Harper & Row.

Masters, W. H., Johnson, V. E., & Kolodny, R. C.(1995). *Human Sexuality*(5th ed.). New York : HarperCollins.

Moxley, D. P.(1989). *The Practice of Case Management*. Newbury Park, CA : Sage Publications.

Muuss, R. E. H.(1988). *Theories of Adolescence*(5th ed.). New York : Random House.

National Research Council(1993). *Understanding Child Abuse and Neglect*. Washington, DC : National Academy Press.

Norlin, J. M., & Chess, W. A.(1997). *Human Behavior and the Social Environment : Social Systems Theory*. Boston : Allyn and Bacon.

Nye, R. D.(1981). *Three Psychologies : Perspectives from Freud, Skinner, Rogers*(2nd ed.). Monterey, CA : Brooks/Cole Publishing Co. 이영만 · 유병관 역(1991). 프로이드 · 스키너 · 로저스. 서울 : 중앙적성출판사.

Osofsky, J. D.(Ed.)(1987). *Handbook of Infant Development*(2nd ed.). New York : Wiley.

Ouchi, W.(1981). *Theory Z : How American Business can Meet the Japanese Challenge*. Mass. : Addison- Wesley Publishing Co.

Papalia, D. E., Olds, S. W., & Feldman, R. D.(1998). *Human Development*(7th ed.). New York : McGraw-Hill Co., Inc.

Parsons, T.(1960). *Structure and Process in Modern Societies*. Glencoe, Ill : The Free Press.

Pervin, L. A.(Ed.)(1990). *Handbook of Personality Theory and Research*. New York : Guilford.

Piaget, J., & Inhelder B.(1969). *The Psychology of the Child*. New York : Basic Books.

Pincus, A., & Minahan, A.(1973). *Social Work Practice : Model and Method*. Itasca, IL : F. E. Peacock Publishers, Inc.

Ramon, S.(Ed.)(1991). *Beyond Community Care : Normalization and Integration Work*. Houndmills : MacMillan Press Ltd.

Reiss, A. J. Jr., & Roth, J. A.(Eds.)(1994). *Understanding and Preventing Violence*. Washington, DC : National Academy Press.

Rogers, C. R.(1942). *Counseling and Psychotherapy : New Concepts in Practice*. Boston : Houghton Mifflin. 한승호 역(1991). 카운슬링의 이론과 실제. 경기 : 집문당.

Ross, M. G.(1967). *Community Organization : Theory, Principles, and Practice*(2nd ed.). New York : Harper & Row.

Rymer, R.(1993). *An Abused Child : Flight from Silence*. New York : Harper-Collins.

Santrock, J. W.(1997). *Life-Span Development*(6th ed.). Madison, WI : Brown & Benchmark Publishers.

Schriver, J. M.(1995). *Human Behavior and the Social Environment : Shifting Paradigms in Essential Knowledge for Social Work Practice*. Boston : Allyn and Bacon.

Schultz, D.(1977). *Growth Psychology : Models of the Healthy Personality*. New York : D. Van Nostrand Co. 정종진 역(1990). 건강한 성격의 소유자란. 서울 : 도서출판 그루.

Schultz, D., & Schultz, S. E.(1994). *Theories of Personality*(5th ed.). Pacific Grove, CA : Brooks/ Cole Publishing Company.

Shaffer, D. R.(1999). *Developmental Psychology-Childhood & Adolescence*-(5th ed.). Pacific Grove, CA : Brooks/Cole Publishing Company.

Specht, G. B., & Craig, G. J.(1987). *Human Development : A Social Work Perspective*. New York : Prentice-Hall, Inc.

Strong, B., & DeVault C.(1994). *Human Sexuality*. Mountain View, CA : Mayfield.

Tester, S.(1996). *Community Care for Oder People : A Comparative Perspective*. Houndmills : MacMillan Press Ltd.

Troll, L. E.(1985). *Early and Middle Adulthood*(2nd ed.). Monterey, CA : Brooks/ Cole.

Tylor, E. B.(1958). *The Origin of Culture*. New York : Harper & Row.

Veninga, R. L., & Spradley, J. P.(1981). *The Work-Stress Connection*. Boston : Little, Brown.

Warren, R. L.(1978). *The Community in America*. Chicago, ILL : Rand McNally & Company.

Wolman, B. B.(Ed.)(1982). *Handbook of Developmental Psychology*. Englewood Cliffs, NJ : Prentice-Hall.

Wolpe, J.(1969). *The Practice of Behavior Therapy*. New York : Pergamon Press.

Zanden, J. W. V.(1997). *Human Development*(6th ed.). New York : McGraw-Hill Co., Inc.

Zastrow, C., & Kirst-Ashman, K. K.(1997). *Understanding Human Behavior and the Social Environment*(4th ed.). Chicago, IL : Nelson-Hall Publishers.

찾아보기

저/자/약/력

이근홍

중앙대학교 사회복지학과 졸업
중앙대학교 대학원 사회복지학과(석사)
중앙대학교 대학원 사회복지학과(박사)
University of Missouri-Columbia Visiting Scholar
한국노인복지학회 회장 역임
현재 협성대학교 사회복지학과 명예교수

[저서 · 논문]
노인복지론(지식터)
사례관리론(지식터)
자원봉사론(지식터)
케어매니지먼트(공동체)
노인복지학개론(공저, 학현사)
한국의 노인복지(공저, 인간과복지)
한국노인복지의 새로운 도전(공저, 현학사)
사회복지개론(공저, 신정)
한국사회복지와 불평등(공저, 일조각)
한국사회보장제도의 재조명(공저, 한국복지정책연구소 출판부)
현대사회보장론(공저, 한국복지정책연구소 출판부)
주택과 사회정책(공저, 한국복지정책연구소 출판부)
한국 재가노인의 사례관리 실천모형에 관한 연구 외 다수

인간행동과 사회환경 【제3판】

3판 1쇄 2023년 1월 20일
3판 2쇄 2024년 9월 5일

지은이 이근홍

펴낸이 김동근
펴낸곳 지식터
등록 2022년 10월 19일(등록번호 제2022-000170호)
주소 경기도 고양시 일산동구 정발산로 42번길60, 437호(장항동, 웨스턴853)
전화 031-811-8500
팩스 031-811-8600
이메일 jster22@naver.com
홈페이지 http://www.jster22.com
ISBN 979-11-92845-11-1 (93330)

값 21,000원
잘못된 책은 구입처에서 바꾸어 드립니다.